Verfassungsentwicklung in Europa

herausgegeben von

Hartmut Bauer, Peter M. Huber
und Karl-Peter Sommermann

21

Christina Schulz

Demokratisierung der Verwaltung durch Partizipation

Instrumente deliberativen und partizipativen Entscheidens im Rechtsvergleich zwischen Hamburg und Schottland

Mohr Siebeck

Christina Schulz, geboren 1989; Studium der Rechtswissenschaft in Hamburg; Referendariat in Schleswig-Holstein; LL.M.-Studium an der Deutschen Universität für Verwaltungswissenschaften Speyer; Promotion ebenda; seit 2021 Regierungsrätin in der Hamburgischen Verwaltung.

ISBN 978-3-16-161764-5 / eISBN 978-3-16-161765-2
DOI 10.1628/978-3-16-161765-2

ISSN 1861-7301 / eISSN 2569-4553 (Verfassungsentwicklung in Europa)

Die Deutsche Nationalbibliothek verzeichnet diese Publikation in der Deutschen Nationalbibliographie; detaillierte bibliographische Daten sind über *http://dnb.dnb.de* abrufbar.

Das Buch wurde von Gulde Druck in Tübingen gesetzt, auf alterungsbeständiges Werkdruckpapier gedruckt und gebunden.

Printed in Germany.

Meinen Eltern

Vorwort

Die vorliegende Arbeit untersucht, inwieweit neue Instrumente der deliberativen und partizipativen Demokratie geeignet sind, die Staats- und Verwaltungsstrukturen repräsentativer Demokratien positiv fortzuentwickeln, oder ob sie die Gefahr bergen, diese zu beschädigen. Dabei werden die konkreten Beispiele Hamburgs und Schottlands als Untersuchungsobjekte herangezogen.

Das Werk wurde im Januar 2021 fertig gestellt und im Sommersemester 2022 vom Promotionsausschuss der Deutschen Universität für Verwaltungswissenschaften Speyer als Dissertation angenommen. Aktualisierungen in den Fußnoten wurden vor der Drucklegung im Sommer 2022 vorgenommen.

Besonders herzlich bedanken möchte ich mich bei meinem Doktorvater und Erstgutachter, Herrn Professor Dr. Dr. h.c. Karl-Peter Sommermann, der mir stets mit seiner fachlichen und persönlichen Expertise zur Seite stand und mich während des gesamten Arbeitszeitraumes hervorragend unterstützt hat. Ebenso bedanken möchte ich mich bei meiner zweiten Betreuerin, Frau Dr. Elisenda Casanas Adam, die mich während meines Forschungsaufenthaltes an der Edinburgh Law School im Wintersemester 2019/2020 so herzlich aufgenommen und das Fortkommen der Arbeit mit ihrem Fachwissen so tatkräftig gefördert hat. Bei Herrn Professor Dr. Stephan Grohs bedanke ich mich nachdrücklich für das Zweitgutachten. Ebenso danken möchte ich den Herausgebern der Schriftenreihe Verfassungsentwicklung in Europa für die Aufnahme der Dissertation.

Ohne die weitere Unterstützung aus Hamburgs sowie Schottlands Politik, Verwaltung und Wissenschaft wäre das Verfassen dieser Arbeit jedoch nicht möglich gewesen. Hierbei möchte ich aus Hamburg insbesondere den diversen Mitgliedern der Bezirksversammlungen sowie den zahlreichen Mitarbeitenden der Hamburgischen Verwaltung danken, die sich die Zeit genommen haben, mir Einblicke in ihre Arbeit zu gewähren. Der gleiche Dank gebührt auf der schottischen Seite all den Abgeordneten und Mitarbeitenden der Councils, des schottischen Parlaments und der Regierung.

Einen großen Dank möchte ich zudem an Prof. Stephen Tierney, Dr. Oliver Escobar, Paul Scott und Paul Reid richten, für die Erläuterungen, fachlichen Diskussionen und Denkanstöße im Bereich des schottischen Rechts und der Beteiligungskultur.

Besonders verbunden bin ich Herrn Dr. Klaus David, der als Verfasser des Standard-Kommentars zur Verfassung der Freien und Hansestadt Hamburg ein so großes Interesse an meiner Arbeit gezeigt hat und mit seiner Expertise zu meinem sehr geschätzten Diskussionspartner wurde.

Meinen Freunden und Mit-Doktoranden Dr. Dennis Zagermann, Christian Jones, Leonardo Cofré Pérez sowie der digitalen Corona-Schreibgruppe möchte ich für die gemeinsame Zeit, die heiteren Kaffeepausen und den Beistand danken. Ihr habt einen großen Anteil daran, dass meine Dissertationszeit eine so bereichernde und schöne Zeit für mich war.

Ein besonderer Dank geht an meinen Partner, Dr. Kevin Schadwald, der mich mit grenzenloser Geduld unterstützt hat, wo er konnte und darauf geachtet hat, dass wir die erreichten Meilensteine auf diesem Weg gebührend feiern.

Nicht zuletzt danke ich aus tiefstem Herzen meinen Eltern, die mir jederzeit und mit vorbehaltloser Unterstützung zur Seite standen.

Ihnen widme ich diese Arbeit.

Christina Schulz Juli 2022

Inhaltsübersicht

Inhaltsverzeichnis

Abkürzungsverzeichnis

a. F.	Alte Fassung
ABl.	Amtsblatt
Abs.	Absatz
AC	Appeal Cases
AEUV	Vertrag über die Arbeitsweise der Europäischen Union
Alt.	Alternative
Amtl.	Amtlicher
Amtsbl.	Amtsblatt
Anz.	Anzeiger
AöR	Archiv des öffentlichen Rechts
APuZ	Aus Politik und Zeitgeschichte
Art.	Artikel
Aufl.	Auflage
BauGB	Baugesetzbuch
BayLWG	Landeswahlgesetz Bayern
BayRS	Bayerische Rechtssammlung
BbgKVerf	Kommunalverfassung des Landes Brandenburg
Bd.	Band
BerlSenG	Berliner Seniorenmitwirkungsgesetz
Betr.	Betreff
BezAbstDurchfG	Bezirksabstimmungsdurchführungsgesetz
BezAbstDurchVO	Bezirksabstimmungsdurchführungsverordnung
BezVG	Bezirksverwaltungsgesetz
BezVWG	Gesetz über die Wahl zu den Bezirksversammlungen
BezVwG BE	Bezirksverwaltungsgesetz Berlin
BGB	Bürgerliches Gesetzbuch
BGBl.	Bundesgesetzblatt
BImSchG	Bundes-Immissionsschutzgesetz
BJPIR	The British Journal of Politics and International Relations
Brem.GBl.	Gesetzblatt der Freien Hansestadt Bremen
Bs	Beschwerde
Bü-Drucks.	Drucksache der Hamburgischen Bürgerschaft
Bü-Plenarprotokoll	Plenarprotokoll der Hamburgischen Bürgerschaft
BüWG	Gesetz über die Wahl zur Hamburgischen Bürgerschaft
BVerfG	Bundesverfassungsgericht
BVerfGE	Entscheidungen des Bundesverfassungsgerichts
bzgl.	bezüglich
CDU	Christlich Demokratische Union Deutschlands

CERB	The Community Empowerment and Renewal Bill
COSLA	Convention of Scottish Local Authorities
CPO	Community Planning Offical
CPPs	Community Planning Partnerships
D.C.	Washington District Columbia
DDR	Deutsche Demokratische Republik
DÖV	Die Öffentliche Verwaltung
Drs.	Drucksache
Drucks.	Drucksache
DVBl	Deutsches Verwaltungsblatt
e.V.	Eingetragener Verein
EG	Europäische Gemeinschaft
Einf.	Einführung
EMRK	Europäische Menschenrechtskonvention
etc.	et cetera
EU	Europäische Union
EuR	Zeitschrift Europarecht
EZBK	Ernst/Zinkahn/Bielenberg/Krautzberger
f.	folgend
FAQ	Frequently Asked Questions
FDP	Freie Demokratische Partei
ff.	fortfolgend
FHH	Freie und Hansestadt Hamburg
Fn.	Fußnote
GAL	Grün-Alternative Liste
GBl.	Gesetzblatt
GG	Grundgesetz
GmbH	Gesellschaft mit beschränkter Haftung
GO	Gemeindeordnung
GVBl.	Gesetz- und Verordnungsblatt
GVOBl. M-V	Gesetz- und Verordnungsblatt Mecklenburg-Vorpommern
HGI	Hamburg für Gute Integration
HGO	Hessische Gemeindeordnung
HL	House of Lords
HM	Her Majesty, Her Majesty's
HmbBl.	Vorherige Bezeichnung für Hamburgisches Gesetz- und Verordnungsblatt
HmbGVBl.	Hamburgisches Gesetz- und Verordnungsblatt
HmbSenMitwG	Hamburgisches Seniorenmitwirkungsgesetz
HmbSenMitwG-E	Entwurf des Senats für ein Gesetz zur Stärkung der Mitwirkung von Seniorinnen und Senioren am gesellschaftlichen Leben in der Freien und Hansestadt Hamburg
HmbVwVfG	Hamburgisches Verwaltungsverfahrensgesetz
Hrsg.	Herausgeber
HV	Verfassung der Freien und Hansestadt Hamburg
HVerfG	Hamburgisches Verfassungsgericht
HVVG	Gesetz über die Verfassung und Verwaltung der Hansestadt Hamburg

i. d. F.	in der Fassung
i. V. m.	in Verbindung mit
Iss.	Issue
ItalJ	The Italian Law Journal
JA	Juristische Arbeitsblätter
JAPA	Journal of the American Planning Association
JoPD	Journal of Public Deliberation
JöR	Jahrbuch für öffentliches Recht
KB	Law Reports, King's Bench Division
KESS	Knowledge Exchange Seminar Series
KSVG	Kommunalselbstverwaltungsgesetz
L.J.	Law Journal
lfd.	Laufend, laufende
LSE	The London School of Economics and Political Science
Ltd.	Limited
LWG	Landeswahlgesetz
m. W. v.	mit Wirkung vom
MDR	Monatsschrift für Deutsches Recht
NC	North Carolina
No.	Numero
NordÖR	Zeitschrift für Öffentliches Recht in Norddeutschland
Nr.	Nummer(-n)
NRW	Nordrhein-Westfalen
NSDAP	Nationalsozialistische Deutsche Arbeiterpartei
OECD	Organisation für wirtschaftliche Zusammenarbeit und Entwicklung
OVG	Oberverwaltungsgericht
PAN	Planning Advice Note
para.	paragraph
PB	Participatory Budgeting
PE	petition
PR	Participation Request
PSA	Political Studies Association
PVS	Politische Vierteljahresschrift
QB	Law Reports, Queen's Bench Division
RabelsZ	Rabels Zeitschrift für ausländisches und internationales Privatrecht
RGBl.	Reichsgesetzblatt
RISE	Rahmenprogramm Integrierte Stadtteilentwicklung
Rn.	Randnummer(-n)
S.	Seite
S.C.	Court of Session
SCDC	Scottish Community Development Center
sch.	schedule
sec.	section
SenMitwG M-V	Gesetz zur Stärkung der Mitwirkung der Seniorinnen und Senioren am gesellschaftlichen Leben in Mecklenburg-Vorpommern

SEV	Sammlung der Europäischen Verträge
SI	Statutory Instrument
SNP	Scottish National Party
SP	Scottish Parliament
SPD	Sozialdemokratische Partei Deutschlands
SPICe	Scottish Parliament Information Center
SPP	Scotland Planning Policy
STEP	Stadtteilentwicklungsprogramm
taz	Die Tageszeitung
TuTech	privatwirtschaftlich organisiertes Tochterunternehmen der Technischen Universität Hamburg (TuHH) und der Freien und Hansestadt Hamburg
UBWV	Unterrichtsblätter für die Bundeswehrverwaltung
UK	United Kingdom
UKSC	UK Supreme Court
UQLJ	University of Queensland Law Journal
VAbstG	Volksabstimmungsgesetz
VabstVO	Verordnung zur Durchführung des Volksabstimmungsgesetzes
VerfBrhv	Verfassung für die Stadt Bremerhaven
VerwBehG	Verwaltungsbehördengesetz
VOBl.	Verordnungsblatt
VOiCE	Visioning Outcomes in Community Engagement
Vol.	Volume
VolkspetitionsG	Volkspetitionsgesetz
vgl.	vergleiche
vs.	versus
VwGO	Verwaltungsgerichtsordnung
VwVfG	Verwaltungsverfahrensgesetz
WRV	Weimarer Reichsverfassung
z. B.	zum Beispiel
ZaöRV	Zeitschrift für ausländisches öffentliches Recht und Völkerrecht
Ziff.	Ziffer
zit.	zitiert
ZParl	Zeitschrift für Parlamentsfragen

Einleitung

„Democracy is a recent and rare phenomenon."[1] Diese Aussage des Politikwissenschaftlers Arend Lijphart aus dem Jahr 1984 gilt heute unverändert. Lediglich 20 von 167 Regierungen weltweit wurden vom Demokratieindex 2018, der von der *The Economist Intelligence Unit* herausgegeben wird, als vollständige Demokratien eingestuft. Somit wird lediglich eine Minderheit von 4,5 % der Weltbevölkerung von dieser Staatsform regiert.[2] Die Neuartigkeit der Demokratie als Staatsform ist in einem erweiterten historischen Kontext zu betrachten. Die ersten parlamentarischen Grundzüge entwickelten sich im 13. Jahrhundert in England, dem sogenannten „Mutterland des Parlamentarismus".[3] Die repräsentative Demokratie, verstanden in der Form, dass die Staatsgewalt vom Volke durch Wahlen ausgeübt wird, begann sich im ausgehenden 18. Jahrhundert in Nordamerika und Frankreich ihren Weg zu bahnen.[4] Vollständige, rein repräsentative demokratische Regierungen mit einer funktionierenden Kontrolle durch die Öffentlichkeit und einem allgemeinen Wahlrecht etablierten sich erst über 100 Jahre später im beginnenden 20. Jahrhundert, unter anderem auch in Deutschland.[5] Der französische Staatsrechtler Rousseau monierte diesbezüglich jedoch bereits Mitte des 18. Jahrhunderts in seinem Gesellschaftsvertrag (III, 15), dass in einer repräsentativen Demokratie die Repräsentanten nach ihrer Wahl nicht mehr vom Volk kontrolliert werden könnten: „Das englische Volk glaubt frei zu sein. Es täuscht sich sehr. Es ist nur während der Wahl der Parla-

---

[1] *Lijphart*, Democracies, S. 37.

[2] Vgl. The Economist Intelligence Unit, Democracy Index 2018, S. 2 (Die The Economist Intelligence Unit ist eine Forschungs- und Analyseabteilung von The Economist Group, einem Schwesterunternehmen der Zeitung The Economist).

[3] *Jung*, in: Glaeßner/Reutter/Jeffery, Verfassungspolitik und Verfassungswandel, 143 (143); *Krumm/Noetzel*, Das Regierungssystem Großbritanniens, S. 170.

[4] Dazu *Frotscher/Pieroth*, Verfassungsgeschichte, § 2 Rn. 32 ff., § 3 Rn. 68 ff.; *Vospernik*, Modelle der direkten Demokratie, S. 43; *Sommermann*, in: Bauer/Huber/Sommermann, Demokratie in Europa, 191 (191).

[5] *Lijphart*, Democracies, S. 37; *Frotscher/Pieroth*, Verfassungsgeschichte, § 16 Rn. 477, 489a.

mentsmitglieder frei. Sobald sie gewählt sind, ist es Sklave: es ist nichts."[6] Diese Aussage lässt sich in gewissen Zügen auf die heutigen Demokratien im Vereinigten Königreich[7] sowie in der Bundesrepublik Deutschland übertragen. Nach dem Ende des Zweiten Weltkrieges wurden die deutschen politischen Institutionen für eine starke Repräsentation gebildet. Der Fokus für die Ausübung von Staatsgewalt durch das Volk lag auf dem Instrument der Wahlen, durch welche das Volk seine Repräsentanten[8] regelmäßig bestätigen sollte. Ein darüber hinausgehender, konkreter Einfluss auf das politische Geschehen war zunächst nicht vorgesehen.[9]

Dementsprechend wurde schon früh nach Ergänzungen der repräsentativen Demokratie durch direktdemokratische Elemente gesucht. Der englische Staatsrechtler Dicey diskutierte schon im 19. Jahrhundert die Zweckmäßigkeit von Referenden,[10] bevor im Jahr 1975 erstmals ein nationales Referendum in Großbritannien zur Frage des Verbleibens in der Europäischen Gemeinschaft stattfand.[11] In Deutschland sah die Verfassung der Weimarer Republik bereits direktdemokratische Elemente vor. Das heutige Grundgesetz[12] hält sich bezüglich nationaler Volksabstimmungen bedeckt, jedoch gibt es seit den 1990er Jahren in allen deutschen Bundesländern das Instrument des Volksentscheids.[13]

Die Entwicklung der Demokratie ist an diesem Punkt allerdings nicht vollendet. Sie ist ein offenes Prinzip, unterliegt der fortlaufenden Suche nach Optimierung und ist damit stetiges *„unfinished business"*[14], das sich der sich

---

[6] *Kersting*, Jean-Jacques Rousseaus „Gesellschaftsvertrag", S. 84; *Schmidt*, Demokratietheorien, S. 84.

[7] Der Begriff „Vereinigtes Königreich" umfasst Großbritannien und Nordirland (sec. 5 sch. 1 Interpretation Act 1978), der Begriff „Großbritannien" umfasst England, Wales und Schottland (Art. 1 Union with Scotland Act 1706).

[8] Aus Gründen der besseren Lesbarkeit wird in dieser Arbeit das generische Maskulinum verwendet. Weibliche und anderweitige Geschlechteridentitäten werden dabei ausdrücklich mitgemeint.

[9] Vgl. *Parolari/Woelk*, in: Fraenkel-Haeberle/Kropp/Palermo/Sommermann, Citizen Participation in Multi-Level Democracies, 265 (265, 275 f.); *Vospernik*, Modelle der direkten Demokratie, S. 43.

[10] *Dicey*, The Contemporary Review 1890, Vol. 57, No. 4, 489 (497 ff., 505, 507).

[11] *Leyland*, ItaLJ Special Issue 2017, 121 (123).

[12] Grundgesetz für die Bundesrepublik Deutschland (GG) i.d.F. Bundesgesetzblatt Teil III, Gliederungsnummer 100-1, zuletzt geändert durch Gesetz vom 29.09.2020 (BGBl. I S. 2048).

[13] Vgl. dazu *Weber/Nierth*, in: Glaab, Politik mit Bürgern – Politik für Bürger, 317 (319); *Rux*, Direkte Demokratie in Deutschland, S. 113 ff.; *Fraude*, in: Kost, Direkte Demokratie in den deutschen Ländern, 113 (114 f.).

[14] *Clarke*, Deep Citizenship, S. 23.

verändernden Verfassungsrealität anpasst.[15] Seit Ende des Zweiten Weltkriegs haben sich die Lebensverhältnisse und Bildungsmöglichkeiten der Bürger in vielen Ländern der Welt verbessert, womit auch das Bedürfnis nach mehr Mitsprachemöglichkeiten bei politischen wie Verwaltungsentscheidungen wuchs und sich zwischen repräsentativer und direkter Demokratie ein partizipatorischer Trend abzeichnete. Wahlen allein reichten nicht mehr, um die Bürger demokratisch mitzunehmen, zumal das demokratische Mehrheitsprinzip nicht Ausdruck besonderer Weisheit ist, sondern lediglich die quantitative Überlegenheit der Mehrheit abbildet.[16] Dies zeigt sich auch in einem allgemeinen Rückgang von Wahl- sowie sonstiger politischer Beteiligung, sodass teilweise eine „Repräsentations"- und „Partizipationslücke"[17] zwischen Repräsentanten und Repräsentierten sichtbar wird.[18] Die Legitimität von politischen Entscheidungen und somit der Ausübung von Staatsgewalt setzt sich zusammen aus den Komponenten der Macht, des Rechts und der Zustimmung der Mehrheit.[19] Da die bloße Zustimmung durch Wahlen einzelne politische Entscheidungen oft inhaltlich nicht mehr abdeckt, muss sie im gegebenen Fall durch Partizipationsverfahren mit Bürgern erst hergestellt werden und ist damit gewissermaßen diskursiv geworden.[20] Dementsprechend haben sich in den letzten Jahrzehnten in Europa direkte und konsultative Formen der Bürgerbeteiligung als Ergänzung der repräsentativen Demokratie stetig weiterentwickelt und neue Verhandlungsbeziehungen zwischen der Verwaltung und der Außenwelt mit sich gebracht, die eine grundlegende Veränderung der Beziehung Staat und Gesellschaft widerspiegeln.[21] Die Idee einer funktional adäquaten Neugestaltung

---

[15] Vgl. *Turpin/Tomkins*, British Government and the Constitution, S. 55; *Schmidt*, Demokratietheorien, S. 117 f.; *van Reybrouck*, Gegen Wahlen, S. 155, 161.

[16] Vgl. *Röcke*, Framing Citizen Participation, S. 30 f.; *Scottish Government*, Scottish Social Attitudes Survey 2015, S. 18.; *Bogdanor*, The New British Constitution, S. 293, 297 ff., 310; *Honer/Rudloff*, DÖV 2020, 461 (463).

[17] *Bender/Wiesendahl*, APuZ 2011, 19 (19).

[18] Vgl. *Parolari/Woelk*, in: Fraenkel-Haeberle/Kropp/Palermo/Sommermann, Citizen Participation in Multi-Level Democracies, 265 (275 f.); *Scheub*, Demokratie, Die Unvollendete, S. 27; *van Reybrouck*, Gegen Wahlen, S. 15 f.; *Landemore*, Open Democracy, S. 26 f.

[19] *Schmidt*, Demokratietheorien, S. 61.

[20] *Deutscher Städtetag*, Thesen zur Weiterentwicklung lokaler Demokratie (2013), S. 1; *Bull*, in: Sommermann, Öffentliche Angelegenheiten, 9 (9 ff.).

[21] Vgl. *Rossen-Stadtfeld*, in: Hoffmann-Riem/Schmidt-Aßmann/Voßkuhle, Grundlagen des Verwaltungsrechts, Bd. II, 625 (660 f.); *Gabriel*, in: Fraenkel-Haeberle/Kropp/Palermo/Sommermann, Citizen Participation in Multi-Level Democracies, 87 (88); *Allegretti*, in: Fraenkel-Haeberle/Kropp/Palermo/Sommermann, Citizen Participation in Multi-Level Democracies, 207 (208).

der Demokratie im kooperativen und damit deliberativen und partizipativen Bereich[22] soll vorliegend zum Ausgangspunkt der Untersuchung genommen werden. Eine ideale Regierung würde hiernach für eine umfassende Responsivität sorgen und wäre stets in lückenloser Korrespondenz mit den Bedürfnissen und Präferenzen aller Bürger.[23] Da dies in der Realität aufgrund der vielschichtigen Anforderungen, die an ein demokratisches Regiment gestellt werden, nicht umsetzbar ist, sollen die diesbezüglichen Annäherungsversuche zweier Länder betrachtet und in einem funktionalen Rechtsvergleich die Auswirkungen auf die jeweiligen demokratischen Staatsstrukturen untersucht werden.

Hierfür bieten sich als Ausgangspunkte auf nationaler Ebene Deutschland als starker Verfassungsstaat sowie als Gegenspieler Großbritannien, wo sich die Grundzüge der parlamentarischen Demokratie entwickelten, mit seiner sehr offenen Verfassung an. Beide Länder werden trotz ihrer unterschiedlichen verfassungsrechtlichen Ausgestaltungen vom bereits erwähnten Demokratieindex 2018 als reine Demokratien eingestuft.[24] Da die Konsultation von Bürgern aber eher auf regionaler, denn auf nationaler Ebene stattfindet,[25] werden das Bundesland Freie und Hansestadt Hamburg sowie das durch Dezentralisierungsmaßnahmen entstandene System Schottlands als konkrete Vergleichspartner herangezogen. Anhand dieser beiden ausgewählten Beispiele werden Instrumente der konsultativen Demokratie untersucht.

Bezüglich der Regionalebenen ist ein Vergleich insbesondere vor dem Hintergrund interessant, dass „systematische, internationale Vergleiche der Ausgestaltung und Nutzung der Instrumente der direkten Demokratie […] kaum vor[liegen]“,[26] was ebenso für die konsultativen Instrumente gilt. Dies liegt hauptsächlich daran, dass für einen solchen Vergleich der Ausgestaltung und Nutzung (direkt)demokratischer Instrumente auf regionaler und lokaler Ebene nur wenige Informationen vorliegen. Die Länder Hamburg und Schottland bieten sich hierfür besonders an, da in beiden Staaten eine grundsätzliche politische Offenheit für das Thema der Bürgerbeteiligung vorherrscht.

---

[22] Dazu *Sommermann*, in: Bauer/Huber/Sommermann, Demokratie in Europa, 191 (192 ff.); *Allegretti*, in: Fraenkel-Haeberle/Kropp/Palermo/Sommermann, Citizen Participation in Multi-Level Democracies, 207 (208 f.).

[23] *Lijphart*, Democracies, S. 1.

[24] *The Economist Intelligence Unit*, Democracy Index 2018, S. 14.

[25] *Allegretti*, in: Fraenkel-Haeberle/Kropp/Palermo/Sommermann, Citizen Participation in Multi-Level Democracies, 207 (211).

[26] *Walter-Rogg*, in: Gabriel/Kropp, Die EU-Staaten im Vergleich, 236 (244); *Grotz*, PVS 2009, 286 (287 f., 300).

So wird in Hamburg im Koalitionsvertrag von SPD und Bündnis 90/Die Grünen für die 21. Legislaturperiode der Hamburgischen Bürgerschaft von 2015 Hamburg als „Vorreiter in Sachen guter Bürgerbeteiligung“[27] betitelt, mit dem Ziel, dies auch zu bleiben. Dieses Vorhaben wurde dann im darauffolgenden Koalitionsvertrag für die 22. Legislaturperiode übernommen, mit der Absicht, den Beteiligungsbereich weiter auszubauen. Es wird herausgestellt, dass „Demokratie [...] Institutionen [braucht], die für Beteiligung offen sind.“[28]

Im Vergleich dazu hat Schottland den Bereich der Partizipation zu einer der vier Säulen des „*Scottish Approach*“ im Umgang mit den *public services* gemacht.[29] Die schottische Regierung verfolgt das Ziel, die Bürger zu aktivieren und die Gemeinden demokratisch zu stärken, wofür im Jahr 2015 der *Community Empowerment (Scotland) Act 2015*[30] erlassen wurde, der erstmals einen rechtlichen Rahmen für Bürgerbeteiligung in Schottland schuf.

Ziel der Untersuchung ist es, vor dem Hintergrund der verschiedenen Verfassungssysteme einen rechtlichen Blick auf den Einfluss neuer Beteiligungsinstrumente auf das jeweilige demokratische und rechtsstaatliche System zu werfen. Es soll geklärt werden, inwieweit die unterschiedliche verfassungsmäßige Ausgestaltung Differenzen in der Entwicklung neuer Beteiligungsformen in Hamburg und Schottland mit sich bringt und welche Lehren sich daraus für die rechtliche Weiterentwicklung der konsultativen Demokratie in beiden Ländern ziehen lassen.

Hierfür wird das jeweilige Recht und sich daraus entwickelnde Beteiligungsmethoden in einem kontextualistischen Ansatz der funktionellen Methode, also vor dem Hintergrund der jeweiligen historischen, kulturellen, sozialen und wirtschaftlichen Voraussetzungen in theoretisch-deskriptiver Weise verglichen. Bei jedem betrachteten Instrument ist zu fragen, welche Funktion es innerhalb des jeweiligen Rechs- und Gesellschaftssystems ausübt.[31] Ausgangspunkt der Untersuchung sind im ersten Kapitel die verschiedenen Verfassungsordnungen, die dort niedergelegten Grundsätze sowie die Organisationsstrukturen und institutionenpolitischen Verfahren, die zu-

---

[27] Koalitionsvertrag SPD/Bündnis 90/Die Grünen, Bürgerschaft 21. Legislaturperiode, S. 107.

[28] Koalitionsvertrag SPD/Bündnis 90/Die Grünen, Bürgerschaft 22. Legislaturperiode, S. 23 f., 146 f.

[29] *Dean*, Democratising Bureaucracy, S. 10.

[30] Community Empowerment (Scotland) Act 2015 vom 24.07.2015, abrufbar unter: http://www.legislation.gov.uk/asp/2015/6/contents/enacted, Stand: 12.10.2020.

[31] Vgl. *Sommermann*, DÖV 1999, 1017 (1022 f.); *Wieser*, Vergleichendes Verfassungsrecht, S. 39 ff.

nächst dargestellt und dann hinsichtlich ihrer Unterschiede wie Gemeinsamkeiten betrachtet werden.[32]

Im zweiten Kapitel wird die jeweilige Verfassungswirklichkeit, also „die Realität des politischen Prozesses“[33] in den beiden Regionen herausgearbeitet. Hierzu werden die konkreten Beteiligungsmechanismen der Länder vorgestellt und demokratietheoretisch kategorisiert, um taugliche Objekte für den sich anschließenden funktionalen Vergleich zu identifizieren.

Im rechtsvergleichenden dritten Kapitel wird der Frage nachgegangen, welche Anforderungen die Verfassungsordnungen an die demokratische Legitimation stellen und welche Rolle die neuen Beteiligungsinstrumente in diesem Zusammenhang für die repräsentative Demokratie spielen.

Im vierten und letzten Kapitel werden die rechtlichen Spielräume für eine Ergänzung und Weiterentwicklung der untersuchten Beteiligungsformate durch die Anwendung der *„Legal Transplant“*-Methode[34] ausgeleuchtet. Hierbei geht es grundsätzlich nicht um eine Rechtsvereinheitlichung, sondern vielmehr um den Versuch einer Inspiration, Übersetzung und des Voneinander-Lernens.[35]

Der Vorteil der vergleichenden Betrachtung liegt darin, dass sich durch den hierfür erforderlichen objektiven und erweiterten Blick des Rechtsanwenders Fragen und Probleme finden lassen, die bei einer rein nationalen Untersuchung verborgen blieben.[36] Die Arbeit leistet damit insgesamt einen Beitrag zum vertieften Verständnis und der Weiterentwicklung der modernen repräsentativen Demokratie in Hamburg und Schottland.

---

[32] Vgl. dazu *Sommermann*, in: Bauer/Huber/Sommermann, Demokratie in Europa, 191 (198); *Grotz*, PVS 2009, 286 (288 f.).

[33] *Wieser*, Vergleichendes Verfassungsrecht, S. 55.

[34] *Kischel*, Rechtsvergleichung, S. 63 ff.; *Rehm*, RabelsZ 2008, 1 (3 f., 39).

[35] Vgl. *Rehm*, RabelsZ 2008, 1 (19 ff., 31 f., 34, 36, 40); *Peerenboom*, Towards a Methodology for Successful Legal Transplants (2012), S. 6 ff.; *Zweigert/Kötz*, Einführung in die Rechtsvergleichung, S. 14.

[36] Vgl. dazu *Kocka*, History and Theory, Vol. 42, 39 (40 f.); *Sommermann*, DÖV 1999, 1017 (1023).

Kapitel 1

Verfassungsrechtliche Grundlagen der demokratischen Systeme

Die Länder Deutschland und Großbritannien verfügen beide über eine reiche und sehr unterschiedliche Verfassungstradition. Obwohl sich die beiden demokratischen Systeme, wie nachfolgend noch näher beschrieben wird, eigenständig voneinander entwickelt haben, hat doch gerade Großbritannien nach dem Zweiten Weltkrieg, aus dem es im Gegensatz zu Deutschland als „standfeste Demokratie"[1] hervorging, einen Beitrag zum Zustandekommen des deutschen Grundgesetzes geleistet.[2] Gleiches gilt für die Verfassung der Freien und Hansestadt Hamburg, welche in der Nachkriegszeit unter britischer Besatzung stand.[3]

Inwieweit sich die jeweiligen Demokratien mit ihren Verfassungsrechtsordnungen auf nationaler und in Bezug auf Hamburg und Schottland auf regionaler Ebene entwickelten und wo mit Blick auf eine vergleichende Untersuchung die relevanten Unterschiede und Gemeinsamkeiten liegen, wird im Folgenden herausgearbeitet.

I. Verfassungsrecht und Demokratieverständnis in Großbritannien

Das traditionelle britische Verfassungsverständnis ist nicht von einem durch präzise Rechtssätze ausgedrückten Ordnungsgedanken geprägt, sondern vielmehr durch eine politische Verfassung, die flexibel den Problemkonstellationen der Gesellschaft, Wirtschaft und Politik gegenübersteht und den Auftrag hat, diese zu lösen.[4] Um die Ausgestaltung des Rechts auf nationa-

---

[1] *Cullen*, in: Glaeßner/Reutter/Jeffery, Verfassungspolitik und Verfassungswandel, 171 (172).

[2] *Cullen*, in: Glaeßner/Reutter/Jeffery, Verfassungspolitik und Verfassungswandel, 171 (172).

[3] *Frotscher/Pieroth*, Verfassungsgeschichte, § 20 Rn. 695.

[4] Vgl. *Kastendiek*, in: Glaeßner/Reutter/Jeffery, Verfassungspolitik und Verfassungswandel, 29 (34).

ler und regionaler Ebene zu verstehen, ist näher zu betrachten, wie dieses Grundkonzept entstanden ist.[5]

1. Die nationale Ebene

Die britische Verfassungshistorie beginnt im Jahr 1215 mit dem Erlass der *Magna Charta Libertatum*.[6] Grund für ihren Erlass waren ständige Kriege, die den damals regierenden König Johann schwächten und somit den Baronen, die die Ritter für die Kämpfe stellen mussten, eine starke Verhandlungsbasis einräumten.[7] Um seine Macht zu erhalten, gestand der König den Baronen zu, aus ihren Reihen ein ihn beratendes Gremium zu bilden. Ohne Zustimmung dieses Gremiums konnte er seine Herrschaft nicht mehr ausüben und legte damit den Grundstein für das Konzept eines Parlaments. Zudem konnten Barone nur noch aufgrund allgemein geltenden Rechts festgenommen und verurteilt werden, was eine erste Form der Rechtsstaatlichkeit schuf. Auch wurde die Königsgewalt von der Person des Regenten gelöst und abstrakt festgeschrieben, was zu einer Institutionalisierung des Königs führte.[8] In der Folgezeit wurde von König Edward I. eine Vertretung der Städte und Grafschaften durch das parlamentsartige Gremium zugelassen, was die Unterscheidung von Oberhaus und Unterhaus anlegte und das Parlament in seiner Existenz festigte.[9] Im Jahr 1689 begann mit der *Bill of Rights*[10] die schrittweise Übertragung der Regierungstätigkeit des Monarchen auf das Parlament, womit die Beziehung dieser Instanzen neu gestaltet wurde.[11] Über die Jahrhunderte entwickelte es sich zum festen Integral der englischen Politik. Im 18. Jahrhundert wurde das Parlament endgültig zum zentralen Gegenspieler des Monarchen, dessen Herrschaftskompetenzen immer weiter zurückgedrängt wurden.[12] Im 19. und 20. Jahrhundert kam es sodann zu vielzähligen Reformen des Wahlrechts für Männer und Frauen,

---

5 *Watson*, Cambridge L.J. 37 (1978), 313 (316, 320).

6 Verfassungen EU, Magna Carta vom 15.07.1215, abrufbar unter: http://www.verfassungen.eu/gb/gb1215.htm, Stand: 02.09.2020 um 9.10 Uhr; *Schieren*, Großbritannien, S. 18; *Leyland*, The Constitution of the United Kingdom, S. 14.

7 *Leyland*, The Constitution of the United Kingdom, S. 14f.

8 Vgl. *Schröder*, in: Kastendiek/Sturm, Länderbericht Großbritannien, 14 (18); *Schieren*, Großbritannien, S. 18f.

9 *Schieren*, Großbritannien, S. 20.

10 Bill of Rights 1689 vom 16.12.1689, abrufbar unter: https://www.legislation.gov.uk/aep/WillandMarSess2/1/2, Stand: 02.09.2020.

11 *Krumm/Noetzel*, Das Regierungssystem Großbritanniens, S. 169.

12 *Leyland*, The Constitution of the United Kingdom, S. 15 ff; *Schieren*, Großbritannien, S. 21, 24.

was zu einer Demokratisierung des Landes führte.[13] Diese Anpassungsfähigkeit an die gesellschaftlichen Strömungen und Bedürfnisse, die der britische Parlamentarismus zeigte, dürfte einer der Gründe sein, warum es unter ihm in Großbritannien nie zu einer Revolution kam, und sorgte auch dafür, dass Großbritannien seinem Selbstverständnis nach aus dem Zweiten Weltkrieg als gestärkte Demokratie hervorging. Damit hatte es im Gegensatz zu Deutschland keine demokratische „Rehabilitierung" und somit Neugestaltung der verfassungsrechtlichen Grundlagen nötig.[14] Erst in den 1970er Jahren geriet das sogenannte „*Westminster model*"[15] in eine Legitimationskrise, als die beiden großen Parteien aufgrund wirtschaftlicher Krisen Wähler verloren. Die folgenden Jahrzehnte wurden von Diskussionen um eine Verfassungs- und Wahlrechtsreform geprägt. Diese mündeten schließlich Ende der 1990er Jahre als Gegenreaktion auf die Zentralisierungspolitik Margret Thatchers in der Dezentralisierung des Vereinigten Königreichs durch die Devolution, also eine Verlagerung politischer Kompetenzen vom Westminster Parlament weg an gewählte Vertretungen in Schottland, Nordirland und Wales.[16]

a) Monarchie und Parlamentarismus als Staats- und Regierungsform

Der historische Überblick zeigt, warum Großbritannien trotz seiner Staatsform, der konstitutionellen Monarchie,[17] auch als „Mutterland des Parlamentarismus"[18] und damit der Demokratie gilt. Die britische Monarchie entwickelte sich im Laufe der Jahrhunderte zu einer parlamentarischen Monarchie, die wie eine repräsentative parlamentarische Demokratie funktioniert, wobei der Monarch in der Realität heute überwiegend nur noch eine repräsentative Aufgabe innehat.[19] So wird in Großbritannien das Unterhaus vom Volk in freien Wahlen gewählt,[20] die bürgerlichen Freiheiten sind über

---

[13] *Schröder*, in: Kastendiek/Sturm, Länderbericht Großbritannien, 14 (41 ff.).

[14] Vgl. *Schieren*, Großbritannien, S. 24; *Cullen*, in: Glaeßner/Reutter/Jeffery, Verfassungspolitik und Verfassungswandel, 171 (172 f.).

[15] *Abromeit/Stoiber*, Demokratien im Vergleich, S. 81.

[16] Vgl. *Kastendiek*, in: Glaeßner/Reutter/Jeffery, Verfassungspolitik und Verfassungswandel, 29 (35 ff., 42 f.); *Sturm*, in: Kastendiek/Sturm, Länderbericht Großbritannien, 53 (69 ff.).

[17] *Kaufmann/Waters*, Direct Democracy in Europe, S. 39.

[18] *Jung*, in: Glaeßner/Reutter/Jeffery, Verfassungspolitik und Verfassungswandel, 143 (143); *Krumm/Noetzel*, Das Regierungssystem Großbritanniens, S. 170.

[19] Vgl. *Hättich*, Begriff und Formen der Demokratie, S. 46; *Schieren*, Großbritannien, S. 75, 77 f.

[20] *Krumm/Noetzel*, Das Regierungssystem Großbritanniens, S. 104 ff., *Leyland*, The Constitution of the United Kingdom, S. 133.

rechtsstaatliche Gesetze und Institutionen garantiert,[21] es gibt ein Mehrparteiensystem zur Bündelung der politischen Kräfte,[22] es gilt das Mehrheitsprinzip bei Entscheidungen des Parlaments[23] und das Prinzip der Gewaltenteilung.[24]

Obwohl Großbritannien somit die Anforderungen an eine Demokratie[25] erfüllt, gibt es Abweichungen, die die Staatsordnung als nicht „vollständig demokratisch [...]"[26] erscheinen lassen. So kam es aufgrund fehlender historischer Umbrüche nie dazu, dass im Vereinigten Königreich die Souveränität des Monarchen auf das Volk übertragen wurde. Die Souveränität kommt noch immer ausschließlich und originär der Krone im Parlament zu, was sich darin ausdrückt, dass jedes Gesetz für seine Wirksamkeit der Zustimmung des Monarchen bedarf.[27] Unter Volkssouveränität versteht man dabei gemeinhin die Eigenschaft des Volkes, als verfassungsgebende Gewalt über die Staatsform und andere Staatsgrundsätze bestimmen zu können.[28] Das Volk ist im Vereinigten Königreich aber nicht der Ursprung aller Staatsgewalt, sondern wählt lediglich das sie ausübende Organ in Form des Parlaments. Daher wurde sogar davon gesprochen, dass Letzteres nicht das Volk repräsentiert, sondern als *„commons"* nur sich selbst.[29] Nach der Unterscheidung des britischen Staatsrechtlers Dicey hat das Parlament damit die sogenannte „rechtliche" Souveränität, also die Fähigkeit ohne Begrenzung Recht zu setzen, inne. Das Volk ist dagegen Träger der „politischen Souveränität", also der Fähigkeit, das Parlament durch Wahlen zu regulieren.[30] Ab Mitte der 1990er Jahre entsprach das Selbstverständnis des Westminster-Modells, wonach die Regierung nur dem Parlament und nicht dem Volk gegenüber rechenschaftspflichtig ist, nicht mehr den gesellschaftlichen Ansprü-

---

21 *Kaufmann/Waters*, Direct Democracy in Europe, S. 39; *Setzer*, JöR 1995, 599 (620).

22 *Leyland*, The Constitution of the United Kingdom, S. 108 f.

23 *Schieren*, Großbritannien, S. 50, 64 f.

24 *Yardley*, Introduction into British Constitutional Law, S. 80 f.; Mangoldt/Klein/Starck/*Sommermann*, GG, Bd. 2, Art. 20 Rn. 64 f., 81 ff.

25 Dazu Mangoldt/Klein/Starck/*Sommermann*, GG, Bd. 2, Art. 20 Rn. 81.

26 *Schieren*, Großbritannien, S. 61.

27 Vgl. *Fröhlich*, Von der Parlamentssouveränität zur Verfassungssouveränität, S. 64; *Kaufmann/Waters*, Direct Democracy in Europe, S. 7; *Schmidt*, Demokratietheorien, S. 63.

28 *Morlok/Michael*, Staatsorganisationsrecht, § 5 Rn. 8 ff.

29 *Sternberger*, PVS 1967, 526 (529); vgl. ferner *Dicey*, Einführung in das Studium des Verfassungsrechts, S. 182 ff.; *Fröhlich*, Von der Parlamentssouveränität zur Verfassungssouveränität, S. 62 f.; *Jung*, in: Glaeßner/Reutter/Jeffery, Verfassungspolitik und Verfassungswandel, 143 (153 f.).

30 *Dicey*, Einführung in das Studium des Verfassungsrechts, S. 183 f.

chen an ein Parlament. Mit dem *Freedom of Information Act 2000*[31] öffnete sich das Parlament ein Stück weit der öffentlichen Kontrolle, indem Bürger ab diesem Zeitpunkt Einsicht in Dokumente öffentlicher Stellen nehmen konnten. Hierdurch findet nun auch zwischen den Wahlen ein Austausch zwischen Parlament und Bürgern statt.[32]

Daneben ist die besondere Art der Gewaltenteilung Großbritanniens hervorzuheben, da die drei Gewalten Legislative, Exekutive und Judikative nicht streng voneinander getrennt sind. Es wird daher teilweise nur von einer „Gewaltentrennung" gesprochen.[33] Ein Beispiel für die Kompetenzüberschneidungen sind die Regierungsmitglieder. Gewöhnlich sind sie auch Mitglied des Unter- oder Oberhauses und damit Teil der Legislative, da Unter- und Oberhaus aufgrund von Parlamentsgesetzen eine abgeleitete eigene Gesetzgebungskompetenz innehaben.[34] Darüber hinaus ist der Monarch der Kopf der Regierung und gleichzeitig das dritte Haus des Parlaments, neben Unter- und Oberhaus.[35]

Überschneidungen von Legislative und Judikative, die durch die Funktion des Oberhauses als zweiter Kammer der Legislative und oberstem Gericht des Landes entstand, wurden durch die Schaffung eines Surpreme Courts durch den *Constitutional Reform Act 2005*[36] abgemildert. Im Zuge dieser Verfassungsreform wurde auch das Amt des *Lord Chancellors* umfassend umgestaltet, der bis zu diesem Zeitpunkt alle drei Gewalten innehatte, als *Speaker* des Oberhauses in der Legislative, als Kabinettsmitglied in der Exekutive und als oberster Richter in der Judikative.[37] Seine Kompetenzen wurden auf andere Stellen übertragen, wohingegen er heute nur noch die Funktion des Justizministers wahrnimmt.[38]

Trotz dieser Verbesserungen der Gewaltenteilung gibt es im Vereinigten Königreich kein ausgeprägtes System der „*checks and balances*", da die Ju-

---

[31] Freedom of Information Act 2000 vom 30.11.2000, abrufbar unter: https://www.legislation.gov.uk/ukpga/2000/36/contents, Stand: 02.08.2020.

[32] *Schieren*, Großbritannien, S. 84.

[33] *Krumm/Noetzel*, Das Regierungssystem Großbritanniens, S. 191.

[34] *Yardley*, Introduction into British Constitutional Law, S. 81 f.

[35] *Yardley*, Introduction into British Constitutional Law, S. 81 f.

[36] Constitutional Reform Act 2005 vom 24.03.2005, abrufbar unter: https://www.legislation.gov.uk/ukpga/2005/4/contents, Stand: 02.08.2020 um 13.40 Uhr; dazu *Yardley*, Introduction into British Constitutional Law, S. 82; *Krumm/Noetzel*, Das Regierungssystem Großbritanniens, S. 235.

[37] Vgl. *Leyland*, The Constitution of the United Kingdom, S. 196 ff.; *Krumm/Noetzel*, Das Regierungssystem Großbritanniens, S. 278.

[38] *Leyland*, The Constitution of the United Kingdom, S. 197.

dikative über keine Verwerfungskompetenz für Parlamentsgesetze verfügt.[39] Es gibt hinsichtlich der Europäischen Menschenrechtskonvention[40], solange sie über den *Human Rights Act 1998*[41] Anwendung findet, nur die Möglichkeit, eine Inkompatibilität zwischen britischem Recht und der Konvention festzustellen.[42] Im Gegensatz dazu unterliegt jedoch die exekutive Gesetzgebung einer umfassenden gerichtlichen Normenkontrolle.[43]

b) Zentralistische Struktur des Staatsverbandes

Der Staatsaufbau Großbritanniens war bis in die 1990er Jahre als rein zentralistisch einzustufen. Das Zentrum der Macht ist dabei rechtlich bis heute das Westminster Parlament in London, das die beschriebene alleinige rechtliche Souveränität oder zumindest Suprematie über die vier Landesteile England, Wales, Schottland und Nordirland innehat.[44] Grundsätzlich abgelehnt wird der Föderalismus in Großbritannien aufgrund der starken Stellung des Westminster Parlaments, der Tatsache, dass 80 % der Staatsbürger in England leben und der Schwierigkeit, zwischen englischer und britischer Identität zu unterscheiden. Letzteres erschwert zudem auch die Einführung einer regionalen Regierung für England.[45] Jedoch gab es, insbesondere von Seiten Schottlands, seit den 1970er Jahren immer wieder Forderungen nach mehr Unabhängigkeit von London und somit Tendenzen zur Dezentralisierung.[46] Die Idee der Abkoppelung entsprang dabei in den Zeiten der Ölkrise einer generellen wirtschaftlichen Unzufriedenheit Schottlands gegenüber dem Rest des Vereinigten Königreichs. Verstärkt wurde dies durch den Umstand, dass in der schottischen Nordsee Erdöl gefunden worden war.[47]

---

[39] Vgl. *Kastendiek*, in: Glaeßner/Reutter/Jeffery, Verfassungspolitik und Verfassungswandel, 29 (38); *Sydow*, in: Heckmann, Verfassungsstaatlichkeit im Wandel, 575 (588).

[40] Konvention zum Schutze der Menschenrechte und Grundfreiheiten (EMRK) vom 04.11.1950 i.d.F. der Bekanntmachung vom 22.10.2010 (BGBl. 2010 II, S. 1198), geändert durch 15. EMRK-Protokoll vom 24.06.2013 (BGBl. 2014 II S. 1034).

[41] Human Rights Act 1998 vom 09.11.1998, abrufbar unter: https://www.legislation.gov.uk/ukpga/1998/42/contents, Stand: 03.10.2020.

[42] *Schieren*, Großbritannien, S. 36f.

[43] *Sydow*, in: Heckmann, Verfassungsstaatlichkeit im Wandel, 575 (588).

[44] Vgl. *Sturm*, Das Schottland-Referendum, S. 7; *Krumm/Noetzel*, Das Regierungssystem Großbritanniens, S. 46.

[45] Vgl. *Sturm*, Das Schottland-Referendum, S. 29f.; *Krumm/Noetzel*, Das Regierungssystem Großbritanniens, S. 47.

[46] Vgl. *Kastendiek*, in: Glaeßner/Reutter/Jeffery, Verfassungspolitik und Verfassungswandel, 29 (40); *Sturm*, Das Schottland-Referendum, S. 29ff.

[47] *Meisch*, Devolution in Schottland, S. 214; *Krumm/Noetzel*, Das Regierungssystem Großbritanniens, S. 49.

Das aufgrund des *Scotland Act 1978*[48] im Jahre 1979 gehaltene Referendum zu der Frage, ob Schottland mehr Kompetenzen übertragen bekommen sollte, scheiterte jedoch an einer zu knappen Beteiligung von nur 30 % der Wahlberechtigten, bei einem festgesetzten Zustimmungsquorum von 40 %.[49] Das Referendum im Jahre 1997 war dagegen erfolgreich. Bei einer Abstimmungsbeteiligung von 60 % der wahlberechtigten Schotten stimmten 74,3 % für die Einrichtung eines schottischen Parlaments.[50] Daraufhin beschloss das Westminster Parlament den *Scotland Act 1998*[51], der die Einrichtung eines schottischen Parlaments ermöglichte, das daraufhin erstmals im Jahr 1999 gewählt wurde.[52] Daneben fanden auch Referenden in Wales und Nordirland zur Frage der Devolution, also der Übertragung von Kompetenzen aus Westminster auf diese Landesteile statt, die positiv ausgingen (50,3 % Ja-Stimmen für Wales und 71,1 % Ja-Stimmen für Nordirland).[53] Diese Ergebnisse führten ebenso wie für Schottland zu einer Devolutionsgesetzgebung (*Government of Wales Act 1998*[54] und *Northern Ireland Act 1998*[55]) für diese Landesteile.[56] England hat dagegen aufgrund der eingangs erwähnten Gründe bis heute kein eigenes Parlament.[57]

Trotz des weiterhin formal bestehenden Status Großbritanniens als einheitlicher Zentralstaat[58] und der weiter existierenden unbedingten Souveränität des Westminster Parlaments wird dieser Prozess teilweise als vorsichtige Entwicklung in Richtung eines „Quasi-Föderalismus“[59] gesehen.

Die vier Landesteile des Vereinigten Königreichs sind zudem noch weiter untergliedert. Bis in die 1970er Jahre waren sie in *counties* (Grafschaften)

---

[48] Scotland Act 1978 vom 31.07.1978, abrufbar unter: https://www.legislation.gov.uk/ukpga/1978/51/contents/enacted, Stand: 03.10.2020.

[49] *Page*, Constitutional Law of Scotland, S. 24 f.

[50] *Page*, Constitutional Law of Scotland, S. 26.

[51] Scotland Act 1998 vom 19.11.1998, abrufbar unter: https://www.legislation.gov.uk/ukpga/1998/46/contents, Stand: 03.08.2020.

[52] *Page*, Constitutional Law of Scotland, S. 26.

[53] *Sturm*, in: Kastendiek/Sturm, Länderbericht Großbritannien, 53 (70).

[54] Government of Wales Act 1998 vom 31.07.1998, abrufbar unter: https://www.legislation.gov.uk/ukpga/1998/38/contents, Stand: 03.09.2020.

[55] Northern Ireland Act 1998 vom 19.11.1998, abrufbar unter: https://www.legislation.gov.uk/ukpga/1998/47/contents, Stand: 03.10.2020.

[56] *Leyland*, The Constitution of the United Kingdom, S. 243, 246.

[57] *Parolari/Woelk*, in: Fraenkel-Haeberle/Kropp/Palermo/Sommermann, Citizen Participation in Multi-Level Democracies, 265 (272 f.).

[58] *Krumm/Noetzel*, Das Regierungssystem Großbritanniens, S. 47.

[59] *Kastendiek*, in: Glaeßner/Reutter/Jeffery, Verfassungspolitik und Verfassungswandel, 29 (48); *Kaiser*, EuR 2016, 593 (603).

eingeteilt, bis diese durch den *local government Act 1972*[60] durch zusätzliche *districts* (Bezirke) geteilt wurden und die eine zweistufige Lokalverwaltung vorsahen.[61] In den 1990er Jahren wurden diese Unterteilungen noch einmal vereinfacht. In England sind von den 39 d*istrict councils* nun 36 einstufig organisiert, genauso wie die 32 *London boroughs*. Wales verfügt über 22 *unitary authorities*, Schottland über 32 *single-tier authorities* und Nordirland über 26 d*istrict councils*.[62] Im europäischen Vergleich umfasst das Vereinigte Königreich mit diesen Lokalverwaltungen recht große Gebietskörperschaften, die aber, der zentralistischen Staatsform entsprechend, der stetigen Kontrolle und möglichen Intervention aus Westminster ausgesetzt sind.[63]

c) Die zusammengesetzte Verfassung

Bezüglich seiner Verfassung stellt sich das Vereinigte Königreich als ein „Sonderfall"[64] in Europa dar, da es als einziges Land der EU-Mitgliedstaaten über keine zusammenhängende Verfassungsurkunde verfügt.[65] Nach dem formellen Verfassungsbegriff, wonach eine Verfassung einen normierten Rechtsakt darstellt, der in einem besonderen Verfahren der Verfassungsgesetzgebung zustande gekommen ist und üblicherweise einer erschwerten Abänderbarkeit unterliegt,[66] besitzt das Vereinigte Königreich keine Verfassung. Es gibt keine perpetuierte Verfassungsniederschrift, an deren Änderung erhöhte Anforderungen gestellt werden. Alle Gesetze stehen zur Disposition der einfachen Mehrheit des Westminster Parlaments.[67] Es wurde lediglich im Jahr 2003 mit dem Fall *Thoburn vs. Sunderland City Council*[68] eine Art sanfte Normenhierarchie eingeführt. In diesem Urteil wurde erstmals das Konzept der *constitutional statutes* (Verfassungsgesetze) in Abgrenzung zu den *ordinary statutes* entwickelt. Während letztere durch *implied repeal*, also nach dem lex posterior Grundsatz implizit durch eine Neuregelung des Gegenstandes verändert oder aufgehoben werden können, müssen Veränderungen eines Verfassungsgrundsatzes im Änderungsgesetz

---

60 Local Government Act 1972 vom 26.10.1972, abrufbar unter: https://www.legislation.gov.uk/ukpga/1972/70/contents, Stand: 04.10.2020.

61 *Krumm/Noetzel*, Das Regierungssystem Großbritanniens, S. 225.

62 *Leyland*, The Constitution of the United Kingdom, S. 284.

63 *Schieren*, Großbritannien, S. 154.

64 *Kimmel*, in: Gabriel/Kropp, Die EU-Staaten im Vergleich, 62 (63, 67).

65 Vgl. *Kimmel*, in: Gabriel/Kropp, Die EU-Staaten im Vergleich, 62 (63); Bogdanor/*Marshall*, The British Constitution, S. 31.

66 Dazu *Wieser*, Vergleichendes Verfassungsrecht, S. 50; Sachs/*Sachs*, GG, Einf. Rn. 7 f.

67 *Fröhlich*, Von der Parlamentssouveränität zur Verfassungssouveränität, S. 41.

68 Thoburn vs. Sunderland City Council, QB 151 (2003).

explizit benannt werden (*express repeal*).[69] Diese Maßgabe stellt jedoch lediglich ein Zitiergebot dar und führt nicht zu einer erschwerten Veränderbarkeit von Verfassungsregeln.

Das Vorliegen einer Verfassung im weiteren, materiellen Sinne kann allerdings bejaht werden. Eine materielle Verfassung umfasst alle „Rechtsnormen, die die grundlegenden Regeln über die Organisation des Staates und sein Verhältnis zu den Bürgern betreffen".[70] Wie eingangs beschrieben, verteilt sich die Entwicklung des britischen Verfassungsrechts auf acht Jahrhunderte und setzt sich aus vielen verschiedenen Rechtsquellen zusammen, von denen ein großer Teil ungeschrieben ist.[71] Diese materielle Verfassung setzt sich zusammen aus:

(1) *statute law* (einfachen Parlamentsgesetzen, wie zum Beispiel dem *Scotland Act 1998 oder* dem *Human Rights Act 1998*, der das erste Mal völkerrechtliche Konventionsrechte in die britische Rechtsordnung integrierte und damit eine Art Grundrechtskatalog für das Vereinigte Königreich schuf[72]),

(2) *common law* (Gewohnheits- und Richterrecht, das durch Präjudizfälle der Gerichte geschaffen wird) und

(3) *constitutional conventions* (ungeschriebenen Konventionalregeln, die Verhaltens- und Verfahrensregeln für politische Prozesse und Institutionen bindend festlegen, welche aber nicht gerichtlich durchsetzbar sind, beispielsweise die Regel, dass der Monarch verabschiedeten Parlamentsgesetzen stets seine Zustimmung erteilt).

(4) Solange Großbritannien Mitglied der EU war, gehörte auch das *European Union Law* dazu, da der EU mit dem Beitritt Großbritanniens durch den *European Communities Act 1972*[73] eine übergeordnete Rechtsstellung zuerkannt wurde.[74]

Nach dem Austritt des Vereinigten Königreichs aus der EU zum Januar 2020 gilt mit dem Austrittsabkommen während des Übergangszeitraumes

---

[69] Vgl. *Sydow*, ZaöRV 2004, 65 (79f.); *Kaiser*, EuR 2016, 593 (596); *Elliott/Thomas*, Public Law, S. 233.

[70] *Wieser*, Vergleichendes Verfassungsrecht, S. 50; Sachs/*Sachs*, GG, Einf. Rn. 9.

[71] Vgl. *Wieser*, Vergleichendes Verfassungsrecht, S. 51; Bogdanor/*Marshall*, The British Constitution, S. 31; *Lijphart*, Democracies, S. 9.

[72] Dazu *Cullen*, in: Glaeßner/Reutter/Jeffery, Verfassungspolitik und Verfassungswandel, 171 (180f.); *Sydow*, in: Heckmann, Verfassungsstaatlichkeit im Wandel, 575 (580).

[73] European Communities Act 1972 vom 17.10.1972, abrufbar unter: https://www.legislation.gov.uk/ukpga/1972/68/contents, Stand: 06.08.2020.

[74] Vgl. *Wieser*, Vergleichendes Verfassungsrecht, S. 51f.; *Kaufmann/Waters*, Direct Democracy in Europe, S. 39; *Leyland*, The Constitution of the United Kingdom, S. 26ff.

bis Ende 2020 das gesamte Unionsrecht inklusive seiner übergeordneten Stellung weiter. Der *European Union (Withdrawal) Act 2018*[75] und *European Union (Withdrawal Agreement) Act 2020*[76] sorgen dafür, dass im Anschluss daran das direkt anwendbare EU-Recht in innerbritisches Recht überführt wird.[77] Dies ermöglicht, rechtliche Lücken zu vermeiden. Es bedeutet jedoch auch, dass die Landesparlamente die Gesetze in der Folgezeit bedarfsorientiert verändern oder aufheben können, womit die besondere Stellung des Unionsrechts gegenüber dem nationalen Recht enden wird.

Ein kleiner Schritt in Richtung formeller Verfassung wurde jedoch im Jahr 2011 vom britischen Kabinett nach einem mehrjährigen parlamentarischen und öffentlichen Beratungsprozess vorgenommen, mit der Schaffung des *Cabinet Manual.*[78] Es beinhaltet eine Zusammenschau aller britischen Regelungsbereiche verfassungsrechtlicher Art und trifft in elf Kapiteln Grundaussagen zu Staatsform und Verfassung. Im Text befinden sich Fußnoten, die am Ende der Kapitel die Rechtsgrundlagen der Aussagen aufzeigen.[79] Diese Rechtsgrundlagen reichen vom *Act of Union 1707*[80] bis zum Verweis auf die Internetseite der britischen Regierung und zeigen damit die Pluralität dieser „Quasi-Verfassung" auf.[81] Allerdings wird bereits in der Einleitung des *Cabinet Manuals* darauf hingewiesen, dass es sich dabei lediglich im eine Zusammenschau von Informationen zu den Gesetzen handelt, die keineswegs rechtlich bindend sein soll, sondern lediglich einen „*Guide*" darstellt, für alle, die im staatlichen Bereich arbeiten.[82] Dennoch wird dem *Cabinet Manual*, neben der Rechtsverbindlichkeit, die den einzelnen Rechtssätzen aus sich selbst heraus zukommen, eine gewisse politische Bindungswirkung

---

75 European Union (Withdrawal) Act 2018 vom 26.06.2018, abrufbar unter: http://www.legislation.gov.uk/ukpga/2018/16/contents/enacted, Stand: 11.09.2020.

76 European Union (Withdrawal Agreement) Act 2020 vom 23.01.2020, abrufbar unter: https://www.legislation.gov.uk/ukpga/2020/1/contents/enacted, Stand 16.09.2020.

77 *Schröder*, DVBl 2020, 833 (835, 839).

78 The Cabinett Manual, A guide to laws, conventions and rules on the operation of government (2011), abrufbar unter: https://assets.publishing.service.gov.uk/government/uploads/system/uploads/attachment_data/file/60641/cabinet-manual.pdf, Stand: 06.12.2020 um 12.50 Uhr (im Folgenden: „The Cabinett Manual (2011)"); *Sydow*, in: Heckmann, Verfassungsstaatlichkeit im Wandel, 575 (583).

79 The Cabinett Manual (2011) (Kapitel 1, Fn. 78), Kapitel 1, S. 7 ff.

80 Union with England Act 1707 vom 01.05.1707, abrufbar unter: http://www.legislation.gov.uk/aosp/1707/7/contents, Stand: 06.09.2020.

81 The Cabinet Manual (2011) (Kapitel 1, Fn. 78), Kapitel 1, S. 11; *Sydow*, in: Heckmann, Verfassungsstaatlichkeit im Wandel, 575 (583 f.).

82 The Cabinett Manual (2011) (Kapitel 1, Fn. 78), Foreword by the Prime Minister, Preface by the Cabinet Secretary, S. III f.

nicht abzusprechen sein.[83] Eine geschriebene, rechtsverbindliche Verfassung wird dabei, wie die Einleitung des *Cabinet Manual zeigt*, aber nach wie vor als Fremdkörper im britischen Verfassungssystem empfunden.[84]

Folge der materiellen Verfassung Großbritanniens ist es, dass kaum ein Unterschied zwischen Verfassungsrecht und Verfassungswirklichkeit gemacht werden kann, da hier beides zusammenfällt.[85] Alle genannten Rechtsquellen können durch einfache Gesetzgebung des Parlaments jederzeit verändert, abgeschafft oder neu errichtet und somit an die aktuelle gesellschaftliche Lage angepasst werden. Lediglich der *express repeal* als eine Art Zitiergebot bei der Änderung von *constitutional statutes* wie dem *Scotland Act 1998* stellt ein besonderes Erfordernis im Gesetzgebungsverfahren dar.[86] Die britische Verfassung ist das Resultat des allgemeinen Landesrechts[87] und damit als sehr „nachgiebige Verfassung"[88] zu qualifizieren.

d) Britische Verfassungsprinzipien

Ursprünglich hatte der Monarch in Großbritannien die uneingeschränkte Souveränität inne. Jedoch reduzierten sich diese königlichen *prerogative powers* im Laufe der Jahrhunderte mit der Entwicklung der parlamentarischen Demokratie und wurden auf die drei Gewalten Legislative, Exekutive und Judikative übertragen.[89] Hierbei wurde insbesondere die Kompetenz, uneingeschränkt Gesetze zu erlassen, durch die *Bill of Rights* aus dem 17. Jahrhundert vollständig an das Parlament abgegeben und bildet seitdem in Form der Parlamentssouveränität das zentrale Verfassungsprinzip des Vereinigten Königreichs.[90]

Inhalt der Parlamentssouveränität ist in negativer Hinsicht, dass keine Instanz, außer dem Parlament selbst, nach Verabschiedung eines Parla-

---

[83] *Sydow*, in: Heckmann, Verfassungsstaatlichkeit im Wandel, 575 (585).

[84] Vgl. The Cabinett Manual (2011) (Kapitel 1, Fn. 78), Foreword by the Prime Minister, Preface by the Cabinet Secretary, S. III f.; *Fröhlich*, Von der Parlamentssouveränität zur Verfassungssouveränität, S. 22 f.

[85] *Schieren*, Großbritannien, S. 30.

[86] Vgl. *Sydow*, ZaöRV 2004, 65 (79 f.); *Kaiser*, EuR 2016, 593 (596); *Elliott/Thomas*, Public Law, S. 233.

[87] *Dicey*, Einführung in das Studium des Verfassungsrechts, S. 274; Bogdanor/*Marshall*, The British Constitution, S. 51.

[88] *Wieser*, Vergleichendes Verfassungsrecht, S. 98 f.

[89] Vgl. R (Miller) vs. Secretary of State for Exiting the European Union, [2017] UKSC 5, para. 41; Bogdanor/*Brazier*, The British Constitution, S. 71.

[90] Vgl. R (Miller) vs. Secretary of State for Exiting the European Union, [2017] UKSC 5, para. 43; *Leyland*, The Constitution of the United Kingdom, S. 45; *Lijphart*, Democracies, S. 9.

mentsgesetzes befugt ist, dieses bei vorhandenen Zweifeln bezüglich seiner Rechtmäßigkeit zu verwerfen. Positiver Aspekt des Prinzips ist, dass das Parlament über rechtlich absolut unbegrenzte Gesetzgebungsbefugnisse verfügt.[91] Zudem kann das Legislativorgan weder durch seine Vorgänger noch durch Nachfolger rechtlich gebunden werden.[92] Eine Absicherung verfassungsrechtlicher Art gegen mögliche Willkürakte des Parlaments ist nicht vorgesehen und wurde vom Staatsrechtler Dicey Ende des 19. Jahrhunderts auch nicht für erforderlich gehalten.[93] Dieses System, wonach das Parlament und dessen Regierung mit sicherer Mehrheit rechtlich unbeschränkte Kompetenzen innehaben, wird daher auch als *„elective dictatorship"* betitelt.[94] Das Parlament kann mit einfacher Mehrheit alle britischen Gesetze und Grundsätze ändern und somit auch die Devolutionsgesetzgebung wieder rückgängig machen. Politisch wäre letzteres äußerst problematisch, rechtlich aber durchaus möglich.[95]

Dieser Umstand führte ab den 1970er Jahren zu einer Verfassungsdebatte, die in einer Reihe von Verfassungsreformgesetzen mündete, die den Gerichten explizite Kontrollkompetenzen übertrugen. Sie können nun die exekutive Rechtssetzung, also die *delegated legislation* der *devolved bodies*, (beispielsweise Gesetze des schottischen Parlaments) auf die Einhaltung ihrer durch die Devolution festgesetzten Kompetenzen überprüfen und bei Rechtswidrigkeit verwerfen.[96] Dagegen besteht jedoch weiterhin nicht die Möglichkeit für die Gerichte, ein rechtswidriges Gesetz des Westminster Parlaments zu verwerfen.[97] Sie können lediglich einen Hinweis auf die „Inkompatibilität" des überprüften Gesetzes geben, wobei die Letztentscheidung, ob das Gesetz verändert oder verworfen wird, weiterhin dem Parlament obliegt.[98]

---

91 Vgl. *Leyland*, The Constitution of the United Kingdom, S. 47ff.; *Fröhlich*, Von der Parlamentssouveränität zur Verfassungssouveränität, S. 31, 50f.

92 *Fröhlich*, Von der Parlamentssouveränität zur Verfassungssouveränität, S. 51.

93 *Sydow*, in: Heckmann, Verfassungsstaatlichkeit im Wandel, 575 (585f.); *Fröhlich*, Von der Parlamentssouveränität zur Verfassungssouveränität, S. 46f.

94 *Sturm*, in: Kastendiek/Sturm, Länderbericht Großbritannien, 135 (149); *Schieren*, Großbritannien, S. 33, 57, 79.

95 Vgl. *Page*, Constitutional Law of Scotland, S. 28f.; *Sydow*, in: Heckmann, Verfassungsstaatlichkeit im Wandel, 575 (582); *Parolari/Woelk*, in: Fraenkel-Haeberle/Kropp/Palermo/Sommermann, Citizen Participation in Multi-Level Democracies, 265 (274).

96 *Page*, Constitutional Law of Scotland, S. 28f.

97 *Leyland*, The Constitution of the United Kingdom, S. 49f.; *Sydow*, in: Heckmann, Verfassungsstaatlichkeit im Wandel, 575 (587).

98 Vgl. *Leyland*, The Constitution of the United Kingdom, S. 50; *Schieren*, Großbritannien, S. 36f.

Aus der absoluten Parlamentssouveränität leitet sich zudem der Verfassungsgrundsatz der *rule of law* ab und bildet damit die zweite Säule des britischen Verfassungsrechts.[99] Zum Inhalt der *rule of law* gehören drei auf den Staatsrechtler Dicey zurückgehende Grundsätze.[100]

Dies ist zuerst die Rechtmäßigkeit der Verwaltung, worunter der Ausschluss von Willkür seitens der Exekutive verstanden wird, weswegen die öffentliche Hand nur aufgrund einer Rechtsgrundlage in Form von *statute law* oder *common law* in die Freiheit von Personen eingreifen darf.[101] Daneben steht die Gleichheit vor dem Recht, wonach weder Träger öffentlicher Gewalt noch Privatpersonen über dem *statute law* und *common law* stehen und somit alle Rechtssubjekte gleichermaßen an das Recht gebunden sind.[102] Hieraus resultiert der Umstand, dass das Vereinigte Königreich keine eigene Verwaltungsgerichtsbarkeit kennt, sondern das öffentliche Recht als besondere privatrechtliche Angelegenheiten behandelt.[103] Zuletzt ist die Freiheit des Individuums zu nennen. Diese Freiheit wird jedoch nicht durch einen expliziten Grundrechtskatalog geschützt, sondern durch das *common law*, das von den Gerichten entwickelt und durchgesetzt wird.[104]

Die *rule of law* ist jedoch nicht so zu verstehen, dass alle drei Gewalten an Recht und Gesetz gebunden wären. Als Ausfluss der Parlamentssouveränität müssen sich lediglich Regierung und Verwaltung an die Gesetze des Parlaments halten.[105] Dementsprechend wird von den Gerichten im *judicial review* auch nur geprüft, ob sich die Exekutive an die gesetzlichen Ermächtigungen hält. Mit dem *judicial review* wird überprüft, ob die Verwaltung oder ein anderer *public body* die ihm übertragenen Kompetenzen überschritten oder missbraucht hat. Dies wird auch als die *„rule of law in operation“* bezeichnet.[106]

---

[99] *Fröhlich*, Von der Parlamentssouveränität zur Verfassungssouveränität, S. 73; *Schieren*, Großbritannien, S. 38.

[100] *Leyland*, The Constitution of the United Kingdom, S. 65 f.

[101] *Fröhlich*, Von der Parlamentssouveränität zur Verfassungssouveränität, S. 81; *Yardley*, Introduction into British Constitutional Law, S. 74 f.

[102] *Leyland*, The Constitution of the United Kingdom, S. 66 f.

[103] *Krumm/Noetzel*, Das Regierungssystem Großbritanniens, S. 234; *Schieren*, Großbritannien, S. 39 f.

[104] *Leyland*, The Constitution of the United Kingdom, S. 67; *Dicey*, Einführung in das Studium des Verfassungsrechts, S. 270.

[105] Dazu *Schieren*, Großbritannien, S. 38 f.; *Blick*, Beyond Magna Carta, S. 186; *Fröhlich*, Von der Parlamentssouveränität zur Verfassungssouveränität, S. 73 ff.

[106] *Webley/Samuels*, Public Law, S. 421; *Himsworth/O'Neill*, Scotland's Constitution, S. 422.

Darüber hinaus wurden erstmals im Urteil *Miller vs. The Prime Minister* und *Cherry vs. Advocate General for Scotland* explizit fundamentale Prinzipien des britischen Verfassungsrechts benannt und damit für die Judikative überprüfbar gemacht. Neben der Parlamentssouveränität sind dies insbesondere das *principle of the separation of powers* (Gewaltenteilung) und das *principle of Parliamentary accountability* (Verantwortung der Regierung gegenüber dem Parlament beziehungsweise Legitimationszusammenhang).[107]

2. Schottland

Schottland war ursprünglich ein eigenständiger und unabhängiger Staat neben England. Dies änderte sich auch nicht durch die Thronbesteigung Jakob I. im Jahr 1603, durch die es zu einer Personalunion zwischen schottischer und englischer Krone kam.[108] Erst ein Jahrhundert später, im Jahr 1707, gab Schottland sein eigenes Parlament auf und vereinigte es mit dem englischen Parlament. Gründe hierfür waren die langjährigen konfessionellen Spannungen zwischen den Ländern, die zu einem Bürgerkrieg führten, die Übermacht Englands, das den schottischen Thron für sich beanspruchte, und letztlich auch wirtschaftliche Interessen.[109] Hierfür erließ das Parlament in London den *Union with Scotland Act 1706*[110] und das Parlament in Edinburgh den *Union with England Act 1707.*

Dabei kam es den englischen Ministern aber nicht darauf an, Schottland in die englischen Gepflogenheiten und Institutionen einzugliedern. Ihr Hauptanliegen war es, das schottische Parlament abzuschaffen und somit dem nicht erloschenen schottischen Streben nach Unabhängigkeit ein Ende zu bereiten.[111] Dieser Ansatz führte dazu, dass die Schotten zwar ihre Legislative aufgaben, allerdings ihr eigenes Rechts- und Justizsystem, ihr Bildungssystem, die Church of Scotland und somit das Fundament ihres schottischen Nationalbewusstseins behielten.[112] Dieser Umstand ist insbesondere bezüglich des Rechtssystems beachtlich, da das schottische Rechtssystem im Gegensatz zum englischen *common law*, auf die Traditionen kontinentaleuro-

---

[107] Vgl. R (Miller) vs. The Prime Minister and Cherry vs. Advocate General for Scotland, [2019] UKSC 41, para. 40f., 46.

[108] Vgl. *Grote*, ZaöRV 1998, 109 (112); *Schieren*, Großbritannien, S. 16; *Page*, Constitutional Law of Scotland, S. 4.

[109] *Schieren*, Großbritannien, S. 16.

[110] Union with Scotland Act 1706 vom 22.07.1706, abrufbar unter: http://www.legislation.gov.uk/aep/Ann/6/11/contents, Stand: 09.08.2020.

[111] *Page*, Constitutional Law of Scotland, S. 6.

[112] Vgl. *Page*, Constitutional Law of Scotland, S. 6; *Krumm/Noetzel*, Das Regierungssystem Großbritanniens, S. 49; *Grote*, ZaöRV 1998, 109 (113).

päischer Rechtsvorstellungen und des römischen Rechts zurückgeht.[113] Es dauerte trotz der Beibehaltung der genannten Institutionen fast drei Jahrhunderte, bis Schottland in den 1970er Jahren einen ersten Versuch wagte, wieder ein eigenes Parlament einzuführen, was, wie beschrieben, erst mit dem Referendum im Jahr 1997 zum Erfolg führte.

a) Inhalt und Auswirkungen der schottischen Devolution

Schottland verfügte auch schon vor der Devolution, die nach dem erfolgreichen Referendum im Jahr 1997 mit dem *Scotland Act 1998* umgesetzt wurde, über ein hohes Maß an Eigenständigkeit.[114] Die schottische Nation mit ihren 5.424.800 Einwohnern[115] hatte sich neben dem eigenen Rechtssystem auch eine eigene Regierung und, wenn auch stark eingeschränkte, legislative Kompetenzen vorbehalten, die im Westminster Parlament durch verschiedene schottische Komitees ausgeübt wurden.[116] Darüber hinaus war der schottische Wunsch nach Autonomie bereits ab der Vereinigung mit England der Grund für eine schrittweise administrative Devolution, bei welcher Verwaltungsaufgaben nach Schottland delegiert wurden.[117] Dies führte über mehrere Etappen von der Einrichtung schottischer Kommissionen (*Boards*), über regionale Abteilungen innerhalb von Ministerien des Westminster Parlaments zu der Einsetzung eines Schottland-Ministers. Dieser stand an der Spitze des *Scottish Office*, der für Schottland zuständigen Abteilung der britischen Regierung.[118]

Die Devolution Ende der 1990er Jahre übertrug Schottland auf Drängen großer Bevölkerungsteile die noch fehlenden legislativen Kompetenzen, die nun von einem gewählten Regionalparlament ausgeübt werden.[119] Da in Schottland, im Vergleich zu Wales und Nordirland, die Unterstützung für die Devolution am größten war, wurden Schottland von der Zentralregierung dementsprechend die meisten Kompetenzen übertragen. Aus diesem Grund wird auch von einer Asymmetrie der Kompetenzverteilung gespro-

---

[113] *Grote*, ZaöRV 1998, 109 (113); *Schieren*, Großbritannien, S. 174; *Watson*, Society And Legal Change, S. 103 f.

[114] *Sturm*, Das Schottland-Referendum, S. 3 f.

[115] *National Records of Scotland*, Mid-Year Population Estimates Scotland (2018), S. 17.

[116] *Page*, Constitutional Law of Scotland, S. 10 ff.

[117] *Page*, Constitutional Law of Scotland, S. 136.

[118] *Meisch*, Devolution in Schottland, S. 17 ff.; *Sturm*, Das Schottland-Referendum, S. 9.

[119] *Krumm/Noetzel*, Das Regierungssystem Großbritanniens, S. 47; *Sturm*, Das Schottland-Referendum, S. 10.

chen.[120] Wo Wales nur eine exekutive Devolution, also die Kompetenz zur Gesetzesumsetzung, zuteilwurde,[121] erhielt das schottische Parlament gemäß sec. 29(2)(b) Scotland Act 1998 nach dem negativen Enumerationsprinzip die Gesetzgebungszuständigkeit für alle Bereiche, die sich das Westminster Parlament nicht als *reserved matters* unter sch. 5 Scotland Act 1998 vorbehalten hat (zum Beispiel Verfassungsgesetzgebung, Außenpolitik und Verteidigung).[122] Allerdings wird trotz des formalen Kompetenzverzichts Westminsters unter sec. 28(7) Scotland Act 1998 („This section does not affect the power of the Parliament of the United Kingdom to make laws for Scotland“) der Vorrang der Parlamentssouveränität gegenüber der schottischen Gesetzgebung betont. Trotz der Möglichkeit des schottischen Parlaments, nun neben dem Parlament in London gleichrangige *primary legislation* auszuüben, gibt Westminster seine allumfassende Souveränität nicht auf, was zu einer rechtlichen „Doppelzuständigkeit“ führt.[123] Dieser Umstand wird jedoch durch ein Abkommen, die nach ihrem Begründer Lord Sewel benannte *Sewel Convention* abgemildert, wonach die Zentralregierung nicht ohne vorherige Zustimmung des schottischen Parlaments in delegierte Gesetzgebungskompetenzen eingreifen soll.[124] Allerdings basiert dieses Abkommen trotz seiner Normierung in sec. 28(8) Scotland Act 1998 auf einer politischen Vertrauensbasis, da für das schottische Parlament keine Möglichkeit besteht, bei Ablehnung eines Sewel-Antrags die Einhaltung der *Sewel Convention* gerichtlich durchzusetzen.[125]

Trotz eines hohen Grades an schottischer Regionalautonomie zeigen die dem Westminster Parlament vorbehaltenen Kompetenzen, dass die Devolution Schottland nicht zu einer eigenen Staatsqualität verholfen hat. Es wurden lediglich Entscheidungsbefugnisse auf einen Landesteil übertragen, ohne dass es zu einer für die Bejahung eines Bundesstaates erforderlichen Teilung der Souveränität zwischen Zentralstaat und Gliedstaaten kam.[126] Hinzu kommt der Umstand, dass Akte des schottischen Parlaments nach

---

[120] Dazu *Parolari/Woelk*, in: Fraenkel-Haeberle/Kropp/Palermo/Sommermann, Citizen Participation in Multi-Level Democracies, 265 (267 f.); *Leyland*, The Constitution of the United Kingdom, S. 248; *Kastendiek/Stinshoff*, in: Kastendiek/Sturm, Länderbericht Großbritannien, 118 (130).

[121] *McCorkindale/McHarg/Scott*, UQLJ (2018), S. 21 f.; *Sturm*, Das Schottland-Referendum, S. 10.

[122] *Grote*, ZaöRV 1998, 109 (124).

[123] *Leyland*, The Constitution of the United Kingdom, S. 250; *Sturm*, Das Schottland-Referendum, S. 12.

[124] Vgl. *Page*, Constitutional Law of Scotland, S. 29 f.; *Ogorek*, JA 2006, 151 (152).

[125] Vgl. *Ogorek*, JA 2006, 151 (153); *McCorkindale/McHarg/Scott*, UQLJ (2018), S. 6.

[126] *Grote*, ZaöRV 1998, 109 (110 f.).

sec. 33 Scotland Act 1998 vom Supreme Court voll überprüf- und vor allem verwerfbar, beziehungsweise nach sec. 29(1),(2) Scotland Act 1998 bei Überschreitung der Kompetenzen, wie der Regelung eines *reserved matters*, nichtig sind.[127] Der Umstand, dass dies nicht für Gesetze des Westminster Parlaments gilt, zeigt den untergeordneten Status der übertragenen Gesetzgebung und somit den Unterschied zwischen Föderalismus und Devolution.[128] Diese Divergenz wird auch dadurch hervorgehoben, dass die schottische Devolution auf einem einfachen Parlamentsgesetz basiert, das in der Theorie mit einfacher Mehrheit des Westminster Parlaments wieder abgeschafft werden kann.[129] Mit sec. 1 Scotland Act 2016 wurde zwar sec. 63A in den Scotland Act 1998 eingefügt, der explizit feststellt, dass das schottische Parlament und die schottische Regierung fester Bestandteil der verfassungsmäßigen Regelungen des Vereinigten Königreichs sind und nur durch ein entsprechendes Referendum des schottischen Volkes wieder abgeschafft werden können. Diese Regelung soll Schottland vor einseitigen Entscheidungen des Westminster Parlaments sichern und formal die Abschaffung des schottischen Parlaments erschweren. Allerdings kann nach der britischen Kompetenzsystematik diese Regelung durch das Westminster Parlament jederzeit wieder zurückgenommen werden, wie die Betonung der beim Westminster Parlament verbleibenden rechtlichen Souveränität zeigt.[130] Auch wenn dies wegen der hohen politischen Bindungswirkung, die solchen Regelungen innewohnt, äußerst schwierig umzusetzen sein dürfte, wird durch die genannten Punkte die rechtlich unangetastete Suprematie der britischen Zentralgewalt deutlich.[131]

b) Der schottische Regierungsaufbau

Da Schottland durch die Devolution keine eigene Staatsqualität verliehen wurde, gilt bezüglich der Staatsform das zu Großbritannien Gesagte, sodass Schottland formal zu einer konstitutionellen Monarchie gehört.

Jedoch ermöglichte der *Scotland Act 1998* die Bildung eines schottischen Parlaments, welches als regionaler, demokratisch legitimierter Gesetzgeber

---

[127] Dazu *Sydow*, ZaöRV 2004, 65 (77 f.); *Hahn-Lorber*, Parallele Gesetzgebungskompetenzen, S. 103.

[128] *McCorkindale/McHarg/Scott*, UQLJ (2018), S. 6; *Page*, Constitutional Law of Scotland, S. 41.

[129] *Sturm*, in: Kastendiek/Sturm, Länderbericht Großbritannien, 53 (73).

[130] Scotland Act 2016, Explanatory Notes, Overview of the Act, abrufbar unter: http://www.legislation.gov.uk/ukpga/2016/11/notes/division/2/index.htm, Stand: 17.09.2020.

[131] Vgl. *Schieren*, Großbritannien, S. 137 ff.; *Sydow*, ZaöRV 2004, 65 (81, 86 ff.).

im Rahmen der ihm übertragenen Kompetenzen agieren kann.[132] Unterschiede zum Westminster Parlament bestehen darin, dass das schottische Parlament nur aus einer Kammer besteht und den Monarchen nicht formal inkorporiert.[133] Zudem ist hervorzuheben, dass das schottische Parlament regelmäßig von Koalitionen beherrscht wird, sich also als äußerst konsensorientiert zeigt, wohingegen das Westminster Parlament die meiste Zeit seiner Existenz nur von einer Partei regiert wurde.[134]

Nicht ganz eindeutig ist allerdings, wer nach dem Selbstverständnis Schottlands der Souverän, also Inhaber der Staatsgewalt ist. Bereits im Urteil *MacCormick vs. Lord Advocate*[135] aus dem Jahr 1953 wurde die britische Parlamentssouveränität als ein Prinzip beschrieben, zu welchem es in Schottland kein entsprechendes Gegenstück gebe. Hieraus könnte man schlussfolgern, dass, im Gegensatz zum britischen Verfassungsverständnis, in Schottland die Idee der *popular sovereignty* (Volkssouveränität) immerhin existiert.[136] Teilweise wird die Volkssouveränität dabei als eine schottische Verfassungstradition betitelt, teilweise als politischer Mythos.[137] Festzustellen ist jedoch, dass in der *Scottish Constitutional Convention*, dem Ausschuss, in welchem seit Ende der 1980er Jahre die schottische Devolution vorbereitet wurde, in der ersten Sitzung der Grundsatz aufgestellt wurde, dass die Macht des schottischen Staates limitiert, geteilt und vom Volk abgeleitet sein sollte.[138] Die Devolution wurde daraufhin von der *Labour* Partei als der perpetuierte Wille des schottischen Volkes bezeichnet, der durch das erfolgreiche Referendum im Jahr 1998 bestätigt wurde.[139] Die *Consultative Steering Group on the Scottish Parliament*, die Arbeitsgruppe, die die Einsetzung des schottischen Parlaments formal vorbereiten sollte, entwickelte sodann vier Prinzipien, auf denen ihre und die Arbeitsweise des neuen Parlaments basieren sollte:

(1) Das schottische Parlament soll die Teilung der Staatsgewalt zwischen dem schottischen Volk, der Legislative und der schottischen Regierung verkörpern.

---

[132] *Hahn-Lorber*, Parallele Gesetzgebungskompetenzen, S. 105.

[133] Vgl. *Himsworth/O'Neill*, Scotland's Constitution, S. 88; *Scottish Constitutional Convention*, Scotland's Parliament. Scotland's Right (1995), S. 24.

[134] *Page*, Constitutional Law of Scotland, S. 203; *Schieren*, Großbritannien, S. 139.

[135] MacCormick vs. Lord Advocate, 1953 S.C. 396, 411.

[136] *Page*, Constitutional Law of Scotland, S. 1.

[137] *Page*, Constitutional Law of Scotland, S. 1.

[138] Vgl. *McCorkindale/McHarg/Scott*, UQLJ (2018), S. 5; *Page*, Constitutional Law of Scotland, S. 25.

[139] *Page*, Constitutional Law of Scotland, S. 26.

(2) Die schottische Exekutive soll dem schottischen Parlament gegenüber rechenschaftspflichtig sein und Parlament und Exekutive sollen gegenüber dem schottischen Volk rechenschaftspflichtig sein.

(3) Das schottische Parlament sollte zugänglich, offen, ansprechbar sein und Verfahren entwickeln, die einen partizipativen Ansatz bei der Ausarbeitung und Überprüfung von Politik und Rechtsvorschriften ermöglichen.

(4) Das schottische Parlament sollte bei seiner Arbeit und seinen Ernennungen die Chancengleichheit für alle fördern.[140]

Diese Grundsätze verdeutlichen das Bestreben Schottlands, nicht nur die devolvierten Kompetenzen anzuwenden, sondern sich dabei vom Westminster-Verständnis abzugrenzen und einen mehr am Volk orientieren Ansatz für die Ausübung schottischer Politik zu finden.[141] Insbesondere die ersten beiden Prinzipien verdeutlichen, dass die Idee der Volkssouveränität, derzufolge das Volk lediglich die Kompetenz die Staatsgewalt auszuüben durch Wahlen auf Repräsentanten überträgt, in Schottland zumindest im Rahmen seiner devolvierten Kompetenzen wesentlich präsenter ist als in Westminster. Zwar kann aufgrund der fehlenden rechtlichen und staatlichen Souveränität Schottlands lediglich von einer praktischen und weniger von einer rechtlichen Form der Volkssouveränität gesprochen werden, da das Westminster Parlament rechtlich stets das letzte Wort hat und somit rechtlich unzweifelhaft der Souverän für alle Länder des Vereinigten Königreichs bleibt. Im Ergebnis dürfte dieses, wenn auch nur politische Souveränitätsverständnis, aber doch die politischen und verfassungsrechtlichen Strukturen des Landes stark beeinflussen.

Darüber hinaus besteht auch in Schottland Gewaltenteilung. Das schottische Parlament, das seinen Sitz in Edinburgh im Stadtteil Holyrood hat,[142] verfügt trotz der vorbehaltenen Parlamentssouveränität Westminsters über weitreichende Kompetenzen. Die Grundregel ist dabei die mit Westminster parallele Gesetzgebungszuständigkeit für alle Gegenstände, für die London keine ausschließliche Kompetenz innehat, sec. 29(1), (2)(b), (c) i. V. m. sch. 4, 5 Scotland Act 1998.[143] Dies umfasst beispielsweise die Bereiche Justiz, Bildung, Gesundheit, die Kommunalverwaltung und, in einem begrenzten Umfang, die Festlegung von Steuersätzen.[144] Seit dem Jahr 1998 wurden die-

[140] Vgl. Report of the Consultative Steering Group on the Scottish Parliament, Section Two; *Himsworth/O'Neill*, Scotland's Constitution, S. 64.

[141] *Davidson/Elstub*, BJPIR 2014, Vol. 16, 367 (373).

[142] *Page*, Constitutional Law of Scotland, S. 27.

[143] *Hahn-Lorber*, Parallele Gesetzgebungskompetenzen, S. 104.

[144] Vgl. *Grote*, ZaöRV 1998, 109 (124, 131); *Scottish Parliament*, Devolved Powers (2018), S. 2.

se Kompetenzen zudem durch den Scotland Act 2012[145] und insbesondere durch den im Nachgang zum schottischen Unabhängigkeitsreferendum erarbeiteten *Scotland Act 2016*[146] erweitert. Der *Scotland Act 2016* sollte eine verfestigte demokratische und verfassungsrechtlich abgesicherte Grundlage Schottlands innerhalb des Vereinigten Königreichs schaffen.[147] Ein Beschluss des schottischen Parlaments bindet gemäß sec. 20 Interpretation and Legislative Reform (Scotland) Act 2010[148] anders als im englischen Rechtssystem die Krone inklusive der Regierung und des Volkes.[149]

Das Gesetzesinitiativrecht bezüglich *Public Bills* (allgemeine Gesetze, Chapter 9 Standing Orders of the Scottish Parliament[150]) haben im schottischen Parlament die Regierung, Abgeordnete und Ausschüsse. Daneben gibt es noch die sogenannten *Private Bills* (Gesetze, die sich auf Einzel- oder Gruppeninteressen beziehen, Chapter 9A Standing Orders of the Scottish Parliament), welche von einzelnen Bürgern oder privaten Körperschaften initiiert werden können.[151] Eine Möglichkeit der Volksgesetzgebung durch Volkentscheide, wie sie in den deutschen Bundesländern bekannt sind, gibt es in Schottland nicht.

Zusammen mit dem schottischen Parlament wurde auch eine schottische Regierung geschaffen, bestehend nach sec. 44(1) Scotland Act 1998 aus einem *First Minister* (dem Regierungschef) und den Ministern für die einzelnen Ressorts. Der Regierungschef wird dabei vom Parlament gemäß sec. 46(2)(a) Scotland Act 1998 aus den eigenen Reihen nominiert und vom Monarchen nach sec. 45(1), 46(4) Scotland Act 1998 ernannt. Er ernennt daraufhin nach sec. 47(1), (2) Scotland Act 1998 selbst die übrigen Minister, die wiederum vom Monarchen bestätigt werden müssen.

---

145 Scotland Act 2012 vom 01.05.2012, abrufbar unter: http://www.legislation.gov.uk/ukpga/2012/11/contents/enacted, Stand: 17.09.2020.

146 Scotland Act 2016 vom 23.03.2016, abrufbar unter: http://www.legislation.gov.uk/ukpga/2016/11/contents/enacted, Stand: 17.09.2020.

147 Vgl. *Page*, Constitutional Law of Scotland, S. 117 f.; *Leyland*, The Constitution of the United Kingdom, S. 248; Report of the Smith Commission for further devolution of powers to the Scottish Parliament (2014), S. 9.

148 Interpretation and Legislative Reform (Scotland) Act 2010 vom 03.06.2020, abrufbar unter: http://www.legislation.gov.uk/asp/2010/10/contents, Stand: 17.09.2020.

149 *Page*, Constitutional Law of Scotland, S. 140.

150 Standing Orders of the Scottish Parliament, 5th Edition, 6th Revision (09.05.2018), abrufbar unter: https://www.parliament.scot/Parliamentaryprocedureandguidance/SOEd05Rev06201805.pdf, Stand: 28.09.2020.

151 *Page*, Constitutional Law of Scotland, S. 202 f., 214 f.; *Himsworth/O'Neill*, Scotland's Constitution, S. 271 f.; *Krumm/Noetzel*, Das Regierungssystem Großbritanniens, S. 51, 186.

Die Kompetenzen der schottischen Minister richten sich gemäß sec. 53(1) Scotland Act 1998 nach den Legislativkompetenzen. Gleiches gilt nach sec. 54(2), (3) Scotland Act 1998 für das Recht der schottischen Exekutive, Verordnungen zu erlassen.[152] Die schottische Exekutive ist zudem ihrem Parlament gegenüber für ihr Handeln verantwortlich. Es gibt einen *Scottish Ministerial Code*[153], eine Art Verhaltenscodex der schottischen Regierung, wonach die Minister gewissenhaft, ehrlich und so offen wie möglich gegenüber dem Parlament antworten und agieren sollen.[154] Zudem überprüft das Parlament die Regierung durch Fragen, Debatten und Ausschussuntersuchungen.[155]

Neben dem schottischen Parlament gibt es zudem noch die 32 *local authorities*, deren *councils* (gewählte Lokalregierungen) mit sogenannten *councillors*, also Lokalabgeordneten besetzt werden. Ihre Kompetenzen leiten die *local authorities* aus Parlamentsgesetzen Schottlands und Westminsters ab.[156] Sie haben vom schottischen Parlament mit dem *Local Government in Scotland Act 2003*[157] weitreichende Kompetenzen erhalten und können zusätzlich nach sec. 69(1) Local Government (Scotland) Act 1973[158] grundsätzlich alle Maßnahmen treffen, die sie als für ihre Region förderlich ansehen.[159] Grenzen findet diese Macht nach sec. 22 Local Government in Scotland Act 2003 bezüglich verbotener oder gesetzlich eingeschränkter Gegenstände.

Eine Selbstverwaltungsgarantie für die Kommunen existiert weder in Schottland noch im übrigen Teil des Vereinigten Königreichs. Sie sind damit als „*creatures of statute*“[160] hinsichtlich ihrer Existenz und ihrer Kompetenzen dem Gesetz und all seinen Änderungen unterworfen. Es gibt keine geschriebenen Kommunalordnungen, die das Verhältnis von nationaler zu kommunaler Ebene regeln, sodass grundsätzlich auch hier die absolute Parlamentssouveränität gilt.[161] Allerdings gehört die Regelung der Beziehung

---

[152] *Hahn-Lorber*, Parallele Gesetzgebungskompetenzen, S. 105.

[153] *Scottish Government*, Scottish Ministerial Code (2018).

[154] Vgl. *Scottish Government*, Scottish Ministerial Code (2018), S. 1 f.; *Himsworth/O'Neill*, Scotland's Constitution, S. 285.

[155] *Page*, Constitutional Law of Scotland, S. 245 f.

[156] *Himsworth/O'Neill*, Scotland's Constitution, S. 227.

[157] Local Government in Scotland Act 2003 vom 11.02.2003, abrufbar unter: https://www.legislation.gov.uk/asp/2003/1/contents, Stand: 20.08.2020.

[158] Local Government (Scotland) Act 1973 vom 25.10.1975, abrufbar unter: https://www.legislation.gov.uk/ukpga/1973/65/contents, Stand: 16.10.2020.

[159] *Page*, Constitutional Law of Scotland, S. 164.

[160] *Himsworth*, Local Government Law in Scotland, S. 23.

[161] Vgl. *Schieren*, Großbritannien, S. 152 f.

von Zentral- und Regionalgewalten nicht zu den *reserved matters* in sch. 5 Scotland Act 1998, sodass ihre Ausgestaltung dem schottischen Parlament obliegt. Zwischen dem schottischen Parlament und den *councils* besteht ein kooperatives Verhältnis.[162] Die Zusammenarbeit der *local authorities* mit der Regierung wird durch ein *concordat* aus dem Jahr 2007 geregelt. In diesem Abkommen der schottischen Regierung mit der *COSLA* (*Convention of Scottish Local Authorities*), der Gesamtvertretung der Regionalregierungen[163], versprach die nationale Ebene eine großzügige Finanzierung der Regionen. Im Gegenzug sagte *COSLA* zu, für die Regionen *single outcome agreements*, also Einzelabkommen auszuarbeiten, um eine gute Zusammenarbeit, Regionalgestaltung und Überprüfung zu gewährleisten.[164] Ebenso wie die Mitglieder der schottischen Regierung unterliegen auch die Regionalabgeordneten einem Verhaltenskodex, dem *Councillors' Code of Conduct*[165], der inhaltlich dem *Scottish Ministerial Code* angelehnt ist.[166]

Zusätzlich zu den *local authorities* gibt es gewählte *community councils* (Gemeinderäte). Ihr Zweck besteht darin, die Bedürfnisse ihrer Gemeinden zu ermitteln, zu koordinieren und ihrer *local authority* zur Kenntnis zu bringen, sec. 51(2) Local Government (Scotland) Act 1973. Hierbei sollen sie die Arbeit der *local authories* ergänzen, sind jedoch kein formeller Teil der lokalen Verwaltung.[167] Die Gemeindevertretungen sollen dadurch in die Lage versetzt werden, ihre Gemeinde unabhängig gegenüber der Verwaltung zu repräsentieren.[168] Die Realität der *community councils* ist jedoch als problematisch zu bewerten, da sie aufgrund ihrer Stellung außerhalb der Verwaltung über wenig bis keine Kompetenzen und finanzielle Mittel verfügen. Daher können sie kaum zu einer funktionierenden Lokalpolitik beitragen.[169] Zudem engagieren sich immer weniger Bürger in den *community councils*, was dazu führt, dass von den 1.370 existierenden *councils* nur 1.148 aktiv sind.[170]

---

162 *Page*, Constitutional Law of Scotland, S. 155, 159 ff.

163 *Page*, Constitutional Law of Scotland, S. 161.

164 *Page*, Constitutional Law of Scotland, S. 172 f.

165 *Scottish Government*, Code of Conduct for Councillors (2018).

166 *Page*, Constitutional Law of Scotland, S. 161.

167 *Glasgow City Council*, The Scheme for the Establishment of Community Councils (2013), S. 4.

168 Auskunft eines councillors des Glasgow City Councils aus Oktober 2019.

169 Vgl. *Bort/McAlpine/Morgan*, The Silent Crisis (2012), S. 5, 17 f.

170 *Scottish Government*, Survey of Local Authority Community Councils (2012), S. 15.

c) Die schottische Verfassung

Schottland verfügt aufgrund seiner fehlenden Staatsqualität über keine eigene Verfassung im rechtlichen Sinn. Das Dokument, das einer Verfassung am nächsten kommt, ist der *Scotland Act 1998*. Er wurde von der *Scottish Constitutional Convention* vorbereitet und vom Westminster Parlament als einfaches britisches Gesetz erlassen. Dieses Gesetz weist aber die grundlegenden Merkmale einer Verfassung auf. Es ist ein förmliches Rechtsdokument, dessen Inhalt die Grundordnung der staatlichen Gemeinschaft vorsieht. Es steht in der hierarchischen Rechtsordnung an oberster Stelle und Änderungen unterliegen erschwerten Voraussetzungen.[171]

Der *Scotland Act 1998* ist zunächst das zentrale Rechtsdokument für Schottlands Staatsaufbau. Er regelt in Part I und II Scotland Act 1998 den Aufbau und insbesondere die Kompetenzen des schottischen Parlaments und der schottischen Exekutive. In sch. 4, Part I, sec. 1(2)(f) Scotland Act 1998 wurde zudem der *Human Rights Act 1998* als unveränderbare Vorgabe inkorporiert, sodass hierüber auch ein Grundrechtsschutz im *Scotland Act 1998* enthalten ist. An die Vorgaben, die der *Scotland Act 1998* vorsieht, sind die schottischen Staatsgewalten weiterhin auch gebunden, sec. 28 ff. and 52 ff. Scotland Act 1998. Verstößt die schottische Legislative gegen die devolvierten Gesetzgebungskompetenzen, kann das entsprechende Gesetz von den höchsten schottischen Gerichten nicht nur als gesetzeswidrig deklariert, sondern direkt verworfen werden.[172] Auch ist der *Scotland Act 1998*, da vom Westminster Parlament erlassen, den übrigen schottischen Gesetzen hierarchisch übergeordnet. Ausdruck findet diese Hierarchie darin, dass das schottische Parlament über so gut wie keine Änderungsbefugnisse verfügt, sch. 4 para. 4 Scotland Act 1998. Ändern und Aufheben kann den *Scotland Act 1998* nur das Westminster Parlament, wenn auch nur unter Einhaltung erhöhter Voraussetzungen.[173] Da der *Scotland Act 1998* als ein Verfassungsgesetz qualifiziert wird,[174] ist für seine Abschaffung, in Abgrenzung zum *implied repeal*, eine ausdrückliche Formulierung erforderlich. Dies verleiht ihm eine erhöhte Bestandskraft.[175] Zudem wurde die Gesetzesvorlage des *Scotland Act 1998* vom schottischen Volk in einem Referendum angenommen und somit vom betroffenen Staatsvolk als grundlegende eigene Staats-

---

[171] Vgl. zum juristischen Verfassungsbegriff *Wieser*, Vergleichendes Verfassungsrecht, S. 49 ff.

[172] *Sydow*, in: Heckmann, Verfassungsstaatlichkeit im Wandel, 575 (587).

[173] *Schieren*, Großbritannien, S. 137.

[174] Imperial Tobacco Limited vs. Lord Advocate, [2012] UKSC 61, para. 10, 15.

[175] Vgl. *Kaiser*, EuR 2016, 593 (596); *Sydow*, ZaöRV 2004, 65 (79 f.).

ordnung akzeptiert.[176] Schottland verfügt somit über eine Quasi-Verfassung im formellen Sinn.

Darüber hinaus hat Schottland für das Unabhängigkeitsreferendum, das im Jahr 2014 abgehalten wurde, einen Entwurf für eine eigene Verfassung erarbeitet, die *Scottish Independence Bill: A Consultation on an interim Constitution for Scotland*[177]. Dies geschah in Vorbereitung für den Fall eines positiv ausgehenden Unabhängigkeitsreferendums.[178] In der Folge wäre Schottland auch vom rechtlichen Einfluss des Westminster Parlaments frei geworden und hätte sich dementsprechend seine eigene Verfassung geben können. Das Unabhängigkeitsreferendum ging jedoch mit 55,25 % „Nein"-Stimmen gegen 44,65 % „Ja"-Stimmen bei einer Wahlbeteiligung von 84,6 % negativ aus.[179] Somit konnte die vorbereitete *Scottish Independence Bill* nicht in Kraft treten.

d) Schottische Verfassungsprinzipien

Trotz der Existenz einer Quasi-Verfassung in Form des Scotland Act 1998, finden sich dort keine staatstragenden Verfassungsprinzipien, wie sie aus dem Deutschen Grundgesetz bekannt sind. Ähnlich wie bei der materiellen Verfassung des Vereinigten Königreichs ergeben sich hier Verfassungsprinzipien eher indirekt aus einer Zusammenschau einzelner Rechtsnormen, dem Institutionenaufbau und politischer Realität.

Zunächst muss sich Schottland trotz seiner teilweisen Unabhängigkeit vom Westminster Parlament rechtlich der Parlamentssouveränität, der *rule of law* und den sich daraus ergebenden fundamentalen Grundsätzen der Staatssystematik des Vereinigten Königreichs unterordnen. Dies bedeutet auch, dass der formale Souverän in Schottland, wie im gesamten Vereinigten Königreich, der Monarch ist.

Da Schottland sich über die Jahrhunderte jedoch sein eigenes Rechtsverständnis erhalten hat, lassen sich hier andere beziehungsweise weitere Schwerpunkte in der Verfassungssystematik finden. Die Vorgaben der *Scottish Constitutional Convention* dürften dabei als richtungsgebend zu werten sein, wonach die Devolution und dieser folgend auch die Ausübung von Staatsgewalt in den Prinzipien der limitierten Gewalt, der Gewaltenteilung

---

176 *Himsworth/O'Neill*, Scotland's Constitution, S. 62 f.

177 Scottish Independence Bill: A Consultation on an interim Constitution for Scotland (2014), abrufbar unter: https://consult.gov.scot/elections-and-constitutional-development-division/scottish-independence-bill/supporting_documents/00452762.pdf, Stand: 24.09.2020.

178 Vgl. *McCorkindale/McHarg/Scott*, UQLJ (2018), S. 25 f.; *Reid*, Public Law, S. 8 f.

179 *Sturm*, Das Schottland-Referendum, S. 26.

und der Ableitung vom Volk wurzeln sollte.[180] Diese Grundsätze sind dementsprechend im *Scotland Act 1998* zu finden. Die Ausübung von Staatsgewalt in Schottland ist gemäß sec. 28 ff. and 52 ff. Scotland Act 1998 begrenzt und somit ist die Rechtsstaatlichkeit explizit vorgesehen.

Ebenso ist die Gewaltenteilung in Part I und II Scotland Act 1998 angelegt. Der sich daraus ergebende Aufbau des schottischen Parlaments und der schottischen Exekutive sieht die Aufteilung von Staatsgewalt auf verschiedene Organe vor. Hinzu kommt noch die verfassungsrechtliche Garantie der Unabhängigkeit der Gerichte, welche ihren Ursprung in Schottland im *Claim of Right Act 1689*[181] hat.[182] Sie wurde auch nach der Vereinigung mit England gemäß sec. XIX Union with England Act 1707 „für alle Zeit" beibehalten.

Die Devolution leitete sich aus einem positiven Referendum des schottischen Volkes ab. Grundlage des *Scotland Act 1998* ist daher ein Konsensverständnis, nach dem Westminster keine Schottland betreffenden Gesetze ohne dessen Zustimmung erlassen soll. Dies hat sich mit der *Sewel Convention* in sec. 28(8) Scotland Act 1998 konstituiert. Zudem wird das schottische Parlament regelmäßig durch Wahlen gemäß sec. 2 ff. Scotland Act 1998 demokratisch legitimiert und zieht in der Folge die schottische Regierung bezüglich deren politischen Entscheidungen regelmäßig zur Verantwortung. So lässt sich in dieser Zusammenschau auch das Prinzip der Volkssouveränität im schottischen Verfassungskontext erkennen. Zusätzlich verfestigen lässt sich dieser Eindruck durch die 2016 eingefügte sec. 63A(3) Scotland Act 1998, die eine Abschaffung des schottischen Parlaments und der schottischen Regierung nur durch ein entsprechendes Referendum des schottischen Volkes möglich macht. Dies stellte eine zusätzliche Betonung der Souveränität des schottischen Volkes dar.

Die Wichtigkeit dieser Verfassungsprinzipien für Schottland unterstreicht zudem ihre Nennung in der *Scottish Independence Bill.* Auch wenn sie nicht in Kraft treten konnte, ist sie doch ein starker Indikator für das verfassungsrechtliche Selbstverständnis Schottlands. In sec. 2, 3 Scottish Independence Bill wurde direkt nach dem wichtigsten schottischen Anliegen, der Unabhängigkeit, in sec. 1 Scottish Independence Bill das Volk zum Souverän erklärt. Sec. 10, 11, 13 Scottish Independence Bill beschreiben die Legislative, deren Macht nach sec. 10(2) Scottish Independence Bill der Verfassung un-

---

180 Dazu *Page*, Constitutional Law of Scotland, S. 25; *Scottish Constitutional Convention*, Scotland's Parliament, Scotland's Right (1995), S. 10.

181 Claim of Right Act 1689 vom April 1689, abrufbar unter: https://www.legislation.gov.uk/aosp/1689/28/contents, Stand: 27.09.2020.

182 *Page*, Constitutional Law of Scotland, S. 95.

terliegt, die Exekutive und die Unabhängigkeit der Judikative und betont somit die vorgesehene Gewaltenteilung. Zuletzt sieht sec. 15 Scottish Independence Bill vor, dass die *rule of law* weiterhin für alle Personen in Schottland gelten soll.

Das für Schottland wichtigste Prinzip ist in diesem Zusammenhang die Volkssouveränität. Zunächst wurde sie in der Vorbereitung der Devolution als wichtige Grundlage des Prozesses festgelegt. Darüber hinaus wird dieses Prinzip in der vorläufigen Verfassung als eines der ersten Prinzipien genannt und ihm somit ein hoher Stellenwert beigemessen. Nicht zu übersehen ist zudem auch das Verhältnis zur britischen Nationalebene. Die Souveränität des Volkes dürfte nämlich für das stets nach Unabhängigkeit strebende Schottland als Widerpart zur Parlamentssouveränität Westminsters eine besondere Bedeutung sowie ein Abgrenzungsmerkmal darstellen und damit das eigenständige verfassungsrechtliche Verständnis unterstreichen.[183]

II. Verfassungsrecht und Demokratieverständnis in Deutschland

Das deutsche Verfassungsverständnis ist geprägt vom Gedanken, die Rechtsstaatlichkeit und Gewaltenteilung fest und dauerhaft zu verankern. Dies wurde als Lehre aus der Weimarer Republik und der Diktatur des sogenannten „Dritten Reichs“ gezogen, um der Wiederholung solcher Ereignisse in Zukunft vorzubeugen. Hierfür wurde das Grundgesetz der Bundesrepublik Deutschland geschaffen, welches das Verhältnis von Staatsmacht und Individualfreiheiten regelt, sowie die Staatsorganisation detailliert vorgibt.[184] Im Weiteren wird der Ursprung der Verfassungsrechtlichkeit in Deutschland sowie die Genese und Ausgestaltung des deutschen Verfassungsverständnisses auf nationaler wie regionaler Ebene dargestellt.

1. *Die nationale Ebene*

In Deutschland fand der Grundgedanke einer nationalen Verfassung im Jahre 1849 mit der Paulskirchenverfassung[185] seinen ersten Ausdruck. Nach Unruhen in Frankreich gab es auch in Deutschland aufständische Volksver-

---

[183] *Reid*, Public Law, S. 9f.

[184] *Jeffery*, in: Glaeßner/Reutter/Jeffery, Verfassungspolitik und Verfassungswandel, 125 (125f.).

[185] Verfassung des deutschen Reiches vom 28.03.1849 (Paulskirchenverfassung), in: Ipsen, Deutsche Verfassungen 1849–1949, 2. Aufl., Heidelberg 2017, S. 1–28.

sammlungen, die eine Verfassungsänderung in Richtung der Volkssouveränität forderten. Daraufhin trat im Jahr 1848 eine frei gewählte Nationalversammlung in der Frankfurter Paulskirche zusammen, um die sogenannte Paulskirchenverfassung auszuarbeiten.[186] Die inhaltliche Besonderheit dieser Verfassung war, dass sie erstmals vom Gedanken der Volkssouveränität und nicht mehr vom bis dahin vorherrschenden monarchischen Prinzip geleitet war und einen Grundrechtskatalog vorsah.[187] Allerdings scheiterte die Durchsetzung der Verfassung am preußischen König Friedrich Wilhelm IV, der sich als Monarch von Gottes Gnaden sah und diese Würde nicht vom Volk verliehen bekommen wollte, sodass das Dokument niemals in Kraft trat.[188] Vielmehr setzte der preußische König die Preußische Verfassung von 1850[189] durch, die gemäß seiner Vorstellung die Stellung des Monarchen stärkte.[190]

Der 1867 gegründete Norddeutsche Bund erfuhr nach dem siegreichen Deutsch-Französischen Krieg im Jahre 1871 eine Erweiterung um die süddeutschen Staaten. Er nahm daraufhin den Namen „Deutsches Reich" an und gab sich eine Reichsverfassung[191].[192] Diese stellte jedoch eher eine Organisationsgrundlage dar, die auf Vereinbarungen zwischen Regierungen und Volksvertretungen basierte und bis auf ein Diskriminierungsverbot in Art. 3 RV keine Grundrechte beinhaltete.[193] Diese Verfassung fand ihr Ende mit der Novemberrevolution im Jahr 1918 und der Abdankung des deutschen Kaisers.

Die Reichsverfassung wurde im Jahr 1919 von der Weimarer Reichsverfassung[194] abgelöst.[195] Hintergrund ihrer Einführung war die Niederlage Deutschlands im ersten Weltkrieg, die landesweit zu Revolutionsbewegungen gegen das kaiserliche System führte.[196] Nach der Novemberrevolution des Jahres 1918 sollte eine neue Verfassung ausgearbeitet werden. Dafür fan-

---

186 *Maurer*, Staatsrecht I, § 2 Rn. 48 ff.

187 *Frotscher/Pieroth*, Verfassungsgeschichte, § 11 Rn. 309 ff.

188 *Kotulla*, Deutsche Verfassungsgeschichte, § 28 Rn. 1741.

189 Verfassungsurkunde für den Preußischen Staat vom 31.01.1850, in: Ipsen, Deutsche Verfassungen 1849–1949, 2. Aufl., Heidelberg 2017, S. 29–44.

190 Vgl. *Frotscher/Pieroth*, Verfassungsgeschichte, § 12 Rn. 340 f.

191 Die Verfassung des Deutschen Reichs (Reichsverfassung) vom 16.04.1871, in: Ipsen, Deutsche Verfassungen 1849–1949, 2. Aufl., Heidelberg 2017, S. 45–63.

192 *Maurer*, Staatsrecht I, § 2 Rn. 54 ff.

193 *Kotulla*, Deutsche Verfassungsgeschichte, § 34 Rn. 2056.

194 Die Verfassung des Deutschen Reichs vom 11.08.1919 (Weimarer Reichsverfassung), in: Ipsen, Deutsche Verfassungen 1849–1949, 2. Aufl., Heidelberg 2017, S. 67–98.

195 *Kotulla*, Deutsche Verfassungsgeschichte, § 34 Rn. 2242, § 35 Rn. 2279.

196 *Frotscher/Pieroth*, Verfassungsgeschichte, § 16 Rn. 468 ff.

den im Januar 1919 Wahlen zu einer verfassungsgebenden Nationalversammlung statt, die dann die Verfassungsurkunde in Weimar erarbeitete. Die sogenannte Weimarer Reichsverfassung (WRV) trat im August 1919 in Kraft.[197] Die neue Verfassung sah in Art. 1 WRV erstmals vor, dass die Staatsgewalt vom Volke ausgehen sollte. Zudem beinhaltete sie einen äußerst umfassenden Grundrechtskatalog inklusive klassischer Freiheitsrechte wie Gleichheitssatz, Meinungsfreiheit, Religionsfreiheit und Wirtschaftsleben inklusive einer sozialen Dimension in Form der Garantie einer Sozial- und Arbeitslosenversicherung.[198] Trotz dieser bemerkenswerten Neuerungen hatte die Weimarer Reichsverfassung einige staatsorganisatorische Schwächen, die sich während der Zeit des Nationalsozialismus offenbarten. Hierzu zählten die fehlende Durchsetzbarkeit der Grundrechte durch die fehlende Möglichkeit einer Verfassungsbeschwerde, die fehlende Stabilität des Parlaments und insbesondere die zu starke Stellung des Reichspräsidenten, der sich mithilfe einer Notstandsverordnung weite Befugnisse einräumen konnte.[199] Neben diesen rechtlichen Schwächen ermöglichten auch die Nachkriegsumstände, insbesondere die verheerende soziale und wirtschaftliche Situation sowie die Radikalisierung am rechten und linken Rand der Bevölkerung die Machtergreifung der Nationalsozialisten im März 1933.[200]

Nach Ende des Zweiten Weltkrieges 1945 sollte im Auftrag der drei westlichen Besatzungsmächte eine neue Verfassung erarbeitet werden, die die Schwächen der Weimarer Reichsverfassung beachten und daher eine demokratische Verfassung mit dezentraler beziehungsweise föderaler Staatsstruktur und dem Schutze individueller Rechte und Freiheiten beinhalten sollte.[201] Im August 1948 wählten die Landtage einen Parlamentarischen Rat, der als verfassungsgebende Versammlung den auf der Insel Herrenchiemsee von Sachverständigen erarbeiteten Entwurf eines provisorischen Grundgesetzes am 8. Mai 1949 annahm. Man vermied den Begriff der Verfassung, um die deutsche Teilung nicht dauerhaft zu verfestigen und einigte sich daher auf den Begriff „Grundgesetz".[202] Die alliierten Siegermächte genehmigten diese Fassung, woraufhin sie von den Ländern ratifiziert wurde und am

---

[197] *Maurer*, Staatsrecht I, § 2 Rn. 65 ff.

[198] *Maurer*, Staatsrecht I, § 2 Rn. 69 f.

[199] Vgl. *Frotscher/Pieroth*, Verfassungsgeschichte, § 16 Rn. 497, § 17 Rn. 514 f., 527; *Kotulla*, Deutsche Verfassungsgeschichte, § 35 Rn. 2324.

[200] Dazu *Kotulla*, Deutsche Verfassungsgeschichte, § 35 Rn. 2340; *Frotscher/Pieroth*, Verfassungsgeschichte, § 17 Rn. 500 ff., 526 f.

[201] *Jeffery*, in: Glaeßner/Reutter/Jeffery, Verfassungspolitik und Verfassungswandel, 125 (125 f.).

[202] *Morlok/Michael*, Staatsorganisationsrecht, § 4 Rn. 8 f.

23. Mai 1949 um 24 Uhr in Kraft trat.[203] Das Grundgesetz in seiner Fassung vom 23. Mai 1949 gilt, abgesehen von einigen im Laufe der Zeit erforderlich gewordenen Anpassungen, bis heute.[204]

a) Parlamentarische Demokratie als Staats- und Regierungsform

Nachdem Deutschland bis zum Anfang des 20. Jahrhunderts in einer monarchischen Staatsform organisiert war, ist es heute nach Art. 20 Abs. 1 GG eine Republik. Dies bedeutet, dass im Gegensatz zur Monarchie, die durch eine Alleinherrschaft geprägt ist, es kein durch Erbfolge bestimmtes oder auf Lebenszeit gewähltes Staatsoberhaupt geben darf. Das Amt des gemäß Art. 54 GG auf fünf Jahre gewählten Bundespräsidenten gewährleistet dies.[205] Als Regierungsform sieht das Grundgesetz in Art. 20 Abs. 1 und 2, 38 Abs. 1 GG eine parlamentarische Demokratie vor, in der das Volk Inhaber aller Staatsgewalt ist und diese durch Wahlen und Abstimmungen ausübt.[206] Die Souveränität wird demnach ausdrücklich in die Hände des deutschen Volkes gelegt, welches seine Macht in der Praxis durch regelmäßige Wahlen zum Bundestag ausgeübt. Dieser wird in seiner Funktion als Gesetzgeber nach Art. 50 GG vom Bundesrat, einer quasi zweiten Kammer ergänzt, in der die Bundesländer vertreten sind, um bei Gesetzgebungsverfahren ihre Interessen zu vertreten.[207] Zudem sind in Deutschland bürgerliche Freiheiten gemäß Art. 20 Abs. 3 GG über rechtsstaatliche Gesetze und Institutionen garantiert, es gibt ein Mehrparteiensystem nach Art. 21 GG zur Bündelung der politischen Kräfte, bei Entscheidungen des Parlaments gilt nach Art. 42 Abs. 2 S. 1 GG das Mehrheitsprinzip und das Prinzip der Gewaltenteilung ist in Art. 20 Abs. 2 S. 2 GG verankert.[208]

Das Grundgesetz gibt nicht nur alle Mindestvoraussetzungen einer Demokratie vor, sondern statuiert sie als Staatsstrukturprinzip. Das zeigt sich darin, dass mit dem Demokratieprinzip in Art. 20 GG grundlegende organisatorische Festlegungen hinsichtlich der Ausübung von Staatsgewalt festgeschrieben werden.[209] In der Gesamtkonzeption des Grundgesetzes steht das Demokratieprinzip zudem in enger Verbindung mit der Garantie der Menschenwürde in Art. 1 Abs. 1 GG und den sich daraus ergebenden Grund-

---

203 *Frotscher/Pieroth*, Verfassungsgeschichte, § 21 Rn. 739 f.; *Maurer*, Staatsrecht I, § 3 Rn. 26, 29.

204 *Morlok/Michael*, Staatsorganisationsrecht, § 4 Rn. 15 ff.

205 *Maurer*, Staatsrecht I, § 7 Rn. 5; Jarass/Pieroth/*Pieroth*, GG, Art. 20 Rn. 3.

206 Münch/Kunig/*Trute*, GG, Bd. 1, Art. 38 Rn. 1 ff.

207 Mangoldt/Klein/Starck/*Korioth*, GG, Bd. 2, Art. 50 Rn. 20, 24.

208 Mangoldt/Klein/Starck/*Sommermann*, GG, Bd. 2, Art. 20 Rn. 64 f., 81 ff.

209 Mangoldt/Klein/Starck/*Sommermann*, GG, Bd. 2, Art. 20 Rn. 81, 88.

rechten der Art. 2ff. GG. Aus dieser Verbindung folgt, dass das Volk die Grundlage der Staatsgewalt und deren Ausübung ist und diese von den Repräsentanten auch dem Volk gegenüber verantwortet werden muss.[210]

Die Gewaltenteilung in Art. 20 Abs. 2 S. 2 GG sieht vor, dass die Staatsgewalt neben dem Volk durch die besonderen Organe der Gesetzgebung, der vollziehenden Gewalt und der Rechtsprechung ausgeübt wird. Diese Trennung ist ebenfalls eines der grundlegenden Organisationsprinzipen der Bundesrepublik, deren äußerst genaue Ausgestaltung sich in den jeweiligen Kompetenznormen des Grundgesetzes findet (Legislative in Art. 70ff. GG, Exekutive in Art. 83ff. GG, Judikative in 92ff. GG). Diese exakte Aufteilung der drei Gewalten soll eine Kompetenzüberschneidung verhindern und so das System der gegenseitigen Kontrolle und Mäßigung der Staatsherrschaft gewährleisten.[211]

b) Föderale Struktur des Staatsverbandes

Eine der Vorgaben der Alliierten für die Entstehung des Grundgesetzes war die Verwirklichung der Idee des Föderalismus durch die Einrichtung eines Bundesstaates, was seit der Reichsgründung im Jahr 1871 in Deutschland Tradition hatte.[212] Ein Bundesstaat zeichnet sich aus durch die Zusammenfassung von einzelnen Staaten zu einem Verbund, der einen Gesamtstaat bildet, wobei die Einzelstaaten ihre Staatsqualität behalten.[213] Diese Vorgabe wurde mit Art. 20 Abs. 1 GG erfüllt, der die Bundestaatlichkeit doppelt hervorhebt und bestimmt, dass die Bundesrepublik Deutschland ein Bundesstaat ist, und der neben der horizontalen Gewaltenteilung der drei Gewalten Legislative, Exekutive und Judikative zusätzlich eine vertikale Gewaltenteilung zwischen Bund und Ländern vorsieht.[214]

Rechtsfolge des Bundesstaatsprinzips ist, dass der Bund und alle Bundesländer eigene Staatsqualität innehaben. Sie sind also eigenständige Rechtsträger mit einem Mindestbestand eigener, unentziehbarer Kernkompetenzen, wozu auch die Eigenverantwortung für die jeweilige Landesverfassung gehört.[215] Dies gilt jedoch nur im staatsrechtlichen Sinne, da es den Bundes-

---

[210] *Maurer*, Staatsrecht I, § 7 Rn. 18.

[211] BVerfGE 124, 78 (120); Jarass/Pieroth/*Pieroth*, GG, Art. 20 Rn. 32.

[212] Vgl. Sachs/*Sachs*, GG, Art. 20 Rn. 55; Dreier/*Bauer*, GG, Bd. II, Art. 20 (Bundesstaat) Rn. 2.

[213] Sachs/*Sachs*, GG, Art. 20 Rn. 55.

[214] Mangoldt/Klein/Starck/*Sommermann*, GG, Bd. 2, Art. 20 Rn. 20f.

[215] *Kaufmann/Waters*, Direct Democracy in Europe, S. 63; Sachs/*Sachs*, GG, Art. 20 Rn. 65f.

ländern an Unabhängigkeit nach außen fehlt und sie somit nicht umfassend souverän sind.[216]

In der Praxis wurde die Bundesstaatlichkeit in Form einer Untergliederung des Staatsgebietes der Bundesrepublik in 16 Bundesländer umgesetzt, die in Satz 2 der Präambel des GG aufgezählt werden. Davon sind die drei Bundesländer Hamburg, Berlin und Bremen Stadtstaaten, wohingegen die übrigen 13 Bundesländer sogenannte Flächenländer sind. Stadtstaaten zeichnen sich dadurch aus, dass sie im Fall von Hamburg und Berlin zugleich Stadt und Bundesland sind, im Fall von Bremen das Staatsgebiet zwei Städte (Bremen und Bremerhaven) umfasst und sie somit nur eine geringe Fläche aufweisen.[217] Die übrigen Bundesländer haben größere Landesflächen und umfassen folglich eine größere Anzahl an Städten und Gemeinden. Die Stadtstaaten Hamburg und Berlin sind in Bezirke, Bremen ist in Stadt- und Ortsteile untergliedert. Die Flächenländer hingegen bestehen, vereinfacht dargestellt, organisatorisch aus Kreisen, Gemeinden, anderen Gemeindeverbänden und kreisfreien Städten.[218] Stadtstaaten nehmen aufgrund ihrer Einheit als Stadt und Staat zugleich Landes- und Kommunalaufgaben wahr, wohingegen Flächenländer ausschließlich Landesaufgaben erfüllen und ihre Untergliederungen sich selbst verwalten.[219] Die Gemeinden verfügen dabei über ein hohes Maß an Selbstständigkeit, was durch Art. 28 Abs. 2 GG abgesichert wird, der die Selbstverwaltung der Gemeinden und Städte garantiert.

c) Die geschriebene Verfassung

Die Bundesrepublik verfügt mit dem Grundgesetz über eine formelle Verfassung, da es einen normierten Rechtsakt darstellt.[220] Das Grundgesetz grenzt sich vom übrigen deutschen Recht ab durch die besondere Weise seines Erlasses, nämlich durch einen Akt der verfassungsgebenden Gewalt. Die verfassungsgebende Gewalt des deutschen Volkes wurde in den Jahren 1948 und 1949 durch die Wahl einer verfassungsgebenden Versammlung in Form des Parlamentarischen Rates mit anschließender Bestätigung des ausgearbeiteten Werkes durch Annahme von zwei Dritteln der (west)deutschen Landesvertretungen, Art. 144 Abs. 1 GG artikuliert.[221]

---

216 Mangoldt/Klein/Starck/*Sommermann*, GG, Bd. 2, Art. 20 Rn. 26.

217 *Geis*, Kommunalrecht, § 6 Rn. 1; *Burgi*, Kommunalrecht, § 1 Rn. 1 ff.; *Jaeger*, in: Hummler/Jaeger, Stadtstaat – Utopie oder realistisches Modell?, 13 (15 ff.).

218 *Burgi*, Kommunalrecht, § 1 Rn. 1 ff., § 5 Rn. 5, § 20 Rn. 3 ff., 8, ff.

219 *Geis*, Kommunalrecht, § 1 Rn. 1; *Burgi*, Kommunalrecht, § 1 Rn. 1 ff., 12 ff., § 2 Rn. 3 ff.

220 *Wieser*, Vergleichendes Verfassungsrecht, S. 50.

221 Vgl. *Maurer*, Staatsrecht I, § 1 Rn. 34 f.; *Frotscher/Pieroth*, Verfassungsgeschichte, § 21 Rn. 740.

Inhaltlich wurde als Gegenentwurf zur WRV der Grundrechtskatalog gestrafft und zur Betonung seines Stellenwertes an den Anfang des Grundgesetzes gestellt. Hierbei wurde besonders die Qualität und juristische Durchsetzungskraft durch Art. 1 Abs. 3 GG in den Vordergrund gestellt. Er bestimmt, dass alle drei Staatsgewalten an die Grundrechte gebunden sind, was durch die Möglichkeit der Durchsetzung durch das Institut der Verfassungsbeschwerde gemäß Art. 93 Abs. 1 Nr. 4a GG verstärkt wird.[222] Neben den Grundrechten enthält das Grundgesetz zudem auch Vorgaben hinsichtlich der (politischen) Staatsorganisation. Hierzu gehört unter anderem die verfassungsrechtliche Anerkennung der politischen Parteien in Art. 21 GG, die Festlegung der Staatsform als repräsentative Demokratie in Art. 20 Abs. 2, 29 GG, sowie das konstruktive Misstrauensvotum mit Art. 67, 68 GG, das der parlamentarischen Regierungsstabilität dienen soll.[223]

Zudem kommt dem Grundgesetz in der Rangordnung der deutschen Rechtsnormen gemäß Art. 1 Abs. 3, 20 Abs. 3 GG der oberste Rang zu. Es geht allen Parlamentsgesetzen und sonstigen innerstaatlichen Rechtsakten wie Rechtsverordnungen oder Satzungen vor, was bedeutet, dass letztere mit der Verfassung in Einklang stehen müssen. Ist dies nicht der Fall, ist der entsprechende Rechtsakt nichtig und kann von der Judikative, förmliche Gesetze dabei nur vom Bundesverfassungsgericht, verworfen werden.[224]

Letztlich zeichnet sich das deutsche Grundgesetz über seine erhöhte Bestandskraft aus. Im Gegensatz zu Parlamentsgesetzen, die mit einfachen Mehrheiten geändert werden können, bedarf es für die Änderung des Grundgesetzes einer qualifizierten, nach Art. 79 Abs. 2 GG vorgesehenen Zweidrittelmehrheit, die die Verfassung vor häufigen Veränderungen schützen soll.[225] Hinzu kommt die Besonderheit der Ewigkeitsgarantie des Art. 79 Abs. 3 GG, der eine Änderung der Art. 1 und 20 GG ausschließt und damit die Grundpfeiler der demokratischen und Gewaltenteilung vorgebenden Verfassung garantiert.[226] Diese erschwerte Veränderbarkeit des Grundgesetzes lässt es auf der einen Seite als besonders gesichert erscheinen, auf der anderen Seite führt dies aber auch zu einer gewissen Unflexibilität, sodass das Grundgesetz als eine eher starre Verfassung zu qualifizieren ist.

---

[222] *Frotscher/Pieroth*, Verfassungsgeschichte, § 21 Rn. 754.

[223] *Frotscher/Pieroth*, Verfassungsgeschichte, § 21 Rn. 758ff.

[224] *Maurer*, Staatsrecht I, § 1 Rn. 36.

[225] *Maurer*, Staatsrecht I, § 1 Rn. 37.

[226] Dazu Münch/Kunig/*Bryde*, GG, Bd. 2, Art. 79 Rn. 25, 40f., 44.

d) Deutsche Verfassungsprinzipien

Das Grundgesetz ist weiterhin oberste Richtschnur für jegliches staatliche, politische und private Handeln in der Bundesrepublik und gibt mit dieser herrschenden Stellung auch die fünf grundlegenden Verfassungsprinzipien vor.[227]

Die ersten drei Verfassungsprinzipien sind das bereits genannte Demokratie-, Republik- und Bundesstaatsprinzip aus Art. 20 Abs. 1 GG. Das Demokratieprinzip wird durch die Betonung der Volkssouveränität in Art. 20 Abs. 2 GG konkretisiert und sieht unter anderem die politische Freiheit und Gleichheit, die Mehrheitsregel für Entscheidungen sowie hinreichende demokratische Legitimation der Staatsgewalt vor.[228] Es dient der Sicherung menschlicher Selbstbestimmung durch die demokratischen Mitwirkungsformen der Wahlen und Abstimmungen.[229] Das Republikprinzip stellt die deutliche Abkehr von der Monarchie klar[230] und das Bundesstaatsprinzip soll als Strukturentscheidung für die Begrenzung politischer Macht und somit für die Freiheit des Einzelnen Sorge tragen.[231]

Das vierte Verfassungsprinzip ist das Rechtsstaatsprinzip des Art. 20 Abs. 3 GG, welches zudem auch in Art. 23 Abs. 1 S. 1 und Art. 28 Abs. 1 S. 1 GG angesprochen wird. Es ist ein elementares Prinzip des Grundgesetzes, das insbesondere durch die Grundrechte ausgestaltet wird sowie die Grundsätze der Gewaltenteilung, die Rechtsbindung der staatlichen Organe, den Grundsatz des Gesetzesvorbehaltes und der Verhältnismäßigkeit sowie die Staatshaftung.[232] Damit dient das Rechtsstaatsprinzip durch das Medium des Rechts ebenfalls der Sicherung menschlicher Selbstbestimmung.[233]

Zuletzt gehört das Sozialstaatsprinzip des Art. 20 Abs. 1 GG („sozialer Bundesstaat") in die Reihe dieser Aufzählung, welches in Art. 28 Abs. 1 S. 1 GG mit dem Rechtsstaatsprinzip verbunden wird („sozialer Rechtsstaat"). Diese Verfassungsnorm richtet sich in erster Linie an die Legislative und verpflichtet sie, das Sozialstaatsprinzip in allen Rechtsbereichen zu entfalten und umzusetzen, beispielsweise durch Sozialhilfe, Daseinsvorsorge und die Gewährung sozialer Sicherheit der Bürger.[234] Das Prinzip entfaltet für die

---

[227] *Kranenpohl*, APuZ 2006, 32 (35).

[228] Dazu Mangoldt/Klein/Starck/*Sommermann*, GG, Bd. 2, Art. 20 Rn. 81 ff.; Sachs/*Sachs*, GG, Art. 20 Rn. 13 ff.

[229] *Schmidt-Aßmann*, AöR 1991, 329 (335).

[230] Sachs/*Sachs*, GG, Art. 20 Rn. 9.

[231] Jarass/Pieroth/*Pieroth*, GG, Art. 20 Rn. 23.

[232] *Maurer*, Staatsrecht I, § 8 Rn. 11 ff.

[233] Vgl. *Schmidt-Aßmann*, AöR 1991, 329 (335).

[234] *Maurer*, Staatsrecht I, § 8 Rn. 73 ff.

Bürger zwar keine subjektiven Rechte, kann aber im Rahmen der Grundrechtsauslegung Bedeutung erlangen.[235]

Die Verfasser des Grundgesetzes sahen diese Prinzipien, die sich gesammelt im Art. 20 GG wiederfinden, als die elementarsten Bestandteile an, um eine Wiederholung der Ereignisse des Nationalsozialismus zu verhindern. Deshalb sicherten sie deren Bestand mit der Ewigkeitsklausel des Art. 79 Abs. 3 GG.[236] Sie werden dementsprechend auch als das „Gedächtnis der Demokratie“ bezeichnet.[237]

2. *Freie und Hansestadt Hamburg*

Die Freie und Hansestadt Hamburg trägt ihren Namen „Freie Hansestadt“ im Sinne von Freiheit von anderer Landeshoheit seit dem Ende des Heiligen Römischen Reiches Deutscher Nation im Jahr 1806. Hierdurch erhielt Hamburg die Anerkennung als „Kaiserlich Freie Reichs-Stadt“ und drückt mit dem Zusatz „frei“ bis heute ihren bundesunmittelbaren Status aus.[238] Auch den Zusatz „Hansestadt“ erhielt Hamburg im Jahr 1806, als Ausdruck der langen Zugehörigkeit der Stadt zum Kaufmanns- und Städtebund der Hanse.[239] Im Jahr 1860 gab sich die Hansestadt sodann ihre erste Verfassung, die bis zum Anfang des 20. Jahrhunderts zwei Erneuerungen erfahren sollte.[240] Hamburg konnte seit diesen Ereignissen insbesondere durch seine weltweiten Handelsbeziehungen und Erfahrungen seine Eigenstaatlichkeit bis zum Jahr 1937 verteidigen. Erst durch das vom nationalsozialistischen Regime erlassene „Gesetz über die Verfassung und Verwaltung der Hansestadt Hamburg“[241] wurde Hamburg zu einer reichsunmittelbaren Gemeinde gemacht und verlor seine Souveränität.[242]

Die Rekonstruktion Hamburgs als Bundesland beruhte nach dem Zweiten Weltkrieg auf der Entscheidung der britischen Militärregierung, welche

---

[235] Sachs/*Sachs*, GG, Art. 20 Rn. 50, 54.

[236] Münch/Kunig/*Bryde*, GG, Bd. 2, Art. 79 Rn. 25; *Frotscher/Pieroth*, Verfassungsgeschichte, § 18 Rn. 576.

[237] *Böckenförde*, in: Isensee/Kirchhof, Handbuch des Staatsrechts Bd. II, 429 (456).

[238] Dazu *Ipsen*, in: Ackermann, Aus dem Hamburger Rechtsleben, 249 (261 f.); *David*, HV, Art. 1 Rn. 4, 12.

[239] *Schultz*, MDR 1952, 469 (469).

[240] *David*, HV, Vorbemerkungen Rn. 41.

[241] Gesetz über die Verfassung und Verwaltung der Hansestadt Hamburg (HVVG) vom 09.12.1937 (RGBl. 1, S. 1327).

[242] Vgl. *Ipsen*, in: Ackermann, Aus dem Hamburger Rechtsleben, 249 (261); *David*, HV, Art. 4 Rn. 22.

Hamburg als eigenständiges Land behandelte und anerkannte.[243] Der Prozess der Länderneubildung nach dem Zweiten Weltkrieg verlief jedoch in der britischen Besatzungszone aufgrund der Heterogenität des besetzten Gebietes, das sich aus früheren preußischen Provinzen, selbstständigen Ländern und Stadtstaaten zusammensetzte und der Skepsis der Briten gegenüber geschriebenen Verfassungen am langsamsten.[244] Zwar erhielt Hamburg bereits im Jahr 1946 eine vorläufige Verfassung[245], jedoch waren der Senat, der sie erarbeitete, und die Bürgerschaft, die sie beschloss, von der britischen Militärregierung eingesetzt und nicht durch Wahlen demokratisch legitimiert worden.[246] Man wartete die Bildung des bundesweit geltenden Grundgesetzes ab, bis Hamburg als letztes Bundesland im Juli 1952 schließlich seine sich daran orientierende endgültige Verfassung erhielt.[247]

a) Der Stadtstaat

Die Besonderheit des Stadtstaats Hamburg, der heute über 1.880.997 Einwohner verfügt,[248] wird bereits in Art. 1 HV[249] genannt, wo es heißt, dass die Stadt Hamburg zugleich ein Land der Bundesrepublik Deutschland ist.[250] Hieran knüpft Art. 4 Abs. 1 HV an, wonach in Hamburg staatliche und gemeindliche Tätigkeiten nicht getrennt werden. Dies bedeutet, dass Hamburg zugleich Land und Gemeinde ist und somit die jeweiligen Aufgaben einheitlich wahrgenommen werden.[251]

Dementsprechend ist auch die gemeindliche Selbstverwaltungsgarantie des Art. 28 Abs. 2 S. 2 GG auf die Freie und Hansestadt Hamburg anzuwenden. Hiernach muss den Gemeinden das Recht gewährt werden, alle Angelegenheiten der örtlichen Gemeinschaft im Rahmen der Gesetze in eigener Verantwortung zu regeln. Diese Garantie ist allerdings nur auf Hamburg insgesamt zu beziehen und nicht auf seine Untergliederungen, die als Bezir-

---

243 *David*, HV, Art. 1 Rn. 17.

244 *Frotscher/Pieroth*, Verfassungsgeschichte, § 20 Rn. 695.

245 Vorläufige Verfassung der Hansestadt Hamburg vom 15.05.1946 (GVBl. S. 51).

246 *David*, HV, Art. 1. Rn. 18.

247 Vgl. *Frotscher/Pieroth*, Verfassungsgeschichte, § 20 Rn. 695; *Schultz*, MDR 1952, 469 (469).

248 *Statistisches Amt für Hamburg und Schleswig-Holstein*, Bevölkerung in Hamburg (2018), S. 12.

249 Verfassung der Freien und Hansestadt Hamburg (HV) i. d. F. der Bekanntmachung vom 06.06.1952 (HmbBl. I 100-a), zuletzt geändert durch Gesetz vom 03.11.2020 (HmbGVBl. S. 559).

250 *David*, HV, Art. 1 Rn. 7.

251 *David*, HV, Art. 4 Rn. 1.

ke lediglich unselbstständige Verwaltungseinheiten darstellen und gerade keine Gemeinden bilden.[252]

Hamburg kommt als Bundesland zudem eigene Staatsqualität zu, verfügt also über die drei klassischen Elemente Staatsgebiet, Staatsvolk und Staatsgewalt, wobei zu letzterem insbesondere die Kompetenz bezüglich der Schaffung einer eigenen Verfassung gehört, ohne jedoch dabei souverän zu sein. Dies äußert sich zum einen darin, dass der Bereich des Völkerrechts grundsätzlich gemäß Art. 32 Abs. 1 GG „Sache des Bundes" ist und die Bundesländer hier nur nach Art. 32 Abs. 3 GG über sehr eingeschränkte Handlungsmöglichkeiten verfügen.[253] Zum anderen ist zu beachten, dass das Grundgesetz in Art. 20 Abs. 1 GG zwar die Bundesstaatlichkeit als staatliches Organisationsmerkmal garantiert, nicht jedoch die jeweiligen Staatsgebiete.[254] An eine Änderung der inneren Landesgrenzen beziehungsweise eine Neugliederung des Bundesgebiets werden nach Art. 29 GG allerdings hohe Voraussetzungen in Form der Bestätigung durch einen nationalen Volksentscheid geknüpft. Die Initiierung eines solchen Volksentscheids läge in der Kompetenz des Bundes und ist nicht Sache der im Ausübungsfall betroffenen Länder.[255]

b) Der Hamburger Regierungsaufbau

Die Verfassung der Freien und Hansestadt Hamburg äußert sich nicht zur Staatsform Hamburgs. Allerdings zeigt der Namenszusatz „frei" an, dass Hamburg eine republikanische Staatsform aufweist, was im Übrigen entsprechend des Homogenitätsgebotes aus Art. 28 Abs. 1 S. 1 GG auch alternativlos ist.[256] Zugleich ist Hamburg eine repräsentative Demokratie.[257] Der Souverän ist nach Art. 3 Abs. 2 S. 1 HV unmissverständlich das Landesvolk. Von ihm geht alle Staatsgewalt aus, die es durch Wahlen ausübt.[258] Die Gewaltenteilung wird in Hamburg durch das Landesparlament namens Bürgerschaft (Art. 6 Abs. 1 HV), die Exekutive beziehungsweise Landesregierung namens Senat (Art. 33 Abs. 2 S. 1 HV) und die Gerichte (Art. 62 ff. HV) verwirklicht.

---

[252] *David*, HV, Art. 4 Rn. 12.

[253] Dazu Sachs/*Sachs*, GG, Art. 20 Rn. 66; Mangoldt/Klein/Starck/*Sommermann*, GG, Bd. 2, Art. 20 Rn. 26.

[254] *David*, HV, Art. 4 Rn. 13.

[255] Mangoldt/Klein/Starck/*Sommermann*, GG, Bd. 2, Art. 20 Rn. 27.

[256] *David*, HV, Art. 1 Rn. 5.

[257] *Schuler-Harms*, in: Hoffmann-Riem/Koch, Landesrecht Hamburg, 19 (27).

[258] Vgl. BVerfGE 83, 60 (71, 74 f.); 83, 37 (53); *Schuler-Harms*, in: Hoffmann-Riem/Koch, Landesrecht Hamburg, 19 (27).

Die Bürgerschaft besteht nach Art. 6 Abs. 2 S. 1 HV aus mindestens 120 frei gewählten Abgeordneten. Sie ist gemäß Art. 48 Abs. 2 HV der demokratisch legitimierte erste Gesetzgeber, allerdings nicht der Einzige, da das Volk nach Art. 50 HV durch Volksentscheide ebenfalls Gesetze erlassen kann.[259]

Die Gesetzgebungskompetenzen der Hamburger Legislative orientieren sich an den Vorschriften des Grundgesetzes. Die Grundregel stellt Art. 70 Abs. 1 GG auf, wonach die Länder gesetzgebungsbefugt sind, soweit das Grundgesetz diese Kompetenz nicht dem Bund verleiht. Die ausschließlichen Gesetzgebungskompetenzen des Bundes regelt Art. 73 GG. Die den Ländern übertragenen konkurrierenden Kompetenzen, die die Länder nach Art. 72 Abs. 1 GG ausüben können, solange und soweit der Bund diese Bereiche nicht selbst regelt, finden sich in Art. 74 GG. Hierzu gehört zum Beispiel das Vereinsrecht (Art. 74 Abs. 1 Nr. 3 GG) und das Bodenrecht (Art. 74 Abs. 1 Nr. 18 GG).

Das Gesetzesinitiativrecht kommt nach Art. 48 Abs. 1 HV dem Senat, der Mitte der Bürgerschaft und gemäß Art. 50 HV dem Volk durch Volksbegehren zu. Beschlossen werden die Gesetze nach Art. 48 Abs. 2 HV durch Bürgerschaft oder Volksentscheid.

Der Hamburger Senat besteht gemäß Art. 33 Abs. 1 HV aus dem Ersten Bürgermeister als Präsidenten des Senats und den Senatoren. Der Bürgermeister wird nach Art. 34 Abs. 1 HV von der Bürgerschaft aus den eigenen Reihen gewählt und beruft daraufhin gemäß Art. 34 Abs. 2 HV die Senatoren, was sodann durch die Bürgerschaft bestätigt werden muss. Die Senatoren fungieren gemäß Art. 42 Abs. 2 S. 1 HV i. V. m. § 5 VerwBehG[260] als „Köpfe“ der jeweiligen Fachbehörden. Ihre Kompetenzen richten sich dabei gemäß Art. 42 Abs. 2 S. 1 HV nach dem Geschäftsverteilungsplan des Senats. Rechtsverordnungen kann der Senat nach Art. 53 Abs. 1 HV erlassen, soweit er hierzu durch Gesetz der Bürgerschaft ermächtigt wurde. Da es sich hierbei lediglich um vom Gesetzgeber abgeleitete Kompetenzen handelt, orientieren sich die Verordnungskompetenzen an denen des Parlaments.[261] Die Landesregierung ist in ihrem Handeln dabei der Bürgerschaft gegenüber verantwortlich, welche diese durch Frage-, Auskunfts-, Unterrichtungs- und Aktenvorlagerechte aus Art. 25, 30 und 31 HV kontrolliert.[262] Art. 39 HV sichert zudem die Intensität der parlamentarischen Kontrolle, indem er

---

[259] *David*, HV, Art. 6 Rn. 2; *Schuler-Harms*, in: Hoffmann-Riem/Koch, Landesrecht Hamburg, 19 (28).

[260] Gesetz über Verwaltungsbehörden (VerwBehG) i. d. F. vom 30.07.1952 (HmbBL I 2000-a), zuletzt geändert durch Gesetz vom 03.11.2020 (HmbGVBl. S. 559).

[261] *David*, HV, Art. 53 Rn. 2.

[262] *David*, HV, Art. 3 Rn. 38.

vorsieht, dass Mitglieder der Regierung kein Bürgerschaftsmandat ausüben, also nicht zur Legislative gehören dürfen.[263]

Hamburg ist zudem gemäß § 1 BezVG[264] in sieben Bezirke eingeteilt. Sie werden nach § 2 BezVG von den jeweils eingerichteten Bezirksämtern selbstständig verwaltet, sind aber gemäß § 42 BezVG an Weisungen des Senats gebunden und bilden somit diesem unterstehende Verwaltungseinheiten.[265] Ihre Aufgaben werden vom Senat festgelegt und sind solche, die nicht wegen ihrer übergeordneten Bedeutung oder ihrer Eigenart einer einheitlichen Durchführung durch den Senat oder die Fachbehörden bedürfen. Es handelt sich hierbei in erster Linie um Bezirksaufgaben.[266] Zudem werden nach § 3 BezVG bei den Bezirksämtern Bezirksversammlungen gebildet, die vom Bezirksvolk nach § 5 BezVG gewählt werden. Indem die Bezirksversammlung nach § 19 Abs. 2 Satz 1 BezVG die Führung der Geschäfte des Bezirksamtes kontrolliert, wirkt die Bevölkerung, wie dies bis zum November 2020 explizit in Art. 56 HV a. F.[267] vorgesehen war,[268] an der Verwaltung der Bezirksangelegenheiten mit.[269] Durch die vollständige Änderung des Wortlautes des Art. 56 HV wurden das Allgemeinwohl- und Transparenzgebot sowie der Grundsatz der Bürgernähe für die Verwaltung in die Verfassung eingefügt.[270] Hintergrund der Änderung war hauptsächlich die Abschaffung der als intransparent und veraltet empfundenen Einrichung der Deputationen.[271] Dies waren ehrenamtliche Gremien, die bei allen Senatoren eingerichtet waren und über Mitwirkungsrechte verfügten.[272] Die Mit-

---

[263] *David*, HV, Art. 3 Rn. 7.

[264] Bezirksverwaltungsgesetz (BezVG) vom 06.07.2006 (HmbGVBl. 2006, S. 404), zuletzt geändert durch Gesetz vom 02.05.2020 (HmbGVBl. S. 255).

[265] *David*, HV, Art. 4 Rn. 31.

[266] *David*, HV, Art. 56 Rn. 34.

[267] Verfassung der Freien und Hansestadt Hamburg i. d. F. der Bekanntmachung vom 06.06.1952 (HmbBl. I 100-a), i. d. F. des Gesetzes vom 02.10.2019 (HmbGVBl. S. 333).

[268] Art. 56 HV a. F.: „Das Volk ist zur Mitwirkung an der Verwaltung berufen. Die Mitwirkung geschieht insbesondere durch die ehrenamtlich tätigen Mitglieder der Verwaltungsbehörden.“

[269] *David*, HV, Art. 56 Rn. 32.

[270] Art. 56 HV neu: „Die Verwaltung ist an Gesetz und Recht gebunden. Sie ist dem Wohl der Allgemeinheit und den Grundsätzen der Bürgernähe und Transparenz verpflichtet. Sie macht die bei ihr vorhandenen Informationen zugänglich und veröffentlicht gesetzlich bestimmte Informationen, soweit dem nicht öffentliche Interessen, Rechte Dritter oder gesetzliche Vorschriften entgegenstehen. Das Nähere regelt ein Gesetz.“

[271] Gesetzentwurf betreffend ein moderneres Verständnis von Bürgerbeteiligung an Entscheidungen der Exekutive – Weiterentwicklung von Artikel 56 HV, Bü-Drucks. 22/505 vom 10.06.2020, S. 1, 5.

[272] *David*, HV, Art. 56 Rn. 21.

wirkung des Volkes an der Verwaltungstätigkeit der Bezirksversammlungen blieb davon jedoch unangetastet weiter bestehen. Dies ergibt sich aus einer Zusammenschau von Art. 4 Abs. 2 Satz 2 und Abs. 3 HV, wo die Wahlen zu den Bezirksversammlungen sowie ihre Mitwirkung an der Aufgabenerledigung der Bezirksämter verfassungsrechtlich abgesichert sind.

c) Die Verfassung der Freien und Hansestadt Hamburg

Die Verfassung der Freien und Hansestadt Hamburg (FHH), die im Jahr 1952 von der Bürgerschaft als eine der letzten Landesverfassungen in Deutschland beschlossen wurde, gilt bis heute.[273] Inhaltlich verzichtet die Verfassung der FHH auf einen eigenen Grundrechtskatalog. Dies hat seinen Grund in der direkten Wirkung der Grundrechte gemäß Art. 1 Abs. 3 und Art. 142 GG als Auswirkung des Homogenitätsgebotes des Art. 28 Abs. 1 GG, sodass es keiner Wiederholung auf Landesebene bedarf.[274] Die Landesverfassung regelt vielmehr den Staatsaufbau des Bundeslandes. So sieht sie in Abschnitt I. die staatlichen Grundlagen Hamburgs und seine verfassungsrechtlichen Besonderheiten des Stadtstaates vor. Abschnitt II., III. und VI. regeln die drei Gewalten von Bürgerschaft, Senat und Rechtsprechung.

Der besondere Rang der Verfassung der FHH gegenüber sonstigen Gesetzen der Bürgerschaft wird durch die erschwerten Vorgaben hinsichtlich einer Verfassungsänderung deutlich. So sieht Art. 51 Abs. 2 HV vor, dass es für ein verfassungsänderndes Gesetz zweier übereinstimmender Beschlüsse bedarf, zwischen denen ein Zeitraum von mindestens 10 Tagen liegen muss. Beide Beschlüsse müssen bei Anwesenheit von drei Vierteln der gesetzlichen Mitgliederzahl und mit einer Mehrheit von zwei Dritteln der anwesenden Abgeordneten gefasst werden. Für einfache Gesetze gemäß Art. 48 Abs. 2 HV reicht dagegen ein Beschluss der einfachen Mehrheit der abgegebenen Stimmen nach Art. 19 HV.[275]

Die Verfassung der FHH ist zudem gerichtlich durchsetzbar. Verstößt ein Gesetz der Bürgerschaft oder eine Rechtsverordnung der Exekutive gegen die Verfassung der FHH, kann es das Hamburgische Verfassungsgericht gemäß Art. 65 Abs. 3 Nr. 3 oder 6 HV verwerfen.[276]

---

[273] *David*, HV, Vorbemerkungen Rn. 49.
[274] *David*, HV, Art. 3 Rn. 3.
[275] *David*, HV, Art. 48 Rn. 25.
[276] *David*, HV, Art. 65 Rn. 60 ff., 80 ff.

d) Hamburgische Verfassungsprinzipien

Die hamburgischen Verfassungsprinzipien ordnen sich, wie die verfassungsrechtlichen Grundsätze aller Bundesländer, dem sogenannten Homogenitätsgebot des Art. 28 Abs. 1 GG unter, welches bestimmt, dass die verfassungsmäßige Ordnung in den Ländern den Grundsätzen des republikanischen, demokratischen und sozialen Rechtsstaates im Sinne des Grundgesetzes entsprechen müssen.[277] Dies soll jedoch nicht zu Uniformität der Landesverfassungen führen, sondern lediglich zu einer „gewisse[n] Homogenität durch Bindung an die leitenden Prinzipien“[278].

Im Einklang mit den Prinzipien des Bundes bestimmt Art. 3 Abs. 1 HV, dass Hamburg ein demokratischer und sozialer Rechtsstaat ist. Art. 3 Abs. 2 S. 1 und 2 GG konkretisiert diese Vorgabe dahingehend, dass das Volk zum Ursprung aller Staatsgewalt erklärt wird und letztere nur nach Maßgabe der Verfassung und der Gesetze ausgeübt werden darf. Die republikanische Staatsform findet sich, wie bereits erwähnt, bereits im Namen „Freie und Hansestadt Hamburg“. Der Inhalt dieser Grundsätze ergibt sich aus dem Zusammenhang der entsprechenden Normen des Grundgesetzes.[279]

Eine hamburgische Besonderheit stellt darüber hinaus der bereits erwähnte Art. 56 HV dar. Wo vormals die Mitwirkung des Volkes an der Verwaltungstätigkeit als Verfassungsgrundsatz verankert war,[280] wurden nun Allgemeinwohl- und Transparenzgebot sowie der Grundsatz der Bürgernähe für die Verwaltung zu Verfassungsprinzipien erhoben. Der Verfassungsauftrag an die Verwaltung für Bürgernähe und Transparenz soll dem modernen Ansatz eines „beteiligungsorientierten Verwaltungsverständnisses“ Rechnung tragen.[281] Hierbei wird das bürgernahe Staatsverständnis Hamburgs hervorgehoben, das neben dem Grundsatz der Volkssouveränität eine verstärkte Mitwirkung des Volkes an der Ausübung von exekutiver Staatsgewalt vorsieht.

---

277 *Masurer*, Staatsrecht I; § 10 Rn. 4.

278 BVerfGE 9, 268 (279); 24, 367 (390 f.).

279 *David*, HV, Art. 3 Rn. 1 f.

280 *David*, HV, Art. 56 Rn. 16, 21.

281 Gesetzentwurf betreffend ein moderneres Verständnis von Bürgerbeteiligung an Entscheidungen der Exekutive – Weiterentwicklung von Artikel 56 HV, Bü-Drucks. 22/505 vom 10.06.2020, S. 1.

III. Gemeinsamkeiten und Unterschiede

Aus der vorstehenden Erörterung ergibt sich, dass es aufgrund der verschiedenen geschichtlichen Hintergründe Unterschiede, allerdings auch einige Gemeinsamkeiten in den jeweiligen verfassungsrechtlichen Traditionen und dem Verfassungsverständnis des Vereinigten Königreichs und der Bundesrepublik Deutschland beziehungsweise Schottlands und Hamburgs gibt. Diese werden im Folgenden für die nationale wie die subnationale Ebene herausgearbeitet, um einem wechselseitigen und konstruktiven Vergleich von Bürgerbeteiligungsinstrumenten den Boden zu bereiten.

1. Nationale Ebene

Ähnliche Strukturen im Vereinigten Königreich und der Bundesrepublik Deutschland bestehen zunächst beim Staatsaufbau und der demokratischen Ausrichtung. Beide Staaten sind, wie aufgezeigt wurde, dem Grundtyp des parlamentarischen Regierungssystems zuzuordnen. Auch wenn das Vereinigte Königreich bis heute formal eine Monarchie ist, hat die britische Krone die meisten Kompetenzen, insbesondere die der Gesetzgebung, an das Westminster Parlament abgegeben, wird von diesem regiert und erfüllt dabei Merkmale einer Demokratie, indem das Parlament vom Volk in freien Wahlen gewählt wird. Hinzu kommen das Prinzip der Gewaltenteilung und die Garantie bürgerlicher Freiheiten über rechtsstaatliche Grundsätze und Institutionen.[282] Gleiches gilt für die Bundesrepublik Deutschland, welche vom regelmäßig gewählten Deutschen Bundestag regiert wird und in ihrer Verfassung in Art. 20 GG die Grundsätze der Demokratie, Gewaltenteilung und Rechtsstaatlichkeit verankert hat.[283] Die jeweilige Untergliederung der Nationalstaaten in Form von devolviertem System auf der einen und Bundesstaatlichkeit auf der anderen Seite unterscheiden sich hinsichtlich der Kompetenzordnungen. Die Unterteilung in kleinere Landesteile mit jeweils eigenen Rechts- und Verfassungssystemen machen beide Fälle aber dennoch zu „dezentralen Ordnungen",[284] deren Untergliederungen sich innerhalb der demokratischen Rahmenbedingungen entfalten können.

Dagegen unterscheiden sich die Verfassungen der beiden Länder deutlich. Das Vereinigte Königreich verfügt über eine ungeschriebene, sich aus vielen einzelnen Rechtsakten zusammengesetzte, materielle Verfassung, die sich im

---

282 Vgl. Kapitel 1.I.1.a).

283 Vgl. Kapitel 1.II.1.a); *Kimmel*, in: Gabriel/Kropp, Die EU-Staaten im Vergleich, 62 (87).

284 *Hahn-Lorber*, Parallele Gesetzgebungskompetenzen, S. 111 f.

Laufe der Zeit flexibel an die gesellschaftlichen Anforderungen anpassen konnte,[285] sodass ihr auch ein „evolutionärer Charakter" zugesprochen wird.[286] Die Bundesrepublik Deutschland hat mit dem Grundgesetz eine geschriebene, formelle Verfassung, die sicherzustellen versucht, dass sich historische Fehler nicht wiederholen können und so die Grundpfeiler der Staatsorganisation mithilfe der Ewigkeitsgarantie des Art. 79 Abs. 3 GG unabänderlich vorgibt. In beiden Ländern lassen sich damit allerdings Verfassungen finden, die die grundsätzlichen Strukturen des demokratischen Staatsaufbaus vorgeben.

Darüber hinaus besteht auch eine Divergenz bezüglich des Verständnisses von Souveränität. Während die Rechtsordnung des Vereinigten Königreichs von einer sehr starken Position des Parlaments in Form der absoluten Parlamentssouveränität ausgeht, in welchem der Monarch im Parlament souverän ist und das Volk lediglich das Parlament durch Wahlen legitimiert, gilt in der deutschen Ordnung das Prinzip der Volkssouveränität nach Art. 20 Abs. 2 S. 1 GG.[287] Die unterschiedlichen Quellen der Souveränität in Form von Monarchen und Volk wirken sich in der Verfassungsrealität jedoch wenig aus, da in beiden Staaten das Landesparlament vom Volk in einem bestimmten Rhythmus gewählt und somit bezüglich seiner legislativen Kompetenzen demokratisch legitimiert wird. Zudem gibt es in beiden Verfassungsordnungen keine direkte Demokratie im Sinne von Volksgesetzgebung auf nationaler Ebene. Im Vereinigten Königreich finden zwar seit 1973 zu bestimmten Themen Referenden statt, diese werden jedoch vom Parlament initiiert und haben keine rechtlichen Bindungswirkungen. Das deutsche Grundgesetz sieht zwar zu bestimmen Fragen die Möglichkeit einer Volksabstimmung vor, aber auch hier verfügt das Volk nicht über ein Gesetzesinitiativrecht. Das unterschiedliche Souveränitätsverständnis wirkt sich in der gesamtstaatlichen Verfassungsrealität bezüglich der direkten Demokratie also nicht aus.

Eng damit verknüpft sind auch die divergierenden Suprematieverständnisse, wonach die deutsche Rechtsordnung vom Vorrang der Verfassung ausgeht, wohingegen im britischen Rechtsverständnis der Vorrang des Westminster Parlaments gilt.[288] Deutlich wird dieser Unterschied im Verfas-

---

[285] Vgl. *Leyand*, The Constitution of the United Kingdom, S. 14; *Lijphart*, Democracies, S. 9.

[286] *Kastendiek*, in: Glaeßner/Reutter/Jeffery, Verfassungspolitik und Verfassungswandel, 29 (34).

[287] Vgl. *Hahn-Lorber*, Parallele Gesetzgebungskompetenzen, S. 109; *Jeffery*, in: Glaeßner/Reutter/Jeffery, Verfassungspolitik und Verfassungswandel, 125 (130).

[288] *Hahn-Lorber*, Parallele Gesetzgebungskompetenzen, S. 108 ff.

sungsleben hauptsächlich in der Ausgestaltung der *rule of law* und dem Rechtsstaatsprinzip. So beinhaltet erstere lediglich die Vorgabe, dass die Exekutive durch Recht und Gesetz regieren soll, während im deutschen Rechtsstaat explizit alle drei Gewalten nach Art. 1 Abs. 3, 20 Abs. 3 GG an Recht und Gesetz gebunden sind.[289] Dies wirkt sich in der Verfassungsrealität so aus, dass im Vereinigten Königreich zwar sekundäre Gesetzgebungsakte der Verwaltung und der devolvierten Regionen gerichtlich überprüft werden können, Gesetzgebungsakte des Westminster Parlaments aber nicht justiziabel sind.[290] Akte des Deutschen Bundestages sind nachträglich dagegen nicht nur gerichtlich überprüfbar, sondern vor allem auch verwerfbar.[291] Trotz dieser Unterschiede in der Ausfüllung des Rechtsstaatsprinzips beinhalten beide die grundsätzlichen rechtsstaatlichen Kriterien. Die Prinzipien der Gewaltenteilung, Bindung der Staatsgewalt an das Recht, gerichtliche Kontrolle dieser Bindung und den Grundsatz der Rechtssicherheit kennen beide Systeme.[292]

Die unterschiedlichen Ausprägungen der Verfassungssysteme bezüglich der Form der Verfassungen und dem Verständnis, wer Inhaber der staatlichen Souveränität ist, stellen im Ergebnis nicht den rechtsstaatlichen Charakter dieser Demokratien in Frage.[293] Dies macht die Flexibilität der Demokratie als Staatsform deutlich, die lediglich die Rahmenbedingungen für eine individuell anpassbare Staatsstruktur vorgibt.

2. Regionale Ebene

Schottland und Hamburg weisen bereits von ihren historischen Hintergründen her Ähnlichkeiten bezüglich der Themen Eigenständigkeit und Unabhängigkeit im verfassungsrechtlichen Selbstverständnis auf. Während Schottland bis zum Jahr 1707 ein souveräner Staat war und auch nach der Vereinigung mit Großbritannien sein eigenes Rechts- und Justizsystem sowie die Grundlagen des schottischen Nationalbewusstseins behielt, strebte Hamburg stets nach Freiheit von anderen Landeshoheiten, die es im Jahr 1768 mit der Loslösung von der Schutzherrschaft Dänemarks erhielt.[294]

---

[289] *Fröhlich*, Von der Parlamentssouveränität zur Verfassungssouveränität, S. 73 f., 81 ff.

[290] Vgl. *Page*, Constitutional Law of Scotland, S. 28 f., *Fröhlich*, Von der Parlamentssouveränität zur Verfassungssouveränität, S. 51.

[291] *Hahn-Lorber*, Parallele Gesetzgebungskompetenzen, S. 121.

[292] *Vagt*, Rechtsverordnung und Statutory Instrument, S. 32.

[293] *Vagt*, Rechtsverordnung und Statutory Instrument, S. 26.

[294] Dazu *Schieren*, Großbritannien, S. 16; *Page*, Constitutional Law of Scotland, S. 6; *David*, HV, Art. 1 Rn. 4.

Nachdem Schottland für fast drei Jahrhunderte ohne eigenes Parlament an Großbritannien angeschlossen war, erhielt es im Jahr 1998 im Rahmen der Devolution wieder ein eigenes Parlament mit Gesetzgebungskompetenzen, was zu einer enormen kompetenziellen Stärkung und Erweiterung der politischen Unabhängigkeit dieses Landesteils vom Zentralstaat führte. Das Bundesland Hamburg erhielt nach dem Zweiten Weltkrieg den Status eines eigenständigen Bundeslandes.

Ein devolviertes Land und ein Bundesland sind aber nicht miteinander gleichzusetzen. Hauptunterschied ist dabei der Gehalt der Gesetzgebungskompetenzen. Die Gesetzgebungskompetenzen in sec. 29(2)(b), (c) i. V. m. sch. 4, 5 Scotland Act 1998 und nach Art. 70 Abs. 1 GG bilden in beiden Ländern den Grundsatz der Kompetenzaufteilung zwischen Nationalstaat und Regionen ab. Allerdings leitet Schottland seine Kompetenzen wegen des Grundsatzes der Parlamentssouveränität lediglich vom Westminster Parlament ab, wohingegen das deutsche Bundesstaatsprinzip den Bundesländern Eigenstaatlichkeit zuerkennt und somit in Art. 70 Abs. 1 GG von einer ausschließlichen Zuständigkeit der Länder ausgeht.[295] Devolution ist somit „von oben her" gedacht und wird nur durch die *Sewel Convention* abgemildert, in welcher Westminster Zurückhaltung in schottischen Fragen verspricht, während im Bundesstaat die Kompetenzen „von unten her" ausgerichtet sind.[296] Für Schottland ergibt sich hieraus ein Kompetenzmodell eigener beziehungsweise wegen der Parlamentssouveränität, paralleler Gesetzgebungskompetenzen, da regionale Kompetenzen nicht erlöschen, wenn der gesamtstaatliche Gesetzgeber tätig wird.[297] Hamburg hat dagegen nach Art. 70 Abs. 1 GG grundsätzlich eine ausschließliche Gesetzgebungskompetenz, außer in den Fällen, in denen der Bund nach Art. 71 i. V. m. Art. 73 GG die ausschließliche Kompetenz innehat. Die Besonderheit der konkurrierenden Gesetzgebung besteht nach Art. 72 i. V. m. Art. 74 Abs. 1 GG darin, dass das ausgeübte Bundesrecht zu einem Erlöschen der Kompetenzen der Landesgesetzgeber führt.[298] Jedoch kennt auch das deutsche Verfassungsrecht parallele Gesetzgebungskompetenzen in den Bereichen von Art. 72 Abs. 3 GG, beispielsweise bezüglich Naturschutz und Raumordnung. Das schottische Kompetenzmodell lässt sich somit zwischen den Grundsätzen der Art. 70 Abs. 1 GG und Art. 72 Abs. 3 GG einordnen.[299]

---

295 Vgl. *Leyand*, The Constitution of the United Kingdom, S. 250; BVerfGE 16, 64 (78).

296 *Hahn-Lorber*, Parallele Gesetzgebungskompetenzen, S. 124.

297 *Hahn-Lorber*, Parallele Gesetzgebungskompetenzen, S. 104 f.

298 Münch/Kunig/*Kunig*, GG, Bd. 2, Art. 72 Rn. 8.

299 *Hahn-Lorber*, Parallele Gesetzgebungskompetenzen, S. 105.

Das Vereinigte Königreich hat seine Souveränität nicht zwischen Zentralstaat und Gliedstaaten geteilt, sodass Schottland dem Gesamtstaat rechtlich vollkommen unterstellt ist. Faktisch verfügt Schottland, nicht zuletzt aufgrund der *Sewel Convention*, jedoch über ein hohes Maß an politischer Autonomie, sodass funktional Parallelen zur Eigenstaatlichkeit des Bundeslandes Hamburg gezogen werden können.

Übereinstimmungen finden sich zudem im generellen Demokratieverständnis der beiden Länder. Sowohl Hamburg als auch Schottland sind parallel zu ihrem jeweiligen Nationalstaat als repräsentative Demokratien aufgebaut, in denen Verfassungsprinzipien wie demokratische Rechtsordnung, Rechtsstaatlichkeit, Gewaltenteilung und Unabhängigkeit der Judikative Anwendung finden. In beiden Systemen wird das Parlament in regelmäßig stattfindenden Wahlen vom Volk gewählt, sodann aus der Mitte des Parlaments der Regierungschef ernannt, der seine Minister oder Senatoren bestimmt, die als „Köpfe" der jeweiligen Fachbehörden fungieren und als Regierung dem Parlament und somit dem Volk gegenüber verantwortlich sind. Zwar werden Regierungschef und Minister in Schottland formal vom Monarchen ernannt, jedoch ist dies eher als ein aus historischen Gründen beibehaltener symbolischer Akt zu werten. Im Gegensatz zur Ernennung des Prime Ministers im Westminster Parlament soll die Entscheidung über den First Minister im schottischen Parlament nach sec. 46 Scotland Act 1998 gerade dem Parlament und nicht dem Monarchen obliegen.[300] Somit ist zumindest faktisch sowohl in Hamburg als auch in Schottland ein demokratischer Staatsaufbau festzustellen, dem ein Selbstverständnis von Volkssouveränität zugrunde liegt.

Zwar äußert sich der *Scotland Act 1998* nicht zu einer etwaigen Volkssouveränität Schottlands, da das Gesetz vom rechtlich souveränen Westminster Parlament erlassen wurde.[301] Jedoch hat Schottland historisch bergründet ein anderes Verfassungsverständnis als das Vereinigte Königreich. Dies äußert sich durch die Vorgaben der *Scottish Constitutional Convention* hinsichtlich der Ableitung aller Staatsgewalt vom Volke,[302] in der Annahme des *Scotland Act 1998* durch ein Referendum des schottischen Volkes und auch durch den hohen Stellenwert der Volkssouveränität in sec. 2 und 3 der (nicht in Kraft getretenen) *Scottish Independence Bill.* Das gleiche gilt für Hamburg, welches in Art. 3 Abs. 2 S. 1 HV die Volkssouveränität, ebenso wie die *Scottish Independence Bill*, als eines der ersten Prinzipien nennt und ihm

300 Vgl. *Page*, Constitutional Law of Scotland, S. 72; *Turpin/Tomkins*, British Government and the Constitution, S. 50 f., 195 f.

301 *Schieren*, Großbritannien, S. 137.

302 *Page*, Constitutional Law of Scotland, S. 25.

damit eine hohe Bedeutung beimisst. Der Unterschied ist dabei in der jeweiligen rechtlichen Absicherung zu finden. Während die Volkssouveränität in Hamburg verfassungsrechtlich abgesichert ist, kann die schottische Volkssouveränität aufgrund der rechtlich übermächtigen Parlamentssouveränität nur als politisches Verfassungsprinzip qualifiziert werden. Aufgrund der hohen Bedeutung von Devolution und der in weiten Teilen politischen und damit auch rechtlichen Eigenständigkeit Schottlands, dürfte die politische Verbindlichkeit der schottischen Volkssouveränität jedoch einen ähnlich unumkehrbaren Stellenwert haben, wie die rechtliche Verbindlichkeit des Art. 3 Abs. 2 S. 1 HV. Somit ist das Prinzip der Volkssouveränität als Ursprung jeglicher Legitimationsvermittlung für die Ausübung von Staatsgewalt durch gewählte Repräsentanten als hinreichend parallel für einen darauf aufbauenden Vergleich zu qualifizieren.

Beide Länder verfügen zudem über geschriebene Verfassungsordnungen in Form des *Scotland Act 1998* und der Verfassung der FHH. Der *Scotland Act 1998* gibt, wie die Verfassung der FHH, den Staatsaufbau vor. Beide Dokumente regeln die Wahlen und Zusammensetzung des Parlaments (sec. 1 ff. Scotland Act 1998, Art. 6 ff. HV) und der Regierung (sec. 44 ff. Scotland Act 1998, Art. 33 ff. HV), Details zur Gesetzgebung (sec. 28 ff. Scotland Act 1998, Art. 48 ff. HV) und zum Haushalts- und Finanzwesen (sec. 64 ff. Scotland Act 1998, Art. 66 ff. HV). Lediglich die Unabhängigkeit der Gerichte, die in der Hamburgischen Verfassung in Art. 62 geregelt ist, lässt sich nicht im *Scotland Act 1998* finden. Aus historischen Gründen speist sich dieser Grundsatz gemäß sec. XIX Union with England Act 1707 aus dem *Claim of Right Act 1689*.

Da Schottland durch die Devolution keine Verfassungsautonomie erhalten hat, kann es sein Verfassungsdokument, im Gegensatz zu Hamburg, auch nicht selbstständig verändern. Sec. 22 Scotland Act 1998 gibt dem schottischen Parlament lediglich die Kompetenz, sich eine Geschäftsordnung (*standing orders*) zu geben und damit die Verfahren des Parlaments selbst zu regulieren. Sec. 28 Scotland Act 1998 erlaubt es dem schottischen Parlament, Gesetze zur Ausübung der devolvierten Kompetenzen zu erlassen.

Unterschiede bestehen daher auch bezüglich der in der Verfassung vorgesehenen Bürgerbeteiligung. Während dies im *Scotland Act 1998* nicht vorgesehen ist und die Bürger lediglich gemäß Chapter 9A Standing Orders of the Scottish Parliament in Form der sogenannten *private bills*, die Einzel- oder Gruppeninteressen behandeln und von einzelnen Bürgern oder privaten Körperschaften initiiert werden können, über ein eingeschränktes Gesetzesinitiativrecht verfügen, gesteht Art. 50 HV dem Hamburgischen Landesvolk im Rahmen von Volksentscheiden zu, als Gesetzgeber zu handeln. Auch das

Petitionsrecht ist in Schottland nur in der Geschäftsordnung unter Rule 15.4ff. Standing Orders of the Scottish Parliament geregelt, während dies in Hamburg in Art. 28f. HV reguliert ist. Der Grund, warum sich im *Scotland Act 1998* neben Wahlen keine weiteren Bürgerbeteiligungsinstrumente finden lassen, dürfte darin liegen, dass dieses Gesetz vom Westminster Parlament erlassen wurde. Die Volksgesetzgebung ist mit dem Prinzip der Parlamentssouveränität unvereinbar. Zudem sollte das Rechtsdokument hauptsächlich die Grundordnung der Staatsorganisation vorgeben. Die genauere Ausgestaltung des Verfassungslebens obliegt dem schottischen Gesetzgeber selbst, der dies nur mit den eingangs beschriebenen Formen im Rang unterhalb des *Scotland Act 1998* regulieren kann. In Hamburg kann dagegen die Bürgerschaft mit einer hinreichenden Mehrheit selbst über die Inhalte ihrer Verfassung bestimmen. Dennoch können beide Parlamente im Rahmen ihrer Kompetenzen das Ausmaß und die Ausgestaltung von Bürgerbeteiligung sowohl auf Legislativ- als auch auf Exekutivebene selbst bestimmen, was eine funktionale Vergleichbarkeit aus rechtlicher Sicht ermöglicht.

Den einstufigen Verwaltungsorganisationen auf Kommunalebene ist gemeinsam, dass sie die ihnen zugewiesenen Stadtteile innerhalb der ihnen von Gesetzen und der Landesregierung übertragenen Kompetenzen verwalten. Die *councils* der *local authorities* sind jedoch gewählte Lokalregierungen und verfügen über weitreichendere Kompetenzen als die Bezirksämter und -versammlungen der Hamburger Bezirke und stehen eher in einem kooperativen Verhältnis zum schottischen Parlament. Hiermit wird dem politischen Ziel Rechnung getragen, dass die einzelnen Landesteile sich bestmöglich entwickeln sollen.[303] Die Hamburger Bezirke haben auch zur Aufgabe, die Bezirksangelegenheiten zu verwalten, verfügen dabei aber lediglich über die Kompetenzen, die ihnen vom Senat nach § 2 BezVG übertragen werden. Dies liegt darin begründet, dass sie lediglich als erweiterte Verwaltung fungieren und dabei gemäß § 42 BezVG an Weisungen des Senats gebunden sind. Die gewählten Bezirksversammlungen stellen gerade keine Lokalregierungen dar, sondern kontrollieren als gewählte Verwaltungsausschüsse die Geschäfte der Bezirksämter. Allerdings handelt es sich sowohl bei den *local authorities* als auch bei den Bezirksämtern und -versammlungen um abhängige Verwaltungseinheiten, die als „*creatures of statute*"[304] rechtlich jederzeit vom jeweiligen Parlament verändert oder abgeschafft werden können.[305] Die lokalen Verwaltungseinheiten unterscheiden sich demnach im Umfang

303 *Page*, Constitutional Law of Scotland, S. 155, 164.

304 *Himsworth*, Local Government Law in Scotland, S. 23.

305 *David*, HV, Art. 57 Rn. 47.

ihrer Kompetenzen und dem Grad der Weisungsabhängigkeit, haben jedoch als gewählte regionale Verwaltungseinheiten ähnliche Zielrichtungen, die einem funktionalen Vergleich zugänglich sind.

Zuletzt ist die Vergleichbarkeit der Bevölkerungszahlen zu betrachten. Schottland verfügt über 5.424.800 Einwohner[306] und ist in 32 *local authorities* untergegliedert.[307] Hamburg mit seinen 1.880.997 Einwohnern[308] untergliedert sich in sieben Bezirke. Auch wenn die Einwohnerzahl in Schottland absolut fast dreimal so hoch ist und die Einwohnerzahlen der *local authorities* sehr verschieden sind (von 23,080 auf den Shetland Islands bis 621,020 in Glasgow City),[309] sind ausgewählte *local authorities* mit den Bezirken vergleichbar. Dies trifft beispielsweise auf die City of Edinburgh mit 513.210 Einwohnern[310] und die Bezirke Altona mit 273.203 und Hamburg-Nord mit 311.182 Einwohnern zu,[311] sodass die jeweiligen Kommunalverwaltungen für eine ähnliche Zahl von Bürgern zuständig sind.

IV. Ergebnis

Die Darstellung der verfassungsrechtlichen Hintergründe zeigt, dass die unterschiedlichen historischen Kontexte und Souveränitätsverständnisse der nationalen Ebenen des Vereinigten Königreichs und der Bundesrepublik Deutschland bezüglich der Ausgestaltung der repräsentativ ausgestalteten Demokratie einige Unterschiede mit sich bringen. So handelt es sich beim Vereinigten Königreich um eine eher materiell ausgestaltete, responsiv agierende Demokratie, wohingegen Deutschland mit seiner geschriebenen Verfassung das Demokratieprinzip als einen der unveränderlichen Grundpfeiler im Verfassungssystem vorgibt. Trotzdem erfüllen beide Staaten die staatsorganisationsrechtlichen Voraussetzungen, um als Demokratien zu gelten, und bieten somit vergleichbare rechtliche Rahmenbedingungen für die zu untersuchenden Länder Schottland und Freie und Hansestadt Hamburg.

---

306 National Records of Scotland, Mid-Year Population Estimates Scotland (2018), S. 17.

307 *Sturm*, in: Kastendiek/Rohe/Volle, Großbritannien, 194 (199).

308 *Statistisches Amt für Hamburg und Schleswig-Holstein*, Bevölkerung in Hamburg (2018), S. 12.

309 National Records of Scotland, Mid-Year Population Estimates Scotland (2018), S. 17.

310 National Records of Scotland, Mid-Year Population Estimates Scotland (2018), S. 17.

311 *Statistisches Amt für Hamburg und Schleswig-Holstein*, Bevölkerung in Hamburg (2018), S. 6, 8.

Auf der Ebene von Schottland und Hamburg haben sich dagegen deutliche Gemeinsamkeiten bezüglich der Funktionalität des Regierungsapparates und des demokratischen Verfassungsverständnisses, insbesondere mit Blick auf das Prinzip der Volkssouveränität, ergeben. Die verfassungs- und staatsorganisationsrechtlichen Hintergründe stellen eine hinreichend vergleichbare Grundlage dar, auf der Bürgerbeteiligung als Ergänzung der repräsentativ ausgestalteten Demokratie in ihren verschiedenen Ausgestaltungen untersucht werden kann. Wie sich die Instrumente der Bürgerbeteiligung in Schottland und Hamburg vor diesem Hintergrund konkret entwickelt haben und welche Verfahren die jeweiligen Rechtsordnungen vorsehen, ist Inhalt des nachfolgenden Kapitels.

Kapitel 2

Entwicklung und Systematisierung der verschiedenen Beteiligungsinstrumente in Schottland und Hamburg

Entscheidend für die weitere Untersuchung ist es herauszufinden, welcher Instrumente sich die beiden subnationalen Territorien Schottland und Hamburg bedienen, um ihre Bürger an politischen Entscheidungen zu beteiligen. Die Politik ist in beiden Entitäten rechtlich grundsätzlich nicht dazu verpflichtet, über die traditionellen Instrumente hinaus neue Beteiligungsmöglichkeiten zu schaffen.[1] Daher ist es im vorliegenden Kontext relevant, die individuelle Motivation für die Entwicklung von Beteiligungsinstrumenten herauszuarbeiten. Diese wird Aufschluss geben über das lokale Verständnis von Partizipation und Demokratie. In diesem Zusammenhang ist auch darzustellen, wie die Instrumente funktionieren, wer die jeweiligen Akteure sind, wie die Prozesse Repräsentanten und Repräsentierte verbinden und inwiefern das jeweilige Instrument eine lokale Besonderheit darstellt.

Um einen anschließenden Vergleich ausgewählter Beteiligungsmodelle zu vereinfachen, sind die gefundenen Instrumente zunächst zu kategorisieren und demokratietheoretisch einzuordnen. Hierfür werden, neben der repräsentativen und direkten Demokratie, die normativen Demokratiemodelle der deliberativen und partizipativen Demokratie[2] als Kategorien herangezogen, um die verschiedenen Stufen der Diskursivität von politischen Entscheidungen darzustellen. Da es, gerade in der länderübergreifenden Betrachtung, für Begriffe wie „direkte" oder „partizipative Demokratie" keine inhaltlich feststehenden, allgemeingültigen Definitionen gibt, werden sie zunächst definiert und die gefundenen Beteiligungsinstrumente anschließend ihrer Natur nach sortiert dargestellt.

Der Ausgangspunkt dieser Kategorisierung sind vorliegend, entsprechend der Grundvoraussetzungen der Vergleichsobjekte, die Rahmenbedingungen

---

[1] *Font/Blanco*, in: Herzberg/Sintomer/Kleger, Hoffnung auf eine neue Demokratie, 61 (62 f.).

[2] Dazu *Vetter/Remer-Bollow*, Bürger und Beteiligung in der Demokratie, S. 34 ff.; *Röcke*, Framing Citizen Participation, S. 42.

eines repräsentativ-demokratischen Staatsaufbaus. Hierbei werden die demokratietheoretischen Kategorien am Grad der jeweiligen Ausübung von Hoheitsgewalt gemessen. Der Aspekt der Wahrnehmung von Hoheitsgewalt ermöglicht es sodann, das Demokratieprinzip als Rechtsprinzip für die Prüfung heranzuziehen.

Unter repräsentativer Demokratie wird verstanden, dass die Staatsgewalt durch gewählte Volksvertreter ausgeübt wird. Dabei werden politische Entscheidungen durch Abgeordnete getroffen, die vom Volk durch Wahlen hierfür legitimiert wurden.[3] Das Volk entscheidet in dieser Demokratieform grundsätzlich lediglich über Personalfragen, woraufhin die gewählten Personen unter Rückbeziehung auf das Volk Sachentscheidungen treffen.[4] Sinn und Zweck dieser Demokratieform und der damit einhergehenden Gewaltenteilung ist die Strukturierung und Rationalisierung von Entscheidungsprozessen, die durch wenige spezialisierte Repräsentanten schneller, kostengünstiger und professioneller vorgenommen werden können, als wenn jeder einzelne Bürger im Landesgebiet in jede Entscheidung miteinbezogen würde.[5] Somit sichert diese Form der Demokratie die Funktionsfähigkeit des politischen Systems.[6]

Die direkte Demokratie meint die unmittelbare Teilnahme des Volkes an der Staatstätigkeit, indem es selbstständig rechtsverbindliche politische Entscheidungen durch Abstimmung fällt. Entscheidend ist hierbei, dass der Auslösungsakt „von unten", also vom Volk ausgeht und die Bürger selbst über Sachfragen entscheiden.[7] Hier wird also das Volk neben dem Parlament als Gesetzgeber ermächtigt, eigenständig und endgültig Entscheidungen zu treffen, die dann von der Regierung umgesetzt werden müssen.[8] Der primäre Zweck der direkten Demokratie ist es dabei, den Bürgern ein punktuelles Kontrollinstrument gegenüber den Repräsentanten zur Verfü-

---

[3] Vgl. *Böckenförde*, in: Müller, Staatsorganisation und Staatsfunktionen im Wandel, 301 (318); *Vetter/Remer-Bollow*, Bürger und Beteiligung in der Demokratie, S. 16; Jarass/Pieroth/*Pieroth*, GG, Art. 20 Rn. 4, 8.

[4] Dazu Mangoldt/Klein/Starck/*Sommermann*, GG, Bd. 2, Art. 20 Rn. 157 f.; *Böckenförde*, in: Müller, Staatsorganisation und Staatsfunktionen im Wandel, 301 (319).

[5] *Hättich*, Begriff und Formen der Demokratie, S. 38 f.; *Steinberg*, Die Repräsentation des Volkes, S. 313 f.

[6] Mangoldt/Klein/Starck/*Sommermann*, GG, Bd. 2, Art. 20 Rn. 143, 188; *Landemore*, Open Democracy, S. 52, 220.

[7] Vgl. *Vetter/Remer-Bollow*, Bürger und Beteiligung in der Demokratie, S. 16; *van Ophuysen*, UBWV 2014, Teil 1, 289 (289 f.); *Walter-Rogg*, in: Gabriel/Kropp, Die EU-Staaten im Vergleich, 236 (238); *Magin/Eder*, in: Freitag/Wagschal, Direkte Demokratie, 151 (152).

[8] *Decker*, APuZ 2006, 3 (4 ff.).

gung zu stellen.[9] Treffen letztere Entscheidungen, die der Stimmung im Volk grundlegend widersprechen, kann das Volk eine Entscheidung mit anderem Inhalt herbeiführen, die dann für die Repräsentanten rechtsverbindlich ist.[10]

Die konsultativen Demokratieformen der Deliberation und Partizipation stehen zwischen der repräsentativen und der direkten Demokratie. Die deliberative Demokratie umfasst dabei eine informative politische Diskussion sowie den Austausch von Ansichten und Meinungen zwischen Bürgern und Politik bezüglich einer bestimmten Sachfrage. Besonders qualifiziert ist dieses Verfahren, wenn die Bürger umfassend über das Thema informiert werden, die inhaltliche Auseinandersetzung verschiedene Standpunkte zulässt und die Vor- und Nachteile der Argumente gewissenhaft und unabhängig von der Person abgewägt und somit ein repräsentatives Meinungsbild der betroffenen Gruppe herausgearbeitet werden kann.[11] Dieser Prozess dient hauptsächlich der Information und unverbindlichen Konsultation von Bürgern, durch welchen sich die Repräsentanten eine Rückmeldung durch die Öffentlichkeit zu durch die Politik geplanten Vorhaben einholen. Der demokratische Zweck liegt zuvorderst im Meinungsaustausch, der Verbesserung der argumentativen Qualität und dem Versuch, sich gegenseitig von der Angemessenheit der verschiedenen Ideen zu überzeugen.[12]

Nach dem Verständnis der partizipativen Demokratie werden die Bürger nicht nur nach ihrer Meinung in einer Sache gefragt, sondern in die Lage versetzt, direkt an Entscheidungen der Repräsentanten mitzuwirken und im Idealfall somit tatsächlich Sachfragen mitzuentscheiden.[13] Dieses Vorgehen zielt darauf ab, die inhaltliche Qualität der Entscheidungen zu verbessern, indem die von der Entscheidung Betroffenen in den Prozess der Ergebnisfindung einbezogen werden.[14] Die Untergrenze partizipativer Demokratie soll hier als eine kooperative Form der Beteiligung verstanden werden, bei

---

[9] *Böckenförde*, in: Isensee/Kirchhof, Handbuch des Staatsrechts Bd. III, 31 (41).

[10] *Böckenförde*, in: Müller, Staatsorganisation und Staatsfunktionen im Wandel, 301 (316); *David*, HV, Art. 50 Rn. 3.

[11] Vgl. *Fishkin*, When the People Speak, S. 33 ff, 83; *van Reybrouck*, Gegen Wahlen, S. 115.

[12] Vgl. *Vetter/Remer-Bollow*, Bürger und Beteiligung in der Demokratie, S. 36; *Lafont*, Democracy without Shortcuts, S. 168.

[13] Dazu *Neunecker*, in: Glaab, Politik mit Bürgern – Politik für Bürger, 199 (201); *Fishkin*, When the People Speak, S. 76; *Durinke*, Bürgerentscheide in der Bauleitplanung, S. 39.

[14] *Vetter/Remer-Bollow*, Bürger und Beteiligung in der Demokratie, S. 36; *Parolari/Woelk*, in: Fraenkel-Haeberle/Kropp/Palermo/Sommermann, Citizen Participation in Multi-Level Democracies, 265 (267); *Fishkin*, When the People Speak, S. 46.

der Bürger und öffentliche Entscheidungsträger partnerschaftlich an der Entscheidung arbeiten, Alternativen diskutieren und zusammen die bevorzugte Lösung auswählen, wobei die Letztentscheidungskompetenz bei der öffentlichen Stelle verbleibt.[15] Zusammengefasst geht es bei der Partizipation somit um gesteigerte Mitwirkungs- und Gestaltungsmöglichkeiten[16] im Bereich zwischen deliberativer und direkter Demokratie, wobei die Grenzen stets fließend sind. Im Gegensatz zur deliberativen Demokratie werden die Bürger partnerschaftlich in einen Entscheidungsprozess einbezogen und nicht nur punktuell um die Abgabe Ihrer Meinung gebeten. Im Unterschied zur direkten Demokratie, die ohne Kontrolle der Repräsentanten die Bürger autark über Sachfragen entscheiden lässt, sind die Instrumente der partizipativen Demokratie funktional immer an die repräsentativen Körperschaften gebunden, da sie gemeinsam auf die Entscheidungsfindung hinwirken.[17]

All diesen Modellen ist der demokratische Kern gemein, demzufolge eine sachliche Entscheidung stets auf den Willen des Volkes zurückführbar und damit demokratisch legitimiert sein muss. Die aufgeführten Konzepte sind lediglich verschiedene Spielarten und Ausgestaltungen dieses demokratischen Grundsatzes. Anhand der aufgestellten Kriterien, die im Folgenden als Maßstab gelten sollen, werden nun die verschiedenen Instrumente der Erwachsenenbeteiligung in Schottland und Hamburg systematisiert dargestellt. Beteiligungsmechanismen für Kinder und Jugendliche bleiben aus Gründen der Übersichtlichkeit unberücksichtigt. Daran anschließend werden die Instrumente auf bestehende Gemeinsamkeiten und Unterschiede hin untersucht, um den darauffolgenden instrumentalen Vergleich vorzubereiten.

I. Instrumente der Bürgerbeteiligung in Schottland

In Schottland, welches in Folge von Dezentralisierungsmaßnahmen als devolviertes Land gilt und eine große Gebietskörperschaft im Vereinigten Königreich darstellt,[18] spielt sich neben den üblichen Beteiligungsformen von

---

[15] *Wouters/Hardie-Boys/Wilson*, Evaluating public input in National Park Management Plan reviews (2011), S. 17.

[16] *Rossen-Stadtfeld*, in: Hoffmann-Riem/Schmidt-Aßmann/Voßkuhle, Grundlagen des Verwaltungsrechts, Bd. II, 625 (659).

[17] Vgl. *Gamper*, in: Fraenkel-Haeberle/Kropp/Palermo/Sommermann, Citizen Participation in Multi-Level Democracies, 67 (68, 76 f.).

[18] Vgl. zu den Details der Devolution Kapitel 1.I.2.a) und Kapitel 1.I.2.b); *Schieren*, Großbritannien, S. 154.

Wahlen, Petitionen und den bisher stattgefundenen Referenden zu Devolution und schottischer Unabhängigkeit auf der gesamtschottischen Landesebene wenig bis keine Bürgerbeteiligung ab. Da es insbesondere aus organisatorischen Gründen einfacher ist, Bürger in kleinen Regionen an politischen Sachentscheidungen zu beteiligen,[19] werden die meisten Beteiligungsinstrumente auf der Ebene der *local authorities* oder sogar noch darunter, auf Ebene der *communities* genutzt.

Neue Beteiligungsinstrumente werden dabei generell oft als eine Art Antwort auf Demokratiedefizite entwickelt und angewendet.[20] Fraglich ist, ob dies auch auf Schottland zutrifft, zumal das Parlament in dieser Region erst im Jahr 1998 mit Zustimmung des schottischen Volkes im diesbezüglichen Referendum errichtet wurde und daher noch sehr jung ist.[21] Zu klären ist daher, ob die gefundenen Instrumente zur Verbesserung der lokalen Demokratie entwickelt wurden oder ob dahinter eher ein Verständnis guten Managements und der Steuerung von Bürgerbeteiligung steht, um die Lebensverhältnisse in den Gemeinden effektiv zu verbessern. Beide Ansätze lassen sich aus der jüngeren politischen Entwicklung Schottlands herauslesen.

Als Gegenbewegung zur Strategie Thatchers, die die Kompetenzen der *local authorities* reduziert und auf den privaten Sektor verteilt hatte, stieß die neu gewählte *Labour Party* im Jahr 1997 als Erstes ein Vorhaben der Modernisierung und demokratischen Erneuerung des öffentlichen Dienstes für das ganze Vereinigte Königreich an, dessen Kernanliegen eine Agenda zur Erneuerung der lokalen Demokratie war.[22] Dabei lag der Schwerpunkt darauf, dass den Bürgern mehr Interesse, Engagement und Einfluss auf öffentliche Entscheidungsprozesse ihrer Gemeinden vermittelt werden sollte.[23] In Schottland wurde dieser Erneuerungsansatz zudem durch die Devolution verstärkt, wonach das schottische Parlament die politischen Abläufe partizipativer machen und ein neues Verhältnis zwischen Regierenden und Regierten etablieren wollte.[24] Hierfür wurde im Jahr 1998 die McIntosh Commis-

---

[19] *Allegretti*, in: Fraenkel-Haeberle/Kropp/Palermo/Sommermann, Citizen Participation in Multi-Level Democracies, 207 (211).

[20] *Cooper/Smith*, JoPD Vol. 8 (2012): Iss. 1, Article 3, S. 1 f.

[21] *Page*, Constitutional Law of Scotland, S. 26; *Sturm*, Das Schottland-Referendum, S. 12.

[22] Vgl. *Barnes/Newman/Sullivan*, Power, participation and political renewal, S. 22; *Escobar*, Transformative practices: The political work of public engagement practitioners (2013), S. 7; *Röcke*, Framing Citizen Participation, S. 88.

[23] *Barnes/Newman/Sullivan*, Power, participation and political renewal, S. 22.

[24] Vgl. *Escobar*, Transformative practices: The political work of public engagement practitioners (2013), S. 8 f.; *Keating*, The Government of Scotland: Public Policy Making after Devolution, S. 31.

sion errichtet. Diese Kommission hatte den Auftrag herauszuarbeiten, wie man das Verhältnis zwischen Lokalregierungen und dem damals neu errichteten schottischen Parlament sowie der schottischen Exekutive am effektivsten ausgestalten könnte.[25] Sie kam zu dem Ergebnis, dass die *councils* nicht nur als repräsentative Lokalverwaltungen fungieren, sondern vielmehr als Verbindung zu den Bürgern dienen sollten, um deren Bedürfnisse zu ermitteln. Dies sollte durch das bereits seit den 1990er Jahren existierende *community planning* erfüllt werden. Die Empfehlung der Kommission wurde durch *den Local Government in Scotland Act 2003* umgesetzt, der dem *community planning* erstmals einen gesetzlichen Rahmen gab.[26] Dieser Ansatz führte jedoch zunächst zu keinen nennbaren Verbesserungen, was auch daran lag, dass Schottland eine der schwächsten lokaldemokratischen Strukturen in Europa aufweist und ein Wandel daher schwerfällig ist.[27]

Nach dem Wahlsieg der *Scottish National Party (SNP)* im Jahr 2007 und dem damit verbundenen Regierungswechsel, fanden sich im neuen Regierungsprogramm die Ziele Verstärkung des Dialogs mit den Bürgern und Bestreben nach einer allgemeinen nationalen Diskussion über die institutionellen Möglichkeiten Schottlands, sowie des verstärkten zentralen öffentlichen Engagements.[28] Daran anknüpfend erließ die neue Regierung im Jahr 2009 den *Scottish Community Empowerment Action Plan*,[29] der eher einen praxisorientierteren output-Ansatz erkennen lässt. Die Sprache in diesem Aktionsplan ist sehr förmlich und eher auf die Steuerung von Prozessen und Ergebnissen ausgerichtet, wobei Begriffe wie *user participation*, also Nutzerbeteiligung, und *service delivery* im Sinne von Dienstleistungen benutzt werden.[30] Das Wort Bürger taucht dagegen nicht einmal auf.[31] Im Fokus standen hierbei die Erneuerung der Verwaltungsebene und die Annahme, dass öffentliche Dienstleistungen effektiver ausgestaltet werden können, wenn sie mit den betroffenen Bürgern zusammen entwickelt werden.[32] Ob

---

25 *Page*, Constitutional Law of Scotland, S. 158.

26 *Escobar*, Transformative practices: The political work of public engagement practitioners (2013), S. 9 f., 65; *Page*, Constitutional Law of Scotland, S. 165 f.

27 *Bort/McAlpine/Morgan*, The Silent Crisis (2012), S. 1, 8, 18.

28 *Scottish Government*, Programme for 2008–09, S. 7, 25, 31.

29 *Scottish Government*, Scottish Community Empowerment Action Plan 2009; *Escobar*, Transformative practices: The political work of public engagement practitioners (2013), S. 9.

30 *Scottish Government*, Scottish Community Empowerment Action Plan 2009, S. 15, 29.

31 *Escobar*, PSA 2010, Dialogue: Innovation in policy making and the discourse of engagement, S. 4.

32 *Röcke*, Framing Citizen Participation, S. 36.

dieser formale Ansatz, der sich von einer direkten Bürgerbeteiligung entfernte und eher eine Öffnung der Verwaltung in den Blick nahm, dazu beitrug, dass im ersten Jahrzehnt nach der formellen Einrichtung des *communtiy plannings* nur wenige nachweisbare Verbesserungen der sozialen Versorgung der Gemeinden festgestellt werden konnten, ist möglich, aber nicht belegt.[33]

Aufgrund der fehlenden Verbesserungen empfahl die eigens dafür eingerichtete *Christie Commission* im Jahr 2011 eine *service reform agenda*, mit deren Hilfe wiederum die öffentlichen Leistungen in den Gemeinden verbessert werden sollten.[34] Hieran anknüpfend wurde ein neuer Anstoß in Richtung direkter Deliberation und Partizipation von Bürgern für erforderlich gehalten. Diesen verwirklichte die schottische Regierung zusammen mit *COSLA*, der Gesamtvertretung der *local authorities*, kurz vor den Regionalwahlen im Jahr 2012, indem sie die Verfahren des *community plannings* und die Lokalregierungen überprüfte.[35] In diesem Zusammenhang entwickelte die Regierung eine Gesetzesinitiative, die als *Community Empowerment (Scotland) Bill*[36] ins schottische Parlament eingebracht wurde und ausdrücklich auf die Stärkung der partizipativen Demokratie ausgerichtet war.[37] Dieses Vorhaben wurde zum Herzstück der Erneuerungsreform des öffentlichen Dienstes gemacht, um bessere Leistungen für die Gemeinden erbringen zu können[38] und endete mit dem Erlass des *Community Empowerment (Scotland) Act 2015*. Dieser zielt wiederum mit einem verwaltungsorientierten Fokus darauf ab, die politischen Prinzipien der Subsidiarität von nationalen Entscheidungen zugunsten lokaler Beteiligung, der Stärkung der Gemeinden und der Leistungsverbesserung durch verbindliche Regeln zu festigen.[39]

---

[33] *Page*, Constitutional Law of Scotland, S. 166 f.

[34] Commission on the future delivery of public services (2011).

[35] *Scottish Government & COSLA*, Review of Community Planning (2012); *Page*, Constitutional Law of Scotland, S. 166.

[36] Community Empowerment (Scotland) Bill vom 11.06.2014, abrufbar unter: https://www.parliament.scot/S4_Bills/Community%20Empowerment%20(Scotland)%20Bill/b52s4-introd.pdf, Stand: 07.10.2020.

[37] *Scottish Government*, Consultation on the Community Empowerment (Scotland) Bill (2013), S. 10; *Escobar*, The Community Empowerment and Renewal Bill (CERB) (2013).

[38] *Scottish Government & COSLA*, Review of Community Planning (2012), S. 2.

[39] Community Empowerment (Scotland) Act 2015, Explanatory Notes, Overview, abrufbar unter: http://www.legislation.gov.uk/asp/2015/6/notes/division/2, Stand: 31.09. 2020 um 11.02 Uhr (im Folgenden: "Community Empowerment (Scotland) Act 2015, Explanatory Notes").

Neben diesen Entwicklungen hinsichtlich eines verbesserten Managements öffentlicher Leistungen gab es jedoch im Rahmen des Unabhängigkeitsreferendums im Jahr 2014 und der damit einhergehenden Diskussion um die verfassungsrechtliche Zukunft Schottlands auch explizite Bestrebungen hinsichtlich der Verbesserung der lokalen Demokratie.[40] Die sich unter der Führung des *COSLA*-Präsidenten David O'Neill zusammengefundene *Commission on Strengthening Local Democracy* äußerte sich insbesondere dahingehend, dass die Gesetzesvorlage des *Community Empowerment and Renewal Bill* mit ihrem Dezentralisierungsansatz zwar in die richtige Richtung gehe, allerdings die politische Kultur der *„top down"* Verwaltung und der Angewohnheit, Bürger als Serviceempfänger zu behandeln, grundlegend verändert werden müsse. Ein Weg dahin wäre die Übertragung von Staatsgewalt an die Gemeinden, die sie sodann selbst (*„bottom up"*) ausüben könnten.[41] In diesem Zusammenhang ist laut der Regierungserklärung der *SNP* aus dem Jahr 2017 ein *Local Democracy Bill* angedacht, der zu einer noch weitergehenden Dezentralisierung führen soll.[42] In Vorbereitung hierauf entstand gemeinsam mit *COSLA* der *Local Governance Review*[43], der überprüft, inwieweit die Gemeinden mehr an politischen Entscheidungen beteiligt werden können und welche Kompetenzen und Ressourcen dafür in den *local councils* gebraucht werden.[44] Dies stellt vorläufig den Endpunkt der Entwicklung lokaldemokratischer Verbesserungen in Schottland dar.

Einen Überblick über traditionelle sowie vor diesem Hintergrund neu entwickelte schottische Bürgerbeteiligungsinstrumente soll die nachfolgende Untersuchung verschaffen.

1. Direktdemokratische Instrumente

Instrumente der direkten Demokratie im Sinne von rechtsverbindlichen Sachentscheidungen, die vom Volk initiiert werden, existieren eben so wenig in Schottland wie im Rest des Vereinigten Königreichs.[45] Weder im *Scotland Act 1998*, im *Government of Wales Act 1998*, noch in der zusammengesetz-

---

[40] *Commission on Strengthening Local Democracy*, Final Report (2014), S. 4 f., 31 ff.

[41] *Commission on Strengthening Local Democracy*, Final Report (2014), S. 4 f., 7 f., 15, 33.

[42] *Scottish Government*, Programme for Scotland 2017–18, S. 109.

[43] *Bland/Cullingworth*, Local Governance Review (2019).

[44] *Scottish Government/COSLA*, Local Governance Review – Engagement Phase (2018), S. 1 f.; *Bland/Cullingworth*, Local Governance Review (2019), S. 4, 35 ff.

[45] Vgl. *Kimmel*, in: Gabriel/Kropp, Die EU-Staaten im Vergleich, 62 (77); *Kaufmann/Waters*, Direct Democracy in Europe, S. 39 ff.

ten Verfassung des Gesamtstaates findet sich eine verfassungsrechtliche Vorgabe oder Absicherung direkter Demokratie im Sinne einer Volksgesetzgebung.[46] Das der direkten Demokratie im Vereinigten Königreich am nächsten kommende Instrument ist der Vorbehalt in sec. 1(1) Northern Ireland Act 1998, wonach Nordirland nur mit der mehrheitlichen Zustimmung der nordirischen Bevölkerung aus dem Verbund des Vereinigten Königreichs austreten kann. Ein solches Referendum zum Status Nordirlands unterliegt jedoch nach sec. 1(2) Northern Ireland Act 1998 der Ratifikation durch das Westminster Parlament, sodass keine souveräne Entscheidung vom nordirischen Volk getroffen werden kann. Das im sec. 63A Scotland Act 1998 vorgesehene Referendum bezüglich der Abschaffung des schottischen Parlaments und der schottischen Regierung dient daneben lediglich der Absicherung vor einseitigen Entscheidungen aus Westminster, nicht jedoch dafür, den schottischen Bürgern direktdemokratische Kompetenzen zu übertragen. Diese Bestimmung wurde zusammen mit der Bestandsgarantie bezüglich der beiden Institutionen nachträglich durch den Scotland Act 2016 eingefügt, um Schottland eine sicherere Position gegenüber einseitigen Entscheidungen Westminsters zu gewähren.[47]

Auf der nationalen Ebene des Vereinigten Königreichs wäre es dabei möglich, dass das souveräne Westminster Parlament dem Volk ein Referendum zugesteht, das es selbst initiieren kann. Ein solcher gesamtbritischer Volksentscheid könnte allerdings über keine rechtliche Verbindlichkeit verfügen, da dieser Ansatz dem britischen Verständnis der Parlamentssouveränität diametral entgegensteht, wonach das Parlament rechtlich durch keine Institution gebunden werden kann.[48] Dies zeigt auch die Ausgestaltung der einzig verbindlichen Referenden im Vereinigten Königreich in Form des schottischen Devolutionsreferendums im Jahr 1979 sowie des nationalen *alternative vote*-Referendums, bei dem es um die Änderung des Wahlsystems für die Abgeordneten des Westminster Parlaments ging. Beide sahen die rechtsverbindliche Umsetzung eines negativen Ergebnisses vor, wobei der zuständige *Secretary of State* beziehungsweise Minister in sec. 85(2) Scotland Act 1978 und in sec. 8(2) Parliamentary Voting System and Consti-

---

[46] *Parolari/Woelk*, in: Fraenkel-Haeberle/Kropp/Palermo/Sommermann, Citizen Participation in Multi-Level Democracies, 265 (266); *Commission on the Conduct of Referendums*, Report of the Commission on Referendums (1996), S. 22.

[47] Siehe Scotland Act 2016, Explanatory Notes, Overview of the Act, abrufbar unter: http://www.legislation.gov.uk/ukpga/2016/11/notes/division/2/index.htm, Stand: 17.09.2020.

[48] Ellen Street Estates Ltd. vs. Minister of Health 1934 1 KB 590, 597; *Lijphart*, Democracies, S. 9.

tuencies Act 2011[49] dazu verpflichtet wurde, die Aufhebung des betreffenden Gesetzesentwurfs zu beantragen.[50] Sec. 8(1) Parliamentary Voting System and Constituencies Act 2011 sah zudem auch die Umsetzung eines positiven Abstimmungsergebnisses vor.[51] In beiden Fällen war das parlamentarische Gesetzgebungsverfahren zu diesem Zeitpunkt aber bereits komplett abgeschlossen. Lediglich der letzte exekutive Schritt vor Inkraftsetzung oder Aufhebung des Gesetzesentwurfs wurde nach gesetzgeberischem Willen durch die Referenden bestimmt. Somit kam dem abstimmungsberechtigten Volk in diesen Einzelfällen lediglich die Kompetenz zu, einen vom Parlament entworfenen und abgesegneten Gesetzentwurf zu bestätigen oder abzulehnen.

Referenden an sich, die seit den 1970er Jahren stattfanden und grundsätzlich unverbindlich ausgestaltet waren, stießen im britischen Verfassungsleben stets auf große Skepsis.[52] Dementsprechend gibt es auf lokalpolitischer Ebene in England und Wales nach part 3, sch. 12, para. 18, sub-para. 4 und 5 und part 5, para. 34, sub-para. 4 und 5 Local Government Act 1972 und sec. 27, 34 ff. Local Government Act 2000[53] nur sehr eingeschränkte Möglichkeiten für die Bürger, unverbindliche Gemeindereferenden zu bestimmten Themen zu initiieren.[54] Das politische Vorhaben der *Conservative/ Libdem Coalition*, den Bürgern von England und Wales das Instrument ei-

[49] Parliamentary Voting System and Constituencies Act 2011 vom 16.02.2011, abrufbar unter: https://www.legislation.gov.uk/ukpga/2011/1/contents/enacted, Stand: 03.12. 2020.

[50] Sec. 85(2) Scotland Act 1978: "If it appears to the Secretary of State that […] a majority of the answers given in the referendum have been 'No' he shall lay before Parliament the draft of an Order in Council for the repeal of this Act"; sec. 8(2) Parliamentary Voting System and Constituencies Act 2011: "If more votes are not cast in the referendum in favour of the answer 'Yes' than in favour of the answer 'No', the Minister must make an order repealing the alternative vote provisions."

[51] Sec. 8(1) Parliamentary Voting System and Constituencies Act 2011: "The Minister must make an order bringing into force section 9, Schedule 10 and Part 1 of Schedule 12 ('the alternative vote provisions') if –

(a)more votes are cast in the referendum in favour of the answer 'Yes' than in favour of the answer 'No', and

(b)the draft of an Order in Council laid before Parliament under subsection (5A) of section 3 of the Parliamentary Constituencies Act 1986 (substituted by section 10(6) below) has been submitted to Her Majesty in Council under section 4 of that Act."

[52] *Bogdanor*, in: Butler/Ranney, Referendums around the Wold, 24 (33); *Bogdanor*; The New British Constitution, S. 176 f., 179.

[53] Local Government Act 2000 vom 28.07.2000, abrufbar unter: https://www.legislation.gov.uk/ukpga/2000/22/contents, Stand: 04.10.2020.

[54] Vgl. *Macpherson*, Citizens' initiative and referendum in Britain and Northern Ireland 2007, S. 2; *Kaufmann/Waters*, Direct Democracy in Europe, S. 39.

nes lokalen Referendums zu jedem Thema durch den Localism Act 2011[55] zu verschaffen, wurde während des dazugehörigen Gesetzgebungsprozesses aufgegeben.[56]

In Schottland wäre es dagegen durchaus möglich, einen das schottische Parlament und die Regierung rechtlich bindenden Volksentscheid einzuführen. Das rechtliche Dokument, das dem schottischen Parlament seine Kompetenzen verleiht, ist der *Scotland Act 1998*. Rechtlich wäre es daher denkbar, dass das Westminster Parlament, die Zustimmung des schottischen Parlaments vorausgesetzt, das schottische Volk parallel zum schottischen Parlament als Gesetzgeber durch ein Volksgesetzgebungsverfahren legitimiert. Das schottische Volk könnte als Gesetzgeber die gleichen parallelen Gesetzgebungskompetenzen im Verhältnis zu Westminster erlangen, wie das schottische Parlament, sodass es zu keinem Konflikt mit der Parlamentssouveränität käme.

Das schottische Parlament selbst kann daneben die Form seiner Gesetzgebungs- und Verwaltungsverfahren ausgestalten und ist auch bezüglich seiner *local authorities* regelungsbefugt.[57] Das bedeutet, dass es in den Bereichen der Gesetzgebungs- und Verwaltungsverfahren, sowie auf der Ebene der *local authorities* und der dazugehörigen Gemeinden in der Kompetenz des schottischen Parlaments liegt, Bürgerbeteiligungsinstrumente formell zu regeln und weiterzuentwickeln.

Für die Einführung von Elementen direkter Demokratie in Schottland hat sich bisher allerdings nur die *Scottish Green Party* ausgesprochen.[58] Die grundsätzlich sehr zurückhaltende Einstellung gegenüber der Idee, Staatsgewalt direkt auf das Volk zu übertragen, dürfte sich mit der mentalen Prägung durch die Parlamentssouveränität erklären lassen. Demnach ist es unwahrscheinlich, dass in absehbarer Zeit Gesetzesänderungen zugunsten direkter Demokratie vorgenommen werden.

2. *Partizipative Instrumente*

Im Folgenden werden die partizipativen Beteiligungsinstrumente dargestellt, die den schottischen Bürgern zur punktuellen Beteiligung an politischen Sachentscheidungen zur Verfügung stehen. Bei der *participation request* handelt es sich um ein formelles, beim *participatory budgeting* um ein

---

[55] Localism Act 2011 vom 15.11.2011, abrufbar unter: http://www.legislation.gov.uk/ukpga/2011/20/contents/enacted, Stand: 05.10.2020.

[56] *Boff*, The removal of the clauses from the Localism Bill (2011).

[57] *Leyland*, The Constitution of the United Kingdom, S. 249.

[58] *Scottish Greens*, A better Scotland needs a bolder Holyrood (2016), S. 36.

informelles Beteiligungsinstrument. Die Regelungen zur *participation in public decision-making* sind dagegen den schottischen Ministern vorbehaltene Ermächtigungsgrundlagen für den Erlass einer entsprechenden Anordnung.

a) Participation Request, Part 3 Community Empowerment (Scotland) Act 2015

Die *participation request* ist eines der neuen Beteiligungsinstrumente, das im Rahmen der beschriebenen politischen Entwicklungen mit dem *Community Empowerment (Scotland) Act 2015* neu eingeführt wurde. Hiermit sollte insbesondere der Forderung der *Christie Commission* nachgekommen werden, den öffentlichen Dienst grundlegend umzustrukturieren, dabei die betroffenen Bürger besser in Entscheidungsprozesse einzubeziehen und ihnen direkten Kontakt mit den Behörden zu ermöglichen.[59] Konkreter Hintergrund für die Etablierung der *participation request* war dabei, dass die informelle Bürgerbeteiligung in Schottland lange Zeit sehr unterschiedlich ausgestaltet war. Mit diesem neuen formellen Instrument werden nun vielfältige Ziele verbunden. So soll es zu einem Kulturwandel der *service authorities* beitragen und sie auf dem Weg zu einer konsensualen Demokratie responsiver machen. Zudem will man den Gemeinden mehr Einfluss auf Entscheidungen geben, das öffentliche Verständnis dafür, wie die Verwaltung Entscheidungen trifft fördern, öffentliche Dienstleistungen verbessern und soziale Ungerechtigkeiten vermindern.[60] Mit der *participation request* wurde somit ein für alle zugängliches Beteiligungsinstrument zur Verfügung gestellt, das die bereits praktizierten Beteiligungsformen ergänzt.[61]

Die konkrete Funktion des neuen Beteiligungsinstruments ist die aktive Mitarbeit der Gemeinden an den für sie wichtigen Problemen vor Ort.[62] Entwickelt wurden *participation requests* von *civil servants* in einem gemeinsamen Konsultationsprozess mit Bürgern und Gemeindegruppen, die

[59] *Scottish Parliament*, Stage 1 Report on the Community Empowerment (Scotland) Bill (2015), S. 36 f., 42 f.

[60] *McMillan/Steiner/Hill O'Connor*, Participation Requests: Evaluation of Part 3 of the Community Empowerment (Scotland) Act 2015 (2020), S. 7; *Scottish Government*, Community empowerment, Overview; Auskunft des ehemaligen Ministers für Local Government and Community Empowerment aus November 2019.

[61] Vgl. dazu *Campbell/Evans/Gilman/Reid*, SPICe Briefing, Community Empowerment (Scotland) Bill (2014), S. 11; *Scottish Government*, Participation Requests Guidance (2017), S. 3; *McMillan/Steiner/Hill O'Connor*, Participation Requests: Evaluation of Part 3 of the Community Empowerment (Scotland) Act 2015 (2020), S. 8, 25.

[62] *Scottish Government*, Participation Requests Guidance (2017), S. 6.

in frühen Konsultationen zum Gesetzentwurf der *Community Empowerment (Scotland) Bill* Gelegenheit hatten, ihre Ansichten und Wünsche für das neue Gesetz einzubringen.[63]

Der am 01. April 2017 in Kraft getretene[64] Part 3 Community Empowerment (Scotland) Act 2015 sieht vor, dass Gemeindeorganisationen mit und ohne Satzung, einfache Interessengruppen, *community councils* und von schottischen Ministern bestimmte Gruppen „von unten" das Gespräch mit öffentlichen Einrichtungen suchen können. Hierfür ist Voraussetzung, dass sie eine öffentliche Leistung durch ihre Mitarbeit verbessern können und nicht eine ähnliche Anfrage in den letzten zwei Jahren eingereicht wurde, sec. 20, 22, 27 Community Empowerment (Scotland) Act 2015.[65] Diese Anfragen können nach sch. 2 Community Empowerment (Scotland) Act 2015 gerichtet werden an *local authorities*, Gesundheitsbehörden, den Vorstand einer Hochschule für Weiterbildung, *Highlands and Islands Enterprise* sowie *Scottish Enterprise*, die Nationalparkbehörde, die schottische Polizei, die schottische Umweltschutzbehörde, den schottischen Feuer- und Rettungsdienst, die Stelle für Schottisches Naturerbe sowie regionale Verkehrspartnerschaften. Wenn keine entgegenstehenden Gründe vorliegen, sind die öffentlichen Stellen dazu verpflichtet, die Bürgeranfrage anzunehmen und sich inhaltlich damit auseinanderzusetzen, sec. 24(1), (5) Community Empowerment (Scotland) Act 2015. Bei der Abwägung, ob die Anfrage angenommen wird, muss die öffentliche Stelle nach sec. 24(3)(c), (d) Community Empowerment (Scotland) Act 2015 miteinbeziehen, ob die Anfrage zu einer Verbesserung der wirtschaftlichen Entwicklung, der Regeneration, der öffentlichen Gesundheit, dem sozialen oder ökologischen Wohlergehen der schottischen Gemeinde führt oder ob es geeignet ist, Einkommensungleichheiten zu reduzieren. Die anfragende Bürgervereinigung muss gemäß sec. 24(6) Community Empowerment (Scotland) Act 2015 innerhalb von 30 oder, wenn mehrere öffentliche Stellen involviert sind, innerhalb von 45 Arbeitstagen über die Annahme oder Ablehnung der Anfrage informiert werden, wobei sich die Beteiligten auch über Fristverlängerungen einigen kön-

---

[63] Vgl. *Nicholson*, Consultation on the Community Empowerment (Scotland) Bill, Analysis of Responses (2014), S. 28ff.; *Scottish Parliament*, Stage 1 Report on the Community Empowerment (Scotland) Bill (2015), S. 38f.

[64] Vgl. sec. 2 Community Empowerment (Scotland) Act 2015 (Commencement No. 7) Order 2017 vom 21.02.2017, abrufbar unter: https://www.legislation.gov.uk/ssi/2017/40/contents/made, Stand: 07.09.2020.

[65] *Scottish Government*, Participation Requests Guidance (2017), S. 8, 17ff.; *SCDC*, Community Empowerment (Scotland) Act 2015, PR-FAQ.

nen.[66] Ergänzend wurden auf Grundlage von sec. 23, 24(7)(a), (8)(b), 26(6) und 29(3) Community Empowerment (Scotland) Act 2015 durch die Minister Regelungen in Form einer Gebrauchsanweisung durch *Participation Request (Procedure) (Scotland) Regulations 2017*[67] getroffen.

Gegen die Ablehnung einer Beteiligungsanfrage gibt es bisher keine Berufungs- oder Überprüfungsmöglichkeit, mit der die Anfragenden sich wehren könnten.[68] Zwar sieht sec. 30(1) Community Empowerment (Scotland) Act 2015 vor, dass schottische Minister solche Rechtsschutzmöglichkeiten einführen können. Im *ministerial report*[69], der gemäß sec. 33 Community Empowerment (Scotland) Act 2015 innerhalb der ersten drei Jahre nach Erlass der sec. 22 Community Empowerment (Scotland) Act 2015 von schottischen Ministern im Parlament vorgelegt werden muss, wurde lediglich empfohlen, die Möglichkeit, einen Berufungsprozess einzuführen, weiter zu untersuchen.[70]

Bei einer Annahme der Anfrage muss die angefragte öffentliche Stelle gemäß sec. 25, 26 Community Empowerment (Scotland) Act 2015 die Details des sich daran anschließenden *outcome improvement process'* darlegen. Dies ist ein formaler Diskussionsprozess zwischen den Bürgern, der zuständigen öffentlichen Stelle und dritten für das Projekt relevanten Personen oder Organisationen. Die Einzelheiten des Prozesses hängen vom Thema und Umfang der Anfrage ab. Das angestrebte Ziel dieses Verfahrens ist eine Verbesserung der jeweiligen öffentlichen Leistung.[71] Das Letztentscheidungsrecht in der Sache verbleibt bei der öffentlichen Stelle, die jedoch in die Entscheidung die Ansichten aller Beteiligten miteinbeziehen soll.[72] Nach Abschluss der Zusammenarbeit hat die öffentliche Stelle einen Abschlussbericht zum Ergebnis zu verfassen, sec. 31(2) Community Empowerment (Scotland) Act

---

[66] *Scottish Government*, Participation Requests Guidance (2017), S. 41.

[67] Participation Request (Procedure) (Scotland) Regulations 2017 vom 01.04.2017, abrufbar unter: http://www.legislation.gov.uk/ssi/2017/39/contents/made, Stand: 17.10.2020.

[68] *Plotnikova/Bennett*, Research report participation requests (2018), S. 16.

[69] *McMillan/Steiner/Hill O'Connor*, Participation Requests: Evaluation of Part 3 of the Community Empowerment (Scotland) Act 2015 (2020).

[70] Vgl. *Scottish Government*, Participation Requests Guidance (2017), S. 42; *McMillan/Steiner/Hill O'Connor*, Participation Requests: Evaluation of Part 3 of the Community Empowerment (Scotland) Act 2015 (2020), S. 57.

[71] *Scottish Government*, Participation Requests Guidance (2017), S. 43 f.

[72] *McMillan/Steiner/Hill O'Connor*, Participation Requests: Evaluation of Part 3 of the Community Empowerment (Scotland) Act 2015 (2020), S. 34; *SCDC*, Community Empowerment (Scotland) Act 2015, PR-FAQ; *SCDC*, Participation requests, 2-pager, S. 2.

2015. Zudem muss jedes Jahr nach sec. 32 Community Empowerment (Scotland) Act 2015 ein Bericht darüber veröffentlicht werden, wie viele Anfragen es im jeweiligen *local authority* Gebiet gab, wie diese beschieden und welche Veränderungen erzielt wurden und wie die öffentlichen Stellen dieses Instrument gefördert haben.

In der Praxis wurden im ersten Jahr nach der Einführung des neuen Instruments, also bis Mitte 2018, in ganz Schotland 19 *participation requests*, die meisten davon von *community councils*, angemeldet, wovon zwölf angenommen wurden.[73] Im zweiten Jahr, bis Mitte 2019, gab es 27 *participation request*-Anträge, von denen 15 akzeptiert, acht abgelehnt wurden und vier ungültig waren. Zwölf dieser Anträge wurden von *community councils*, die anderen von anderen verfassten Gruppen wie gemeinnützigen Organisationen oder einem Sportclub gestellt. Adressaten aller Anträge waren *local authorities*, wobei es sich inhaltlich zumeist um Themen der Infrastruktur und öffentliche Dienstleistungen handelte.[74]

Zwei Anfragen fanden im ersten Jahr nach Einführung der *participation requests* in Edinburgh statt. Die erste Anfrage vom *Portobello Community Council* aus dem Juni 2017 zielte auf eine Beteiligung am Verkauf eines öffentlich genutzten Grundstücks in der Westbank Street ab und wurde durch eine zweite Anfrage der *Portobello Amenity Society* ergänzt. Die Gemeindeorganisationen wollten bei der Frage, wie das Grundstück in Zukunft genutzt und an wen es daher verkauft werden sollte, beteiligt werden. Beide Anfragen wurden angenommen und ein gemeinsamer *outcome improvement process* durchgeführt, in welchem umfangreiche Gemeindebeteiligung inklusive online-Befragungen und Fokusgruppen stattfand.[75] Der ursprünglich geplante Verkauf des Grundstückes auf dem freien Markt wurde im Oktober 2018 durch Beschluss des *Finance and Resources Committee* des *The City of Edinburgh Council* verworfen.[76] Stattdessen wurde der *Executive Director of Place* angewiesen, mit der Gemeinde Portobello gemeinsam einen Masterplan zu erarbeiten, der eine Balance zwischen finanziellen Fragen und den Bedürfnissen der Gemeinde schaffen sollte.[77]

---

[73] *Hill O'Connor/Steiner*, Review of Participation Requests Annual Reports 2018, S. 1.

[74] *Hill O'Connor/Steiner*, Review of Participation Requests Annual Reports 2019, S. 1 f.

[75] *The City of Edinburgh Council*, Participation Requests annual Report (2017–2018), S. 2.

[76] *The City of Edinburgh Council*, Finance and Resources Committee, Report vom 11.10.2018, S. 2; Website Portobello Community Council, Porty community to lead on Pitz redevelopment vision (2018).

[77] *The City of Edinburgh Council*, Participation Requests annual Report (2017–2018),

Die zweite *participation request* aus dem Januar 2018 kam von *Transition Edinburgh* und zielte auf eine Beteiligung am Projekt *„2050 Edinburgh City Vision“* bezüglich einer CO_2-neutralen Stadt. Die Anfrage wurde abgelehnt, da dieses Projekt noch nicht weit genug vorangeschritten war. Allerdings sagte die öffentliche Seite zu, dass die Anfragenden über Beteiligungsmöglichkeiten im weiteren Verlauf des Projekts informiert würden.

Das neue Beteiligungsinstrument wurde in der Praxis zwar noch nicht von Bürgern, aber immerhin von einigen *community councils* genutzt, die aktuelle Problemlagen damit adressieren und gemeinsam mit den zuständigen öffentlichen Stellen an Konfliktlösungen arbeiten konnten. Als positive Entwicklung wurde dabei im ersten Jahresbericht zu den *participation requests* eine verbesserte Kommunikation zwischen den *community councils* und den öffentlichen Stellen hervorgehoben.[78] Auch wenn das Letztentscheidungsrecht über den jeweiligen Beteiligungsprozess bei der öffentlichen Stelle verbleibt, wird durch den Anstoß des Prozesses „von unten“ und den großen Teil der Prozessgestaltung, den die Antragsteller mit der vorherigen Planung ihrer Beteiligung und der Darlegung des anvisierten Ergebnisses innehaben, ein gemeinsames Denk- und Entscheidungsverfahren angestoßen. Die Gemeinden erhalten eine formelle Möglichkeit, sich bei Themen, die für sie wichtig sind, gezielt einzubringen. Durch die konkrete Zusammenarbeit hinsichtlich eines Projekts und die Evaluierungspflicht der öffentlichen Stellen, die nach sec. 31(2)(b) Community Empowerment (Scotland) Act 2015 genau darlegen müssen, wie die Bürgerbeteiligung den Prozess und das Ergebnis beeinflusst haben, gibt die Zielrichtung des Gesetzes eine inhaltliche Zusammenarbeit vor, bei der die Bürger und Gemeindegruppen an Entscheidungsfindungen mitwirken und öffentliche Leistungen beeinflussen können. Dies schließt das rein konsultative Sammeln von Meinungen aus, womit es als partizipatives Instrument zu qualifizieren ist.

Trotz des am Ende der 1990er Jahre im Vereinigten Königreich angestoßenen Prozesses der Erneuerung der lokalen Demokratie sowie der Bestrebungen des Westminster Parlaments, die lokaldemokratischen Strukturen zu stärken, finden sich weder in England noch in Wales oder Nordirland vergleichbare Instrumente zu den schottischen *participation requests*.[79] Am

---

S. 2; *The City of Edinburgh Council*, Finance and Resources Committee, Report vom 11.10.2018, S. 2; *McMillan/Steiner/Hill O'Connor*, Participation Requests: Evaluation of Part 3 of the Community Empowerment (Scotland) Act 2015 (2020), S. 53 f.

[78] *Hill O'Connor/Steiner*, Review of Participation Requests Annual Reports 2018, S. 1.

[79] Vgl. *Röcke*, Framing Citizen Participation, S. 93 ff.; *Zipfel*, in: Malena, From Political Won't to Political Will, 93 (94 f., 98 ff.).

nächsten kommt dem zwar das englische *community right to challenge*, das in sec. 81–86 Localism Act 2011 geregelt ist. Danach können Gemeindegruppen die *local authorities* zur Erbringung bestimmter Dienstleistungen auffordern oder diese sogar übernehmen.[80] Dieses Instrument wird aber als destruktiv wahrgenommen, wovon sich Schottland mit dem konstruktiveren Mechanismus der *participation request* abgrenzen wollte.[81]

b) Participatory Budgeting/Community Choices

Seinen Ursprung hat das *participatory budgeting* in Brasilien, wo es nach dem Ende der Militärdiktatur Ende der 1980er Jahre entwickelt und das erste Mal im Jahr 1989 von der damals neugewählten Arbeiterpartei in Porto Alègre umgesetzt wurde. Auch hier war es das politische Ziel, Mechanismen für mehr Bürgerbeteiligung in den Lokalregierungen zu entwickeln und mit dieser demokratischen Neuerung die Unzufriedenheit der brasilianischen Bevölkerung mit den repräsentativen Institutionen zu bekämpfen.[82] Die Idee war dabei, die Bürger an der Entscheidung über öffentliche Ausgaben zu beteiligen. Umgesetzt wurde dies durch Bürgerversammlungen in Nachbarschaften, Bezirken und Gemeinden, die jeweils die lokalen Schwerpunkte festsetzten und anschließend Vertreter zu Strategieausschüssen schickten, wo diese mit Politikern zusammen die Entscheidungen bezüglich der Ressourcenverteilung trafen. Anschließend wurde der Plan vom Bürgermeister dem Parlament zur formalen Annahme vorgelegt.[83] Über die Zeit etablierte sich das Beteiligungsinstrument in Porto Alègre, sodass die Bürger erhebliche Mitgestaltungsmöglichkeiten erhielten, insbesondere in den Bereichen sozialer Leistungen und Infrastruktur. Im Jahr 1994 wurden sogar 20 % aller Investitionsausgaben der Stadt auf diese Weise verteilt und im Jahr 2002 nahmen mehr als 17.000 Bürger am *participatory budgeting* teil.[84] Bis zum Jahr 2015 wurde dieses Partizipationsinstrument weltweit in 1.500 Gemeinden genutzt. Im Vereinigten Königsreich wurde dieses Instrument erstmals im Jahr 2004 in Bradford, England erprobt, von wo aus es dann den Weg in

---

[80] *Sandford*, Briefing Paper, Community Right to Challenge (2015), S. 4.

[81] Auskunft des ehemaligen Ministers für Local Government and Community Empowerment aus November 2019.

[82] Vgl. dazu *Harkins/Moore/Escobar*, Review of 1st Generation PB in Scotland (2016), S. 7; *Fedozzi*, in: Herzberg/Sintomer/Kleger, Hoffnung auf eine neue Demokratie, 147 (150 ff.); *Neunecker*, in: Glaab, Politik mit Bürgern – Politik für Bürger, 199 (204); *Escobar*, Contemporary Pragmatism 14 (2017), 416 (424).

[83] *Escobar*, Contemporary Pragmatism 14 (2017), 416 (424).

[84] *Fedozzi*, in: Herzberg/Sintomer/Klegerunter, Hoffnung auf eine neue Demokratie, 147 (160, 170); *Escobar*, Contemporary Pragmatism 14 (2017), 416 (425).

die politischen Programme der Labour Partei fand.[85] In Schottland wird *participatory budgeting* seit 2010 genutzt.[86] Bis Oktober 2020 haben in Schottland bereits über 200 *participatory budgeting* Verfahren stattgefunden,[87] wobei sich das schottische Verfahren sehr von seinem brasilianischen Vorbild unterscheidet.

Die Entwicklung des *participatory budgetings*, beziehungsweise der *community choices*, wie es in Schottland aufgrund der leichteren Aussprache genannt wird,[88] ist Ausfluss der Reform des öffentlichen Dienstes und der demokratischen Erneuerung Schottlands, welche als Maßnahmen gegen die „stille Krise der lokalen Demokratie"[89] in Schottland angestoßen wurden.[90] Das *Glasgow Centre for Population Health* erstellte zwischen den Jahren 2010 und 2012 einen Bericht über Pilotprojekte des *participatory budgetings*, welche in Glasgow zu der Zeit durchgeführt wurden. Hierbei wurde festgestellt, dass es eine wichtige Rolle in der Mobilisierung von Bürgern, der Förderung der Zusammenarbeit von Bürgern und öffentlichen Stellen, der Ermöglichung dezentraler Entscheidungsfindungen und insgesamt der Stärkung der Gemeinden spielen könnte und empfahl daher, dass künftig 1 % des Investitionsbudgets des öffentlichen Sektors durch dieses Instrument verteilt werden sollte.[91] Diese Empfehlung entsprach der Zielrichtung der Ideen der *Christie Commission*, die zeitgleich an Reformvorschlägen für die Erneuerung des öffentlichen Dienstes arbeitete und nach neuen Möglichkeiten suchte, die öffentlichen Leistungen mit Bürgerbeteiligung zu entwickeln.[92]

Im Jahr 2014 errichtete die schottische Regierung eine Arbeitsgruppe, die sich mit den Möglichkeiten der Einführung des *participatory budgetings* beschäftigen sollte.[93] Hinzu kam, dass *COSLA* als Gesamtvertretung der *local authorities* die Ergebnisse der unabhängig agierenden *Commission on Strengthening Socal Democracy* unterstützte, die *participatory budgeting* als Instrument empfahl, mit dem demokratische Defizite und soziale Ungleich-

---

85 *Röcke*, Framing Citizen Participation, S. 100 f.

86 *Harkins/Moore/Escobar*, Review of 1st Generation PB in Scotland (2016), S. 7 f.

87 *PB Scotland*, Crowdsourced map of PB in Scotland.

88 *PB Scotland*, Scotland's Community Choices Programme (2017).

89 *Bort/McAlpine/Morgan*, The Silent Crisis (2012), Foreword.

90 *Escobar/Garven/Harkins/Glazik/Cameron/Stoddart*, in: Dias, Hope for Democracy, 311 (313).

91 *Harkins/Egan*, The Role of Participatory Budgeting (2012), S. 28 ff., 33.

92 *Commission on the future delivery of public services (2011)*, S. 72 ff.; *Escobar*, Participatory Budgeting in Scotland, in: Hope for Democracy, 311 (315 f.).

93 *Harkins/Moore/Escobar*, Review of 1st Generation PB in Scotland (2016), S. 8.

heiten bekämpft werden könnten.[94] Im Zuge dieser Entwicklungen erließ das schottische Parlament im Jahr 2015 den *Community Empowerment (Scotland) Act 2015*. Auch wenn das *participatory budgeting* darin nicht explizit genannt wird, wird es von der schottischen Regierung doch als wichtiges Instrument zur Umsetzung und Ergänzung der Ziele des Gesetzes gesehen.[95] In diesem Zuge können auch die drei politischen Agenden der Reform des öffentlichen Dienstes, der Stärkung der Gemeinden sowie der sozialen Gerechtigkeit vorangetrieben werden.[96]

Der gesamte Entwicklungsprozess des *participatory budgetings* in Schottland wurde von der Forschungsgruppe *What Works Scotland*, einer Partnerschaft der schottischen Regierung mit den Universitäten Edinburgh und Glasgow,[97] begleitet und in zwei Generationen eingeteilt. Die erste Generation bezieht sich dabei auf den Zeitraum von 2010 bis 2016, indem *participatory budgeting* in der Form des *community grant-makings* vorgenommen wurde, wo Gelder verteilt wurden, welche die Gemeinden gezielt für ihre Projekte aus dafür eingerichteten Fonds erhielten. Die zweite Generation läuft seit 2016 und widmet sich dem Ziel der Etablierung der Verteilung von Geldern aus *mainstream budgets*, also der Verteilung größerer Summen direkt aus den Haushalten der Gemeinden im Rahmen des *1 % Framework Agreements*.[98]

In die erste Generation fällt das *community choices*-Programm der schottischen Regierung. Zum einen unterstützt es auf schottischer Nationalebene die Entwicklung des *participatory budgetings* durch die Konzeption und Bereitstellung von Infrastruktur und einem Traineeprogramm für „Praktiker“ in ganz Schottland. Daneben wurden zwischen 2015 und 2017 insgesamt 2,7 Millionen Pfund durch den *Community Choices Fund* investiert. Ein Großteil des Geldes wurde für Projekte ausgeschüttet, für deren Umsetzung sich öffentliche Stellen, Gemeindeorganisationen und *community councils* bewerben konnten.[99] Es gab weitere *Community Choices Funds* für die Zeiträume 2017/2018 und 2018/2019, in welchen 2 Millionen Pfund be-

---

[94] *Commission on Strengthening Local Democracy*, Final Report (2014), S. 10, 13, 27, 30; *Escobar*, Participatory Budgeting in Scotland, in: Hope for Democracy, 311 (317).

[95] *Scottish Government*, Community Empowerment: Participatory Budgeting.

[96] *What Works Scotland*, Mainstreaming participatory budgeting: What works in building foundations for a more participatory democracy? (2018), S. 1.

[97] Website What Works Scotland, About Us.

[98] Dazu *Harkins/Moore/Escobar*, Review of 1st Generation PB in Scotland (2016), S. 10 f.; *Escobar*, Participatory Budgeting in Scotland, in: Hope for Democracy, 311 (328 ff.); *Harkins/Escobar*, PB in Scotland: an overview of strategic design choices, S. 16; *COSLA/Scottish Government*, Community Choices 1 % Framework Agreement (2017).

[99] *O'Hagan/Hill O'Connor/MacRae/Teedon*, Evaluation of Participatory Budgeting

ziehungsweise 750.000 Pfund für Projekte und Förderung der Infrastruktur zur Verfügung standen.[100]

Im Gegensatz zum brasilianischen *participatory budgeting*, das in Art. 116 § 1 der Lei Orgânica do Município von Porto Alegre[101] (der dortigen Kommunalverfassung) seine rechtliche Grundlage findet („[...] die Beteiligung der Einwohnerschaft in den Phasen der Ausarbeitung, Bestimmung und der Begleitung der Ausführung des Mehrjahresplans, der Haushaltsrichtlinien und des jährlichen Haushaltes [sind] zu garantieren")[102], gibt es in Schottland hierfür keine explizite Rechtsgrundlage, sondern nur ein Statement der Regierung, indem weitere Investitionen für das Projekt zugesagt werden.[103]

Innerhalb der ersten Generation war insbesondere Glasgow aktiv, dessen *Community Planning Partnership* in Jahr 2016 für alle 21 Partnerschaften innerhalb der Stadt *participatory budgeting*-Prozesse organisierte. Jedem Beteiligungsprozess stand ein Budget von 10.000 Pfund zur Verfügung, 217 Ideen wurden eingereicht und circa 1.000 Bürger nahmen an den Prozessen teil. Nach den Abstimmungen, in denen die Teilnehmer jeweils ihre fünf Favoriten wählen konnten, wurden 119 Projekte mit verschiedensten thematischen und strukturellen Zielrichtungen, wie zum Beispiel Bildung, Gesundheit, Obdachlosenhilfe, öffentliche Einrichtungen und Gärten, mit insgesamt 210.000 Pfund gefördert.[104] Daneben gab es auch Prozesse, in denen eine Mischung aus Deliberation und Abstimmung über die Budgetverteilung vorgenommen wurde. Diese Form des Prozesses ist zeitlich intensiver, da es zusätzlich zur Abstimmung einer vorherigen Informations- und Beratungsphase bedarf.[105] In einigen Gemeinden wurde sogar das Ziel aufgestellt, das *participatory budgeting* fest in den Gemeindeplänen oder Partnerschaften zu verankern.[106]

Activity in Scotland 2016–2018, S. 10ff.; *PB Scotland*, Scotland's Community Choices Programme (2017).

100 *Scottish Government*, Programme for Scotland 2017–18, S. 109; *Escobar*, Participatory Budgeting in Scotland, in: Hope for Democracy, 311 (320); *Scottish Government*, Community Choices Fund 2018/19 Guidance, S. 3.

101 Lei Orgânica de Porto Alegre vom 03.04.1990, abrufbar unter: http://www2.portoalegre.rs.gov.br/cgi-bin/nph-brs?s1=000022938.DOCN.&l=20&u=%2Fnetahtml%2Fsirel%2Fsimples.html&p=1&r=1&f=G&d=atos&SECT1=TEXT, Stand: 11.10.2020.

102 *Herzberg*, Wie partizipative Demokratie zu politisch-administrativen Verbesserungen führen kann, S. 42f.

103 *Scottish Government*, Programme for Scotland 2017–18, S. 109.

104 *Harkins/Moore/Escobar*, Review of 1st Generation PB in Scotland (2016), S. 17.

105 *Harkins/Moore/Escobar*, Review of 1st Generation PB in Scotland (2016), S. 17f., 22.

106 *Harkins/Moore/Escobar*, Review of 1st Generation PB in Scotland (2016), S. 18.

Der nächste Schritt, mit dem die schottische Regierung und *COSLA* das *participatory budgeting* strukturell festigen wollen, ist das politische Abkommen in Form des *1 % Framework Agreement*[107] für die *local authorities*, das gleichzeitig für die zweite Generation des Beteiligungsinstruments steht. Hiernach sollen die *councils* ab 2020/2021 mindestens 1 % ihrer Regionalbudgets mithilfe von *participatory budgeting* verteilen.[108] Dabei soll insbesondere die Frage im Vordergrund stehen, wie die *public services* verbessert werden können. Von der Budgetverteilung nicht betroffen sind die *council taxes*, die stets regional erhoben und verwendet werden und daher bereits als hinreichend responsiv bewertet werden.[109]

Das politische Ziel ist es, dieses Verfahren mit der Zeit zu etablieren, sodass es in den *local authorities* künftig fester Bestandteil der Haushaltsentscheidungen wird.[110] Das Pilotprojekt und somit ein konkretes Beispiel lieferte der *City Council of Dundee* im Jahr 2018.[111] Mit dem Projekt *„Dundee Decides"* verteilte der *city council* 1,2 Millionen Pfund seines *mainstream council budgets*, also seines regulären Haushaltsgeldes für den Bereich der Infrastruktur. Der Beschluss, diese Summe des Haushaltsgeldes durch *participatory budgeting* zu verteilen, wurde im Frühling 2017 durch den *City Council of Dundee* getroffen.[112] Das *development department* des *councils* erstellte daraufhin auf Grundlage von früheren Bürgerumfragen und Konsultationen für alle acht Stadtteile Dundees Projektlisten, die in diesem Rahmen für eine Förderung in Frage kamen.[113] Diese wurden Anfang 2018 für acht Wochen auf einer Website zur Abstimmung gestellt.[114] Das Geld wurde dabei gleichmäßig auf die acht Stadtteile aufgeteilt, sodass die sich an der Abstimmung beteiligenden Bürger für ihren Stadtteil jeweils 150.000 Pfund auf die vorgegebenen Projekte verteilen konnten. Es wurden insgesamt

---

107 *COSLA/Scottish Government*, Community Choices 1 % Framework Agreement (2017).

108 *COSLA/Scottish Government*, Community Choices 1 % Framework Agreement (2017); *Scottish Government*, Programme for Scotland 2017–18, S. 109; *Scottish Government*, Community Choices Fund 2018/19 Guidance, S. 2.

109 *COSLA/Scottish Government*, Community Choices 1 % Framework Agreement (2017), S. 3 f.

110 *COSLA/Scottish Government*, Community Choices 1 % Framework Agreement (2017), S. 3; *PB Network/PB Partners/Scottish Government*, Mainstreaming Participatory Budgeting (2016), S. 5 ff.

111 *PB Scotland*, Dundee Decides: Results in for mainstream PB process (2018).

112 *PB Partners*, Dundee Pilot PB Programme 2017–2018 Evaluation, S. 4.

113 *PB Partners*, Dundee Pilot PB Programme 2017–2018 Evaluation, S. 5 f.

114 Vgl. zum Ablauf der Online-Abstimmung: *Dundee City Council*, Participatory Budgeting Guide.

11.472 Stimmen gesammelt, was gut 10 % der Einwohner Dundees entspricht und als großer Erfolg gewertet wurde.[115] Im März 2018 fand ein Abschlussevent statt, bei dem die Projekte verkündet wurden, die die meisten Stimmen erhalten hatten und die im Anschluss vom *council* umgesetzt werden sollten.[116]

Wie die konkrete Ausgestaltung eines *participatory budgeting* Prozesses in einer Gemeinde aussieht, entscheidet demnach jede Gemeinde oder *local authority* individuell für sich. Die Grundsätze des Verfahrens sind dabei aber immer die gleichen und bestehen aus drei Stufen. Im ersten Schritt werden durch die Beteiligten Ideen gesammelt, wie oder an wen das zur Verfügung stehende Budget verteilt werden könnte. Im zweiten Schritt können die Bürger für ihre Favoriten abstimmen. Im dritten Schritt wird das Budget auf die Projekte mit den meisten Stimmen verteilt.[117] Ergänzend wurde im Jahr 2019 von *PB Scotland*, einem Projekt, das vom *Scottish Community Development Centre* organisiert und von der schottischen Regierung gefördert wird, die *Participatory Budgeting Charter for Scotland* veröffentlicht.[118] Sie wurde zusammen mit praxiserprobten Bürgern und Gemeindeorganisationen erarbeitet und stellt sieben Leitlinien auf, die für einen qualitativ hochwertigen Prozess des *participatory budgetings* grundsätzlich als wichtig erachtet werden. Demnach soll ein solcher Prozess stets fair und inklusiv, partizipativ, deliberativ, ermächtigend, kreativ und flexibel sowie transparent sein und als Teil der schottischen Demokratie verstanden werden.[119] Hierbei handelt es sich um unverbindliche Handlungsempfehlungen, die den Versuch unternehmen, zu einem einheitlicheren Verfahrensstandard beizutragen.

Auch hier stellt sich die Frage nach dem Grad der tatsächlichen Partizipation. Das Initiativrecht sowie die rechtliche Fähigkeit zur Letztentscheidung verbleiben grundsätzlich bei den gewählten Repräsentanten, womit es sich um kein direktdemokratisches Instrument handelt. Allerdings gab es bisher noch keinen Fall, in dem die politischen Akteure die Entscheidung der beteiligten Bürger missachtet hätten.[120] Die Bürger nehmen von der ersten Idee bis zur Verteilungsentscheidung am kompletten Prozess teil und gestalten, wenn auch nicht den Ablauf, so doch immerhin seinen Inhalt zu großen Teilen selbst. Die organisatorischen Details des Ablaufes werden von den

---

115 *PB Partners*, Dundee Pilot PB Programme 2017–2018 Evaluation, S. 6 ff., 14.

116 *PB Partners*, Dundee Pilot PB Programme 2017–2018 Evaluation, S. 9 f.

117 *PB Scotland*, What is Participatory Budgeting?

118 *PB Scotland*, Participatory Budgeting Charter for Scotland (2019).

119 *PB Scotland*, Participatory Budgeting Charter for Scotland (2019), S. 4 f., 9 ff.

120 *Harkins/Escobar*, PB in Scotland: an overview of strategic design choices, S. 20.

Repräsentanten bestimmt, jedoch steht am Ende immer der Wille der beteiligten Bürger, der dann nur noch von den Organisatoren umgesetzt wird, sodass den Abstimmenden eine faktische Entscheidungsmacht zukommt, die über eine schlichte Beratung hinausgeht. Bezüglich des Inhaltes der Entscheidungen liegt somit ein hohes Maß an Partizipation vor, welches sich in einen deliberativen Gesamtrahmen einfügt.

Wie in Schottland wurde das *participatory budgeting* in England als Instrument zur Unterstützung der Erneuerung der Lokaldemokratie und zur Stärkung der Gemeinden eingeführt. Allerdings gibt es, anders als in Schottland, nach der *National Strategy for PB* zwischen 2008 und 2012 kein nationales Programm mehr.[121] In Wales fanden bereits seit 2009 vereinzelte *participatory budgeting* Projekte statt. Aktuell wird überlegt, ob man eine landesweite Strategie einführen sollte.[122] Dagegen hat Nordirland erst im Jahr 2018 angefangen, das Instrument als Strategie zu etablieren. Es wurde eine Summe in Höhe von 50.000 Pfund vom *Building Change Trust* eingerichtet, der dazu beitragen soll, das neue Instrument bekannt zu machen und in der Praxis zu testen.[123] In Schottland ist *participatory budgeting* somit am tiefsten verwurzelt und wird von der dortigen Regierung ernsthafter als in den anderen Landesteilen des Vereinigten Königreichs vorangetrieben.

c) Participation in public decision-making, Part 10 Community Empowerment (Scotland) Act 2015

Neben der *participation request* wurde im Rahmen der gleichen politischen Entwicklungen in Part 10, sec. 139 Community Empowerment (Scotland) Act 2015 die Ermächtigung für die schottischen Minister eingeführt, bei Bedarf eine *participation in public decision-making* anzuordnen. Sec. 139(1)–(5),(7) traten am 13. November 2015 in Kraft.[124] Dieser Abschnitt sieht vor, dass schottische Minister Verwaltungseinheiten auf nationaler und lokaler Ebene dazu verpflichten können, betroffene Bürger direkt an Entscheidun-

---

[121] Vgl. *Röcke*, Framing Citizen Participation, S. 100 ff.; *Zipfel*, in: Malena, From Political Won't to Political Will, 93 (98 f.); *Davidson/Elstub*, BJPIR 2014, Vol. 16, 367 (378); *PB Network/PB Partners/Scottish Government*, Mainstreaming Participatory Budgeting (2016), S. 4.

[122] *Williams/St. Denny/Bristow*, Participatory Budgeting: An Evidenve Review, S. 10, 17 ff.

[123] *Building Change Trust*, Participatory Budgeting primed for development in Northern Ireland (2017).

[124] Vgl. sec. 2 Community Empowerment (Scotland) Act 2015 (Commencement No. 2) Order 2015 vom 21.02.2017, abrufbar unter: https://www.legislation.gov.uk/ssi/2017/40/contents/made, Stand: 26.09.2020.

gen und Vorhaben der Verwaltung zu beteiligen. Die Minister können dabei jede Regelung treffen, die dazu dient, die Partizipation solcher *„relevant persons"* zu fördern und zu erleichtern.[125] Dies betrifft gemäß sec. 139(4) Community Empowerment (Scotland) Act 2015 inhaltlich auch die Verteilung von finanziellen und anderen Ressourcen. Während des Gesetzgebungsprozesses wurde von einigen *national campaign groups* sogar gefordert, das 1%-Ziel bezüglich der Verteilung von *council budgets* durch *participatory budgeting* als gesetzliche Vorgabe in den Community Empowerment (Scotland) Act 2015 aufzunehmen.[126] Dies wurde zum Erhalt der Selbstständigkeit der *councils* in Budgetfragen jedoch nicht aufgegriffen. Vielmehr wurde mit dem Instrument des *participation in public decision-making* die Möglichkeit geschaffen, die *councils* zu einem späteren Zeitpunkt durch eine ministerielle Beteiligungsanweisung zur Einhaltung des Ziels zu verpflichten, sollten sie dem nicht freiwillig nachkommen.[127]

Auch wenn es sich dabei nicht um ein Instrument handelt, das Bürger direkt an Entscheidungen der Verwaltung beteiligt, dient es dazu, durch ministerielle Eingriffsbefugnisse das öffentliche Engagement und die Gemeinden zu stärken. In diesem Sinne wurde insbesondere dem Umstand Rechnung getragen, dass es bisher keine praktischen Mechanismen gab, öffentliche Stellen dazu zu bringen, Bürger an ihren Entscheidungen zu beteiligen. Zwar ist die Weisungsbefugnis der schottischen Minister auf tatsächlicher Ebene schwer durchsetzbar. Allerdings würde sich eine öffentliche Stelle, die sich einer solchen Weisung widersetzt, der Gefahr eines *judicial review* aussetzen, also des Klageverfahrens, mit dem überprüft wird, ob ein *public body* geltendes Recht verletzt hat.[128] Dies würde im Bereich der Bürgerbeteiligung eine bisher nicht dagewesene Rechenschaftspflicht der Verwaltung gegenüber ihren Gemeinden kreieren und die Durchsetzung von auf diesem Wege vermittelten Partizipationszielen erleichtern.[129]

---

[125] Sec. 139(2) Community Empowerment (Scotland) Act 2015: "The purpose is promoting or facilitating participation in relation to decisions of such persons as may be specified (in this section, 'relevant persons') relating to activities carried out, or proposed to be carried out, by or on behalf of those persons."

[126] *Local Government and Regeneration Committee*, Joint Submission by Barnardo's Scotland, Oxfam Scotland, The Poverty Alliance, Strengthening the Community Empowerment Bill (2014), S. 4.

[127] Auskunft des ehemaligen Ministers für Local Government and Community Empowerment aus November 2019.

[128] Dazu *Webley/Samuels*, Public Law, S. 421; *Himsworth/O'Neill*, Scotland's Constitution, S. 422.

[129] Vgl. *Campbell/Reid*, Community Empowerment (Scotland) Bill – Parliamentary

Die Frage, in welchen weiteren Bereichen das Instrument des Part 10 Community Empowerment (Scotland) Act 2015 hilfreich sein könnte, wurde im März 2016 mit verschiedenen Interessengruppen aus Verwaltung und Zivilgesellschaft diskutiert.[130] Hier wurde insbesondere empfohlen, die Bürger in Budgetfragen der Gemeinden einzubeziehen, jedoch wurde auch eine Beteiligung bei Beschaffungsfragen, öffentlichen Dienstleistungen und Planungsfragen angeregt.[131] Letztlich wurde eine Vorschlagsliste für die Anwendung des *participation in public decision-making* erstellt, wonach die schottische Regierung unter anderem mit gutem Beispiel voran gehen, Rahmenbedingungen und verschiedene Beteiligungsmechanismen vorgeben sowie ein Partizipationsportal und eine Pflicht zur Weiterbildung für öffentliche Stellen einführen soll.[132] Bisher wurden allerdings noch keine ergänzenden Regelungen im Sinne des sec. 139(1) Community Empowerment (Scotland) Act 2015 durch schottische Minister getroffen.[133]

Wie mit den *participation requests* geht Schottland auch hier einen eigenen Weg. Ein explizites Anweisungsrecht bezüglich Beteiligungsverfahren kennt keines der anderen Regierungssysteme in England, Wales oder Nordirland.

3. Deliberative Instrumente

Im Weiteren werden die deliberativen Beteiligungsinstrumente dargestellt, die das schottische Rechtssystem vorsieht, um seine Bürger zu informieren und zu konsultieren. Hierbei wird aufgrund der Vielgestaltigkeit der Formen ein Schwerpunkt auf die formellen Instrumente gelegt und nur ein Überblick über die wichtigsten informellen Instrumente gegeben.

a) Formelle Instrumente

Den gesetzlich normierten Bürgerbeteiligungsverfahren ist gemein, dass ihnen eine Rechtsgrundlage zugrunde liegt, die ein Mindestmaß an verfahrensrechtlichen Voraussetzungen und Zuständigkeiten vorgibt.

---

consideration prior to Stage 3 (2015), S. 15; *Scottish Government/Democratic Society*, Draft Report, Public Participation in Decision-Making (2016), S. 2 f.

[130] *Scottish Government/Democratic Society*, Draft Report, Public Participation in Decision-Making (2016), S. 2.

[131] *Scottish Government/Democratic Society*, Draft Report, Public Participation in Decision-Making (2016), S. 17 f.

[132] *Scottish Government/Democratic Society*, Draft Report, Public Participation in Decision-Making (2016), S. 19.

[133] *Scottish Government*, Community Empowerment (Scotland) Act: summary, Part 10.

aa) Petition, rules 15.4 ff. Standing Orders of the Scottish Parliament

Die *Scottish Constitutional Convention*, die noch vor der Devolution Empfehlungen für die Arbeitsweise des neuen schottischen Parlaments vorbereitete, empfahl die Einführung eines Petitionsrechts, das den schottischen Bürgern einen direkten Zugang zum schottischen Parlament ermöglicht.[134] Es steht damit im Gegensatz zum Petitionsrecht des Westminster Parlaments, bei dem eine öffentliche Petition gemäß No. 153 Standing Order of the House of Commons (*presentation of petitions*)[135] von einem Mitglied des jeweiligen Hauses präsentiert werden muss. Hintergrund für die schottische Regelung war der Wunsch, auf diesem Wege das bestmögliche Engagement der Bürger zu fördern und zu einer Responsivität des Parlaments beizutragen.[136] Als das schottische Parlament sich gemäß sec. 22 und sch. 3 Scotland Act 1998 eine Geschäftsordnung gab, wurden auf Grundlage dieser Empfehlung in rules 15.4 ff. Standing Orders of the Scottish Parliament entsprechende Vorgaben für öffentliche Petitionen festgeschrieben. Diese werden durch die Regelungen des *Public Petitions Committees* ergänzt, die dieses nach rule 15.4.3. Standing Orders of the Scottish Parliament als *Determination on Proper Form of Petitions*[137] erlassen hat.[138]

Rule 15.4.1. Standing Order of the Scottish Parliament sieht vor, dass eine Petition in jeder Sprache von einer einzelnen Person oder einer Gruppe von Personen vorgebracht werden kann, wobei es keine Fristregelungen gibt. Das *Public Petitions Committee* entscheidet sodann nach rule 15.5.2. i. V. m. 15.5.1. Standing Orders of the Scottish Parliament, ob die Petition zulässig ist (insbesondere ob sich das Anliegen innerhalb der Kompetenzen des Parlaments bewegt) und informiert den Petenten über das Ergebnis. Ist die Petition zulässig, so kann das Komitee sie an einen schottischen Minister, ein anderes Komitee oder eine andere geeignete Stelle weiterleiten, dem parlamentarischen Büro oder dem Parlament selbst Meldung über die Petition machen, die Petition schließen oder eine sonstige Handlung vornehmen, die es für angemessen hält. Der Petent ist darüber zu informieren, rule 15.6.1 bis 15.6.3. Standing Orders of the Scottish Parliament. Oft erhalten Petenten

---

[134] *Himsworth/O'Neill*, Scotland's Constitution, S. 307; *Scottish Constitutional Convention*, Scotland's Parliament. Scotland's Right (1995), S. 26.

[135] Standing Orders of the House of Commons (2010), abrufbar unter: https://publications.parliament.uk/pa/cm200910/cmstords/2/body.htm#1, Stand: 15.10.2020.

[136] *Himsworth/O'Neill*, Scotland's Constitution, S. 307.

[137] *Public Petitions Committee*, Determination on Proper Form of Petitions (2015), abrufbar unter: http://www.parliament.scot/S4_PublicPetitionsCommittee/General%20 Documents/DeterminationofPetition.pdf, Stand: 14.02.2019.

[138] *Himsworth/O'Neill*, Scotland's Constitution, S. 308.

auch die Möglichkeit, bei dem Komitee vorzusprechen.[139] Ein über diese Abläufe und Informationspflichten des Komitees hinausgehender Anspruch auf Abhilfe ergibt sich für die Petenten hieraus nicht.

Auf der Ebene der *local authorities* und der dazugehörigen *councils* gibt es teilweise auch die Möglichkeit, Petitionen einzureichen. Über das „ob" und die Ausgestaltung der Voraussetzungen solcher „Verwaltungspetitionen", die über keine rechtliche Qualität verfügen, entscheiden die *councils* selbst, sodass sich hier ein uneinheitliches Bild ergibt.[140]

Petitionen ermöglichen es Bürgern, ihr Anliegen zu äußern und so eine staatliche Befassung mit dem jeweiligen Gegenstand zu initiieren. Es handelt sich aber lediglich um unverbindliche einseitige Bitten oder Meinungsäußerungen der Petenten, deren Schicksal komplett in der Hand des *Public Petitions Committee* liegt.[141] Es findet kein Austausch zwischen Repräsentanten und Repräsentierten statt. Allerdings können Petitionen in Einzelfällen durchaus Auswirkung auf die Staatswillensbildung haben, wenn sie im Parlament diskutiert werden. Petitionen, bei denen dies der Fall war, werden auf der Website des schottischen Parlaments aufgeführt.[142] Aus diesem Grund sind sie vorliegend als deliberativ einzuordnen.[143] So führte beispielsweise eine Petition zur Sicherheit von Schulbussen dazu, dass im Jahr 2017 mit dem *Seat Belts on School Transport (Scotland) Act*[144] eine Sitzgurtpflicht für Schulbusse eingeführt wurde.[145] Trotz der geringen Voraussetzungen, die an die Einreichung einer Petition gestellt werden, wird das Instrument von der schottischen Bevölkerung eher moderat genutzt. So bewegte sich die Zahl der Eingaben in den Jahren von 1999 bis 2009 zwischen 84 und 194 Petitionen pro Jahr.[146]

Um im *House of Commons* im Westminster Parlament eine Petition einzulegen, bedarf es insgesamt sechs Unterstützer. Petitionen mit mehr als

---

139 *Himsworth/O'Neill*, Scotland's Constitution, S. 308.

140 *Parolari/Woelk*, in: Fraenkel-Haeberle/Kropp/Palermo/Sommermann, Citizen Participation in Multi-Level Democracies, 265 (278 f.).

141 *Carman*, The Assessment of the Scottish Parliament's Public Petitions System 1999–2006, Chapter 8.3.

142 Website des schottischen Parlaments, Petitions, Petition Outcomes.

143 Vgl. dazu *Gamper*, in: Fraenkel-Haeberle/Kropp/Palermo/Sommermann, Citizen Participation in Multi-Level Democracies, 67 (78 f.).

144 Seat Belts on School Transport (Scotland) Act vom 18.12.2017, abrufbar unter: https://www.legislation.gov.uk/asp/2017/7/enacted, Stand: 14.10.2020.

145 Website des schottischen Parlaments, Petitions, Petition Outcomes, PE1098/PE1223.

146 Public Petitions Committee Report, 3rd Report (2009), Inquiry into the public petitions process, Nr. 45.

10.000 Unterschriften erhalten eine Antwort von der Regierung. Werden mehr als 100.000 Unterschriften gesammelt, wird der Gegenstand im Unterhaus debattiert.[147] Das Petitionsverfahren in Wales ähnelt dem schottischen Verfahren, wobei es jedoch 50 Unterschriften für eine zulässige Petition bedarf, No. 23.4(i) Standing Order of the National Assembly for Wales.[148] In Nordirland gibt es wie in Schottland kein Quorum für eine zulässige Petition, No. 22 Standing Order of the Northern Ireland Assembly.[149] Somit haben Schottland und Nordirland die niedrigsten Voraussetzungen, wobei das Westminster Parlament den Bürgern mit seinen verschiedenen Quoren und deren Rechtsfolgen potenziell mehr Einfluss auf die Willensbildung im Parlament bietet.

bb) (Unabhängigkeits-)Referendum, sch. 5, Part 1, No. 5A Scotland Act 1998

Auch wenn es in Großbritannien im historischen Kontext keine Tradition bezüglich konsultativer Referenden gibt,[150] wurden sie bereits vom Staatsrechtler Dicey im 19. Jahrhundert diskutiert. Er ordnete sie als verfassungskonform und als potenziell nützlich für die Nation ein.[151] Zudem schlug unter anderem Winston Churchill ein Referendum für die Frage vor, ob die fälligen Wahlen im Jahre 1945 ein weiteres Mal verschoben werden sollten, was jedoch abgelehnt wurde.[152] Somit fand im Vereinigten Königreich das erste nationale Referendum, welches das repräsentative System ergänzte, im Jahr 1975 zur Frage des Verbleibs des Landes in der Europäischen Gemeinschaft statt.[153] Seitdem gab es etwa ein Dutzend Referenden im Vereinigten Königreich, stets zu materiell verfassungsrechtlichen Fragen, wie die der Devolution in Schottland, Wales und Nordirland oder erneut zur Frage des Verbleibs des Vereinigten Königreichs in der EU.[154] In Schottland selbst

---

[147] *Leyland*, The Constitution of the United Kingdom, S. 148.

[148] Standing Orders of the Welsh Parliament (2020), abrufbar unter: https://www.assembly.wales/NAfW%20Documents/Assembly%20Business%20section%20documents/Standing_Orders/Clean_SOs.eng.pdf, Stand: 15.10.2020.

[149] Standing Orders of the Northern Ireland Assembly (2016), abrufbar unter: http://www.niassembly.gov.uk/globalassets/documents/standing-orders/so-oct-2016updates.pdf, Stand: 15.10.2020.

[150] *Leyland*, ItaLJ Special Issue 2017, 121 (122).

[151] *Dicey*, The Contemporary Review 1890, Vol. 57, No. 4, 489 (497ff., 505, 507).

[152] *Bogdanor*, in: Butler/Ranney, Referendums around the World, 24 (36).

[153] *Leyland*, ItaLJ Special Issue 2017, 121 (123).

[154] *Tierney*, Public Law 2015, Vol. 4, no. Oct. 633 (637); *Sydow*, in: Feld/Huber/Jung/Lauth/Wittreck, Jahrbuch für direkte Demokratie, 157 (159).

wurde seit der Devolution bisher nur das Referendum zur Frage der Unabhängigkeit Schottlands vom Vereinigten Königreich abgehalten.[155]

Mit Ausnahme einiger Fragen, wie beispielsweise die der Abschaffung der schottischen Institutionen (sec. 63A(3) Scotland Act 1998) und des Austritts Nordirlands aus dem Vereinigten Königreich (sec. 1(1) Northern Ireland Act 1998),[156] sind Hintergrund von Referenden grundsätzlich keine verfassungsrechtlichen Vorgaben, sondern vielmehr strategische Gründe der Politik. Das Volk soll umstrittene politische Fragen entscheiden und vor allem die hinter der politischen Entscheidung stehende Partei stärken.[157] In Schottland nutzte die *SNP* das Versprechen, ein Unabhängigkeitsreferendum durchzuführen, als Wahlkampfinstrument und gewann die Parlamentswahlen im Jahr 2011.[158]

Rechtlich konnte Schottlands Parlament dieses Versprechen aber nicht umsetzen und ein Referendum zur Frage der Unabhängigkeit vom Vereinigten Königreich initiieren. Dies ist nach sch. 5, Part I, No. 1(b) Scotland Act 1998 eine dem Westminster Parlament vorbehaltene Frage (*reserved matter*).[159] Der *Political Parties, Elections and Referendums Act 2000*,[160] der für die Durchführung von Referenden einen groben Rahmen vorgibt, gilt nur für solche, die vom Westminster Parlament organisiert werden und erfordert darüber hinaus für jedes Referendum ein eigenes, konkretisierendes Gesetz.[161] Gelöst wurde die Kompetenzfrage hinsichtlich des schottischen Referendums, indem das Westminster Parlament sein Ermessen dahingehend ausübte, das Referendum zu erlauben und sodann mit dem *Edinburgh-Agreement*,[162] einem rein politischen Abkommen zwischen den Regierungen in Edinburgh und Westminster, einen formellen Rahmen für den Ablauf des Referendums zu schaffen.[163] Hierin verständigten sich die Regierungen

---

155 *Tierney*, Public Law 2015, Vol. 4, no. Oct. 633 (637).

156 *Sydow*, in: Feld/Huber/Jung/Lauth/Wittreck, Jahrbuch für direkte Demokratie, 157 (159).

157 *Commission on the Conduct of Referendums*, Report of the Commission on Referendums (1996), S. 22; *Leyland*, ItaLJ Special Issue 2017, 121 (121).

158 *Tierney*, European Constitutional Law Review 2013, Vol. 9, Iss. 03, 359 (361); *Leyland*, The Constitution of the United Kingdom, S. 253.

159 Dazu *Page*, Constitutional Law of Scotland, S. 32.

160 Political Parties, Elections and Referendums Act 2000 vom 30.11.2000, abrufbar unter: https://www.legislation.gov.uk/ukpga/2000/41/contents, Stand: 18.10.2020.

161 *Tierney*, Public Law 2015, Vol. 4, no. Oct. 633 (639, 643).

162 Agreement between the United Kingdom Government and the Scottish Government on a referendum on independence for Scotland, Edinburgh, 15 October 2012.

163 *Bell*, The Legal Status of the Edinburgh Agreement (2012); *Tierney*, European Constitutional Law Review 2013, Vol. 9, Iss. 03, 359 (362 f.).

darauf, dass gemäß sec. 30 Scotland Act 1998 ein *Order in Council* dem schottischen Parlament die Kompetenzen zur Durchführung des Referendums verleihen würde, wobei dieses Referendum nur eine Frage behandeln dürfe und vor Ende 2014 abgehalten werden müsse.[164] Der *Scotland Act 1998* wurde daraufhin durch das *statutory instrument*, einer *Order* der *Queen*[165] gemäß sec. 30(2) und (4), 113(4)(a) Scotland Act 1998, geändert und in den sch. 5, Part 1, No. 5A Scotland Act 1998 eingefügt, der dem schottischen Parlament unter bestimmten Voraussetzungen die Durchführung des Unabhängigkeitsreferendums bis zum 31. Dezember 2014 erlaubte.[166] Sodann erließ das schottische Parlament den *Scottish Independence Referendum (Franchise) Act 2013*.[167] Es macht Vorgaben zum Kreis der Wähler, wonach erstmals schottische Bürger ab 16 Jahren wahlberechtigt sind (sec. 2), und zur Registrierung dieser neuen Wähler (sec. 4 ff.). Im ebenfalls erlassenen *Scottish Independence Referendum Act 2013*[168] wurde in sec. 1(2) und (4) insbesondere die konkrete Abstimmungsfrage („*Should Scotland be an independent country?*") und das Abstimmungsdatum auf den 18. September 2014 festgelegt.[169]

Das Referendum erreichte mit 84,6 % die höchste Beteiligungsquote in der jüngeren britischen Geschichte, wobei 55,3 % gegen und 44,7 % für die Unabhängigkeit Schottlands stimmten.[170] Die intensive öffentliche Diskussion des Themas und die Aktivierung der Bürger in Form einer hohen Wahlbeteiligung wurden im gesamten Land als Erfolg des demokratischen Prozesses gewertet.[171] Die hohe Abstimmungsbeteiligung legitimierte die getroffene Entscheidung in besonderem Maße, jedoch unterschied sich der Prozess selbst nicht von vorherigen Referenden im Vereinigten Königreich. Das schottische Volk konnte das Referendum weder initiieren noch das Ver-

---

164 Agreement between the United Kingdom Government and the Scottish Government on a referendum on independence for Scotland, Edinburgh, 15 October 2012, S. 2.

165 The Scotland Act 1998 (Modification of Schedule 5) Order 2013 No. 242 vom 12.02.2013, abrufbar unter: http://www.legislation.gov.uk/uksi/2013/242/made, Stand: 18.11.2020.

166 *Sydow*, in: Feld/Huber/Jung/Lauth/Wittreck, Jahrbuch für direkte Demokratie, 157 (167).

167 Scottish Independence Referendum (Franchise) Act 2013 vom 27.06.2013, abrufbar unter: http://www.legislation.gov.uk/asp/2013/13/contents/enacted, Stand: 18.11.2020.

168 Scottish Independence Referendum Act 2013 vom 14.11.2013, abrufbar unter: http://www.legislation.gov.uk/asp/2013/14/contents/enacted, Stand: 18.11.2020.

169 *Tierney*, European Constitutional Law Review 2013, Vol. 9, Iss. 03, 359 (362 f.).

170 *Harkins/Escobar*, PB in Scotland: an overview of strategic design choices, S. 8 f.; *Page*, Constitutional Law of Scotland, S. 33.

171 Vgl. *Stanton*, Democracy and Scotland: Turning out for something special (2014); *McEwen/Keating*, in: Keating, Debating Scotland, 191 (193).

fahren beeinflussen. Hierfür fehlt es an einer einheitlichen und für Rechtssicherheit sorgenden Rechtsgrundlage, sodass der gesamte Prozess der Gestaltungsmacht des Westminster Parlaments unterliegt.[172] Zudem hat das Ergebnis eines Referendums aufgrund der Parlamentssouveränität keine rechtliche, sondern lediglich politische Bindungswirkung.[173] Theoretisch hätte ein positiver Ausgang des Referendums, ähnlich wie der Ausgang des *„Brexit"*-Referendums, staatsorganisatorische Relevanz entfalten können. Eine solche Volksbefragung, die wie bei Wahlen nach gesetzlichen Vorgaben einen Urnengang der wahlberechtigten Staatsbürger vorsieht und in ein amtliches Endergebnis mündet, kann als Mitwirkung an der Staatswillensbildung qualifiziert werden und damit den politischen Handlungsspielraum der zuständigen Organe faktisch einschränken.[174] Die Besonderheit in diesem Fall, in Abgrenzung zum *„Brexit"*-Referendum, war jedoch, dass das schottische Parlament über keine Entscheidungskompetenzen verfügte. Eine etwaige faktische Bindungswirkung eines positiven Unabhängigkeitsreferendums hätte sich nicht auf das schottische Parlament bezogen, sondern vollständig im rechtlichen Ermessen des Westminster Parlaments gelegen. Da dieses nicht nur schottischen Interessen verpflichtet ist, sondern denen des gesamten Vereinigten Königreichs, dürfte der Grad einer potenziellen faktischen Bindungswirkung deutlich geringer ausfallen als unter dem *„Brexit"*-Referendum, bei dem die gesamtbritische Bevölkerung abstimmte. Es handelte sich daher, wenn auch bei hoher Abstimmungsbeteiligung, um ein für das Vereinigte Königreich übliches, konsultatives Referendum beziehungsweise Plebiszit,[175] das zwar das Bürgerbewusstsein der Schotten in gewissem Grad aktivierte, aber letztlich einen deliberativen Vorgang darstellt.

In die gleiche Richtung zielte auch die neue Gesetzesvorlage zum *Referendums (Scotland) Act 2019*,[176] die mittlerweile als *Referendums (Scotland)*

---

[172] *Parolari/Woelk*, in: Fraenkel-Haeberle/Kropp/Palermo/Sommermann, Citizen Participation in Multi-Level Democracies, 265 (274, 284); *Kaufmann/Waters*, Direct Democracy in Europe, S. 43.

[173] *Sturm*, Das Schottland-Referendum, S. 27.

[174] Vgl. dazu BVerfGE 8, 104 (114 ff.); BayVerfGH, Entscheidung vom 21.11.2016 – Vf. 15-VIII-14 und Vf. 8-VIII-15, Rn. 94 ff., abrufbar unter: https://www.bayern.verfassungsgerichtshof.de/media/images/bayverfgh/15-viii-14u.a-entscheidung.pdf, Stand: 15.04.2021.

[175] Dazu *Sturm*, Das Schottland-Referendum, S. 7, 27; *Kaufmann/Waters*, Direct Democracy in Europe, S. 44; *Erne*, in: Schiller/Mittendorf, Direkte Demokratie, 76 (78 ff.).

[176] Referendums (Scotland) Bill vom 28.05.2019, abrufbar unter: https://www.parliament.scot/S5_Bills/Referendums%20(Scotland)%20Bill/SPBill46S052019.pdf, Stand: 09.10.2020.

Act 2020[177] erlassen wurde. Eingebracht vom *Cabinet Secretary for Government Business and Constitutional Relations*, Michael Russell MSP, soll das Gesetz in Anlehnung an den *Political Parties, Elections and Referendums Act 2000* einen gesetzlichen Rahmen für die Durchführung von Referenden in Schottland bieten. Hiernach werden die schottischen Minister dazu ermächtigt, im Rahmen der Kompetenzen des schottischen Parlaments Referenden in Schottland zu initiieren und durchzuführen.[178] Hintergrund der Einführung dieser Gesetzesvorlage ist das Vorhaben der schottischen Regierung, als Reaktion auf den Austritt des Vereinigten Königreichs aus der Europäischen Union ein zweites Unabhängigkeitsreferendum in Schottland durchzuführen. Das schottische Parlament wollte versuchen, die dafür erforderliche Kompetenz während des Gesetzgebungsprozesses vom Westminster Parlament übertragen zu bekommen.[179] Dass dieses Vorhaben gelingt, dürfte jedoch als recht unwahrscheinlich gelten. Eine entsprechende Kompetenz lässt sich auch nach Erlass des *Referendums (Scotland) Act 2020* weder dort noch im *Scotland Act 1998* finden.

cc) Lokale Referenden, sec. 87 Local Government (Scotland) Act 1973, sec. 15(3) Transport (Scotland) Act 2001[180]

Lokale Referenden sind im Gegensatz zu ihren nationalen Gegenstücken schon länger Bestandteil der schottischen Rechtsordnung. So sieht sec. 87(1) Local Government (Scotland) Act 1973 vor, dass eine *local authority* zu jedem sie betreffenden Thema Untersuchungen vornehmen und Informationen sammeln kann.[181] Hieraus wird, analog zur Regelung für England und Wales in sec. 141 Local Government Act 1972, implizit die Kompetenz abgeleitet, konsultative Umfragen und somit lokale Referenden zu bestimmten

---

[177] Referendums (Scotland) Act 2020 vom 29.01.2020, abrufbar unter: http://www.legislation.gov.uk/asp/2020/2/contents/enacted, Stand: 17.10.2020 um 12.12 Uhr.

[178] Referendums (Scotland) Bill, Explanatory Notes, S. 1 f., abrufbar unter: https://www.parliament.scot/S5_Bills/Referendums%20(Scotland)%20Bill/SPBill46ENS05 2019.pdf, Stand: 13.10.2020.

[179] Protecting Scotland's Future: the Government's Programme for Scotland 2019–2020, S. 6, 21.

[180] Transport (Scotland) Act 2001 vom 25.01.2001, abrufbar unter: https://www.legislation.gov.uk/asp/2001/2/contents, Stand: 23.10.2020.

[181] Sec. 87(1) Local Government (Scotland) Act 1973: "A local authority may conduct, or assist in the conducting of, investigations into, and the collection of information relating to, any matters concerning their area or any part thereof and may make, or assist in the making of arrangements whereby any such information and the results of any such investigation are made available to any government department or the public."

Themen durchzuführen.[182] Zusätzlich sieht sec. 15(3) Transport (Scotland) Act 2001 vor, dass *local authorities* in Schottland Betroffene konsultieren müssen, bevor sie Gebühren für die Benutzung von Straßen einführen.

Der *The City of Edinburgh Council* führte auf dieser Grundlage im Jahr 2005 ein lokales Referendum zu einem *congestion charging scheme*, also einer Gebühr gegen die übermäßige Nutzung der Straßen in der Stadt durch. Es beteiligten sich 61,8 % der wahlberechtigten Bürger Edinburghs und lehnten die Vorlage des *councils* mit einer Quote von 74,4 % mehrheitlich ab.[183] Abgesehen von diesem Beispiel fanden lokale Referenden bisher eher selten statt. Wie auch bei den nationalen Konsultationen liegt es in der Hand der *local authorities*, diese Prozesse zu initiieren, auszugestalten und durchzuführen. Die Ergebnisse sind für die Lokalregierungen ebenfalls rechtlich nicht bindend. Zwar schreibt der rechtliche Rahmen von sec. 15(3) Transport (Scotland) Act 2001 eine Konsultation der betroffenen Bürger explizit vor. Allerdings fehlt es bei der hier vorgesehenen Betroffenenbefragung, anders als bei landesweiten Referenden,[184] an der Anknüpfung an das Wahlvolk. Damit scheidet eine Teilhabe an der Staatswillensbildung durch das Volk und somit eine potenzielle faktische Verbindlichkeit der Ergebnisse aus.[185]

Ein Zuwiderhandeln der Politik hätte zudem auch keine rechtlichen Konsequenzen, zumal nach sec. 16 Transport (Scotland) Act 2001 die schottischen Minister ihr Einverständnis für die vorgebrachte Gebühr erteilen müssen und gerade nicht die befragten Bürger. Da die Bürger somit lediglich nach ihrer Meinung zur jeweiligen Vorlage gefragt werden, stellt auch diese Form des Referendums einen rein deliberativen Vorgang dar.

Eine spezifische Kompetenz, *local polls* beziehungsweise lokale Referenden abzuhalten, haben die *local authorities* von England und Wales durch sec. 116 Local Government Act 2003 erhalten. Hiernach kann eine Umfrage zu jedem Gegenstand durchgeführt werden, der in die Kompetenz der Lokalregierung nach sec. 2 Local Government Act 2000 fällt. Der Adressatenkreis und die Art und Weise der Durchführung können nach sec. 116(2) Local Government Act 2003 in jedem Einzelfall von der *local authority* frei

---

182 *Sandford*, Briefing Paper, Local government: polls and referendums (2016), S. 5.

183 *Sandford*, Briefing Paper, Local government: polls and referendums (2016), S. 5 f.; *Allen/Gaunt/Rye*, European Transport/Trasporti Europei n. 32, (2006), 95 (101).

184 Vgl. Kapitel 2. I.3.a)bb).

185 Vgl. dazu BVerfGE 8, 104 (114 ff.); BayVerfGH, Entscheidung vom 21.11.2016 – Vf. 15-VIII-14 und Vf. 8-VIII-15, Rn. 94 ff., abrufbar unter: https://www.bayern.verfassungsgerichtshof.de/media/images/bayverfgh/15-viii-14u.a-entscheidung.pdf, Stand: 15.04.2021.

bestimmt werden. Es gibt jedoch keine rechtliche Verpflichtung, eine solche Umfrage abzuhalten oder das Ergebnis zu befolgen. Auch können die Bürger ein lokales Referendum nicht selbst initiieren.[186] Nordirland verfügt, im Gegensatz zu England, Wales und Schottland, nicht über die Kompetenz, lokale Referenden abzuhalten.

dd) Community Planning, Part 2 Community Empowerment (Scotland) Act 2015

Der *Community Empowerment (Scotland) Act 2015* hat neben der Einführung völlig neuer Instrumente auch eine Neuregelung des *community plannings* mit sich gebracht. Hintergrund der ursprünglichen Einführung dieses Instruments war es, das Verhältnis zwischen schottischer Nationalebene und den Lokalebenen nach der Devolution aufzubauen und zu verbessern.[187] Das *community planning* sollte sicherstellen, dass Einwohner und Gemeinden an den sie betreffenden Entscheidungen bezüglich öffentlicher Leistungen beteiligt werden, und es sollte zugleich die Bereitschaft der zuständigen öffentlichen Stellen zur Zusammenarbeit stärken.[188] Ein erster formeller Rahmen wurde mit dem *Local Government in Scotland Act 2003* geschaffen.[189] Hierin wurden die *local authorities* und andere öffentliche Stellen, die öffentliche Dienstleistungen erbringen, wie zum Beispiel Polizei und Gesundheitsbehörde dazu verpflichtet, *community planning* zu initiieren, zu moderieren und daran teilzunehmen. Auch die Gemeinden selbst sollten in Form von gemeindlichen Körperschaften beteiligt werden.[190] Zu diesem Zweck gibt es *community planning partnerships* (*CPPs*). Dies ist die übergreifende Bezeichnung für alle Stellen, die sich zusammenschließen, um an der Gemeindeplanung teilzunehmen. Es gibt insgesamt 32 *CPPs* in Schottland, also je eine für jede *local authority* beziehungsweise jedes *council*-Gebiet. Eine *CPP* verfügt stets über einen Vorstand und verschiedene Arbeits- und Themengruppen.[191] Jede *CPP* soll sich darauf konzentrieren, die Ressourcen der lokalen Gemeinschaften dahingehend zu steuern, wo sie den größten Mehrwert für das Gemeinwohl erbringen können, und dabei

---

186 *Sandford*, Briefing Paper, Local government: polls and referendums (2016), S. 4.

187 *Page*, Constitutional Law of Scotland, S. 158, 165 f.

188 *Scottish Executive*, Community Planning: Statutory Guidance (2004), S. 1; *Scottish Government*, Improving public services, community planning.

189 *Page*, Constitutional Law of Scotland, S. 165 f.

190 Explanatory Notes, sec. 15, Local Government in Scotland Act 2003, abrufbar unter: https://www.legislation.gov.uk/asp/2003/1/notes/division/4/2/1, Stand: 09.10.2020.

191 *Escobar*, Transformative practices: The political work of public engagement practitioners (2013), S. 65.

auf die Verringerung der Ungleichheit in der Gesellschaft hinwirken.[192] Daneben gibt es zusätzlich noch das *local community planning*, welches durch *neighbourhood partnerships* oder *local area forums* durchgeführt wird. Diese sind die dritte und damit unterste Stufe des *community plannings* unterhalb des Vorstands und der Arbeitsgruppen. In ihnen gibt es, im Gegensatz zu den beiden oberen Stufen, Möglichkeiten für die Partizipation von Bürgern.[193]

Der am 20. Dezember 2016 in Kraft getretene *Part 2 Community Empowerment (Scotland) Act 2015*[194] ersetzte dabei die ursprünglichen Regelungen zum *community planning* aus *Part 2 Local Government in Scotland Act 2003*.[195] Insbesondere sind in der neuen Rechtsgrundlage auch die *CPPs* normiert.[196] Es werden nicht mehr nur einige öffentliche Stellen, sondern alle Organisationen aufgelistet, die sich am *community planning* beteiligen müssen, sowie deren neuen Aufgaben, sec. 4(1) i.V.m sch. 1, sec. 4(3), (6) Community Empowerment (Scotland) Act 2015. Am Ende des Prozesses stehen zudem keine *single outcome agreements* mehr wie bisher. Eine *CPP* muss neuerdings einen das gesamte *council*-Gebiet umfassenden *local outcome improvement plan* erstellen und veröffentlichen, der die angestrebten lokalen Verbesserungen festlegt.[197] Diesen Plan müssen alle Beteiligten bei der Erfüllung ihrer Aufgaben berücksichtigen und mit ihren Mitteln zur Umsetzung beitragen, sec. 6(1), (4), 7(1), (2), 8(2) Community Empowerment (Scotland) Act 2015. Daneben gibt es die Pflicht, *locality plans* mit einzelnen Gemeinden oder Stadtteilen abzuschließen, deren Einwohner im Vergleich mit anderen Gemeinden ein geringeres Einkommen haben, sec. 9(3), 10(1) Community Empowerment (Scotland) Act 2015. Ziel ist es, auf diese Weise soziale Ungleichheiten zu beheben und diesen Gemeinden die Partizipation zu erleichtern.[198] Daneben hat die schottische Regierung

---

[192] *Scottish Government*, Improving public services, community planning.

[193] *Escobar*, Transformative practices: The political work of public engagement practitioners (2013), S. 66 f.

[194] Community Empowerment (Scotland) Act 2015 (Commencement No. 4 and Transitory Provision) Order 2016 vom 08.11.2016, Introductory Text, abrufbar unter: https://www.legislation.gov.uk/ssi/2016/363/introduction/made, Stand: 28.09.2020.

[195] Vgl. Part 2 Local Government in Scotland Act 2003: "Pt. 2 repealed (20.12.2016) by Community Empowerment (Scotland) Act 2015 (asp 6), s. 142(1), sch. 5; S.S.I. 2016/410, art. 2(b)"; *Scottish Government*, Communiy Planning Guidance (2016), S. 8.

[196] *Bua/Escobar*, Policy Design and Practice 2018, 126 (127); *Page*, Constitutional Law of Scotland, S. 167.

[197] Dies hat z. B. The City of Edinburgh Council mit dem The Edinburgh Partnership Community Plan 2018–28 getan.

[198] *Scottish Government*, Communiy Planning Guidance (2016), S. 43.

gemäß sec. 15 Community Empowerment (Scotland) Act 2015 einen *Community Planning Guidance*[199] herausgegeben, um die gesetzlichen Vorgaben zu ergänzen und den Praktikern ihre Umsetzung zu erleichtern.[200]

Daneben existieren die *National Standards for Community Engagement*[201], die den Prozess des Engagements unterstützen und verbessern sollen. Diese wurden das erste Mal im Jahr 2005 von der schottischen Regierung erlassen und im Jahr 2016 überprüft und erneuert.[202] Ziel der Erneuerung war es, die bisherige Politik bezüglich der Stärkung der Gemeinden zu reflektieren, um auf den bestehenden Verfahren aufzubauen und so die Umsetzung des neuen *Community Empowerment (Scotland) Act 2015* zu unterstützen. Der Prozess wurde inklusiv gestaltet und bezog regierungsnahe Organisationen wie *What Works Scotland*, das *Scottish Community Development Centre (SCDC)*, sowie Gemeindeorganisationen, öffentliche Stellen und ehrenamtliche Organisationen mit ein.[203] Im Ergebnis wurden folgende sieben Grundsätze aufgestellt:

1. Inklusion der Bürger und Organisationen, die vom Engagement betroffen sind.
2. Unterstützung von Bürgern, sodass sie barrierefrei partizipieren können.
3. Planung eines klaren Zwecks für das Engagement, das auf einem gemeinsamen Verständnis der Bedürfnisse der Gemeinschaft beruht.
4. Zusammenarbeit, um die gesetzten Ziele zu erreichen.
5. Es sollen Partizipationsmethoden genutzt werden, die sich zur jeweiligen Zweckerreichung eignen.
6. Es soll eine verständliche und regelmäßige Komunikation mit den betroffenen Bürgern, Organisationen und Gemeinden stattfinden.
7. Auswirkungen des Engagements sollen bewertet und das Gelernte genutzt werden, um das künftige *community planning* zu verbessern.[204]

Mit diesen Vorgaben hat Schottland einen Mindeststandard für Gemeinde- und Bürgerbeteiligung eingeführt, an der sich Anwender orientieren können.[205] Allerdings geht die Wirkung der Standards darüber nicht hinaus. Sie sind weder rechtlich bindend noch tatsächlich von der schottischen Regie-

---

199 *Scottish Government*, Communiy Planning Guidance (2016).

200 *Scottish Government*, Communiy Planning Guidance (2016), S. 4, 10.

201 *Scottish Government*, National Standards for Community Engagement (2016).

202 *What Works Scotland*, New National Standards for Community Engagement.

203 *Scottish Government*, National Standards for Community Engagement (2016), S. 3 f., 28; *What Works Scotland*, New National Standards for Community Engagement.

204 Eigene Übersetzung nach: *Scottish Government*, National Standards for Community Engagement (2016), S. 9 ff.

205 *Zipfel*, in: Malena, From Political Won't to Political Will, 93 (110).

rung durchsetzbar, sodass sie eher als ein Angebot der Regierung an die Lokalebenen zu verstehen sind. Es gib jedoch *local authorities*, deren *councils* förmlich beschlossen haben, die Grundsätze in ihrer Region verstärkt zu nutzen, damit sie dort fester Bestandteil der Bürgerbeteiligungskultur werden. Hierzu gehört beispielsweise *The City of Edinburgh Council*.[206]

Umgesetzt werden die neuen gesetzlichen Vorgaben und die nationalen Standards dabei von sogenannten *community planning officials (CPOs)*. Die *CPOs* sind bei verschiedenen Verwaltungseinheiten der *councils* angestellt und arbeiten in allen wichtigen politischen Themenfeldern, wie Wohnungsbau, Entwicklung der Gemeinden und Gesundheit.[207] Die *CPOs* selbst sind eine recht neue Form des politischen Angestellten, die sich mit der Einführung des *community plannings* entwickelt hat.[208] Ihre Aufgabe ist es, den kulturellen Wandel in der Lokalverwaltung von repräsentativen hin zu partizipativen Strukturen zu betreiben. Sie organisieren die Beteiligung der Bürger und die Veranstaltungen, moderieren letztere und fassen die Ergebnisse des jeweiligen Prozesses für die *councils* zusammen.[209] Zudem fördern sie den Dialog zwischen den verschiedenen lokalen Organisationen, versuchen Gemeinden in politische Entscheidungsprozesse mit einzubeziehen und politische Projekte zu fördern und planten die bisherigen *Single Outcome Agreements*.[210] Hierbei arbeiten sie auf allen Ebenen des *community plannings*, wobei sie sich verschiedener Beteiligungsinstrumente bedienen, wie den traditionellen Arbeitsgruppen und Fachwerkstätten, in denen nur Regionalabgeordnete und Vertreter von Organisationen teilnehmen, sowie öffentlichen Treffen und *citizen panels/juries*, wo nur betroffene Bürger eingeladen werden. Sie nutzen auch das *participatory budgeting*, zu dem Repräsentanten sowie Bürger eingeladen werden, sich zu beteiligen.[211] Um diese Beteiligungsprozesse zu planen, zu überwachen und zu evaluieren bedienen sich fast alle *CPOs* der Vorgaben und Materialien der National Standards for Community Planning, sowie der Vorgaben der *Christie Commission* und denen des *Community Empowerment (Scotland) Acts 2015*.[212]

---

[206] *The City of Edinburgh Council*, Communities and Neighbourhoods Committee, Reports, Item 8.4. vom 28.03.2017, S. 1 ff.

[207] *What Works Scotland*, Community Planning Officials Survey (2018), S. 13, 20.

[208] *Escobar*, Transformative practices: The political work of public engagement practitioners (2013), S. 63, 67.

[209] *Escobar*, Transformative practices: The political work of public engagement practitioners (2013), S. 72, 245 f., 248; *What Works Scotland*, Community Planning Officials Survey (2018), S. 2, 13.

[210] *What Works Scotland*, Community Planning Officials Survey (2018), S. 2.

[211] *What Works Scotland*, Community Planning Officials Survey (2018), S. 45 f.

[212] *What Works Scotland*, Community Planning Officials Survey (2018), S. 51 f.; *Wea-*

Über diese generellen Abläufe hinaus ist es schwierig, allgemeingültige Verfahrensmuster darzustellen, da die jeweiligen Beteiligungsprozesse thematisch wie strukturell sehr individuell von den *CPOs* gestaltet werden. Dennoch ist der Grad der möglichen Bürgerbeteiligung aus den Umständen her ableit- und bestimmbar. Die *Edinburgh Partnership* betont auf ihrer Website, dass sie bestrebt ist, die Menschen vor Ort in die Gemeindeplanung miteinzubeziehen und schlägt den Bürgern vor, zu einem Treffen der *community councils* oder der *community planning partner* wie der Polizei oder des *councils* zu gehen, um dort ihre Meinung zu äußern.[213] Diesen Beteiligungsmöglichkeiten ist gemein, dass sie von der exekutiven Seite aus organisiert werden und die Bürger diese Prozesse weder initiieren noch die existierenden Verfahren direkt mitgestalten können. Auch wenn die Politik versucht, mit dem *local community planning* die Distanz zwischen Behörden und Gemeinden zu verringern,[214] haben Bürger nur die Möglichkeit, sich zu informieren, ihre Ansichten zu äußern und durch ihre Beiträge zu versuchen, mittelbar Einfluss zu nehmen. Die Meinungsäußerungen sollen grundsätzlich in politischen Entscheidungen berücksichtigt werden, um das politische Ziel, die Betroffenen an den sie betreffenden Entscheidungen wirksam zu beteiligen, zu erreichen.[215] Aus der gesetzlichen Verpflichtung der sec. 4(3)(b), (6)(c) Community Empowerment (Scotland) Act 2015, wonach die *CPPs* alle Gemeindeorganisationen an der Planung beteiligen müssen, wenn diese eine Beteiligung wünschen, lässt sich allerdings keine Verpflichtung zur Umsetzung des Inputs der Gemeindegruppen oder Bürger ableiten. Dies dürfte erst recht für die darunter liegende Ebene der *neighbourhood partnerships* gelten. Somit hat das neue Gesetz an diesem Punkt nichts verändert, da auch vorher die von Bürgern erarbeiteten Vorschläge im *local community planning* für die zuständigen Stellen nicht bindend waren.[216] Allerdings ergab eine Untersuchung von *What Works Scotland*,[217] dass die Gemeinden durchaus auf die neuen Möglichkeiten, die der *Community Empowerment (Scotland) Act 2015* ihnen gibt, aufmerksam werden, teilweise

---

kley/Escobar, Community Planning after the Community Empowerment Act (2018), S. 3, 65 ff.

213 Website The City of Edinburgh Council, Get involved in community planning.

214 *Escobar*, Transformative practices: The political work of public engagement practitioners (2013), S. 125 f.

215 *Scottish Government*, Consultation on the Community Empowerment (Scotland) Bill (2013), S. 1 ff., 31 ff.

216 *Escobar*, Transformative practices: The political work of public engagement practitioners (2013), S. 80.

217 *Weakley/Escobar*, Community Planning after the Community Empowerment Act (2018).

auf *CPOs* zugehen und um Einbeziehung bitten.[218] Dennoch ist das *local community planning* vorerst weiterhin als unverbindliche Konsultation der Bürger und somit als ein deliberativer Vorgang einzustufen. Politische Macht im Sinne von Prozessgestaltung oder der Übertragung von Entscheidungskompetenzen kommt den Bürgern auch nach dem Erlass des *Community Empowerment (Scotland) Act 2015* nicht zu.

Auch in den übrigen Teilen des Vereinigten Königreichs ist das *community planning* bekannt. In Wales wird es *local well-being planning*, in England *neighbourhood planning* genannt. In Nordirland sieht part 10 Local Government Act (Northern Ireland) 2014[219] die entsprechenden Regelungen vor, mit einer dem schottischen *community planning* ähnelnden Systematik, wobei ein Schwerpunkt auf der Verbindung zur Bodennutzungsplanung liegt.[220] Wales reguliert seine *local well-being plans* in chapter 2 Well-being of Future Generations (Wales) Act 2015[221] und England sieht das *neighbourhood planning* in Chapter 3 Localism Act 2011 vor. Nordirland und Wales verfolgen dabei wie Schottland das Ziel, durch die Beteiligung von Gemeinden den dortigen Lebensstandard zu verbessern.[222] In England besteht dabei die Besonderheit, dass die *neighbourhood plans* eher die Nutzung von Flächen betreffen und durch ein Referendum der betroffenen Gemeinde angenommen werden müssen, um wirksam zu werden.[223]

ee) Land use Planning, Town and Country Planning (Scotland) Act 1997[224]

Da es keinen *reserved matter* gemäß sch. 5 Scotland Act 1998 darstellt, ist das Planungsrecht ein devolvierter Regelungsgegenstand. Schottland, wie auch Wales und Nordirland, kann hier somit eigene Vorgaben schaffen.[225] Die *Scottish Planning Policy (SPP)* zielt darauf ab, eine wachsende und nach-

---

[218] *Weakley/Escobar*, Community Planning after the Community Empowerment Act (2018), S. 67.

[219] Local Government Act (Northern Ireland) 2014 vom 12.05.2014, anrufbar unter: https://www.legislation.gov.uk/nia/2014/8/contents, Stand: 26.09.2020.

[220] *Lloyd/Rafferty*, Creating a constructive interface between community planning and land use (spatial) planning (2013), S. 3.

[221] Well-being of Future Generations (Wales) Act 2015 vom 29.04.2015, abrufbar unter: http://www.legislation.gov.uk/anaw/2015/2/contents, Stand: 26.09.2020.

[222] *Lloyd/Rafferty*, Creating a constructive interface between community planning and land use (spatial) planning (2013), S. 3 f.

[223] *Winter/Smith/Cave/Rehfisch*, Comparison of the planning systems in the four UK countries (2016), S. 13 f.

[224] Town and Country Planning (Scotland) Act 1997 vom 27.02.1997, abrufbar unter: http://www.legislation.gov.uk/ukpga/1997/8/contents, Stand: 21.09.2020.

[225] *OECD*, The Governance of Land Use (2017), S. 1, 3.

haltige Wirtschaft aufzubauen und in den Gemeinden eine bessere Lebensqualität zu etablieren.[226] Dabei sollen die Planungsbehörden und Entwickler eine frühzeitige Beteiligung von einzelnen Bürger- sowie Gemeindegruppen fördern, da die schottische Regierung sich von einem effektiven Engagement bessere, schnellere und zufriedenstellendere Ergebnisse verspricht.[227] Grundlage des schottischen *land use plannings* (Bodenplanungsrechts), welches die Zuständigkeiten der schottischen Minister und *local authorities*, sowie die Minimalanforderungen für Konsultation und Bürgerengagement im Bereich des Planungsrechts vorgibt, ist der *Town and Country Planning (Scotland) Act 1997*.[228] Das Planungsrecht besteht dabei aus den drei Schlüsselelementen des für die frühe Einbeziehung von Bürgern besonders relevanten *development plannings*, des *managements* von Bauanträgen und des *enforcements*, also der Durchsetzung gesetzlicher Vorgaben.[229]

Es existiert ein nationaler Rahmenplan, der *National Planning Framework*[230], in dem die schottischen Minister Standards für die räumliche Entwicklung in ganz Schottland vorgeben, sec. 3A(1),(2),(7) Town and Country Planning (Scotland) Act 1997.

Die für die Bürgerbeteiligung wichtigeren Pläne sind jedoch die *development plans* (Entwicklungspläne), die vorgeben, wie die einzelnen schottischen Regionen sich räumlich weiterentwickeln sollen.[231] Unterteilt werden diese Pläne zum einen in *strategic development plans* (sec. 4 ff. Town and Country Planning (Scotland) Act 1997), die die Planung für eine langfristige Entwicklung der vier wichtigsten Stadtregionen Aberdeen, Dundee, Edinburgh und Glasgow in Bereichen wie Infrastruktur und Einzelhandel vorsehen und für deren Wirksamkeit die Zustimmung schottischer Minister erforderlich ist. Zum anderen gibt es die *local development plans* (sec. 15 ff. Town and Country Planning (Scotland) Act 1997), die sich auf alle *local authorities* in Schottland beziehen, welche auch vollumfänglich dafür zuständig sind und in denen punktuell Standorte für neue Entwicklungen vorgeschlagen und Richtlinien für die Entscheidungen über Anträge festgelegt werden.[232]

---

[226] *Scottish Government*, Policy, Planning and architecture.

[227] *Scottish Government*, Scotish Planning Policy (2014), S. 5.

[228] *Scottish Government*, Scotish Planning Policy (2014), S. 5.

[229] *Rehfisch*, Town and Country Planning in Scotland (2016), S. 3 ff.

[230] *Scottish Government*, Scotland's Third National Planning Framework (2014).

[231] *Scottish Government*, PAN 3/2010 Community Engagement, S. 3; *Planning Democracy*, Re-valuing public participation in Scotland's planning system (2012), S. 7.

[232] *Rehfisch*, The Planning (Scotland) Bill (2018), S. 5, 7.

Bei beiden Planarten gibt es ein dreistufiges Verfahren. Nach sec. 9 und 17 Town and Country Planning (Scotland) Act 1997 muss die verantwortliche Stelle unter Rücksprache mit den Gemeinden, wo sich auch einzelne Bürger einbringen können, einen *main issues report* erstellen, in dem die verschiedenen Möglichkeiten aufgeführt werden, wie sich ein Gebiet verändern kann. Darauf folgt nach sec. 10 und 18 Town and Country Planning (Scotland) Act 1997 der *proposed plan*, der veröffentlicht wird und gegen den Bürger förmlich Einwände vorbringen können.[233] Daneben muss auch ein *participation statement* veröffentlicht werden, in dem dargelegt wird, wie die Bürger vor Ort und andere Interessengruppen bei der Ausarbeitung des Plans beteiligt werden, wobei der Inhalt und damit der Grad der Beteiligung aufgrund fehlender konkreter Vorgaben recht frei gestaltet werden kann.[234] Zuletzt werden die vorgebrachten Einwände gemäß sec. 12 und 19 Town and Country Planning (Scotland) Act 1997 in der *examination* von einem von einem schottischen Minister ernannten Moderator zur Diskussion gestellt. Das Diskussionsergebnis muss sodann von den *councils* zur Kenntnis genommen werden, bevor der Plan fertiggestellt wird.[235]

Diese Form der Planung wurde durch den *Planning etc. (Scotland) Act 2006*[236] eingeführt, der den *Town and Country Planning (Scotland) Act 1997* stark modifiziert hat.[237] Im Jahr 2019 wurde der neue *Planning (Scotland) Act 2019*[238] erlassen, der den *Town and Country Planning (Scotland) Act 1997* nochmal erneuert hat. Insbesondere sollen damit Abläufe vereinfacht und effektiver ausgestaltet werden. Hierfür werden beispielsweise die *strategic development plans* insgesamt abgeschafft, die Erforderlichkeit *main issues reports* zu erstellen fällt weg und das *land use planning* soll künftig besser auf die Ziele des *community plannings* ausgerichtet werden, sec. 6, 7(7), 14(4) Planning (Scotland) Act 2019.[239]

Wie diese Konsultations- und Beteiligungsvorgaben, insbesondere im Fall der weiterbestehenden *local development plans*, jedoch in der Praxis umgesetzt werden, liegt bei den jeweiligen *councils*, die sich verschiedener Leitlinien, wie den zehn Punkten für *effective community engagement in land*

---

233 *Scottish Government*, PAN 3/2010 Community Engagement, S. 12 ff.

234 *Rehfisch*, Town and Country Planning in Scotland (2016), S. 3 f.

235 *Scottish Government*, PAN 3/2010 Community Engagement, S. 12 ff.

236 Planning etc. (Scotland) Act 2006 vom 20.12.2006, abrufbar unter: https://www.legislation.gov.uk/asp/2006/17/contents, Stand: 14.10.2020.

237 *Rehfisch*, Town and Country Planning in Scotland (2016), S. 4.

238 Planning (Scotland) Act 2019 vom 25.07.2019, abrufbar unter: http://www.legislation.gov.uk/asp/2019/13/contents/enacted, Stand: 25.09.2020.

239 *Rehfisch*, The Planning (Scotland) Bill (2018), S. 5, 7.

use planning[240] orientieren können. Zudem gibt es einen Mediationsguide[241], der die verschiedenen Möglichkeiten der Mediation im Planungsverfahren, beispielsweise um ein *Good Neighbour Agreement* nach sec. 75D Town and Country Planning (Scotland) Act 1997 zu erzielen, für alle Beteiligten aufzeigen soll.[242] Die im Mediationsguide enthaltene Übersicht aller relevanter Verfahrensphasen vom *National Planning Framework*, über die *Development Plans*, das *Management* bis hin zum *Enforcement* zeigt, dass die Mediation nur von der Exekutive und deren Planungsstellen oder den Antragstellern initiiert werden können.[243] Die darüber hinausgehende Allgemeinheit kann einen solchen Prozess nicht initiieren und verfügt demnach über keinerlei prozessuale Macht. Dies deckt sich auch mit den Möglichkeiten, Rechtsmittel gegen Bauvorhaben einzulegen – nur die Antragsteller haben ein *right to appeal.*[244]

Auch wenn die Einbeziehung von Bürgern in politischen Statements als wichtiger Faktor des Planungsrechts hervorgehoben wird,[245] dürfte der Grad der tatsächlichen Einbeziehung von Bürgern und Gemeinden in Planungsprozesse als eher gering eingeschätzt werden, da die Bürger selbst, neben der Möglichkeit, Stellungnahmen abzugeben, keine Möglichkeiten haben, sich aktiv einzubringen. Planungsbehörden haben aufgrund der fehlenden Rechtsmittelmöglichkeiten darüber hinaus keine Repressionen zu fürchten. Die Bürgerbeteiligung ermöglicht demnach keinen Austausch von Meinungen oder beidseitiger Beratung, mit Ausnahme der Mediationsverfahren, welche die Bürger jedoch nicht selbst auslösen können. Somit findet hier eine reine Anhörung und Konsultation von Bürgern statt, die sich am unteren Rande der Deliberation bewegt. Die Einschätzungsprärogative, ob und inwiefern die Ergebnisse der Beteiligung in die Planungen einfließen, liegt dabei umfänglich bei den Planungsbehörden.

Auch in den übrigen Teilen des Vereinigten Königreichs gibt es nationale oder regionale *Planning Policy Frameworks*, welche die jeweilige langzeitige Rahmenplanung vorgeben.[246] Im Übrigen wird das Bauplanungsrecht in

---

240 *Scottish Government*, PAN 3/2010 Community Engagement, S. 27 ff.

241 *Scottish Government*, A Guide to the Use of Mediation in the Planning System in Scotland (2009).

242 *Scottish Government*, A Guide to the Use of Mediation in the Planning System in Scotland (2009), S. 1, 11 ff.

243 *Scottish Government*, A Guide to the Use of Mediation in the Planning System in Scotland (2009), S. 13.

244 *Rehfisch*, The Planning (Scotland) Bill (2018), S. 15.

245 Vgl. *Scottish Government*, PAN 3/2010 Community Engagement, S. 2 f.; *Scottish Government*, Scottish Planning Policy (2014), S. 4 f.

246 Vgl. *OECD*, The Governance of Land Use (2017), S. 1.

England durch den *Town and Country Planning Act 1990*[247], in Wales durch den *Planning (Wales) Act 2015*[248] und in Nordirland durch den *Planning Act (Northern Ireland) 2011*[249] geregelt. Die Verfahrensabläufe, insbesondere die Dreiteilung in *development planning*, *management* und *enforcement* ähneln den schottischen Abläufen, vgl. part II, III, VII Town and Country Planning Act 1990, Part 3, 6 und 7 Planning (Wales) Act 2015 und Part 2, 3, und 5 Planning Act (Northern Ireland) 2011.

b) Informelle Verfahren

Im Folgenden sollen auch einige informelle Verfahren dargestellt werden. Da diese sowohl bezüglich der Initiierung als auch der Ausgestaltung dem Ermessen der öffentlichen Stellen unterliegen, ergibt sich eine Vielzahl an Formen und Themen, von welchen hier die prominentesten Mechanismen dargestellt werden.

aa) Konsultationen im frühen Gesetzgebungsprozess

Bereits kurz nach der Devolution wurde die Einführung einer verstärkten Konsultation von Bürgern in Gesetzgebungsprozesse des schottischen Parlaments von der *Consultative Steering Group* vorgeschlagen, um Bürger und Interessengruppen in die Entwicklung von Gesetzen einzubeziehen.[250] Die schlichte Möglichkeit für Bürger, Kommentare zu Gesetzesentwürfen abzugeben, wie dies bis zur Devolution durch das *Scottish Office* vorgesehen war, wurde ausdrücklich als nicht hinreichend partizipativ bewertet.[251] Trotz des Impulses der *Consultative Steering Group* wurde diese bisherige Praxis nach Errichtung des schottischen Parlaments weiter praktiziert. Eine Modernisierung erfuhr diese Beteiligungsmethode durch die Entwicklung der digitalen Konsultation von Bürgern. Seit ihrer Einführung können Bürger auf der Website des schottischen Parlaments zu Gesetzesinitiativen Kommentare abgeben und an Meinungsumfragen teilnehmen, beispielsweise im Fall des *Community Empowerment (Scotland) Bill im Jahr 2014*. Nachdem die Be-

[247] Town and Country Planning Act 1990 vom 24.05.1990, abrufbar unter: http://www.legislation.gov.uk/ukpga/1990/8/contents, Stand: 22.09.2020.

[248] Planning (Wales) Act 2015 vom 06.07.2015, abrufbar unter: https://www.legislation.gov.uk/anaw/2015/4/contents, Stand: 22.09.2020.

[249] Planning Act (Northern Ireland) 2011 vom 04.05.2011, abrufbar unter: https://www.legislation.gov.uk/nia/2011/25/contents, Stand: 22.09.2020.

[250] *The Scottish Office*, Report of the Consultative Steering Group on the Scottish Parliament (1998), sec. 3.5.3. f.

[251] Vgl. *Page*, Constitutional Law of Scotland, S. 205; *The Scottish Office*, Report of the Consultative Steering Group on the Scottish Parliament (1998), sec. 3.5.3. f.

teiligungsfristen abgelaufen sind, werden die abgegebenen Informationen vom jeweils zuständigen *committee* evaluiert und anschließend in den *recommendations* an die schottische Regierung berücksichtigt.[252]

Nachdem die Vorgaben der *Consultative Steering Group* nicht vollumfänglich umgesetzt wurden, wurde für die Erarbeitung neuer Ideen bezüglich der generellen Verbesserung der parlamentarischen Arbeit des schottischen Parlaments im Jahr 2016 die *Commission on Parliamentary Reform* eingerichtet.[253] Diese Arbeitsgruppe hat basierend auf den ursprünglichen Ideen der *Consultative Steering Group* Mitte 2017 vorgeschlagen, eine sogenannte *Committee Engagement Unit* zu bilden, um die Bürgerbeteiligung in den Ausschüssen zu stärken und neue Wege für die Bürgerbeteiligung zu finden.[254]

Die *Committee Engagement Unit* wurde daraufhin im Jahr 2018 eingerichtet und erarbeitete zunächst einen *initial delivery plan*, der einen Überblick über die Ziele der Arbeitsgruppe geben sollte.[255] In das Aufgabenspektrum fällt insbesondere die Verbesserung der bereits bestehenden Zusammenarbeit der Ausschüsse mit Bürgern, die Art und Weise, wie die Ergebnisse der Bürgerbeteiligung ausgewertet und den Beteiligten Rückmeldungen dazu gegeben werden sowie die Entwicklung neuer, auch digitaler Beteiligungsmöglichkeiten.[256]

Als Beispiele für die Umsetzung dieser Ziele sind unter anderem eine *Citizens Jury* zum Thema der strukturierten Finanzierung der Bodennutzungsplanung zur Verbesserung der Umwelt,[257] *Public Panels* zur Unterstützung einer Untersuchung des *Health and Sport Committees* zur Grundversorgung[258] und eine neue *dialogue-app* für die Diskussion über mentale

---

[252] *Scottish Government*, Consultation on the Community Empowerment (Scotland) Bill (2013); *Scottish Government*, Consultation Hub; Auskunft eines Senior Participation Specialist, Committee Engagement Unit des Schottischen Parlaments aus April 2019.

[253] *Commission on Parliamentary Reform*, Report on the Scottish Parliament (2017), S. 1 f.

[254] *Commission on Parliamentary Reform*, Report on the Scottish Parliament (2017), S. 59 ff., 63 ff.

[255] *Scottish Government*, Presiding Officer's Advisory Group Report on Parliamentary Reform (2019), S. 12; Auskunft eines Senior Participation Specialist, Committee Engagement Unit des Schottischen Parlaments aus April 2019.

[256] Auskunft eines Senior Participation Specialist, Committee Engagement Unit des Schottischen Parlaments aus April 2019; *Scottish Government*, Presiding Officer's Advisory Group Report on Parliamentary Reform (2019), S. 12.

[257] *Deasey*, Twenty-two Scottish People (2019).

[258] *Scottish Parliament*, What should primary care look like for the next generation? (2019).

Gesundheit von jungen Menschen in Schottland zu nennen.[259] Zudem wurde die Idee der *pop up democracy* aufgeworfen. Dabei sollen an öffentlichen Plätzen, die einen inhaltlichen Bezug zu Gesetzesentwürfen aufweisen, beispielsweise an einer Straße, in der die Geschwindigkeit für Pkw reduziert werden soll, mobile Beteiligungsstände aufgestellt werden, an denen den vorbeigehenden Passanten angeboten wird, sich bezüglich des Gesetzentwurfs zu äußern oder anderweitig zu beteiligen. Ein anderes Beispiel ist die Bereitstellung einfacher Videosoftware, die es Bürgern ermöglicht, über ihre Erfahrungen der Mitarbeit in Ausschüssen zu berichten.[260] Solche niedrigschwelligen Ansätze sollen viele Bürger erreichen, bleiben thematisch jedoch immer an der Oberfläche. Der Nutzen solcher Methoden ist es insbesondere, eine Momentaufnahme der öffentlichen Meinung oder bestimmter Gruppen zu einem Thema einzuholen.

Die Besonderheit der neuen Ansätze ist dabei, dass sie im Unterschied zur (digitalen) Kommentaroption, die lediglich Anmerkungen von Bürgern zu Gesetzentwürfen an einer zentralen Stelle sammelt, die Methoden weiterentwickeln wollen, wie die Ausschüsse „*Calls for Views*", also die Meinung der Öffentlichkeit, zu bestimmten Vorhaben sammeln. Dadurch soll sich die Einbeziehung von Bürgern von einer rein einseitigen Konsultation wegbewegen hin zu einem Dialog und Austausch von Ansichten zwischen Bürgern und Ausschüssen, um so eine bessere Überprüfung von Vorhaben durch die Öffentlichkeit zu schaffen. Im Ergebnis spielen sich die Beteiligungsmöglichkeiten der Bürger im legislativen Prozess dennoch ausschließlich im deliberativen Bereich ab. Während die einseitige Konsultation am unteren Rand des deliberativen Spektrums einzuordnen ist, gehen die neuen Instrumente, die auf den Austausch von Meinungen und die Kreation von Diskussionen zwischen Bürgern und Vertretern der politischen Seite zielen, deutlich weiter und sind als klassisch deliberativ zu qualifizieren.

Auch in den anderen Landesteilen des Vereinigten Königreichs sind in der jüngeren Vergangenheit ähnliche Arbeitsgruppen eingerichtet worden, die die Ausschüsse des Unterhauses in Westminster, der *National Assembly for Wales* und der *Northern-Ireland Assembly* bei der Beteiligung von Bürgern im Gesetzgebungsprozess unterstützen sollen.[261]

---

[259] *Scottish Parliament*, Dialogue App.

[260] Auskunft eines Senior Participation Specialist, Committee Engagement Unit des Schottischen Parlaments aus April 2019.

[261] Auskunft eines Senior Participation Specialist, Committee Engagement Unit des Schottischen Parlaments aus April 2019.

bb) Mini-Publics

Bei den sogenannten *mini-publics* handelt es sich um Beteiligungsverfahren, die grundsätzlich für wenige Teilnehmer gedacht sind, nicht für das ganze Volk.[262] Hierunter fallen Verfahren wie die *citizens' juries, consensus conferences, planning cells, deliberative polls* und *citizens' assemblies.*[263] Ihnen allen ist gemeinsam, dass die Teilnehmer, im Schnitt zwischen 10 und 500 Personen, im Zufallsverfahren ausgewählt werden, wobei die betroffene Bevölkerung adäquat mit Merkmalen wie Alter, Geschlecht, Bildungshintergrund etc. repräsentiert werden soll – daher der Name *mini-public* (kleine Öffentlichkeit).[264] Der Beteiligungsprozess dauert nur wenige Tage (zwischen zwei und fünf), mit Ausnahme der *citizens' assembly*, die bis zu 30 Beratungstage in Anspruch nehmen kann. In einem moderierten Diskussionsverfahren sollen die Beteiligten sich nach einer Lernphase eine Meinung zu einem bestimmten Thema bilden und am Ende einen Bericht oder eine Empfehlung an den Veranstalter oder die Politik abgeben.[265]

Entwickelt wurden die *mini-publics* im Jahr 1989 vom Politikwissenschaftler Robert Dahl, der nach innovativen Mechanismen suchte, um Bürgern den Umgang mit öffentlichen Problemen näherzubringen, woraus sich weltweit verschiedene demokratische Innovationen entwickelten.[266] Die Besonderheit war dabei die Nutzung des bereits aus dem alten Athen bekannten aleatorischen Mittels der Zufallswahl.[267]

In Schottland haben sich seit 1998 insbesondere die *citizens' juries* etabliert, die bereits im Jahr 1971 in den USA entwickelt und im Vereinigten Königreich in den 1990er Jahren populär wurden.[268] Die ersten *citizens' juries* in Schottland befassten sich mit Themen der Koordination von Umweltaktivitäten im Süden Schottlands sowie mit der Verbesserung der Luftqualität in Edinburgh.[269]

---

[262] Vgl. *Fishkin*, When the People Speak, S. 59; *Blondiaux/Sintomer*, in: Herzberg/Sintomer/Kleger, Hoffnung auf eine neue Demokratie, 83 (93).

[263] *Escobar/Elstub*, Forms of Mini-Publics (2017), S. 1 ff.; *Escobar*, Scotland 44 (2014), 24 (27).

[264] *Escobar*, Contemporary Pragmatism 14 (2017), 416 (429).

[265] Dazu *Röcke*, Framing Citizen Participation, S. 43; *Escobar/Elstub*, Forms of Mini-Publics (2017), S. 4.

[266] *Dahl*, Democracy and its critics, S. 340; *Escobar*, Contemporary Pragmatism 14 (2017), 416 (428 f.).

[267] *van Reybrouck*, Gegen Wahlen, S. 75, 119 f.

[268] Vgl. *Cooper/Smith*, JoPD Vol. 8 (2012): Iss. 1, Article 3, S. 14; *Thompson/Escobar/Roberts/Elstub/Pamphilis*, Why do people change their minds? (2015), S. 5; *Roberts/Escobar*, Involving communities in deliberation (2015), S. 214 f.

[269] *Kenyon/Hanley/Nevin*, Government and Policy 2001, Vol. 19, 557 (560 ff.).

Hinter der Einführung und Fortentwicklung von *citizens' juries* in Schottland stand insbesondere das sich über die Zeit durch Empfehlungen der bereits genannten Arbeitsgruppen zur Verbesserung der politischen Arbeitsweisen entwickelte Bedürfnis, Bürger vermehrt für die Beteiligung an öffentlichen Entscheidungsfindungen zu aktivieren, die Gemeinden demokratisch zu stärken und die Entscheidungsfindung bei komplexen Fragen mit der Beratung durch Bürger zu vereinfachen.[270]

Als ein jüngeres Beispiel fand eine *citizens' jury* in Schottland zum Thema Entwicklung allgemeiner Prinzipien für die Konzeption von *wind farms* statt. Diese wurde vom *Scotland Centre of Expertise on Climate Change*, einem Forschungsnetzwerk, welches sich mit dem Klimawandel beschäftigt, und dem *Edinburgh Centre for Carbon Innovation* gesponsert. Zusätzlich wurde das Projekt wissenschaftlich begleitet und von einem Vorstand überwacht, der mit verschiedenen Interessenvertretern aus diesem Bereich besetzt war.[271] Es fand an jeweils zwei Tagen von Oktober 2013 bis Februar 2014 an drei verschiedenen Orten statt (je an einem Ort, an dem es bereits einen Windpark gab, an dem ein Windpark geplant war und an einem, wo es keinen Windpark oder Pläne diesbezüglich gab). Jede Jury wurde für ihre Teilnahme entlohnt und bestand aus 15 bis 18 zufällig gewählten schottischen Bürgern, wobei auf eine repräsentative Zusammensetzung anhand demographischer Vorgaben geachtet wurde.[272] Das Thema der Jury wurde den Beteiligten erst bei ihrer ersten Zusammenkunft eröffnet, woraufhin eine Lernphase mit Infomaterial und Vorträgen von Experten in diesem Gebiet sowie eine zwei- bis dreiwöchige Reflektionsphase folgte. Während des zweiten Termins fand die Beratungsphase statt, in der die Beteiligten gemeinsam Empfehlungen erarbeiten sollten.[273] Die Ergebnisse der drei Juries gaben insgesamt neun verschiedene Prinzipien für die Entwicklung von Windparks vor, wovon sechs (beispielsweise die Grenzen der Entwicklung, Abwägung von Vor- und Nachteilen und die Frage, wer von einem neuen Windpark profitieren würde) in allen Gruppen übereinstimmten.[274]

Auch wenn dies in erster Linie ein Forschungsprojekt zur Funktionalität von *citizens' juries* war, lassen sich einige Schlussfolgerungen bezüglich der Beteiligung von Bürgern treffen. Zunächst ist es ein Vorteil der *citizens' juries*,

---

[270] *Roberts/Escobar*, Involving communities in deliberation (2015), S. 234 ff.

[271] *Roberts/Escobar*, Involving communities in deliberation (2015), S. 7 ff.

[272] *Thompson/Escobar/Roberts/Elstub/Pamphilis*, Why do people change their minds? (2015), S. 8, 10.

[273] *Thompson/Escobar/Roberts/Elstub/Pamphilis*, Why do people change their minds? (2015), S. 11 f.

[274] *Roberts/Escobar*, Involving communities in deliberation (2015), S. 133 f.

dass durch das Zufallsauswahlverfahren eine Gruppe von Bürgern zusammenkommt, die nicht in erster Linie durch eine persönliche Betroffenheit bezüglich des Themas beeinflusst ist, sodass sie sich eine recht unvoreingenommene Meinung bilden kann. Die Initiative und die Verfahrensregeln werden jedoch vom jeweiligen Organisator der Jury vorgegeben und der Ablauf von diesem moderiert. Die Beteiligten durchlaufen sodann zunächst einen Lernprozess, indem sie ihre möglicherweise bereits bestehenden Meinungen überprüfen und gegebenenfalls ändern können, was in dieser Phase häufig geschieht.[275] Auf dieser Grundlage wird sodann diskutiert und versucht, eine Einigung oder Lösung zu finden, was im Ergebnis jedoch einen reinen Austausch auf horizontaler Ebene zwischen Bürgern darstellt. Die Empfehlung, die im Anschluss an eine andere Stelle weitergegeben wird, sei es an ein Forschungsnetzwerk oder die Politik, ist aufgrund fehlender demokratischer Legitimation der Jury stets unverbindlich, da die Jury nicht das (regionale) Volk vertritt, sondern lediglich die betroffene Region abbilden soll.[276] Hier wird also keine politische Entscheidungsgewalt auf die Bürger übertragen. Somit handelt es sich um einen rein deliberativen Prozess, in dem die Bürger bezüglich Ihrer Meinung zu einem bestimmten Thema konsultiert werden.

Ähnliches lässt sich über die *citizens' assembly* sagen, die im Herbst 2019 in Schottland organisiert wurde. Hier sollten 100 ausgewählte Bürger in sechs Terminen über die Zukunft Schottlands nach dem Austritt des Vereinigten Königreichs aus der EU beraten.[277] Die schottische Regierung hatte einen *convener* für die Durchführung ernannt und stellte finanzielle Mittel zur Verfügung. Darüber hinaus sollte die *citizens' assembly* aber unabhängig von der Regierung von ausgewählten Organisatoren moderiert und durchgeführt werden.[278] Es ist geplant, die Ergebnisse der *citizens' assembly* dem Parlament zur Beratung zu übergeben, woraufhin die schottischen Minister einen Aktionsplan zur weiteren Behandlung der Empfehlungen entwickeln werden.[279] Wie die *citizens' jury* sind *citizen assemblies* damit als deliberativ einzuordnen, da es lediglich zu Diskussionen unter den Bürgern kommt, die die gefundenen Ergebnisse sodann einseitig an die Repräsentanten übergeben. Letztere haben dabei die alleinige Entscheidungskompetenz inne, die vorgeschlagenen Ideen zu übernehmen oder abzulehnen.

---

[275] *Thompson/Escobar/Roberts/Elstub/Pamphilis*, Why do people change their minds? (2015), S. 21 ff.

[276] *Roberts/Escobar*, Involving communities in deliberation (2015), S. 239.

[277] *Citizens' Assembly of Scotland*, Our Journey so Far (2020), S. 4 f.

[278] Website Citizens' Assembly of Scotland, How it works, Common Questions.

[279] Website Citizens' Assembly of Scotland, How it works, The Basics; Website Scottish Government, Citizens' Assembly remit published (2019).

Auch in den übrigen Teilen des Vereinigten Königreichs werden *mini-publics* genutzt. In England werden die *citizens' juries* seit 1997[280] eingesetzt, vielfach zu Fragen der Gesundheitsversorgung,[281] woneben aber auch schon *consensus conferences* und *deliberative polls* stattfanden.[282] Insbesondere die *citizens' juries* wurden auch schon in Wales zum Thema Sozialhilfe[283] und Nordirland zum Thema Bildungsreform[284] genutzt.

4. Instrumente der repräsentativen Demokratie

Zur Bürgerbeteiligung in repräsentativen Regierungssystemen, wozu auch das schottische System zählt, gehört immer das Instrument der Parlamentswahl. Die Wählerschaft entscheidet dabei, welche Mandatsbewerber als Abgeordnete Teil des nächsten Parlaments werden.[285] Diese Form der Ausübung von Staatsgewalt durch Bürger ist jedoch nicht zu verwechseln mit den übrigen Formen von deliberativer, partizipativer oder direkter Demokratie, bei welchen sie sich ausschließlich zu Sachfragen äußern können.[286] Die Wahl ist das wichtigste Instrument der repräsentativen Demokratie, da hier das Volk seine Repräsentanten direkt dazu legitimiert, in ihrem Namen über Sachfragen abzustimmen.[287]

Das schottische Volk hat erst seit dem Ende der 1990er Jahre die Möglichkeit, Abgeordnete für ein eigenes schottisches Repräsentativorgan zu bestimmen. Hintergrund der Konstituierung des schottischen Parlaments und damit auch des Wahlrechts der schottischen Bevölkerung waren die bereits dargestellten Devolutionsprozesse im Jahr 1998.[288] Der Wunsch nach mehr Selbstbestimmung durch ein eigenes Repräsentativorgan war in Schottland stetig gewachsen und gipfelte schließlich in einem Referendum, welches sich für die Einführung eines schottischen Parlaments aussprach. Die in West-

---

280 *Kenyon/Hanley/Nevin*, Government and Policy 2001, Vol. 19, 557 (558).

281 *Cooper/Smith*, JoPD Vol. 8 (2012): Iss. 1, Article 3, S. 14; *Thompson/Escobar/Roberts/Elstub/Pamphilis*, Why do people change their minds? (2015), S. 5; *Roberts/Escobar*, Involving communities in deliberation (2015), S. 214f.

282 *Escobar/Elstub*, Forms of Mini-Publics (2017), S. 2.

283 *Evans*, Interested in becoming a citizen juror? (2018).

284 *Wakeford*, Social Research Update Issue 37, 2002, 1 (3).

285 *Schiller/Mittendorf*, in: Schiller/Mittendorf, Direkte Demokratie, 7 (11).

286 Vgl. dazu *Allegretti*, in: Fraenkel-Haeberle/Kropp/Palermo/Sommermann, Citizen Participation in Multi-Level Democracies, 207 (208); *Gabriel/Völkl*, in: Gabriel/Kropp, Die EU-Staaten im Vergleich, 268 (269ff.).

287 *Gamper*, in: Fraenkel-Haeberle/Kropp/Palermo/Sommermann, Citizen Participation in Multi-Level Democracies, 67 (76).

288 Vgl. Kapitel 1.I.1.b) und Kapitel 1.I.2.a).

minster regierende *Labour Party* erkannte den Wunsch des schottischen Volkes an und ermöglichte durch das Referendum dessen Umsetzung. Für die Errichtung eines eigenen Legislativorgans Schottlands standen nicht nur strukturelle und organisatorische Aspekte im Vordergrund, sondern vielmehr das Begehren der betroffenen Bevölkerung nach einem eigenen Parlament und der damit Verbundenen höheren Selbstständigkeit. Westminster entsprach diesem ausdrücklichen Wunsch. Das schottische Parlament wird seitdem nach sec. 2(2) Scotland Act 1998 alle vier Jahre am ersten Donnerstag im Mai vom schottischen Volk gewählt. Hierbei wird nach sec. 1(3) Scotland Act 1998 das *additional member system*, also eine personalisierte Verhältniswahl angewendet. Dabei werden 73 Abgeordnete über Wahlkreise nach relativer Mehrheitswahl und 56 Abgeordnete über Regionallisten der Parteien gewählt, sec. 5–8 Scotland Act 1998.[289] Die Wahlbeteiligung lag bei der ersten Wahl im Jahr 1999 bei 58,8 % und bei der Wahl im Jahr 2016 bei 55,8 %.[290]

Darüber hinaus werden auch die 32 *councils* der *local authorities*, also die Regionalregierungen, regelmäßig alle vier Jahre nach dem proportional repräsentativen *single transferable vote* System gewählt.[291] Sie verwalten die schottischen *council*-Gebiete und nehmen die grundlegenden alltäglichen Regierungsaufgaben vor Ort wahr. Sie sind rechtsfähige Körperschaften, die Eigentum innehaben und Verträge schließen können.[292] Die Wahlbeteiligung lag in den Jahren zwischen 1999 und 2007 bei etwa 54 %, nachdem aber aufgrund des *Scottish Local Government Elections Act 2009*[293] nicht mehr parallel mit dem schottischen Parlament gewählt wird, sank die Wahlbeteiligung im Jahr 2012 auf 39 %, stieg bei den Wahlen im Jahr 2017 jedoch wieder auf 46,9 %.[294] Die darunter organisierten *community councils*, die die Arbeit der *local authorities* ergänzen, ohne mit umfassenden Kompetenzen ausgestattet zu sein oder zur Lokalverwaltung zu gehören, werden ebenfalls im Vier-Jahres-Rhythmus gewählt.[295]

---

289 *Leyland*, The Constitution of the United Kingdom, S. 249; *Kaufmann/Waters*, Direct Democracy in Europe, S. 39.

290 *The Electoral Commission*, The May 2016 Scottish Parliament election (2016), S. 14.

291 *Page*, Constitutional Law of Scotland, S. 159 f.

292 *Leyland*, The Constitution of the United Kingdom, S. 283.

293 Scottish Local Government Elections Act 2009 vom 21.07.2009, abrufbar unter: https://www.legislation.gov.uk/asp/2009/10/contents, Stand: 15.10.2020.

294 *Page*, Constitutional Law of Scotland, S. 160; *The Electoral Commission*, Scottish council elections 2017.

295 *Glasgow City Council*, The Scheme for the Establishment of Community Councils (2013), S. 4, 8.

Auch in den übrigen Landesteilen des Vereinigten Königreiches gibt es Wahlen zu den jeweiligen Parlamenten. Das *House of Commons* wird gemäß sec. 1(3) Fixed-term Parliaments Act 2011[296] alle fünf Jahre am ersten Donnerstag im Mai gewählt. Das gleiche gilt für die *Northern Ireland Assembly* und die *Welsh Assembly*, sec. 31(1) Northern Ireland Act 1998 beziehungsweise sec. 3(1) Government of Wales Act 2006[297].

Im Ergebnis lässt sich festhalten, dass die Wahl als politische Partizipation[298] der Bevölkerung Schottlands und des Rests des Vereinigten Königreichs das grundlegende Instrument ist, die Bürger an der Konstituierung des Parlaments, aber auch der Verwaltung in den Bezirken zu beteiligen.

5. *Zwischenergebnis*

Die Darstellung der schottischen Bürgerbeteiligungsinstrumente hat ergeben, dass Schottland traditionelle Beteiligungsformen wie Wahlen, Petitionen, lokale und nationale Referenden, das *community planning* und die Öffentlichkeitsbeteiligung im *land use planning* kennt, die sich vom Grad der Bürgerbeteiligung, mit Ausnahme der Wahlen, alle im Spektrum zwischen Informierung und Konsultation[299] der Bürger und somit im Bereich der deliberativen Demokratieformen bewegen. Daneben zeigt sich die schottische Politik aber auch offen für neue Beteiligungsinstrumente wie *mini-publics* und eröffnet der Bürgerbeteiligung neue Felder durch Einrichtungen wie die *committee engagement unit*, deren Arbeit zu vermehrter Bürgerbeteiligung im Gesetzgebungsprozess führen soll. Auch diese Ansätze sind dem Bereich der Beratung und Deliberation zuzuordnen.

Die im Jahr 2011 durch die *Christie Commission* angestoßene *public service reform* hat daneben einige Neuerungen im Bereich der partizipativen Demokratie mit sich gebracht. Zum einen ermöglichte sie, dass das *participatory budgeting* quasi als Entwicklungshilfe für mehr Bürgerbeteiligung von der schottischen Regierung unterstützt und vorangetrieben wurde und bis Ende 2021 in allen *local authorities* als Instrument zur Verteilung von 1 % des lokalen Budgets fest integriert werden soll. Zum anderen wurde in diesem Zuge der *Community Empowerment (Scotland) Act 2015* erlassen, der das *community planning* und die dazugehörigen Institutionen in Richtung

---

[296] Fixed-term Parliaments Act 2011 vom 15.09.2011, abrufbar unter: http://www.legislation.gov.uk/ukpga/2011/14/contents/enacted, Stand: 29.09.2020.

[297] Government of Wales Act 2006 vom 25.07.2006, abrufbar unter: https://www.legislation.gov.uk/ukpga/2006/32/contents, Stand: 29.09.2020.

[298] Vgl. *Fishkin*, When the People Speak, S. 45.

[299] *Arnstein*, JAPA 1969, 216 (219).

vermehrter Bürgerbeteiligung reformierte und die neuen Beteiligungsinstrumente der *participation requests* und die Ermächtigung für den ministeriellen Erlass einer *participation in public decision-making* einführte. Dies stellt formal einen großen und vor allem innovativen Schritt für die Bürgerbeteiligung in Schottland und auch insgesamt im Vereinigten Königreich dar, zumal es diese Instrumente weder in England, Wales noch Nordirland gibt.

Die reale Ausgestaltung des jeweiligen Instrumentes bestimmt dabei jedoch den Grad an demokratischer Rückkoppelung an die Bürger. So werden sie beim *community planning* bisher eher an der Grenze zur Konsultation in den Prozess involviert, wobei dieses Verfahren durchaus das Potenzial hätte, die Einwohner einer Gemeinde als ernstzunehmende Planungspartner miteinzubeziehen. Dies geschieht aufgrund der gesetzlichen Vorgaben nun jedoch bei den *participation requests*, wo die Bürger erstmals die Möglichkeit haben, auf eigene Initiative hin in einen öffentlichen Entscheidungsprozess partnerschaftlich miteinbezogen zu werden. Beim *participatory budgeting* wird das kooperative Verfahren sogar fast verlassen und den Bürgern eine politische Kompetenz zur Bestimmung der Inhalte und deren Verteilung übertragen. Rein partizipativ ist das Verfahren dadurch, dass die Initiative und Durchführung des Verfahrens wie die Umsetzung des Bürgerwillens rechtlich bei den Repräsentanten verbleiben. Die neuen Instrumente mit ihrer partizipativen Natur stellen somit eine vorsichtige Weiterentwicklung dar, welche die traditionell rein deliberativen Beteiligungsformate nun um partizipative Methoden ergänzen, die den Bürgern neue Mitspracherechte einräumen.

Zu klären bleibt, wie die neuen Beteiligungsmöglichkeiten in das schottische Demokratieverständnis einzuordnen sind. Der konzeptionelle Ursprung der neuen Beteiligungsinstrumente der *public service reform* bekräftigt eher ein pragmatisches und ergebnisorientiertes Verständnis von Bürgerbeteiligung zur Verbesserung der sozialen Leistungen in den Gemeinden und der Vernetzung von Bürgern, *local autorities* und dem schottischen Parlament und nimmt damit eher die Output-Legitimation[300] in den Fokus. Daneben ist jedoch seit dem Unabhängigkeitsreferendum im Jahr 2014 ein neues Bürgerbewusstsein in Schottland erwacht, das auch den Gedanken der Volkssouveränität und das Bedürfnis nach Mitbestimmung verstärkt in das Bewusstsein der Bürger gerückt hat. In diesen Zusammenhang gehört das Streben nach einem *empowerment* der Gemeinden und einer Verbesserung der lokalen demokratischen Strukturen.[301]

---

[300] Dazu *Sommermann*, in: Bauer/Huber/Sommermann, Demokratie in Europa, 191 (202).

[301] *Commission on Strengthening Local Democracy*, Final Report (2014), S. 8ff.

Der *Community Empowerment (Scotland) Act 2015* selbst erwähnt als Ziel lediglich die Stärkung der Gemeinden, nicht die der lokalen Demokratie.[302] In der dargestellten Gesamtschau ist die Output-Orientierung der einzelnen Normen, die eine vermehrte Bürgerbeteiligung mit neuen Pflichten für die öffentlichen Stellen vorsieht, jedoch unweigerlich auch auf die Stärkung der Verbindung von Bürgern und Verwaltung und somit eine erhöhte Responsivität und letztlich auch Legitimität von politischen Entscheidungen, verstanden als Steigerung gesellschaftlicher Akzeptanz, gerichtet. Demnach dürfte das neue Gesetz mit seinen Beteiligungsinstrumenten zumindest indirekt als eine Art erster Antwort auf das lokale Demokratiedefizit in Form zu weniger Einflussmöglichkeiten der Bürger auf ihre Politik vor Ort[303] einzuordnen sein. Eine weitere Verbesserung der kommunalen Verwaltungsstrukturen soll der geplante *Local Democracy Act* vornehmen.[304]

Allerdings hat auch durch die Einführung des *Community Empowerment (Scotland) Act 2015* bisher keine Übertragung von Hoheitsgewalt auf die *communities* oder Bürger stattgefunden. Gerade direktdemokratische Prozesse im Sinne eines rechtlich vorgesehenen Letztentscheidungsrechts des Volkes bezüglich bestimmter Gegenstände der Legislative oder der Exekutive lassen sich in Schottland, wie auch im Rest des Vereinigten Königreichs, nicht finden. Es handelt sich daher bei den neuen Beteiligungsinstrumenten nicht um demokratische Entwicklungen, die die Verwaltungsstrukturen grundsätzlich verändern, sondern eher um politische Hilfs- und Ergänzungsmittel.[305] Die bestehenden Institutionen müssen sich für das schottische *participatory budgeting*, die *participation requests* und das *participation in public decision-making* nicht grundlegend ändern sondern können jeweils als ein politisches Werkzeug eingesetzt werden, das zumindest strukturell gesehen einen eher geringen Einfluss auf das demokratische System insgesamt hat.[306]

Auf der anderen Seite zeigen diese neuen, wenn auch aufgrund ihrer meist fehlenden rechtlichen Durchsetzbarkeit eher sanften Beteiligungsinstrumente, dass das schottische Parlament und seine Regierung neuen Beteiligungsformaten offen gegenübersteht und diese durch Gesetz und empiri-

---

[302] Vgl. Community Empowerment (Scotland) Act 2015, Explanatory Notes (Kapitel 2, Fn. 39).

[303] *Cooper/Smith*, JoPD Vol. 8 (2012): Iss. 1, Article 3, S. 1 f.

[304] *Scottish Government*, Programme for Scotland 2017–18, S. 109.

[305] *Harkins/Escobar*, PB in Scotland: an overview of strategic design choices, S. 13.

[306] Vgl. *Harkins/Escobar*, PB in Scotland: an overview of strategic design choices, S. 20 f.

sche Begleitung wie beispielsweise den *Local Governance Review*[307] fördern will. Dieser untersucht, inwieweit Bürgern und Gemeinden mehr Kompetenzen zur Stärkung der lokalen Demokratie übertragen werden könnte.[308] Den Bürgern wird nun insgesamt eine deutlich stärkere Position im Rahmen der politischen Mitwirkung eingeräumt, indem die Exekutive gezwungen wird, sich gegenüber den Bürgern zu öffnen, deren Bedürfnisse vermehrt in die Planung von Vorhaben miteinzubeziehen und sich so vom Verständnis der *top down*-Verwaltung zu lösen. Im Ergebnis hat Schottland durch den *Community Empowerment (Scotland) Act 2015* sowie durch die vermehrte Nutzung des *participatory budgeting* einen deutlichen Schritt von der vormaligen alleinigen Möglichkeit der reinen Konsultation und Deliberation hin zur Kooperation und Partizipation von Bürgern und Gemeinden gemacht und somit sogar nachweislich zu einer politischen Öffnung der Regierung beigetragen.[309]

II. Instrumente der Bürgerbeteiligung in Hamburg

Das Bundesland Freie und Hansestadt Hamburg ist ein flächenmäßig begrenzter und damit eher übersichtlicher Stadtstaat, in dem sich seine Bürger leicht vernetzen können.[310] Es gibt sowohl auf Landes- als auch auf der darunter liegenden Bezirksebene Instrumente, die die Bürger dazu nutzen können, ihren Belangen Gehör zu verschaffen und sie gegebenenfalls durchzusetzen.

Dies war jedoch nicht immer so. Bis zur Verfassungsreform im Jahr 1996 war Hamburgs Demokratie rein repräsentativ ausgestaltet,[311] die Entfaltung der verschiedensten Bürgerbeteiligungsinstrumente begann erst ab diesem Zeitpunkt. Demnach ist es auch hier von Interesse, nach den Gründen für die Entwicklung zu suchen und zu klären, ob dies als Antwort auf ein eventuelles Demokratiedefizit geschah[312] oder ob der Entwicklung andere Ursachen zugrunde lagen.

---

307 *Bland/Cullingworth*, Local Governance Review (2019).

308 *Scottish Government/COSLA*, Local Governance Review – Engagement Phase (2018); *Bland/Cullingworth*, Local Governance Review (2019), S. 4, 35 ff.

309 *Open Government Partnership*, Scotland, Participatory Budgeting (2016); *Open Government Partnership*, Scotland, Increasing participation (2016).

310 *Solar*, in: Münch/Hornig/Kranenpohl, 53 (66 f.); *von Arnauld*, in: Dressel/Fuchs/Warmke, Direkte Demokratie in Hamburg, 14 (24).

311 *Karpen*, in: Hoffman-Riem/Koch, Hamburgisches Staats- und Verwaltungsrecht, 25 (35).

312 *Cooper/Smith*, JoPD Vol. 8 (2012): Iss. 1, Article 3, S. 1 f.

Gerade die Entwicklung der direkten Demokratie in Hamburg am Ende der 1990er Jahre, die bis dahin gesetzlich nicht verankert war, könnte als fortschreitende Umsetzung des demokratischen Grundsatzes der Volkssouveränität zu verstehen sein, den sowohl das Grundgesetz in Art. 20 Abs. 2 S. 1 GG als auch die Verfassung der FHH in Art. 3 Abs. 2 S. 1 HV vorgibt. In der Folge sollten die bis dahin fast ausschließlich repräsentativen Strukturen um neue Beteiligungsinstrumente ergänzt werden.[313] Nach Art. 28 Abs. 1 S. 2 GG steht es den Bundesländern frei, ob sie direktdemokratische Instrumente in ihren Landesverfassungen vorsehen wollen, sodass es vielfältige Variationen[314] und somit auch Gründe geben dürfte, weshalb sie eingeführt wurden. Einige Bundesländer haben bereits seit der zweiten Hälfte der 1940er Jahren Instrumente der direkten Demokratie in ihren Verfassungen verankert (so zum Beispiel Bayern und Bremen)[315], wohingegen die Mehrzahl der übrigen Bundesländer erst nach dem durch den Druck der Bevölkerung angeschobenen demokratischen Umbruch der DDR und der sich daran anschließenden Wiedervereinigung in den 1990er Jahren begannen, direktdemokratische Instrumente einzuführen oder zu reformieren.[316]

In Hamburg empfahl bereits im Jahr 1992 die Enquete-Kommission der Hamburgischen Bürgerschaft, einen Art. 49a HV zu schaffen, um Volksinitiative, Volksbegehren und Volksentscheid einzuführen. Hiermit wollte man unter anderem Legitimationslücken im politischen Willensbildungsprozess schließen. Den Bürgern sollte das Recht gegeben werden, in Bereichen, die sie beträfen, eigene politische Entscheidungen zu treffen mit dem Ziel, so das Gefühl der politischen Ohnmacht abzubauen.[317] Ein ähnliches Vorhaben war bereits im Jahre 1974 gescheitert, als die Koalitionsvereinbarung der Regierung von SPD und FDP die Einführung eines Volksbegehrens in Hamburg als Möglichkeit vorsah.[318] Der Vorschlag der Kommission hatte jedoch nach über dreijähriger Beratung im Verfassungsausschuss im Mai 1996 Erfolg, als das verfassungsändernde Gesetz, das den neuen Art. 50 HV einführte, mehrheitlich von der Bürgerschaft beschlossen wurde.[319] Damit war Hamburg das letzte Bundesland, das, nachdem Plebiszitäres lange

---

[313] *Röcke*, Framing Citizen Participation, S. 76; *Dressel*, in: Schiller/Mittendorf, Direkte Demokratie, 231 (231).

[314] *Martini*, DÖV 2015, 981 (983).

[315] *Mehr Demokratie e. V.*, Volksbegehrensbericht 2017, S. 14.

[316] Vgl. dazu *Kersting*, in: Lembcke/Ritzi/Schaal, Zeitgenössische Demokratietheorie, 307 (318); *Magin/Eder*, in: Freitag/Wagschal, Direkte Demokratie, 151 (154 ff.); *van Ophuysen*, UBWV 2014, Teil 2, 337 (337).

[317] Bü-Drucks. 14/2600 vom 20.10.1992, S. 218 f., S. 227.

[318] *Fraude*, in: Kost, Direkte Demokratie in den deutschen Ländern, 113 (115).

[319] *Karpen/Bösling*, in: Bull, Fünf Jahre direkte Bürgerbeteiligung in Hamburg, 68

Zeit als „unhamburgisch“[320] angesehen wurde, die Volksgesetzgebung in dieser Zeit des politischen Umbruchs einführte.[321]

Neben der Empfehlung der Kommission, die Volksgesetzgebung in die Verfassung der FHH aufzunehmen, hatte sie sich auch für die Schaffung direktdemokratischer Elemente auf der Bezirksebene ausgesprochen. Dies sollte jedoch nur in einem Zuge mit der Stärkung der Kompetenzen der Bezirke geschehen.[322] In diesem Zusammenhang gab es bereits seit den 1980er Jahren Bestrebungen, Bürgerbegehren im Bezirksverwaltungsgesetz einzuführen. Sie scheiterten jedoch im Jahre 1987 an einer mehrheitlichen Ablehnung in der Bürgerschaft. Auch der Vorstoß der Enquete-Kommission blieb ohne Erfolg, sodass im Juni 1997 in der Bürgerschaft zwar ein reformiertes Bezirksverwaltungsgesetz beschlossen wurde, das jedoch keine direkte Demokratie vorsah.[323]

Daraufhin nutzte im Jahr 1997 der neu gegründete Verein „Mehr Demokratie e.V.“ die 1996 eingeführte Volksgesetzgebung dazu, Bürgerbegehren und Bürgerentscheid in den Hamburger Bezirken einzuführen.[324] Im August 1997 kam die Volksinitiative mit etwa 30.000 Unterschriften zustande, wofür nach Art. 50 Abs. 1 S. 2 HV a. F.[325] 20.000 Stimmen ausreichend waren. Das im März 1998 folgende Volksbegehren erlangte 18,1 % Zustimmung der Abstimmungsberechtigten, was das in Art. 50 Abs. 2 S. 2 HV a. F. aufgestellte Quorum von 10 % der Wahlberechtigten deutlich überstieg.[326] Der darauf folgende Volksentscheid, der in Verbindung mit der Bundestagswahl am 27. September 1998 stattfand, wurde von 74 % aller Abstimmenden beziehungsweise 44,8 % der Stimmberechtigten in Hamburg unterstützt und war somit erfolgreich.[327] Das hamburgische Volk gab den Bürgern der Bezirke und damit sich selbst mit dem „Gesetz zur Einführung von Bürger-

(70 ff.); Fünftes Gesetz zur Änderung der Verfassung der Freien und Hansestadt Hamburg vom 29.05.1996 (GVBl., S. 77).

320 *Karpen*, in: Hoffmann-Riem/Koch, Hamburgisches Staats- und Verwaltungsrecht, 25 (44).

321 *Efler*, in: Bull, Fünf Jahre direkte Bürgerbeteiligung in Hamburg, 77 (77); *Mehr Demokratie e. V.*, Volksbegehrensbericht 2017, S. 14.

322 Bü-Drucks. 14/2600 vom 20.10.1992, S. 226.

323 *Dressel*, Bürgerbegehren und Bürgerentscheid in den Hamburger Bezirken, S. 31.

324 *Solar*, in: Münch/Hornig/Kranenpohl, 53 (58).

325 Verfassung der Freien und Hansestadt Hamburg vom 06.06.1952 (HmbBl. I 100-a), i. d. F. des Gesetzes vom 29.05.1996 (GVBl. S. 77).

326 *Dressel*, Bürgerbegehren und Bürgerentscheid in den Hamburger Bezirken, S. 34.

327 *Fraude*, in: Kost, Direkte Demokratie in den deutschen Ländern, 113 (117 f.); *Dressel*, Bürgerbegehren und Bürgerentscheid in den hamburger Bezirken, S. 34.

begehren und Bürgerentscheid“[328] in Gestalt des § 8a BezVG a. F. das Recht, Bürgerbegehren und Bürgerentscheide herbeizuführen.[329]

Nachdem zunächst die Politik „von oben“ herab den Bürgern ein neues Instrument zur Beteiligung an beziehungsweise Entscheidung von politischen Fragen auf Landesebene gegeben hatte, nutzten die Hamburger, unterstützt vom Verein „Mehr Demokratie e.V.“, dies, um sich nach den gescheiterten Versuchen der Politik letztlich „von unten“ selbst noch ein weiteres Instrument auf der lokaleren Ebene der Bezirke zu geben. Doch hier endete die Entwicklung der Beteiligungsmethoden nicht. Über die folgenden Jahre wurde insbesondere der Art. 50 HV um weitere Instrumente, namentlich das fakultative Referendum[330] und das Bürgerschaftsreferendum[331] ergänzt. Die Hamburger haben in der Folgezeit regen Gebrauch von den ihnen Ende der 1990er gegebenen direktdemokratischen Möglichkeiten gemacht und dabei ein gewisses Selbstvertrauen erlangt. So konnte sich mit der Zeit eine Verhandlungskultur zwischen den ersten Stufen der direkten Demokratie und der Politik entwickeln.[332]

Die Bedeutung der Bürgerbeteiligung findet zudem im Koalitionsvertrag zwischen SPD und Bündnis 90/Die Grünen der 21. Legislaturperiode der Hamburgischen Bürgerschaft Ausdruck, wo es unter anderem heißt:

„Hamburg ist jetzt schon Vorreiter in Sachen guter Bürgerbeteiligung – das wollen wir bleiben! Mit dem gesetzlich verankerten Bürgerbegehren und Volksentscheiden sowie dem Transparenzgesetz sind bereits wichtige Meilensteine erreicht worden. Diesen Weg wird der Senat weitergehen. Wir werden die Erfahrungen mit diesen Instrumenten kontinuierlich auswerten und mit weiteren Möglichkeiten eine lebendige Beteiligungskultur in Hamburg etablieren und in den Dialog mit den Bürgerinnen und Bürgern treten. Für den Senat erfordert gutes Regieren eine gute Beteiligung.“[333]

---

[328] Gesetz zur Einführung von Bürgerbegehren und Bürgerentscheid vom 06.10.1998 (HmbGVBl., S. 207).

[329] *Dressel*, in: Schiller/Mittendorf, Direkte Demokratie, 231 (232).

[330] Elftes Gesetz zur Änderung der Verfassung der Freien und Hansestadt Hamburg vom 16.12.2008 (HmbGVBl. S. 431 f.).

[331] Sechzehntes Gesetz zur Änderung der Verfassung der Freien und Hanstedtadt Hamburg vom 01.06.2015 (HmbGVBl. vom 02.06.2015, S. 102).

[332] Vgl. bzgl. Volksinitiativen: „Hamburg für gute Integration“, Bü-Drucks. 21/5231 vom 12.07.2016; „Guter Ganztag“ Bü-Drucks. 21/4866 vom 14.06.16; „Gute Inklusion“ Bü-Drucks. 21/11428 vom 19.12.17; vgl. bzgl. Bürgerbegehren: *Mehr Demokratie e.V.*, Noch viel Luft nach oben, Anhang 2, S. 55 ff.

[333] Koalitionsvertrag SPD/Bündnis 90/Die Grünen, Bürgerschaft 21. Legislaturperiode, S. 107 f.

Die Entwicklung der formellen direkten Demokratie in Hamburg und das damit wachsende Selbstverständnis der Bürger, bei politischen Entscheidungen mitreden zu können, begünstigte auch die Entwicklung weiterer Beteiligungsmechanismen. In diesem Zusammenhang soll die nachfolgende Untersuchung eine umfassende Darstellung und Systematisierung der existierenden Instrumente vornehmen.

1. Direktdemokratische Instrumente

Zunächst werden die eingangs skizzierten Instrumente der direkten Demokratie in Hamburg dargestellt, die die Hamburger Rechtsordnung ihren Bürgern zur Verfügung stellt, um politische Sachentscheidungen selbst zu treffen. Hierbei weisen die Instrumente insbesondere hinsichtlich der Hintergründe ihrer Entwicklung und ihrer Funktionen Unterschiede auf.

a) Volksgesetzgebung, Art. 50 HV

Volksabstimmungen waren bereits im Jahr 1921 in der Hamburgischen Verfassung verankert, wobei man sich zu dieser Zeit am Vorbild der Weimarer Reichsverfassung orientierte. Die Machtübernahme der NSDAP im März 1933 beendete die junge Demokratie zunächst. Erst 1952 wurde eine neue Verfassung der Freien und Hansestadt Hamburg[334] verabschiedet, die jedoch Volksbegehren und Volksentscheid nicht vorsah.[335] Dies lag am Wunsch der Politik, zunächst repräsentativ-demokratische Strukturen zu festigen, und der Sorge, dass dieses Vorhaben durch eine Ermächtigung der Bürger in Form von Volksentscheiden beeinträchtigt werden könnte. Aus diesen Gründen sah das Grundgesetz der Bundesrepublik Deutschland die Volksgesetzgebung nicht vor. Die danach erlassenen Verfassungen der einzelnen Bundesländer orientierten sich daran. Auch die Hamburger Verfassung zählte dazu.[336] Wie dargestellt änderte sich die Rechtslage in Hamburg erst im Jahre 1996 mit der Einführung der Volksgesetzgebung in Art. 50 HV.

Dies geschah auf Empfehlung der Enquete-Kommission zur „Parlamentsreform“, welche nach dem an der öffentlichen Kritik gescheiterten „Diäten-Gesetz“ im Jahr 1992 von der Bürgerschaft eingerichtet worden war, um als

---

334 Verfassung der Freien und Hansestadt Hamburg, i. d. F. der Bekanntmachung vom 06.06.1952 (HmbBl. I 100-a).

335 Vgl. *Fraude*, in: Kost, Direkte Demokratie in den deutschen Ländern, 113 (114 f.); *Karpen*, in: Hoffmann-Riem/Koch, Hamburgisches Staats- und Verwaltungsrecht, 25 (44); *Schuler-Harms*, in: Hoffmann-Riem/Koch, Landesrecht Hamburg, 19 (20).

336 *Jung*, in: Glaeßner/Reutter/Jeffery, Verfassungspolitik und Verfassungswandel, 143 (147); Bü-Drucks. 14/2600 vom 20.10.1992, S. 218 ff.

neutrales Gremium mit hohem Sachverstand Erneuerungsvorschläge für das Hamburgische Parlament zu erarbeiten und veraltete systematische Besonderheiten des Stadtstaates zu überholen.[337] Die Enquete-Kommission schlug in ihrem Bericht unter anderem vor, Volksbegehren und Volksentscheide auch in Hamburg einzuführen, nachdem sie zu diesem Zeitpunkt bereits in acht alten und drei der damals neuen Bundesländer möglich waren. Ausschlaggebend war für die Kommission, dass durch die Volksgesetzgebung Legitimationslücken geschlossen und den Bürgern ein Instrument gegeben würde, mit dem sie selbst politische Entscheidungen treffen und so eine wichtige Korrektivfunktion ausüben könnten. Die vormals bestehende Sorge, dass dies das repräsentative System schwächen könne, sah die Kommission als nicht mehr zeitgemäß an. Zum einen gehe es bei der vorgeschlagenen Volksgesetzgebung in den Ländern meist um einzelfallbezogene kommunale Fragen „vor Ort", die die abstimmungsberechtigten Bürger unmittelbar beträfen, und nicht um komplexe Bundesgesetzgebung. Zum anderen hätte die langjährige Praxis in den anderen Bundesländern keine Missbräuche oder strukturverändernden Einwirkungen auf das repräsentative System gezeigt.[338] Somit wurde die Volksgesetzgebung als überfällige Ergänzung der Repräsentation gesehen und schließlich, nachdem drei Jahre lang in Ausschuss und Bürgerschaft über Details wie die Höhe von Quoren und den Inhalt des Ausschlusskatalogs diskutiert worden war, auch eingeführt.[339]

Die Voraussetzungen der Volksgesetzgebung in Hamburg wurden seit ihrem Erlass vielfach verändert und insbesondere das ursprünglich vorgesehene Quorum für Volksinitiativen von 20.000 auf 10.000 Unterschriften gesenkt.[340] Dabei ist das Volksgesetzgebungsverfahren in Hamburg nur grob in Art. 50 HV geregelt und findet seine ausführliche Ausgestaltung im „Hamburgische[n] Gesetz über Volksinitiative, Volksbegehren und Volksentscheid"[341] und der dazu ergangenen Durchführungsverordnung[342].

---

[337] Bü-Drucks. 14/2600 vom 20.10.1992, S. 7 ff.

[338] Bü-Drucks. 14/2600 vom 20.10.1992, S. 218 ff.

[339] *Karpen/Bösling*, in: Bull, Fünf Jahre direkte Bürgerbeteiligung in Hamburg, 68 (70 ff.).

[340] Achtes Gesetz zur Änderung der Verfassung der Freien und Hansestadt Hamburg vom 16.05.2001 (HmbGVBl., S. 105).

[341] Hamburgisches Gesetz über Volksinitiative, Volksbegehren und Volksentscheid (Volksabstimmungsgesetz – VAbstG) vom 20.06.1996, geändert durch Gesetz vom 02.05. 2020 (HmbGVBl. S. 255).

[342] Verordnung zur Durchführung des Volksabstimmungsgesetzes (Volksabstimmungsverordnung – VAbstVO) vom 19.07.2005, geändert durch Verordnung vom 07.07. 2015 (HmbGVBl., S. 161).

Art. 50 Abs. 1 Satz 1 HV sieht vor, dass das Volk, im Rahmen der Kompetenzen der Bürgerschaft, ein bestimmtes Gesetz erlassen, verändern, aufheben oder die Befassung mit einem bestimmten Gegenstand politischer Willensbildung (sogenannte andere Vorlage) beantragen kann.[343] Ausgenommen davon sind gemäß Art. 50 Abs. 1 Satz 2 HV unter anderem Haushaltspläne, Abgaben und Tarife öffentlicher Unternehmen.

Nachdem eine Volksinitiative nach § 3 Abs. 1 VAbstG beim Senat angezeigt wurde, haben die Initiatoren gemäß § 5 Abs. 1 Satz 1 VAbstG sechs Monate Zeit, die nach Art. 50 Abs. 1 Satz 3 HV erforderlichen 10.000 Unterschriften zu sammeln und einzureichen. Ist die Volksinitiative zustande gekommen, wird nach Art. 50 Abs. 2 Satz 3 HV den Initiatoren die Gelegenheit gegeben, ihr Anliegen in einem Ausschuss zu erläutern, um eventuell schon auf diesem Wege eine Einigung zu finden und so einen Volksentscheid zu vermeiden.[344] Übernimmt die Bürgerschaft daraufhin gemäß Art. 50 Abs. 2 Satz 4 HV das von der Initiative vorgelegte Gesetz oder die andere Vorlage nicht vollständig innerhalb von vier Monaten, kann die nächste Stufe des Volksbegehrens beantragt werden. Zu beachten ist, dass die Initiative selbst nur eine notwendige Vorstufe zur direkten Demokratie darstellt, die aufzeigt, ob der vorgelegte Gegenstand genügend Resonanz in der Bevölkerung findet, woraufhin sich die Bürgerschaft mit dieser Sachfrage auseinandersetzen muss.[345] Aber erst das Volksbegehren gibt dem Volk ein Gesetzesinitiativrecht und somit eine echte Mitwirkungsmöglichkeit an der Staatstätigkeit.[346] Vorher gibt Art. 50 Abs. 2 Satz 5 HV, § 6 Abs. 1 Satz 3 und Satz 4 VAbstG den Initiatoren das Recht, ihre Initiativvorlage noch einmal zu überarbeiten, wobei Grundcharakter, Zulässigkeit und Zielsetzung des Anliegens nicht verändert werden dürfen.

Hat die Bürgerschaft das von der Volksinitiative vorgebrachte Anliegen nicht umgesetzt und haben die Initiatoren ihre Vorlage nicht gemäß § 8 Abs. 1 VAbstG zurückgenommen, führt der Senat vier Monate nach Antragstellung ein Volksbegehren gemäß Art. 50 Abs. 2 Satz 6 HV durch. Das Begehren kommt nach Art. 50 Abs. 2 Satz 8 HV, § 16 Abs. 1 Satz 1 VAbstG und § 6 Abs. 2 Satz 2 VAbstG zustande, wenn es in einem Zeitraum von drei Wochen von mindestens einem Zwanzigstel der Wahlberechtigten unterstützt wird. Sodann gibt es gemäß Art. 50 Abs. 3 Satz 2 und Satz 3 HV für die

---

343 *Thieme*, HV Kommentar, Art. 50 S. 151.

344 Beschlussempfehlung betreffend elftes Gesetz zur Änderung der Verfassung der Freien und Hansestadt Hamburg der Fraktionen CDU und GAL, Bü-Drucks. 19/1476 vom 14.01.2008, S. 3.

345 Bü-Drucks. 14/2600 vom 20.10.1992, S. 223.

346 *van Ophuysen*, UBWV 2014, Teil 1, 289 (291, 299).

Volksinitiatoren wieder die Möglichkeit, ihr Anliegen in einem Ausschuss zu erläutern. Die Bürgerschaft kann den Initiativgegenstand dann innerhalb von vier Monaten übernehmen. Geschieht dies nicht, kann nach Art. 50 Abs. 3 Satz 3 HV, § 18 Abs. 1 VAbstG innerhalb eines Monats die Durchführung eines Volksentscheids beim Senat beantragt werden. Wiederum haben die Initiatoren ein Überarbeitungsrecht, Art. 50 Abs. 3 Satz 4 HV und die Möglichkeit der Rücknahme des Begehrens, § 19a VAbstG.

Das für einen daraufhin stattfindenden Volksentscheid erforderliche Quorum hängt vom Abstimmungstag ab. Findet der Volksentscheid am Tag der nächsten Wahl zur Bürgerschaft oder zum Deutschen Bundestag statt, Art. 50 Abs. 3 Satz 7 HV, § 18 Abs. 2 VAbstG, ist er nach Art. 50 Abs. 3 Satz 10 HV erfolgreich, wenn der Gesetzentwurf oder die andere Vorlage die Mehrheit der abgegebenen gültigen Stimmen erhalten hat und auf diese Vorlage mindestens die Zahl von Stimmen entfällt, die der Mehrheit der im gleichzeitig gewählten Parlament repräsentierten Hamburger Stimmen entspricht. Fällt der Volksentscheid auf einen anderen Tag, ist neben der Mehrheit der Abstimmenden als Quorum ein Fünftel der Wahlberechtigten vorgesehen, Art. 50 Abs. 3 S. 13 HV. Verfassungsänderungen bedürfen zwei Dritteln der abgegebenen Stimmen, Art. 50 Abs. 3 Satz 11 HV, § 23 Abs. 1 Satz 2 VAbstG. Ein erfolgreich durch Volksentscheid beschlossenes Gesetz ist gemäß § 23a VAbstG innerhalb eines Monats nach Feststellung des Abstimmungsergebnisses durch den Senat auszufertigen und im Hamburgischen Gesetz- und Verordnungsblatt zu verkünden. Die andere Vorlage bindet nach Art. 50 Abs. 4a) HV Bürgerschaft und Senat, wobei die Bindungswirkung durch Bürgerschaftsbeschluss wieder beseitigt werden kann.

Mit diesen Regelungen zur Volksgesetzgebung auf Hamburger Landesebene haben die Bürger echte Staatsgewalt übertragen bekommen und somit ein Instrument der direkten Demokratie im hier vertretenen Sinne erhalten. Sie können durch das Volksbegehren eine Gesetzesinitiative starten, diese selbst durch Volksentscheid beschließen und somit, wie dies auch Art. 48 Abs. 2 HV explizit formuliert, als Gesetzgeber neben dem Parlament fungieren. Das originäre Ziel der Volksgesetzgebung ist es dabei trotz der zum lösungsorientierten Austausch vorgesehenen Anhörungsoptionen in Art. 50 Abs. 2 Satz 3 und Abs. 3 Satz 2 HV[347] nicht, die Bürger mit der Politik näher zu verbinden. Das Volk hat vielmehr als Organ die Kompetenz verliehen bekommen, einseitig Sachentscheidungen zu treffen. Hierdurch wurde eine

[347] Beschlussempfehlung betreffend elftes Gesetz zur Änderung der Verfassung der Freien und Hansestadt Hamburg der Fraktionen CDU und GAL, Bü-Drucks. 19/1476 vom 14.01.2008, S. 3 f.

Lücke im demokratischen System der Freien und Hansestadt Hamburg geschlossen, indem die direkte Demokratie in Ergänzung der Repräsentation eingeführt wurde. Wie von der Enquete-Kommission angeregt, erfüllt sie eine wichtige Kontroll- und Korrektivfunktion gegenüber der Politik, indem die Bürger sich rechtsverbindlich gegen Vorhaben der Repräsentanten wehren können, wenn sie damit unzufrieden sind.[348] Ein Beispiel hierfür ist der erfolgreiche Volksentscheid „Unser Hamburg – Unser Netz" aus dem Jahr 2013, mit dem die Hamburger den Rückkauf des Fernwärmesystems beschlossen.[349]

Darüber hinaus ließe das Grundgesetz weitere Formen oder Varianten direkter Demokratie zu, da sie mäßigend auf den repräsentativ ausgestalteten Staatsapparat wirken und sich durch die Teilung von Macht gut in die Gewaltenverschränkung des Grundgesetzes einfügen. Begrenzt werden die recht weiten Spielräume lediglich dadurch, dass der repräsentative Charakter der Demokratie nach Art. 20 Abs. 2 Satz 2 GG erhalten bleiben muss.[350] Auch wenn es mittlerweile in allen 16 Bundesländern die Möglichkeiten des Volksentscheids gibt, variieren aufgrund der vom Grundgesetz gegebenen Regelungsfreiräume die Voraussetzungen stark. Art. 74 der Bayerischen Verfassung[351] sieht beispielsweise nur die Schaffung von Gesetzen und keine andere Vorlage vor, es gibt keine Volksinitiative, für ein erfolgreiches Bürgerbegehren reicht die Unterstützung von 10 % der stimmberechtigten Staatsbürger aus und es gibt kein Quorum für den Volksentscheid über einfache Gesetze. Die Art. 61–63 der Berliner Verfassung[352] regeln dagegen, dass eine Initiative bezüglich eines Gesetzes oder eines Gegenstandes der politischen Willensbildung 20.000 Unterstützer benötigt, ein Volksbegehren mit der Unterstützung von 7 % der wahlberechtigten Berliner und ein Volksentscheid mit 25 % der Wahlberechtigen zustande kommt. Hamburg sticht hier mit der Besonderheit hervor, dass es das Quorum des Volksentscheides grundsätzlich nicht, wie die anderen Bundesländer, an der Zahl der allgemein Wahlberechtigten orientiert, sondern an der Zahl der tatsächlichen Wähler zur letzten Bürgerschaftswahl.[353]

---

348 Bü-Drucks. 14/2600 vom 20.10.1992, S. 219.

349 Bü-Drucks. 21/14636 vom 16.10.2018.

350 Vgl. dazu *Böckenförde*, in: Isensee/Kirchhof, Handbuch des Staatsrechts Bd. III, 31 (37 ff.); Maunz/Dürig/*Grzesick*, Kommentar zum GG, Bd. 3, Art. 20 II Rn. 115.

351 Verfassung des Freistaates Bayern i. d. F. der Bekanntmachung vom 15.12.1998 (GVBl. S. 991, 992, BayRS 100-1-I), zuletzt geändert durch Gesetze vom 11.11.2013 (GVBl. S. 638, 639, 640, 641, 642).

352 Verfassung von Berlin vom 23.11.1995 (GVBl. S. 779, Gliederungs-Nr. 100-1), zuletzt geändert durch Gesetz vom 22.03.2016 (GVBl. S. 114).

353 *Solar*, in: Münch/Hornig/Kranenpohl, 53 (61).

Auch wird dieses direktdemokratische Instrument von den Bürgern der Bundesländer recht unterschiedlich genutzt. Die Hamburger haben von der Volksgesetzgebung regen Gebrauch gemacht, sodass von 1996 bis 2016 insgesamt 45 Volksinitiativen, 16 Volksbegehren und 7 Volksentscheide stattfanden.[354] Im bundesweiten Vergleich steht Hamburg damit auf Platz zwei hinter Bayern, das mit 51 Anträgen zu Volksbegehren, 20 Volksbegehren und 6 Volksentscheiden in der absoluten Betrachtung mehr Anträge zu bieten hat. Hier ist jedoch relativierend zu beachten, dass die Bayerische Verfassung die Volksgesetzgebung bereits seit 1946 kennt. Schlusslicht im Vergleich ist Rheinland-Pfalz, das seit 1947 nur fünf Volksinitiativen, ein Volksbegehren und keinen einzigen Volksentscheid durchführte.[355] Somit kann Hamburg, im Vergleich zu den anderen Bundesländern mit seinen eher moderaten Voraussetzungen zur Volksgesetzgebung[356] und dem hohen Gebrauch dieser Instrumente durch seine Bürger, zurecht als „Vorreiter"[357] in Sachen direkter Demokratie in Deutschland qualifiziert werden.

b) Fakultatives Referendum, Art. 50 Abs. 4 HV

Zusätzlich zur Volksgesetzgebung des Art. 50 HV wurde im Jahr 2008 das fakultative Referendum in Art. 50 Abs. 4 HV hinzugefügt.[358] Hintergrund der Einführung dieses neuen Instruments war ein Dialog zwischen den damaligen Regierungsfraktionen der Bürgerschaft CDU und GAL mit den Initiatoren der Volksinitiative „Für faire und verbindliche Volksentscheide – Mehr Demokratie" mit dem Ziel, durch eine Einigung die Fortführung des Volksgesetzgebungsverfahrens zu beenden.[359] Die Volksinitiative setzte sich für eine Stärkung der Volksgesetzgebung ein, unter anderem durch mehr Verbindlichkeit von Volksentscheiden und eine Verknüpfung des Wahltages für einen Volksentscheid mit der Wahl zur Hamburgischen Bürgerschaft oder zum Bundestag. Die verhandelnden Parteien erarbeiteten gemeinsam einen Gesetzesentwurf, der die Anliegen der Volksinitiative größtenteils übernahm und der sodann der Bürgerschaft zur Entscheidung vorgelegt

---

[354] *Mehr Demokratie e.V.*, Volksbegehrensbericht 2017, S. 14, 16.

[355] *Mehr Demokratie e.V.*, Volksbegehrensbericht 2017, S. 14.

[356] *Schiller*, in: Freitag/Wagschal, Direkte Demokratie, 115 (118 ff.).

[357] *von Arnauld*, in: Dressel/Fuchs/Warmke, Direkte Demokratie in Hamburg, 14 (14, 24).

[358] Elftes Gesetz zur Änderung der Verfassung der Freien und Hansestadt Hamburg vom 16.12.2008 (HmbGVBl. S. 431 f.).

[359] Beschlussempfehlung betreffend elftes Gesetz zur Änderung der Verfassung der Freien und Hansestadt Hamburg der Fraktionen CDU und GAL, Bü-Drucks. 19/1476 vom 14.01.2008, S. 3.

wurde. Dabei wurde insbesondere bei dem neuen Art. 50 Abs. 4 HV der Wortlaut der Initiativvorlage entsprechend übernommen.[360]

Dieser sieht vor, dass die Hamburgische Bürgerschaft ein Volksgesetz zwar ändern kann, ein solches Änderungsgesetz aber erst drei Monate nach seiner Verkündung in Kraft tritt, Art. 50 Abs. 4 Satz 1 HV. Während dieser Zeit kann gemäß Art. 50 Abs. 4 Satz 2 HV mit der Unterstützung von 2,5 % der Wahlberechtigten ein Volksentscheid über das Änderungsgesetz verlangt werden. Hiermit werden die von der Bürgerschaft angestrebten Änderungen zum Gegenstand eines Volksentscheides, für den die normalen Quorenregelungen gelten, Art. 50 Abs. 4 Satz 3 und Satz 4 HV.[361] Zu beachten ist dabei, dass dieses Vetorecht der Bürger nur für Änderungsgesetze gilt, die durch Volksentscheid angenommene Gesetze betreffen, nicht jedoch für gemäß Art. 50 Abs. 2 Satz 4 oder Abs. 3 Satz 3 HV durch die Bürgerschaft übernommene Vorlagen.[362] Ziel des fakultativen Referendums war dabei insbesondere, einen Mechanismus einzuführen, um den langwierigen Prozess der Volksgesetzgebung vor eventuell leichtfertiger Revision durch das Parlament zu schützen und Volksentscheiden eine wesentlich höhere Verbindlichkeit zu verleihen.[363]

Das Hamburger Volk hat durch die Nutzung dieses Instruments, in Verbindung mit der Einigungsbereitschaft der Politik, eine zusätzliche Kontrollbefugnis gegenüber der Bürgerschaft und somit eine weitere Möglichkeit erhalten, um Staatsgewalt auszuüben. Das sehr niedrig angesetzte Quorum von 2,5 % der Wahlberechtigten führt dabei zu einem besonders erhöhten Bestandsschutz für Volksgesetze und insgesamt zu einer stärkeren Stellung des Volkes gegenüber dem Parlament. Volksentscheide können nun nicht mehr ohne eine direkte Kontrollmöglichkeit des Volkes durch einen schlichten Parlamentsbeschluss verändert oder aufgehoben werden, womit das fakultative Referendum eine weitere direktdemokratische Ergänzung des repräsentativen Systems darstellt.

Bisher hat sich diese Regelung jedoch noch nicht ausgewirkt, da es seit ihrer Einführung noch zu keinem fakultativen Referendum in Hamburg

---

[360] Beschlussempfehlung betreffend elftes Gesetz zur Änderung der Verfassung der Freien und Hansestadt Hamburg der Fraktionen CDU und GAL, Bü-Drucks. 19/1476 vom 14.01.2008, S. 2f., 5.

[361] Beschlussempfehlung betreffend elftes Gesetz zur Änderung der Verfassung der Freien und Hansestadt Hamburg der Fraktionen CDU und GAL, Bü-Drucks. 19/1476 vom 14.01.2008, S. 5.

[362] *Pestalozza*, Das „fakultative Referendum“ (2016), S. 6.

[363] Vgl. *Pestalozza*, Das „fakultative Referendum“ (2016), S. 8; Beschlussempfehlung betreffend elftes Gesetz zur Änderung der Verfassung der Freien und Hansestadt Hamburg der Fraktionen CDU und GAL, Bü-Drucks. 19/1476 vom 14.01.2008, S. 3.

kam. In der beschriebenen Form existiert das fakultative Referendum dabei nur in Hamburg. In Bremen gibt es eine ähnliche Regelung für Ausnahmefälle in der Privatisierung, Art. 70 Abs. 2 Bremische Verfassung.[364] In anderen Bundesländern (Bayern[365] und Hessen[366]) muss dagegen ein obligatorisches Referendum durchgeführt werden, wenn es zu Verfassungsänderungen kommen soll.[367] Die Hamburger Verfassung kennt ein solches obligatorisches Referendum nicht. Der Versuch des Vereins „Mehr Demokratie e.V.“, ein solches per Volksentscheid einzuführen, wurde vom Hamburgischen Verfassungsgericht verhindert. Das Gericht führte dabei zur Begründung an, dass ein obligatorisches Referendum gegen die Grundentscheidung der Verfassung zur repräsentativen Demokratie verstieße. Es wäre demnach nicht zulässig, dass das Volk per Volksentscheid die Verfassung ändern könne, dem parlamentarischen Gesetzgeber diese Kompetenz aber nicht allein zukäme, ohne das Volk zu konsultieren. Dies würde das Parlament bezüglich der verfassungsändernden Kompetenzen im Vergleich zum Volk in eine schwächere Position bringen, die nicht verfassungsmäßig sei.[368] Diese Auslegung des demokratischen Repräsentationsprinzips zeigt die Individualität der deutschen Bundesländer, zumal andere Bundesländer das obligatorische Referendum, offensichtlich in der Annahme der Verfassungsmäßigkeit, in ihren Landesverfassungen verankert haben. Auch wenn das obligatorische Referendum in Hamburg bisher nicht eingeführt wurde, zeigt sich die Hansestadt mit ihrer im Bundesländervergleich einmaligen Regelung zum Bestandsschutz von Volksgesetzen als progressiv und bereit, Staatsgewalt zu teilen.

c) Bürgerschaftsreferendum, Art. 50 Abs. 4b) HV

Im Jahr 2015 wurde mit Art. 50 Abs. 4b) HV noch ein weiteres Instrument der direkten Demokratie in Hamburg eingeführt: Das Parlaments- bezie-

---

364 Landesverfassung der Freien Hansestadt Bremen vom 21.10.1947 (Brem.GBl. S. 251), geändert durch Gesetz vom 14.05.2019 (Brem.GBl. S. 365); *Mehr Demokratie e. V.*, Volksbegehrensbericht 2017, S. 7.

365 Art. 88 Abs. 3 BayLWG (Landeswahlgesetz [LWG]) i.d.F der Bekanntmachung vom 05.07.2002 (GVBl. S. 277, 620, BayRS 111-1-I), zuletzt geändert durch Gesetz vom 24.07.2019 (GVBl. S. 342).

366 Art. 123 Abs. 2 Hessische Verfassung (Verfassung des Landes Hessen vom 01.12. 1946 (GVBl. I S. 229, GVBl. 1947 S. 106, 1948 S. 68), zuletzt geändert durch Gesetz vom 12.12.2018 [GVBl. S. 752]).

367 *Mehr Demokratie e. V.*, Volksbegehrensbericht 2017, S. 7.

368 HVerfG, Urteil vom 13.10.2016 -2/16-, S. 50, abrufbar unter: http://justiz.hamburg.de/contentblob/7145688/2830636b25cc1aef0041f6a9977195bd/data/neuer-inhalt.pdf, Stand: 18.10.2020.

hungsweise Bürgerschaftsreferendum.[369] Betrieben wurde die Einführung dieses Instruments ausschließlich von der Hamburgischen Bürgerschaft, namentlich den Fraktionen von SPD, CDU und GRÜNEN. Auslöser für das politische Bedürfnis nach einem „von oben" her auslösbaren Volksentscheid war die Frage, ob Hamburg sich als Standort für die Olympischen und Paralympischen Spiele 2024/2028 bewerben sollte. Die Politik war sich einig, dass den Hamburgern diesbezüglich das letzte Wort zustehen müsse, sodass nach einer gesetzlichen Regelung für den Abstimmungsvorgang gesucht wurde.[370] Aufgrund der fehlenden Verbindlichkeit einer einfachgesetzlichen Volksbefragung einigten sich die Fraktionen sodann auf die Ergänzung der Volksgesetzgebung um das Bürgerschaftsreferendum.[371]

Nach dem neuen Art. 50 Abs. 4b) Satz 1 HV kann die Bürgerschaft nun auf Vorschlag des Senats oder mit dessen Zustimmung einen Gesetzentwurf oder eine andere Vorlage zum Volksentscheid stellen, wobei die Sache grundsätzliche und gesamtstädtische Bedeutung haben muss. Ein Beschluss in diesem Sinne muss gemäß Art. 50 Abs. 4b) Satz 2 HV mit einer Mehrheit von zwei Dritteln der gesetzlichen Mitgliederzahl der Bürgerschaft angenommen werden. Diese hohen Hürden sollen einem inflationären Gebrauch und politisch motivierten Manövern zwischen den Fraktionen vorbeugen. Nach Art. 50 Abs. 4b) Satz 4 HV beschließt die Bürgerschaft mit der gleichen Stimmzahl über den Termin des Referendums, der in Abgrenzung zu den vom Volk initiierten Volksentscheiden gerade auch an Nicht-Wahltagen stattfinden soll.[372] Das Ergebnis des Bürgerschaftsreferendums kann in der laufenden Legislaturperiode, mindestens aber in einem Zeitraum von drei Jahren nicht durch Volksentscheid geändert werden, Art. 50 Abs. 4b) Satz 9 HV. Zudem findet nach Art. 50 Abs. 4b) Satz 11 HV auch das fakultative Referendum auf den am Ende stehenden Volksentscheid Anwendung, sodass Parlament und Senat auch das Ergebnis eines Bürgerschaftsreferendums nicht einfach verändern können. Bisher wurde das Bürgerschaftsreferendum nur zur Entscheidung über die Frage genutzt, ob Hamburg sich für

[369] Sechzehntes Gesetz zur Änderung der Verfassung der Freien und Hansestadt Hamburg vom 01.06.2015 (HmbGVBl. Nr. 20 vom 02.06.2015, S. 102).

[370] Beschlussempfehlung betreffend 16. Gesetz zur Änderung der Verfassung der Freien und Hansestadt Hamburg der Fraktionen SPD, CDU und GRÜNE, Bü-Drucks. 21/417 vom 06.05.2015, S. 1.

[371] Beschlussempfehlung betreffend 16. Gesetz zur Änderung der Verfassung der Freien und Hansestadt Hamburg der Fraktionen SPD, CDU und GRÜNE, Bü-Drucks. 21/417 vom 06.05.2015, S. 2.

[372] Beschlussempfehlung betreffend 16. Gesetz zur Änderung der Verfassung der Freien und Hansestadt Hamburg der Fraktionen SPD, CDU und GRÜNE, Bü-Drucks. 21/417 vom 06.05.2015, S. 4.

die Ausrichtung der Olympischen Spiele bewerben sollte. Von den Hamburgern wurde dies bei einer Beteiligung von 50,2 % der Wahlberechtigten von 51,6 % der abstimmenden Wähler abgelehnt.[373]

Der Volksentscheid „von oben“ sollte lediglich als eine punktuelle Ergänzung des gut funktionierenden Volksgesetzgebungsverfahrens des Art. 50 HV hinzugefügt werden.[374] Hier hat sich vielmehr die Politik selbst ein neues Instrument gegeben, um umstrittene Sachfragen an das Volk delegieren zu können, damit dieses eine verbindliche Entscheidung trifft. Bei der Opposition entstand hieraus die Sorge, dass die Regierungsfraktionen das Bürgerschaftsreferendum missbrauchen könnten, um ihre Entscheidungen zusätzlich durch das Volk legitimieren zu lassen, was zu einer Missachtung des Oppositionsrechts auf politische Chancengleichheit aus Art. 24 HV führen könnte.[375] Dies dürfte aufgrund der recht hohen Hürden für die Initiierung eines solchen Referendums jedoch als unwahrscheinlich gelten.

Auch andere Bundesländer wie Baden-Württemberg, Bremen, Nordrhein-Westfalen und Sachsen kennen Parlaments- oder Regierungsreferenden, die „von oben“ her initiiert werden können. Diese sind jedoch für den Fall vorgesehen, dass eine Zweidrittel-Mehrheit für eine Verfassungsänderung nicht zustande kommt, die Mehrheit des jeweiligen Landtages die vorgeschlagene Änderung aber mit den Bürgern zusammen durchsetzen möchte. In diesem Fall kann das Volk als Schiedsrichter eingesetzt werden.[376] In Baden-Württemberg und Rheinland-Pfalz gibt es darüber hinaus ein „fakultativ-minoritäres Referendum“.[377] In Baden-Württemberg kann ein Drittel der Landtagabgeordneten eine Volksabstimmung zu einer vom Landtag abgelehnten Regierungsvorlage beantragen, Art. 60 Abs. 3 Baden-Württembergische Verfassung.[378] Dieses Instrument wurde beispielsweise für den Volksentscheid um Stuttgart 21 herangezogen.[379] In Rheinland-Pfalz kann ebenfalls ein Drittel der Landtagsabgeordneten eine Gesetzesverkündung aussetzen, damit das Volk einen Volksentscheid über das fragliche Gesetz

---

[373] Bü-Drucks. 21/10504 vom 27.09.2017, S. 1; *Behörde für Inneres und Sport Hamburg*, Olympia-Referendum, Endgültiges Ergebnis festgestellt.

[374] Beschlussempfehlung betreffend 16. Gesetz zur Änderung der Verfassung der Freien und Hansestadt Hamburg der Fraktionen SPD, CDU und GRÜNE, Bü-Drucks. 21/417 vom 06.05.2015, S. 1.

[375] Bü-Drucks. 21/10504 vom 27.09.2017, S. 1.

[376] *Mehr Demokratie e. V.*, Volksbegehrensbericht 2017, S. 8.

[377] *Mehr Demokratie e. V.*, Volksbegehrensbericht 2017, S. 8.

[378] Verfassung des Landes Baden-Württemberg vom 01.11.1953 (GBl. S. 173), geändert durch Gesetz vom 01.12.2015 (GBl. S. 1030, 1032).

[379] *Mehr Demokratie e. V.*, Volksbegehrensbericht 2017, S. 8.

beantragen kann, Art. 114 f. Rheinland-Pfälzische Verfassung.[380] Mit dem Bürgerschaftsreferendum in der beschriebenen Form kommt Hamburg im Vergleich zu den anderen Bundesländern ein Alleinstellungsmerkmal zu.

d) Bürgerbegehren in Hamburg, § 32 BezVG

Wie einleitend beschrieben, konnte sich die Hamburgische Bürgerschaft weder mit der 1996 durchgeführten Verfassungsreform noch mit der 1997 verabschiedeten Bezirksverwaltungsreform dazu durchringen, neben der Volksgesetzgebung auf Landesebene auch Bürgerbegehren und Bürgerentscheide für die Bezirksebene einzuführen. Dies übernahm das Hamburger Landesvolk mit dem ersten erfolgreichen Volksentscheid im Jahr 1998 selbst. Bis zu diesem Zeitpunkt hatte es seit Erlass der Hamburger Verfassung im Jahr 1952 für die Hamburger Bürger als Mitwirkungsinstrument auf Bezirksebene nur die Möglichkeit gegeben, alle vier Jahre die Bezirksversammlungen zu wählen.[381] Am 1. August 2006 wurde das alte Bezirksverwaltungsgesetz und mit ihm § 8a BezVG durch das neue Bezirksverwaltungsgesetz vom 6. Juli 2006 abgelöst.[382] Seitdem findet sich die Rechtsgrundlage für Bürgerbegehren und Bürgerentscheide in § 32 BezVG sowie in dem dazu ergangenen Bezirksabstimmungsdurchführungsgesetz[383]. Eine weitere Novellierung erfuhr das BezVG im Januar 2012.[384]

§ 32 Abs. 1 Satz 1 BezVG gibt den Wahlberechtigten der Hamburger Bezirke das Recht, in allen Angelegenheiten, die in die Zuständigkeit der Bezirksversammlungen fallen, ein Bürgerbegehren zu initiieren. Die Kompetenzen der Bezirksversammlung richten sich nach § 19 Abs. 2 Satz 2 BezVG, wonach sie für alle Angelegenheiten Beschlüsse fassen kann, für die auch das Bezirksamt zuständig ist. Dieses nimmt nach § 2 Satz 2 BezVG Aufgaben der Verwaltung wahr, denen keine übergeordnete Bedeutung zukommt. Diese Aufgaben werden nach § 2 Satz 4 BezVG vom Senat konkretisiert. Einen Ausschlusskatalog sieht § 32 Abs. 1 Satz 2 BezVG vor, der Bürgerbegehren für Personalentscheidungen und Beschlüsse über den Haushalt verbietet.

Nach § 32 Abs. 2 Satz 1 und Satz 2 BezVG ist das Begehren schriftlich von einer Initiative beim Bezirksamt anzuzeigen, wobei die Fragestellung nur

---

380 Verfassung für Rheinland-Pfalz vom 18.05.1947 (VOBl. 1947 S. 209), geändert durch Gesetz vom 08.05.2015 (GVBl. S. 35).

381 *Dressel*, in: Schiller/Mittendorf, Direkte Demokratie, 231 (231 f.).

382 Bezirksverwaltungsgesetz (BezVG) vom 06.07.2006 (HmbGVBl. S. 404).

383 Gesetz zur Durchführung von Bürgerbegehren und Bürgerentscheid in den Bezirken (BezAbstDurchfG) vom 27.01.2012 (HmbGVBl. S. 28).

384 Gesetz zur Änderung des Bezirksverwaltungsgesetzes vom 27.01.2012 (HmbGVBl. S. 28).

mit „Ja“ oder „Nein“ zu beantworten sein darf. Sodann gibt § 32 Abs. 3 BezVG den Initiatoren sechs Monate Zeit, Unterschriften von mindestens 3 % der wahlberechtigten Einwohner im Bezirk, beziehungsweise 2 %, wenn der Bezirk mehr als 300.000 Einwohner hat, für ein erfolgreiches Bürgerbegehren zu sammeln. Gemäß § 32 Abs. 3 Satz 3 BezVG trifft das Bezirksamt die Feststellung über das Zustandekommen des Begehrens und entscheidet nach § 32 Abs. 4 Satz 1 BezVG über dessen Zulässigkeit. Zudem sieht § 32 Abs. 5 BezVG eine Sperrwirkung vor, die bei einem zulässigen Bürgerbegehren eintritt, wenn ein Drittel der erforderlichen Unterschriften beim Bezirksamt eingereicht wird. Dies hat zur Folge, dass die Bezirksorgane keine dem Begehren entgegenstehenden Entscheidungen treffen oder vollziehen dürfen, bis das Zustandekommen des Bürgerbegehrens festgestellt wurde.

Nach dem Zustandekommen des Bürgerbegehrens muss gemäß § 32 Abs. 7 Satz 1 BezVG innerhalb von vier Monaten über den fraglichen Gegenstand ein Bürgerentscheid durchgeführt werden. Dies gilt nur dann nicht, wenn die Bezirksversammlung innerhalb von zwei Monaten dem Anliegen unverändert oder in einer Form zugestimmt hat, die von der Initiative gebilligt wird. Nach § 32 Abs. 7 Satz 2 hat die Initiative ein Überarbeitungs- und Rücknahmerecht für ihre Vorlage. Das Bezirksamt setzt nach § 32 Abs. 8 Satz 1 BezVG den Abstimmungstermin fest und macht ihn amtlich bekannt. Über den Erfolg des Bürgerentscheids entscheidet gemäß § 32 Abs. 9 Satz 2 BezVG „die Mehrheit der abgegebenen gültigen Stimmen“. Der Bürgerentscheid ist damit nicht an das Erreichen eines Quorums gebunden, was bedeutet, dass die Mehrheit der abgegebenen Stimmen absolut die Minderheit der Wahlberechtigten im Bezirk bedeuten kann.[385] Ein Bürgerentscheid hat nach § 32 Abs. 11 BezVG die Wirkung eines Beschlusses der Bezirksversammlung und darf innerhalb der nächsten zwei Jahre nicht im Wege von Bürgerbegehren und Bürgerentscheid, wohl aber durch Beschluss der Bezirksversammlung, geändert werden.

Die Besonderheit des Stadtstaats, dessen Verwaltung zentralistisch geprägt ist und dessen Bezirke daher im Gegensatz zu Kommunen der Flächenländer keine Selbstverwaltungskompetenzen im Sinne des Art. 28 Abs. 2 Satz 1 GG innehaben, zeigt sich zudem im Evokationsrecht des Senats.[386] Dieser hat gemäß § 42 Satz 2 BezVG die Befugnis, Angelegenheiten von den Bezirken abzuziehen und sie selbst zu erledigen. In der Ausübung dieses Rechts, das eng mit der Aufgabe des Senates nach Art. 33 Abs. 2 Satz 2 HV

[385] *Hättich*, Begriff und Formen der Demokratie, S. 31.

[386] Vgl. dazu *Bull*, in: Bull, Fünf Jahre direkte Bürgerbeteiligung in Hamburg, 16 (24 f.); *Mehr Demokratie e. V.*, Volksentscheidsranking 2016, S. 29.

verbunden ist, die Verwaltung zu führen und zu beaufsichtigen, ist der Senat im Rahmen seiner Kompetenzen unbeschränkt.[387] Somit unterliegt es lediglich dem Ermessen des Senats, ob er den Gegenstand eines Bürgerbegehrens, der immer im Zuständigkeitsbereich eines Bezirksamtes und somit einer Bezirksversammlung liegt und folglich vom Evokationsrecht umfasst ist, an sich zieht und es damit „von oben" herab beendet.[388] In der Praxis wurde das Evokationsrecht im Zeitraum 1998 bis 2018 vom Senat 18 Mal genutzt, was bei insgesamt 144 Verfahren einen Anteil von 12,5 % ausmacht.[389]

Wie bei der direkten Demokratie auf Landesebene geht es bei Bürgerbegehren und -entscheiden originär nicht um die Förderung der Kooperation von Politik und Bürgern, sondern darum, den Bürgern die Kompetenz zu übertragen, in einem gewissen Ausmaß politische Macht auszuüben und im Einzelfall zu verbindlichen Sachentscheidungen kommen zu können.[390] Beschlüsse der Bezirksversammlung haben dabei nach § 19 Abs. 2 Satz 2 BezVG für das dazugehörige Bezirksamt bindende Wirkung, da es in seiner Geschäftsführung nach § 19 Abs. 2 Satz 1 BezVG von der Bezirksversammlung kontrolliert wird. Somit können die wahlberechtigten Anwohner der Hamburger Bezirke in diesem Bereich der Exekutive Staatswillen bilden, womit auch Bürgerbegehren und -entscheide unzweifelhaft als direktdemokratische Instrumente zu qualifizieren sind.[391] Die Instrumente der direkten Demokratie führen somit zu einem gewissen Konkurrenzverhältnis zwischen Politik und Bürgern, das sich nur durch Kooperation mildern lässt.[392] Diesem Umstand trug die Gesetzesänderung im Jahr 2012 Rechnung, deren Zweck es war, Konflikte auf der Bezirksebene zu entschärfen und sachlich zu lösen.[393] In diesem Sinne kommt es regelmäßig zu Kompromissen zwischen beiden Parteien, auf die im Abschnitt der partizipativen Instrumente genauer eingegangen wird.[394] Die Einführung der direkten Demokratie auf Bezirksebene hat in Hamburg die bis dahin bestehende direktdemokratische

---

[387] *David*, HV, Art. 33 Rn. 27.

[388] David/Stüber/*David*, HV, Art. 56 Rn. 24 ff.

[389] Eigene Berechnung anhand der Übersicht zu Bürgerbegehren, in: *Mehr Demokratie e. V.*, Noch viel Luft nach oben, Anhang 2, S. 55 ff., lfd. Nr. 11, 30, 31, 32, 33, 52/53, 55, 66, 71/72, 74, 87/88, 92, 102, 109, 131, 132, 138, 144.

[390] Vgl. *David*, HV, Art. 50 Rn. 9; *Kost*, APuZ 2006, 25 (26).

[391] *David*, HV, Art. 50 Rn. 7.

[392] *Kost*, APuZ 2006, 25 (29).

[393] Gesetzentwurf betreffend Reform der bezirklichen Bürgerbegehren und Bürgerentscheide der Fraktionen SPD, CDU, GAL, FDP und DIE LINKE, Bü-Drucks. 20/2903 vom 25.01.2012, S. 2.

[394] Vgl. Kapitel 2.II.2.

Lücke auf Ebene der Bezirksverwaltung gefüllt und ergänzt auch hier das repräsentative System.

Nachdem ursprünglich nur Baden-Württemberg seit 1955 Bürgerbegehren und Bürgerentscheide kannte, gab es wie bei der Volksgesetzgebung in ganz Deutschland ab den 1990er Jahren eine Welle von Reformen. Hamburg gehörte im Ländervergleich wieder zu den Schlusslichtern und führte als vorletztes Bundesland im Jahr 1998, Berlin als letztes im Jahr 2005 Bürgerbegehren und Bürgerentscheide in ihre Rechtsordnungen ein.[395]

Auch hier unterscheiden sich die gesetzlichen Ausgestaltungen der Instrumente erheblich voneinander. So ist das Quorum für Bürgerbegehren in Hamburg mit 2–3 % des Bezirksvolkes im bundesweiten Vergleich sehr niedrig angesetzt. Einige Bundesländer sehen dagegen je nach Einwohnerzahl der Gemeinden variable Quoren zwischen 3–10 % vor,[396] andere sogar bis zu 15 %[397] oder ein festes Quorum von 10 %[398]. Zudem ist Hamburg das einzige Bundesland, das beim Bürgerentscheid kein Quorum fordert und wo somit die einfache Mehrheit der abgegebenen Stimmen genügt, wohingegen das Saarland mit einem Quorum von 30 % die höchste Hürde stellt[399].

Auch bei den Ausschlusstatbeständen sind viele Unterschiede festzustellen. So hat beispielsweise Hessen einen sehr umfangreichen Ausschlusskatalog, der unter anderem Fragen der inneren Organisation der Gemeindeverwaltung, Rechtsverhältnisse der Gemeindevertreter, die Haushaltssatzung, die Feststellung des Jahresabschlusses, die Bauleitplanung mit Ausnahme des Aufstellungsbeschlusses und Entscheidungen im Rechtsmittelverfahren ausschließt.[400] Gerade die Bauleitplanung ist dabei in vielen Rechtsordnun-

---

395 *Kost*, APuZ 2006, 25 (26 f.).

396 Vgl. z. B. Art. 18a Abs. 6 Bayerische GO (Gemeindeordnung für den Freistaat Bayern [GO]) i. d. F. der Bekanntmachung vom 22.08.1998 (GVBl. S. 796, BayRS 2020-1-1-I), zuletzt geändert durch Gesetz vom 24.07.2020 (GVBl. S. 350); § 8b Abs. 3 HGO (Hessische Gemeindeordnung (HGO) i. d. F. der Bekanntmachung vom 07.03.2005 (GVBl. I 2005 S. 142), zuletzt geändert durch Gesetz vom 07.05.2020 (GVBl. S. 318); § 26 Abs. 4 GO NRW (Gemeindeordnung für das Land Nordrhein-Westfalen [GO NRW]) i. d. F. der Bekanntmachung vom 14.07.1994 (GV. NW. S. 270), zuletzt geändert durch Gesetz vom 29.09.2020 (GV. NRW. S. 916).

397 Vgl. § 21a Abs. 3 KSVG Saarland (Kommunalselbstverwaltungsgesetz [KSVG]) i. d. F. der Bekanntmachung vom 27.06.1997 (Amtsbl. S. 682), zuletzt geändert durch Gesetz vom 24.06.2020 (Amtsbl. I S. 776).

398 Vgl. § 15 Abs. 1 BbgKVerf (Kommunalverfassung des Landes Brandenburg [BbgKVerf]) i. d. F. der Bekanntmachung vom 18.12.2007 (GVBl.I/07, [Nr. 19], S. 286), zuletzt geändert durch Gesetz vom 19.06.2019 (GVBl.I/19, [Nr. 38]).

399 Vgl. § 21a Abs. 6 KSVG Saarland; vgl. zum Gesamtüberblick: *Mehr Demokratie e. V.*, Volksentscheidsranking 2016, S. 25 ff.

400 Vgl. § 8b Abs. 2 Hessische GO.

gen von der direkten Demokratie auf kommunaler Ebene ausgeschlossen. Dies gilt jedoch nicht für die drei Stadtstaaten Hamburg, Berlin und Bremen sowie Bayern, Sachsen und Thüringen.[401]

Darüber hinaus zeichnen sich die Bundesländer auch durch eine heterogene Nutzung der Instrumente aus. Aufgrund der strukturellen Unterschiede von Stadtstaaten und Flächenländern wird der Vergleich hierbei auf die Stadtstaaten begrenzt. Die Hamburger machten regen Gebrauch von dieser Form der direkten Demokratie und meldeten zwischen 1997 und 2016 insgesamt 108 Bürgerbegehren und 25 Bürgerentscheide an. Berlin nutzte von 2005 bis 2016 Bürgerbegehren 37 und Bürgerentscheide 12 Mal.[402] Bremen kennt die Bürgerbeteiligung auf Kommunalebene bereits seit 1994. In der Stadt Bremen kam es bis 2016 zu 6 Bürgerbegehren und keinem Bürgerentscheid, in der Stadt Bremerhaven zu 3 Bürgerbegehren und einem Bürgerentscheid.[403] Hamburg weist im Vergleich der Bundesländer wiederum sehr niedrige Voraussetzungen für die direkte Demokratie auf, womit eine hohe Nutzung der Instrumente einhergeht, und ist als Spitzenreiter im Ländervergleich zu qualifizieren.[404]

2. *Partizipative Instrumente*

Die Rechtsordnung der Freien und Hansestadt Hamburg sieht keine formellen partizipativ-demokratischen Instrumente zur punktuellen Bürgerbeteiligung an politischen Sachentscheidungen vor. Allerdings kam es seit der Einführung der direktdemokratischen Instrumente in Hamburg regelmäßig dazu, dass die Initiatoren von Volksinitiativen[405] oder Bürgerbegehren[406] mit Abgeordneten der Bürgerschaft oder der Bezirksversammlungen eine Einigung suchten und erzielten. Wenn die jeweilige Einigung sodann von Bürgerschaft oder Bezirksversammlung angenommen wurde, nahmen die Initiatoren ihre Volksinitiative oder das Bürgerbegehren zurück oder betrieben das Verfahren zumindest nicht weiter.[407] Wie sich dieses Vorgehen

---

[401] Vgl. *Mehr Demokratie e.V.*, Themenausschlüsse bei Bürgerbegehren und Bürgerentscheid (2016), S. 8.

[402] *Mehr Demokratie e.V.*, Volksentscheidsranking 2016, S. 33.

[403] *Mehr Demokratie e.V.*, Volksentscheidsranking 2016, S. 27.

[404] *Mehr Demokratie e.V.*, Volksentscheidsranking 2016, S. 29.

[405] Vgl. z.B. in den Fällen der Volksinitiativen: „Hamburg für gute Integration", Bü-Drucks. 21/5231 vom 12.07.2016; „Guter Ganztag", Bü-Drucks. 21/4866 vom 14.06.16; „Gute Inklusion", Bü-Drucks. 21/11428 vom 19.12.17.

[406] *Mehr Demokratie e.V.*, Noch viel Luft nach oben, Anhang 2, S. 55 ff.

[407] Vgl. dazu Bü-Drucks. 21/5231 vom 12.07.2016, S. 2; Gebt uns was wir wollen, sonst

auf Landes- und Bezirksebene entwickelt hat, wie es funktioniert und rechtlich einzuordnen ist, ist Gegenstand der nachfolgenden Untersuchung.

a) Die Hamburger Konsensmethode beziehungsweise „Bürgerverträge" auf Landesebene

Nachdem die Volksgesetzgebung im Jahr 1996 eingeführt wurde, fingen die Bürger, wie aufgezeigt, unmittelbar damit an, das neue Instrumentarium zu nutzen. Bemerkenswert ist dabei, dass, wenn auch einige Entscheide am Quorum scheiterten, alle Volksentscheide, die seitdem durchgeführt wurden, erfolgreich waren.[408]

Zu nennen sind beispielsweise die Volksentscheide aus dem Jahr 2004 gegen die Privatisierung der staatlichen Krankenhäuser und für ein neues Wahlrecht für Hamburg.[409] Zu diesem Zeitpunkt war ein Volksentscheid über eine „andere Vorlage" allerdings noch nicht für Bürgerschaft und Senat bindend, sodass der erfolgreiche Volksentscheid „Gesundheit ist keine Ware" vom Senat nicht berücksichtigt und die Krankenhäuser trotzdem privatisiert wurden.[410] Auch ein per Volksentscheid angenommenes Gesetz konnte ohne die Existenz des Art. 50 Abs. 4 HV leicht geändert werden. Dies tat die damals regierende CDU im Jahr 2006 und schwächte das neue durch Volksentscheid zustande gekommene Wahlrechtsgesetz in vielen Punkten ab.[411]

Diese Rechtslage änderte sich im Jahr 2008 mit der Einführung des Art. 50 Abs. 4a) HV[412], der bestimmt, dass auch ein Volksentscheid über eine andere Vorlage Bürgerschaft und Senat bindet. Diese Norm wurde zusammen mit dem fakultativen Referendum durch eine Einigung der Volksinitiative „Für faire und verbindliche Volksentscheide – Mehr Demokratie" mit den damaligen Regierungsfraktionen der Bürgerschaft CDU und GAL erzielt.[413]

---

gründen wir eine Volksinitiative, in: Zeit Hamburg vom 18.01.2018; Aus Angst vor den Bürgern, in: Zeit Online vom 01.01.2018.

408 Vgl. zur Gesamtübersicht: *Behörde für Inneres und Sport/Landeswahlamt*, Übersicht der Volksabstimmungen in Hamburg seit 1997 (2018).

409 *Behörde für Inneres und Sport/Landeswahlamt*, Übersicht der Volksabstimmungen in Hamburg seit 1997 (2018), lfd. Nr. 10 und 11.

410 *von Arnauld*, in: Dressel/Fuchs/Warmke, Direkte Demokratie in Hamburg, 14 (22 f.).

411 *Fraude/Lloyd*, in: Kost/Wehling, Kommunalpolitik in den deutschen Ländern, 148 (157, 160).

412 Elftes Gesetz zur Änderung der Verfassung der Freien und Hansestadt Hamburg vom 16.12.2008 (HmbGVBl. S. 431 f.).

413 Beschlussempfehlung betreffend elftes Gesetz zur Änderung der Verfassung der Freien und Hansestadt Hamburg der Fraktionen CDU und GAL, Bü-Drucks. 19/1476 vom 14.01.2008, S. 2 f., 5.

Daraufhin konnten die Bürger noch zwei weitere erfolgreiche und nun vor allem verbindliche Volksentscheide organisieren. Dies war zum einen die Volksinitiative „Wir wollen lernen" im Jahr 2010 gegen die Einführung der Primarschule und für den Beibehalt des Elternwahlrechts nach der vierten Klasse und zum anderen die Volksinitiative „Unser Hamburg – Unser Netz", wo sich die Hamburger im Jahr 2013 für den Rückkauf der Energienetze durch die Stadt aussprachen.[414] Nach diesem letzten Volksentscheid, der im Jahr 2013 durchgeführt wurde, begann sich eine neue Kultur der Konsensfindung zu entwickeln. Auch wenn es zuvor vereinzelt zu Einigungen zwischen Initiativen und Politik gekommen war,[415] häuften sich seitdem die Kompromisse. So wurden von den zwischen 2013 und 2018 angemeldeten 18 Volksinitiativen insgesamt neun, also die Hälfte, durch eine Einigung zwischen Volksinitiatoren und Senat beziehungsweise Fraktionsabgeordneten beendet. Die restlichen neun Volksinitiativen befanden sich Ende 2018 noch in Verhandlungen.[416]

Hinter dieser Entwicklung könnte die strategische Überlegung stehen, dass bisher jeder Volksentscheid, inklusive des Bürgerschaftsreferendums zur Frage der Olympiabewerbung Hamburgs, gegen die Intentionen der Politik ausgegangen ist und eine Einigung mit den Initiatoren, zumindest beim Vorliegen eines hinreichenden öffentlichen Interesses und einer damit einhergehenden Erfolgswahrscheinlichkeit, politisch die geschicktere Lösung darstellt. Durch einen ausgehandelten Konsens kann die politische Seite immerhin Einfluss auf dessen Inhalt nehmen und ist nicht, wie bei einem erfolgreichen Volksentscheid, rechtlich dazu verpflichtet, die Vorlage genau so umzusetzen, wie sie vom Volk beschlossen wurde. Rechtlich ist zudem zu beachten, dass das fakultative Referendum und damit die erhöhte Bindungswirkung der Volksgesetzgebung nach Art. 50 Abs. 4 HV nur für Änderungsgesetze bezüglich durch Volksentscheid angenommene Gesetze gilt, nicht jedoch für im Stadium davor übernommene Vorlagen durch Konsens oder nach Art. 50 Abs. 2 Satz 4 oder Abs. 3 Satz 3 HV.[417] Aus Sicht der Volksinitiatoren ist ein Konsens trotz fehlender rechtlicher Absicherung aber dennoch erstrebenswert, da er durch die hohe öffentliche Aufmerksamkeit und die Vertrauensbasis, auf der er beruht, eine besondere politische und tatsächliche Bindungswirkung entfaltet.

---

[414] *Behörde für Inneres und Sport/Landeswahlamt*, Übersicht der Volksabstimmungen in Hamburg seit 1997 (2018), lfd. Nr. 25 und 36.

[415] Vgl. *Mehr Demokratie*, Bisherige Volksinitiativen (2018), lfd. Nr. 16, 23, 24.

[416] Vgl. *Mehr Demokratie*, Bisherige Volksinitiativen (2018), lfd. Nr. 33, 35, 39, 40, 43, 45, 46, 48, 49.

[417] *Pestalozza*, Das „fakultative Referendum" (2016), S. 6; *David*, ZParl 2010, 598 (622).

Am Beispiel der Volksinitiative „Hamburg für gute Integration“, das den Begriff „Bürgerverträge“ prägte,[418] soll das Einigungsverfahren dargestellt werden. Im März 2016 zeichnete sich ab, dass die Volksinitiative, die sich gegen die im Jahr 2015 vom Senat geplanten Großunterkünfte für Flüchtlinge und für eine dezentrale Unterbringung in Hamburg einsetzte,[419] mit der großen Unterstützung von 26.051 Unterschriften, innerhalb von nur fünf Tagen gesammelt, die Öffentlichkeit auf ihre Seite bringen könnte. Um einen polarisierenden Volksentscheid zum Thema der Unterbringung von Geflüchteten zu vermeiden und somit den sozialen Frieden in Hamburg zu wahren, wurden über mehrere Monate hinweg Verhandlungen zwischen den Volksinitiatoren und den Fraktionsvorsitzenden der Regierungsfraktionen SPD und GRÜNE geführt.[420]

Grundlage der Verhandlungen war dabei ideell die Vorlage der Volksinitiative, faktisch wurde jedoch mit dem „Masterplan für erfolgreiche Integration in Hamburg“[421] gearbeitet, den die Initiatoren ergänzend ausgearbeitet hatten, der aber nicht Gegenstand des formellen Verfahrens war. Auf dieser Grundlage erzielten die Verhandler wesentliche Einigungen und konnten sich letztlich auf die finale Fassung, den sogenannten „Bürgervertrag“ einigen, der systematisch viele Parallelen zum Masterplan aufweist.[422] Abweichend von der ursprünglichen Vorlage der Volksinitiative, deren vier Forderungen auf eine Seite passten,[423] umfasst die endgültige Einigung 133 Seiten mit einem Integrationskonzept weit über die Unterbringungsfrage hinaus sowie diverse Einzelabkommen, die zusätzlich mit den Initiativen in den von den ursprünglichen Planungen betroffenen Stadtteilen geschlossen wurden.[424] Diese Einigung wurde Anfang Juli 2016 erzielt, am 12. Juli 2016 als Zusatzantrag der Regierungsfraktionen zum Bericht des Ausschusses für Soziales, Arbeit und Integration an die Bürgerschaft gestellt[425] und am darauffolgenden Tag, dem 13. Juli 2016, von der Bürgerschaft mehrheitlich angenommen.[426] Noch am selben Tag nahmen die Volksinitiatoren ihre Initiative schriftlich gemäß § 8 Abs. 1 VAbstG zurück.[427]

---

418 Dazu *Schulz*, DÖV 2019, 533 (533 ff.).

419 Bü-Plenarprotokoll 21/38 vom 13.07.2016, S. 2599.

420 Bü-Drucks. 21/5231 vom 12.07.2016, S. 1 f., 4.

421 *HGI*, Masterplan für erfolgreiche Integration in Hamburg.

422 Vgl dazu *HGI*, Masterplan für erfolgreiche Integration in Hamburg mit Bü-Drucks. 21/5231 vom 12.07.2016, S. 6–31.

423 Bü-Drucks. 21/5231 vom 12.07.2016, S. 1 f.

424 Bü-Drucks. 21/5231 vom 12.07.2016, S. 1–133.

425 Bü-Drucks. 21/5231 vom 12.07.2016, S. 1, 4.

426 Bü-Plenarprotokoll 21/38 vom 13.07.2016, S. 2603.

427 Niederschrift über die Senatssitzung vom 02.08.2016, S. 2.

Dieses am Beispiel der Bürgerverträge exemplarisch dargestellte, politisch gewachsene Verfahren der konsensualen Beendigung von Volksinitiativen zeigt, dass sich eine erfolgreich zustande gekommene Volksinitiative als reine Vorstufe der Volksgesetzgebung faktisch als sehr wirkungsvoll erweisen kann, obwohl sie weder das Volk vertritt noch inhaltlich verbindliche Regelungen treffen kann.[428] Dies ist insbesondere beachtlich, zumal das beschriebene Verfahren über keine ihm zugrundeliegende Rechtsgrundlage verfügt. Es handelt sich nicht um die Anhörung der Initiatoren vor einem Ausschuss gemäß Art. 50 Abs. 2 Satz 3 oder Abs. 3 Satz 2 HV, da hier Fraktionsvorsitzende mit den Volksinitiatoren verhandelten.

Auch kann man den Konsens nicht als entsprechenden Beschluss der Bürgerschaft gemäß Art. 50 Abs. 2 Satz 4 HV einordnen, der die Vorlage der Initiative übernimmt, zumal der Wortlaut der Norm einen Beschluss verlangt, „der der anderen Vorlage vollständig entspricht". Dies ist bei einem neu ausgehandelten Kompromiss regelmäßig nicht der Fall. Das gleiche gilt für die Überarbeitungsbefugnis des Art. 50 Abs. 2 Satz 5 HV, die den Initiatoren nur erlaubt, auf veränderte Sach- und Rechtslagen während des Verfahrens zu reagieren, nicht jedoch, etwas völlig Neues auszuhandeln.[429] Dem schließt sich auch das Einigungsverfahren des Art. 50 Abs. 7 Satz 2, Alt. 2 HV an, dessen Ergebnisse sich aufgrund fehlender gesetzlicher Regulierung an den Befugnissen des Art. 50 HV orientieren müssen und somit keine darüber hinausgehenden Kompromisse dulden.[430] Eine Einordnung als öffentlich-rechtlicher Vertrag nach § 54 HmbVwVfG[431] dürfte letztlich an der fehlenden Rechtsfähigkeit beziehungsweise Beteiligungsfähigkeit der Volksinitiative gemäß § 11 Nr. 2 HmbVwVfG scheitern, da sie grundsätzlich auf die Erreichung der nächsten Stufe des Verfahrens und somit auf Auflösung gerichtet ist. Die Kurzweiligkeit ihrer Existenz macht es der Initiative unmöglich, die Einhaltung von Pflichten zu gewährleisten, was für einen auf längere Dauer ausgerichteten Vertrag aber unabdingbar ist.[432]

Somit handelt es sich bei den Verhandlungen um eine schlichte außerparlamentarische, rein auf Vertrauen basierende Zusammenarbeit in Form von informellen Gesprächen zwischen Interessenvertretern aus Reihen der Bür-

---

[428] *David*, HV, Art. 50 Rn. 63; *Schiller*, in: Freitag/Wagschal, Direkte Demokratie, 115 (139 f.).

[429] Vgl. *Schulz*, DÖV 2019, 533 (535 f.).

[430] Vgl. *Schulz*, DÖV 2019, 533 (536).

[431] Hamburgisches Verwaltungsverfahrensgesetz (HmbVwVfG) vom 09.11.1977 (HmbGVBl. 1977, 333), geändert durch Gesetz vom 18.03.2020 (HmbGVBl. S. 171).

[432] *Schulz*, DÖV 2019, 533 (535).

ger mit Politikern, die in einem „schlichten Parlamentsbeschluss“[433] der Bürgerschaft enden.[434] Die Einigungen sind somit als rechtlich unverbindliche politische Vereinbarungen einzuordnen. Das Verfahren gibt einzelnen Bürgern in Gestalt der Volksinitiatoren die Möglichkeit, im Bereich zwischen Konsultation und Partizipation auf den Inhalt eines potenziellen Parlamentsbeschlusses Einfluss zu nehmen. Auch wenn es sich um rechtlich unverbindliche Gespräche handelt, wird die Politik durch den stets möglichen Volksentscheid in der Hinterhand der Volksinitiative zu einer responsiven Haltung veranlasst, weswegen es vom Verein Mehr Demokratie e.V. schon als „zweite Säule der Demokratie“[435] neben dem Parlament in Hamburg betitelt wird. Auch wenn die Letztentscheidungskompetenz über das Ergebnis dieser Verhandlungen bei der Bürgerschaft verbleibt, können die Volksinitiatoren erheblichen Einfluss auf den Inhalt der Einigung nehmen, sodass dieses Vorgehen als partizipativ im hier vertretenen Sinne einzuordnen ist.

Ein vergleichender Blick auf die beiden anderen Stadtstaaten Berlin und Bremen zeigt, dass sich dort keine regelmäßige Praxis finden lässt, mit der Volksinitiativen durch Kompromissfindungen beendet werden. In Berlin kam es bisher erst zweimal dazu, dass ein Volksabstimmungsverfahren durch einen Kompromiss beendet wurde. Dies war zum einen der Fall des Mietenvolksbegehrens, das von der Trägerin wegen rechtlicher Hürden nicht weiterverfolgt wurde[436] und zum anderen der Fall „Volksentscheid Fahrrad“, wo das Volksbegehren mit Verabschiedung des ausgehandelten Gesetzes im Abgeordnetenhaus im Juni 2018 beendet wurde.[437] In Bremen sieht Art. 70 Abs. 1 d) Bremische Verfassung, § 1 Nr. 4 des Bremischen Gesetzes über das Verfahren beim Volksentscheid[438] vor, dass ein Volksentscheid vermieden werden kann, wenn der begehrte Gesetzentwurf in veränderter, jedoch dem Anliegen des Volksbegehrens nicht widersprechender Weise angenommen und die Erledigung des Volksbegehrens auf Antrag der

---

433 Maunz/Dürig/*Nettesheim*, Kommentar zum GG, Bd. 5, Art. 59 Rn. 199, 209; *Stern*, Das Staatsrecht der Bundesrepublik Deutschland, Bd. 2, S. 48f.

434 *Schulz*, DÖV 2019, 533 (536).

435 *Mehr Demokratie*, Erfolge für die Direkte Demokratie – Volksinitiativen finden Kompromisse (2019).

436 Erfolgreich, aber unzufrieden, taz vom 03.02.2016.

437 Volksentscheid Fahrrad, Ahoi Volksentscheid! Oder der lange Weg vom Papier auf die Straße; *Mehr Demokratie*, Berlin Übersicht Volksbegehren/Volksinitiativen, lfd. Nr. 36, 39.

438 Gesetz über das Verfahren beim Volksentscheid vom 27.02.1996 (Brem.GBl. 1996 S. 41; 1997 S. 323), zuletzt geändert durch Gesetz vom 24.11.2020 (Brem.GBl. S. 1425, 1438).

Vertrauenspersonen von der Bürgerschaft festgestellt wurde. Somit besteht hier die gesetzliche Möglichkeit einer konsensualen Beendigung eines Volksabstimmungsverfahrens.[439] Das Gesetz beschreibt jedoch lediglich ein Vorgehen, was aufgrund der übrigen Rechte und Pflichten der Beteiligten, genau wie in Hamburg, sowieso möglich wäre. In der Praxis kam es jedoch bisher noch nicht zu einem solchen Fall.[440] Somit geht Hamburg auch bezüglich dieser Beteiligungspraxis eigene Wege.

b) Die Hamburger Konsensmethode beziehungsweise „Bürgerverträge“ auf Bezirksebene

Im Gegensatz zu der konsensualen Beendigung der direkten Demokratie auf Hamburger Landesebene, die sich erst im Laufe der Zeit entwickelte, wurde auf Bezirksebene direkt das erste zulässige Bürgerbegehren „Niendorf für den grünen Ring“ aus dem Jahr 1998, mit welchem sich die Bürger gegen die Bebauung einer Wiese wehrten, per Kompromiss beendet. Die Initiatoren einigten sich mit der Bezirksversammlung Eimsbüttel dahingehend, dass nur zwei Drittel der Wiese bebaut werden sollten und dass das letzte Drittel als öffentlicher Park erhalten bleiben sollte.[441] Dies stellte den ersten Austausch der Politik mit Bürgern in diesem Bereich dar.

Seitdem wurden im Zeitraum von 1998 bis 2018 von den insgesamt 144 Bürgerbegehrensverfahren, in denen es inhaltlich in der überwiegenden Zahl darum geht, dass sich Bürger gegen geplante Bauprojekte der Stadt oder Bebauungspläne wehren, 22 durch Kompromiss beendet, was eine Quote von 15,28 % ausmacht.[442] Ähnlich wie auf der Landesebene dürfte der Politik auf Bezirksebene daran gelegen sein, ein solches Verfahren konsensual zu beenden, um eine zufriedenstellende und vor allem tragfähige Lösung für alle Seiten zu finden, zumal sich die Beteiligten im Bezirk räumlich deutlich näher sind, als auf Landesebene. Ergänzend dürften aber auch hier strategische Gründe die politische Seite dazu motivieren, es nicht zu einem Bürgerentscheid kommen zu lassen. Zum einen gingen fast alle Bürgerentscheide, die bisher stattfanden, positiv und damit gegen die Bezirksversammlungen aus,[443]

---

[439] *Scherer*, in: Kost/Wehling, Kommunalpolitik in den deutschen Ländern, 120 (141).

[440] *Mehr Demokratie*, Landesweite Volksbegehren in Bremen.

[441] Vor 20 Jahren gab es das erste Bürgerbegehren in Hamburg, in: Hamburger Abendblatt vom 20.10.2018; *Mehr Demokratie e.V.*, Noch viel Luft nach oben, Anhang 2, S. 55, lfd. Nr. 2.

[442] Eigene Berechnung anhand der Übersicht zu Bürgerbegehren, in: *Mehr Demokratie e.V.*, Noch viel Luft nach oben, Anhang 2, S. 55 ff., lfd. Nr. 2, 19, 22, 29, 39, 43, 59, 60, 67, 73, 86, 98, 121, 123–129, 133, 140.

[443] Vgl. *Mehr Demokratie e.V.*, Noch viel Luft nach oben, Anhang 2, S. 55 ff., lfd.

sodass es auch in den Bezirken geschickter erscheint, sich bei einer begründeten Erfolgsaussicht des Verfahrens mit den Initiatoren zu einigen, um inhaltlich noch Einfluss auf das Ergebnis nehmen zu können.

Zum anderen dürfte die Sperrwirkung des § 32 Abs. 5 Satz 1 und Satz 3 BezVG eine zentrale Rolle für die Kompromissbereitschaft der Bezirksversammlungen spielen, da bereits ein Drittel der für ein erfolgreiches Bürgerbegehren erforderlichen Unterschriften ausreicht, um jegliche dem Begehren entgegenstehenden Handlungen der Bezirksorgane rechtlich zu unterbinden, bis das direktdemokratische Verfahren beendet ist. Ein Drittel des für ein Bürgerbegehren erforderlichen Quorums von 2–3 % gemäß § 32 Abs. 3 BezVG stellt lediglich 1 % oder weniger des jeweiligen abstimmungsberechtigten Bezirksvolkes dar und ist für die Bürger bei guter Organisation als Hürde leicht zu nehmen. Auch wenn ein Bürgerbegehren nicht die erforderliche Zahl von Stimmen zusammenbekommt oder der Bürgerentscheid negativ ausgehen könnte, kann die Sperrwirkung des § 32 Abs. 5 BezVG zu empfindlichen Verzögerungen bei Bauvorhaben führen, was regelmäßig hohe Kosten mit sich bringt. Auch Gesichtspunkte der Effizienz und Kostenregulierung dürften somit die Kompromissbereitschaft der Bezirksversammlungen erhöhen.

Die Praxis des Einigungsverfahrens in den Bezirken wird am Beispiel des Bürgerbegehrens „Rettet unseren Blankeneser Marktplatz!“ dargestellt. In diesem Fall sollte der Blankeneser Marktplatz umgestaltet werden, wofür frühzeitig neben den üblichen öffentlichen Sitzungen der bezirklichen Fachausschüsse ein mehrstufiges Beteiligungsverfahren mit Workshops und Bürgerversammlungen durchgeführt wurde. Daneben wurde von der Bezirkspolitik ein zusätzlicher „Arbeitskreis Ortskern Blankenese“ eingerichtet, in dem Vertreter von örtlichen Bürgervereinen und anderen Organisationen vertreten waren.[444] Dennoch bildete sich mit zunehmender Konkretisierung der Planungen die Initiative „Rettet unseren Blankeneser Marktplatz!“, die im September 2017 ein Bürgerbegehren gegen die Umgestaltung des Marktplatzes anmeldete.[445] Im Oktober 2017 wurden von den Initiatoren sodann 1.981 gültige Unterschriften beim Bezirksamt Altona abgegeben, was dem erforderlichen Quorum für die Sperrwirkung knapp entsprach.[446] Infolge-

Nr. 13, 17/18, 35/36, 37/38, 52/53, 64/65, 71/72, 80, 81/82, 87/88, 93, 101, 107/108, 114/115, 135.

[444] Einigung über die Umgestaltung des Blankeneser Marktplatzes, in: Rote Seiten, Ausgabe 3/2017, S. 3.

[445] Bezirksversammlung Altona Drucks. 20-4052 vom 28.09.2017.

[446] Erforderlich waren 1.979 Stimmen, vgl. Bezirksversammlung Altona Drucks. 20-4242 vom 16.11.2017.

dessen wurden Verhandlungen zwischen den Vertrauenspersonen des Bürgerbegehrens, dem Vorsitzenden der Bezirksversammlung Altona, der Bezirksamtsleiterin von Altona sowie dem „Arbeitskreis Ortskern Blankenese" aufgenommen, die am 15. November 2017 in einem Kompromisspapier endeten, das alle vier Parteien unterzeichneten.[447] Die Vereinbarung wurde sodann am 16. November 2017 in der Bezirksversammlung Altona zur Abstimmung gestellt und angenommen.[448] Inhaltlich wurden unter anderem Vorgaben für die Beibehaltung der Größe des Marktplatzes, die Aufteilung und den Bodenbelag getroffen, die bei der weiteren Planung und Umsetzung von der Bezirksverwaltung in Zukunft berücksichtigt werden sollen.[449] Im Gegenzug nahmen die Vertrauensleute das Bürgerbegehren am 17. November 2017 zurück.[450]

Wie im Fall der Kompromissfindung auf Landesebene ist der Kompromiss auf Bezirksebene grundsätzlich als politisches Agreement zwischen den Vertrauensleuten, die gemäß § 32 Abs. 2 Satz 2 BezVG berechtigt sind, die Initiative zu vertreten und der Politik einzuordnen, da es vornehmlich auf Vertrauen und nicht auf einer Rechtsgrundlage basiert.[451] Zwar sehen § 32 Abs. 8 BezVG und § 18 BezABstDurchfVO[452] vor, dass das Bürgerbegehren endet, wenn die Bezirksversammlung dem Anliegen des Bürgerbegehrens unverändert oder in einer Form zustimmt, auf die sich Initiative und Bezirksversammlung zuvor schriftlich geeinigt haben. Hierbei handelt es sich jedoch um keine Rechtsgrundlage für einen Kompromiss, sondern um eine Verfahrensbeendigungsregel. Wie im Fall von Art. 70 Abs. 1 d) Bremische Verfassung, § 1 Nr. 4 des Bremischen Gesetzes über das Verfahren beim Volksentscheid wird hier lediglich das politische Verfahren beschrieben, das aufgrund der übrigen Rechte und Pflichten der Beteiligten sowieso möglich wäre.

Wie bei der Volksinitiative fehlt einer Initiative, die nur temporär besteht und auf das Zustandekommen eines Bürgerbegehrens gerichtet ist, gemäß

---

[447] *Bezirksversammlung Altona*, Protokoll der Sitzung des Hauptausschusses vom 16.11.2017, Anlage, S. 5; Einigung über die Umgestaltung des Blankeneser Marktplatzes, in: Rote Seiten, Ausgabe 3/2017, S. 14.

[448] *Bezirksversammlung Altona*, Protokoll der Sitzung des Hauptausschusses vom 16.11.2017.

[449] *Bezirksversammlung Altona*, Protokoll der Sitzung des Hauptausschusses vom 16.11.2017, Anlage, S. 2f.

[450] *Mehr Demokratie e.V.*, Noch viel Luft nach oben, Anhang 2, S. 55ff., lfd. Nr. 140.

[451] *Schulz*, DÖV 2019, 533 (540f.).

[452] Verordnung zur Durchführung des Bezirksabstimmungsdurchführungsgesetzes (BezAbstDurchfVO) vom 26.08.2014 (HmbGVBl. 2014 S. 393), zuletzt geändert durch Gesetz vom 12.05.2020 (HmbGVBl. S. 255).

§ 11 Nr. 2 HmbVwVfG die Beteiligungsfähigkeit.[453] Nur wenn es sich um einen nicht eingetragenen Verein nach § 54 BGB oder einen eingetragenen Verein handelt, die juristischen Personen gleichgestellt sind, besteht nach § 11 Nr. 1 HmbVwVfG Beteiligungsfähigkeit, sodass ein öffentlich-rechtlicher Vertrag nach § 54 HmbVwVfG denkbar wäre.[454] Zudem ist im Einzelfall stets zu überprüfen, ob ein hinreichender übereinstimmender Rechtsbindungswille auf beiden Seiten vorliegt.[455] Auch wenn die rechtliche Einordnung des Vorgehens letztlich vom Einzelfall abhängt, dürfte es sich grundsätzlich um rechtlich unverbindliche Absprachen zwischen Initiatoren und Bezirkspolitikern handeln.

Wie beim Kompromissverfahren der Volksinitiativen verbleibt das Letztentscheidungsrecht über einen gefundenen Kompromiss bei der Bezirksversammlung, die darüber abstimmt. Dennoch nehmen auch die Vertrauenspersonen eines Bürgerbegehrens erheblichen Einfluss auf den Inhalt der Kompromisse, sodass auch dieses Vorgehen eindeutig als partizipativ zu bewerten ist. Hinzu kommt, dass die Initiatoren eines Bürgerbegehrens im Vergleich zu einer Volksinitiative eine noch bessere Verhandlungsposition innehaben, da sie bereits mit der Sperrwirkung des § 32 Abs. 5 BezVG die Bezirksorgane zum „Stillhalten" zwingen können und für einen im Anschluss stattfindenden Bürgerentscheid kein Quorum existiert, sodass nur die einfache Mehrheit der Abstimmenden für die Bürger zum Erfolg führt. Dies und der Umstand, dass bauplanungsrechtliche Fragen in den meisten Fällen nur schwer auf eine schlichte „ja" oder „nein"-Frage reduziert werden können oder sollten, führt in den Hamburger Bezirken und somit auf der Verwaltungsebene zu einer hohen Einigungsbereitschaft der Bezirkspolitik.

Betrachtet man die Praxis bei Bürgerbegehren in den beiden anderen Stadtstaaten, so findet man in beiden zumindest auch die Idee, direkte Demokratie auf Bezirks- oder Kommunalebene per Konsens zu beenden. So wurde in Berlin von insgesamt 45 initiierten Bürgerbegehren eines zum Thema der Einführung von veganen Mahlzeiten in öffentlichen Einrichtungen per ausgehandeltem Kompromiss zwischen den Initiatoren und den Bezirksverordnetenversammlungen (dem Äquivalent zu den Hamburger Bezirksversammlungen) beendet.[456] In Berlin gibt es zudem auch eine Sperr-

---

[453] *Schulz*, DÖV 2019, 533 (539 f.).

[454] Dazu Kopp/Ramsauer/*Ramsauer*, VwVfG, § 11 Rn. 5 f.; Palandt/*Ellenberger*, BGB, § 54 Rn. 7; *Schulz*, DÖV 2019, 533 (539 f.).

[455] Kopp/Ramsauer/*Ramsauer/Tegethoff*, VwVfG, § 54 Rn. 18.

[456] *Mehr Demokratie*, Berlin Bürgerbegehren, lfd. Nr. 44.

wirkung, allerdings findet sie gemäß § 45 Abs. 9 BezVGBerlin[457] erst Anwendung, nachdem das Zustandekommen des Bürgerbegehrens positiv festgestellt wurde. In Bremen gab es bisher insgesamt elf Bürgerbegehren, wovon kein einziges durch einen Kompromiss beendet wurde.[458] Allerdings gibt es, zumindest in der Stadt Bremen, mit § 23 Nr. 2 Bremischen Gesetzes über das Verfahren beim Volksentscheid wieder eine gesetzliche Grundlage, die ein solches Vorgehen vorsieht. Eine Regelung zur Sperrwirkung sieht § 16 Abs. 6 der Verfassung der Stadt Bremerhavens[459] lediglich für Bremerhaven vor, die der Berlins entspricht.

Somit findet auch die seit Jahrzehnten in Hamburg gelebte Konsensorientierung auf Bezirksebene in der Praxis keine Entsprechung in den anderen Bundesländern. Dabei geben die Hamburger Regelungen den Initiatoren von Bürgerbegehren mit der sehr früh eintretenden Sperrwirkung im Bundesländervergleich einen größeren Schutz sowie eine stärkere Position gegenüber der Bezirkspolitik, was einen wichtigen Grund für die erhöhte Kooperationsbereitschaft der Bezirksversammlungen darstellen dürfte.

3. Deliberative Instrumente

Im Folgenden werden die deliberativen Instrumente aufgezeigt, die das Hamburger Rechtssystem vorsieht, um seine Bürger zu informieren und bezüglich eines Meinungsaustausches zu konsultieren. Auch hier wird aufgrund der Vielgestaltigkeit der Erscheinungsformen der Schwerpunkt der Darstellung auf die formellen Instrumente gelegt und nur ein grober Überblick über die verschiedenen informellen Verfahren gegeben.

a) Formelle Instrumente

Auch in Hamburg gibt es einige deliberative Beteiligungsverfahren, die durch ihre gesetzliche Regelung ein Mindestmaß an verfahrensrechtlichen Voraussetzungen und Zuständigkeiten vorgeben.

---

[457] Bezirksverwaltungsgesetz Berlin (BezVwG BE) i. d. F. vom 10.11.2011 (GVBl. S. 692), zuletzt geändert durch Gesetz vom 12.10.2020 (GVBl. S. 807).

[458] *Mehr Demokratie*, Bremen Bilanz Bürgerbegehren; *Mehr Demokratie*, Bremerhaven Bilanz Bürgerbegehren.

[459] Verfassung für die Stadt Bremerhaven (VerfBrhv) vom 03.12.2015 (Brem.GBl. 2015 S. 670), zuletzt geändert durch Gesetz vom 24.09.2020 (Brem.GBl. S. 1370).

aa) Petitionen, Art. 28, 29 HV

Entsprechend der Vorgaben des Art. 17 GG, wonach jedermann das Recht hat, sich einzeln oder in Gemeinschaft mit anderen schriftlich mit Bitten oder Beschwerden an die zuständigen Stellen oder an die Volksvertretung zu wenden, sieht die Hamburger Rechtsordnung auf Landesebene in Art. 28 HV die individuelle Petition, beziehungsweise Eingabe vor.[460] Gemäß § 66 Geschäftsordnung der Hamburgischen Bürgerschaft[461] entscheidet der Eingabenausschuss mit seinen Empfehlungen weitgehend über das Schicksal der Eingaben. Auf Bezirksebene ist dieses Instrument ebenfalls vorgesehen, wo nach § 20 BezVG die Bezirksversammlungen Eingaben behandeln. Daneben gibt es jedoch auch die Volkspetition in Art. 29 HV, die wie die Volksgesetzgebung auf Empfehlung der Enquete-Kommission eingeführt wurde. Man sah darin eine Chance, „die Bürgerschaft für Themen, die weite Teile der Bevölkerung bewegen, unmittelbar empfänglich zu machen".[462] Das Instrument wurde parallel zu den Regelungen zur Volksgesetzgebung im Jahr 1996 eingeführt[463] und ergänzend das „Gesetz über Volkspetitionen"[464] verabschiedet.

§ 1 VolkspetitionsG regelt die Behandlung von Bitten und Beschwerden, die wie eine Volksinitiative von mindestens 10.000 Einwohnern unterstützt werden müssen, dafür jedoch inhaltlich keinen Schranken unterliegen. Fristen sind diesbezüglich nicht vorgesehen. Zusammen mit den Unterstützungslisten wird der Gegenstand nach § 5 VolkspetitionsG der Bürgerschaft vorgelegt. Das Parlament entscheidet gemäß § 6 Abs. 4 Satz 1 VolkspetitionsG über das Zustandekommen der Volkspetition und überweist sie sodann gemäß § 6 Abs. 4 Satz 3 und Satz 4 VolkspetitionsG an einen Ausschuss zur Behandlung, in dem auch ein Vertreter der Petenten ein Anhörungsrecht hat, § 7 Abs. 1 VolkspetitionsG. Gemäß § 7 Abs. 3 VolkspetitionsG befasst sich die Bürgerschaft im Anschluss mit dem Anliegen, indem es gemäß § 7 Abs. 4 VolkspetitionsG i. V. m. § 64 Abs. 1 Geschäftsordnung der Hamburgischen Bürgerschaft auf die Tagesordnung der nächsten Bürgerschaftssitzung gesetzt wird. Das Ergebnis der Behandlung teilt die Bürgerschaft gemäß § 7 Abs. 3 Satz 2 VolkspetitionsG einem Vertreter der Petenten mit.

---

[460] *David*, HV, Art. 28 Rn. 1 f.

[461] Geschäftsordnung der Hamburgischen Bürgerschaft vom 01.04.2020 (Amtl. Anz. 2020 S. 518), zuletzt geändert durch Beschluss vom 11.11.2020 (Amtl. Anz. S. 2357).

[462] Bü-Drucks. 14/2600 vom 20.10.1992, S. 215, 217 f.

[463] Sechstes Gesetz zur Änderung der Verfassung der Freien und Hansestadt Hamburg vom 20.06.1996 (GVBl. S. 129).

[464] Gesetz über Volkspetitionen vom 23.12.1996 (HmbGVBl. 1996 S. 357), zuletzt geändert durch Gesetz vom 06.06.2001 (HmbGVBl. S. 119).

Letztere haben dabei lediglich einen Anspruch auf Entgegennahme der Petition, auf eine sachliche Prüfung und auf eine Antwort, aus der sich die Kenntnisnahme der Petition und die Art ihrer Erledigung ergibt, nicht jedoch auf Entscheidung oder Abhilfe in der Sache.[465] Im April 2019 wurde in der Bürgerschaft beschlossen, die bis dahin nur analog durchführbare Volkspetition in naher Zukunft auch digital zu ermöglichen.[466] Seit ihrer Einführung im Jahr 1996 bis April 2019 wurden insgesamt zehn Volkspetitionen in Hamburg durchgeführt.[467]

Mit der Volkspetition haben die Hamburger Bürger neben der Volksgesetzgebung ein Instrument plebiszitärer Mitwirkung bekommen,[468] das die staatliche Befassung mit dem jeweiligen Gegenstand intensiviert, die auf die Initiative eines Teils des Volkes zurückgeht. So werden Verfahrensabläufe und Entscheidungen in der Bürgerschaft sowie in Ausschüssen ausgelöst, was Auswirkung auf den Gegenstand der Staatswillensbildung hat.[469] Allerdings geht es dabei lediglich darum, diese Befassung auszulösen und nicht, sie selbst über den Inhalt der Volkspetition hinaus zu beeinflussen, oder sie über das Anhörungsrecht im Ausschuss hinaus aktiv mitzugestalten. Die politische Entscheidungsmacht über den Gegenstand verbleibt vollständig bei der Bürgerschaft, sodass es sich lediglich um eine von den Bürgern ausgehende, rechtlich unverbindliche und damit deliberative Empfehlung in Richtung des Parlaments handelt.

Wirft man einen Blick auf die beiden anderen Stadtstaaten, so findet man in Berlin in Art. 34 der Berliner Verfassung und dem dazugehörigen Petitionsgesetz[470] zwar auch Individualpetitionen nach dem Vorbild des Art. 17 GG, allerdings keine Volkspetitionen, mit denen die Bürger ihr Begehren auf die Tagesordnung des Abgeordnetenhauses bringen können. Hier kann nur die Volksinitiative nach Art. 61 der Berliner Verfassung eine ähnliche Befassung auslösen, die jedoch als erste Stufe der Volksgesetzgebung einen anderen Zweck verfolgt. Im Bundesland Bremen gibt es ebenfalls die Möglichkeit, gemäß Art. 105 Abs. 6 Bremische Verfassung und dem dortigen Petitionsgesetz[471] Individualpetitionen bei der Bürgerschaft einzureichen. Da-

---

[465] BVerfGE 2, 225 (230); *Bauer*, DÖV 2014, 453 (456).

[466] Bü-Drucks. 21/16981 vom 24.04.2019.

[467] Bü-Drucks. 21/16981 vom 24.04.2019, S. 1.

[468] Bü-Drucks. 14/2600 vom 20.10.1992, S. 217.

[469] *David*, HV, Art. 29 Rn. 6, 10.

[470] Gesetz über die Behandlung von Petitionen an das Abgeordnetenhaus von Berlin (Petitionsgesetz) vom 25.11.1969 (GVBl. S. 2511), zuletzt geändert durch Gesetz vom 06.07.2006 (GVBl. S. 710).

[471] Gesetz über die Behandlung von Petitionen durch die Bürgerschaft vom 24.11.2009 (Brem.GBl. S. 473), zuletzt geändert durch Gesetz vom 27.09.2016 (Brem.GBl. S. 594).

neben sieht jedoch Art. 87 Bremische Verfassung sowie das Gesetz zum Verfahren beim Bürgerantrag[472] den sogenannten Bürgerantrag vor. Hiernach gestellte zulässige Bürgeranträge, die mindesten von 5.000 Einwohnern unterschrieben wurden, kommen auf die Tagesordnung der nächsten Bürgerschaftssitzung, § 2 Abs. 1, § 5 Abs. 1 Gesetz zum Verfahren beim Bürgerantrag. Dabei sind jedoch, anders als in Hamburg, gemäß § 1 Gesetz zum Verfahren beim Bürgerantrag Anträge zum Haushalt, zu Dienst- und Versorgungsbezügen, Abgaben und Personalentscheidungen ausgeschlossen.

Hamburgs Volkspetition findet somit im bremischen Bürgerantrag eine entsprechende Regelung, wobei die bremische Regelung durch die inhaltliche Begrenzung enger ist. Dagegen ist jedoch das Quorum mit 5.000 Unterstützern nur halb so groß wie in Hamburg. Berlin bietet über die Volksinitiative hinaus seinen Bürgern ein solches Instrument nicht, womit die Hamburger Regelung in diesem Vergleich den Bürgern zumindest inhaltlich die am weitestgehenden Möglichkeiten bietet.

bb) Hamburgisches Seniorenmitwirkungsgesetz[473]

Senioren vertreten in Hamburg bereits seit der Anordnung des Senats über die Einrichtung von Seniorenvertretungen von 1979 ihre Belange in der Öffentlichkeit und gegenüber der Verwaltung. Mit der Zeit ergab sich jedoch ein Änderungsbedarf an den Regelungen der Senatsanordnung, insbesondere bezüglich der Verbesserung der Zusammenarbeit auf Landes- wie Bezirksebene und der Stärkung der Mitwirkungsrechte. Aus diesem Grund wurde im Jahr 2012 die Senatsanordnung durch das Hamburgische Seniorenmitwirkungsgesetz ersetzt.[474]

Ziel des Seniorenmitwirkungsgesetzes ist die einheitliche Regelung von Rechten sowie die Schaffung eines aktivierenden Impulses. Als Senioren gelten nach § 2 HmbSenMitwG alle Personen, die das 60. Lebensjahr vollendet und ihren Hauptwohnungsitz in Hamburg haben. Das Gesetz schafft in § 4 HmbSenMitwG die Seniorendelegiertenversammlungen, die es in jedem Bezirk gibt, und wohin Organisationen, in denen sich Senioren engagieren,

---

[472] Gesetz über das Verfahren beim Bürgerantrag vom 20.12.1994 (Brem.GBl. 1994, S. 325), zuletzt geändert durch Gesetz vom 22.03.2016 (Brem.GBl. S. 187).

[473] Hamburgisches Seniorenmitwirkungsgesetz (HmbSenMitwG) vom 30.10.2012 (HmbGVBl. 2012 S. 449), zuletzt geändert durch Gesetz vom 03.11.2020 (HmbGVBl. S. 559, 560).

[474] Entwurf des Senats für ein Gesetz zur Stärkung der Mitwirkung von Seniorinnen und Senioren am gesellschaftlichen Leben in der Freien und Hansestadt Hamburg vom 17.04.2012, Bü-Drucks. 20/3866, S. 2, 20 (im Folgenden: „HmbSenMitwG-E, Bü-Drucks. 20/3866 vom 17.04.2012“).

Delegierte entsenden können. Aus der Mitte der Seniorendelegiertenversammlungen werden nach § 5 HmbSenMitwG die Mitglieder der sieben Bezirks-Seniorenbeiräte gewählt, von denen wiederum je ein Mitglied in den Landes-Seniorenbeirat nach § 9 HmbSenMitwG gewählt wird. Die Aufgaben von Bezirks- und Landesseniorenbeiräten liegen gemäß § 6 und § 10 HmbSenMitwG in der Förderung der aktiven Teilhabe und Mitwirkung von Senioren auf Bezirks- und Landesebene. Wichtig sind dabei die in § 7 und § 11 HmbSenMitwG normierten Rechte der Beiräte auf Anhörung, Auskunftserteilung und Erhalt einer Begründung, wenn einem Vorschlag verwaltungsseitig nicht entsprochen wird. Hinzu kommt ein Rederecht in den Ausschüssen der Bezirksversammlungen und eine grundsätzliche organisatorische und finanzielle Unterstützung durch Bezirksämter und Fachbehörden.[475]

Die Normierung dieser Rechte zeigt, dass Seniorenmitwirkung in Hamburg ausdrücklich erwünscht ist und von der Verwaltung beachtet werden soll, auch wenn die politische Entscheidungsmacht bei den Verwaltungseinheiten verbleibt. Die Konstituierung der Seniorenbeiräte hat dieser Zielgruppe in Hamburg ein Gremium gegeben, in dem sie sich organisieren und Meinungen zu sie betreffenden Themen bilden können. Diese können sodann der Exekutive auf Bezirks- und Landesebene mitgeteilt werden, die insofern zur Responsivität gezwungen wird, als dass die Ablehnung von Anträgen stets begründet werden muss. Dementsprechend werden hier von Seiten einer spezifischen Gruppe von Bürgern Verfahrensabläufe in den repräsentativen Organisationen ausgelöst, die Auswirkung auf die Entscheidungsfindung haben. Somit handelt es sich auch hier um ein deliberatives Mitwirkungsinstrument.

Seniorenmitwirkungsgesetze wurden bereits in den Jahren 2006 in Berlin[476] und 2010 in Mecklenburg-Vorpommern[477] erlassen, was ein Novum an Beteiligungsmöglichkeiten für diese Zielgruppe darstellte. Dass Hamburg im Jahr 2012 nachzog, war auch Ausdruck des Wunsches, ebenfalls zu den Vorreitern der politischen Partizipation älterer Menschen zu gehören.[478]

---

475 HmbSenMitwG-E, Bü-Drucks. 20/3866 vom 17.04.2012 (Kapitel 2, Fn. 474), S. 2.

476 Berliner Seniorenmitwirkungsgesetz (BerlSenG) vom 22.05.2006 (GVBl S. 458), zuletzt geändert durch Gesetz vom 07.07.2016 (GVBl. S. 451).

477 Gesetz zur Stärkung der Mitwirkung der Seniorinnen und Senioren am gesellschaftlichen Leben in Mecklenburg-Vorpommern (SenMitwG M-V) vom 26.07.2010 (GVOBl. M-V 2010, S. 422), zuletzt geändert durch Gesetz vom 13.11.2015 (GVBl. M-V S. 463).

478 HmbSenMitwG-E, Bü-Drucks. 20/3866 vom 17.04.2012 (Kapitel 2, Fn. 474), S. 10; *Blanckenburg/Detsch/Zetek*, Hamburgisches Seniorenmitwirkungsgesetz, Evaluationsbericht (2017), S. 6.

cc) Öffentlichkeitsbeteiligung im Bauplanungsverfahren, § 3 BauGB[479]

Formelle Bürgerbeteiligungen finden darüber hinaus in Deutschland insbesondere im Rahmen der raumbezogenen Planung statt und ist im Baugesetzbuch, im Verwaltungsverfahrensgesetz[480] und im Bundes-Immissionsschutzgesetz[481] geregelt. Da die Bürger in den Kommunen, beziehungsweise in Hamburg in den Bezirken, am ehesten von bauplanungsrechtlichen Fragen betroffen sind und dieses Feld für die Bürgerbeteiligung daher sehr interessant ist, wird hier vorliegend der Schwerpunkt gesetzt.

Auf Bundesebene äußerte sich das Bundesministerium für Verkehr, Bau und Stadtentwicklung zur Bürgerbeteiligung in seinem Weißbuch Innenstadt im Jahr 2011 dahingehend, dass „Stadtentwicklung zu einer Gemeinschaftsaufgabe weiter zu entwickeln, neue Kooperationsformen zu erproben und umzusetzen […] die zentrale Aufgabe der Nationalen Stadtentwicklungspolitik [ist]. Es geht darum, gemeinsam mehr Engagement für unsere Städte zu mobilisieren.“[482] Das Engagement von Bürgern sei eine entscheidende Voraussetzung für eine erfolgreiche Stadtentwicklungspolitik, besonders auch unter dem Gesichtspunkt des in diesem Bereich bestehenden Konfliktpotenzials.[483] Es wird demnach grundsätzlich davon ausgegangen, dass eine möglichst frühzeitige Beteiligung der Betroffenen die Akzeptanz der Planung erhöht. Die Grundlage der Bürgerbeteiligung im deutschen Bauplanungsrecht hat dabei das Bundesbaugesetzbuch im Jahr 1976[484] mit dem „zweistufigen Beteiligungsverfahren“ in Form von früher Öffentlichkeitsbeteiligung und öffentlicher Auslegung von Plänen geschaffen.[485] Hiermit kam man den damals bestehenden gesellschaftlichen Bestrebungen nach mehr Mitwirkungsmöglichkeiten nach und schuf erstmals einen Mindeststandard für Bürgerbeteiligung in diesem Bereich.[486] Seit 1987

---

479 Baugesetzbuch (BauGB) i. d. F. der Bekanntmachung vom 03.11.2017 (BGBl. I S. 3634), zuletzt geändert durch Gesetz vom 08.08.2020 (BGBl. I S. 1728).

480 Verwaltungsverfahrensgesetz (VwVfG) i. d. F. der Bekanntmachung vom 23.01.2003 (BGBl. I S. 102), zuletzt geändert durch Gesetz vom 21.06.2019 (BGBl. I S. 846).

481 Bundes-Immissionsschutzgesetz (BImSchG) i. d. F. der Bekanntmachung vom 17.05.2013 (BGBl. I S. 1274), zuletzt geändert durch Gesetz vom 09.12.2020 (BGBl. I S. 2873).

482 *Bundesministerium für Verkehr, Bau und Stadtentwicklung*, Weißbuch Innenstadt (2011), S. 56.

483 *Bundesministerium für Verkehr, Bau und Stadtentwicklung*, Weißbuch Innenstadt (2011), S. 56.

484 Gesetz zur Änderung des Bundesbaugesetzes vom 18.08.1976, BGBl. I S. 2221 ff.

485 *EZBK*, Kommentar zum BauGB, § 3 Rn. 2a.

486 *Busch*, Bürgerbeteiligung in der städtebaulichen Planung, S. 37; *Selle*, Gemeinschaftswerk?, S. 14 f.

befindet sich die Rechtsgrundlage für Bürgerbeteiligung in § 3 BauGB.[487] Obwohl der Bund hiermit von der konkurrierenden Gesetzgebungskompetenz des Art. 74 Abs. 1 Nr. 18 GG bezüglich des Bodenrechts Gebrauch gemacht und ein einheitliches Regelwerk für alle Bundesländer geschaffen hat, sind die Kommunen aufgrund der kommunalen Selbstverwaltungsgarantie des Art. 28 Abs. 2 Satz 1 GG i. V. m. §§ 1 Abs. 3 Satz 1, 2 Abs. 1 Satz 1 BauGB für die Ausführung der Bauleitplanung zuständig. Hierfür erstellen sie vorbereitende Flächennutzungspläne, aus denen gemäß § 8 Abs. 2 BauGB die konkreten Bebauungspläne zu entwickeln sind. In der Einheitsgemeinde Hamburg beschließt gemäß § 2 Abs. 1 BauleitplanfeststellungsG[488] die Bürgerschaft den Flächennutzungsplan, woraufhin die Bezirke nach § 6 BauleitplanfeststellungsG die Bebauungspläne aufstellen. Hierfür sieht § 1 Abs. 5 und 6 BauGB allgemeine und besondere Belange wie eine „nachhaltige städtebauliche Entwicklung" oder „Anforderungen an gesunde Wohn- und Arbeitsverhältnisse" vor, die nach dem Abwägungsgebot des § 1 Abs. 7 BauGB bei der Erstellung von Bauleitplänen gerecht abzuwägen sind. Hier sind auch die Ergebnisse der Bürgerbeteiligung einzubeziehen.[489]

Das förmliche Verfahren zur Aufstellung von Bebauungsplänen, das in der Kompetenz der Bezirke liegt, gliedert sich grob in sechs Abschnitte. Dies sind der Planungsanstoß und Aufstellungsbeschluss, die frühzeitige Öffentlichkeitsbeteiligung nach § 3 Abs. 1 BauGB, die Beteiligung der Behörden nach § 4 BauGB, die öffentliche Auslegung nach § 3 Abs. 2 BauGB, die Auswertung der Stellungnahmen sowie letztlich die Feststellung und Verkündung des Bebauungsplanes im Hamburgischen Gesetz- und Verordnungsblatt.[490] Dieser wird gemäß § 3 Abs. 1 BauleitplanfeststellungsG grundsätzlich als Rechtsverordnung festgestellt.

Die zweistufige Bürgerbeteiligung ist dabei in § 3 BauGB geregelt. In der ersten Stufe des § 3 Abs. 1 BauGB, der frühzeitigen Öffentlichkeitsbeteiligung, soll die Öffentlichkeit über die allgemeinen Ziele und Zwecke der Planung unterrichtet werden, wobei ihr Gelegenheit zur Äußerung und Erörterung zu geben ist. Die Konkretisierung und Ausführung dieser Vorgaben obliegt den Hamburger Bezirken, deren Bezirksversammlungen in der Regel eine „öffentliche Plandiskussion"[491] im betroffenen Bezirk veranstalten,

---

[487] *EZBK*, Kommentar zum BauGB, § 3 Rn. 3.

[488] Gesetz über die Feststellung von Bauleitplänen und ihre Sicherung (Bauleitplanfeststellungsgesetz) i. d. F. vom 30.11.1999 (HmbGVBl. 1999, 271), geändert durch Gesetz vom 26.06.2020 (HmbGVBl. S. 380, 383).

[489] *EZBK*, Kommentar zum BauGB, § 3 Rn. 8c.

[490] *Behörde für Stadtentwicklung und Umwelt*, Hamburg macht Pläne (2011), S. 6 ff.

[491] *Behörde für Stadtentwicklung und Umwelt*, Hamburg macht Pläne (2011), S. 7.

wobei die Informationen darüber der Öffentlichkeit, also jedermann zugänglich sein muss, der in seinen Rechten oder Interessen betroffen ist oder ein sonstiges Interesse an der Planung hat oder zeigt.[492] Diese öffentlichen Veranstaltungen werden im Internet, im Amtlichen Anzeiger und mit Plakaten im jeweiligen Stadtteil beworben und die Ergebnisse sodann vom zuständigen Gremium beraten und gegebenenfalls in die Planung miteinbezogen.[493] Die zweite Stufe des § 3 Abs. 2 BauGB, die öffentliche Planauslegung, ist der letzte Schritt vor der Abwägung der verschiedenen Belange. Hierbei ist der Entwurf des Bauleitplans für die Dauer eines Monats öffentlich auszulegen, sodass die Bürger Stellungnahmen dazu abgeben können. Alle Stellungnahmen werden auf ihre Relevanz für das Verfahren hin überprüft, bei der Abwägung gemäß § 1 Abs. 7 BauGB, die das Bezirksamt durchführt, entsprechend berücksichtigt und müssen nach § 3 Abs. 2 Satz 4 BauGB grundsätzlich individuell beantwortet werden. Bevor das Bezirksamt jedoch den Bebauungsplan feststellen kann, muss die Bezirksversammlung nach § 6 Abs. 2 BauleitplanfeststellungsG diesem zustimmen. Da das Bezirksamt die alleinige Planungskompetenz innehat, stellt dies eine Form der politischen Mitwirkung der Bezirksversammlung und somit des Bezirksvolkes dar, die der Abwägungsentscheidung nachgelagert ist. Ohne diese Zustimmung kann der Bebauungsplan jedoch nicht festgestellt werden.[494]

Während die Planauslegung den zuständigen Stellen wenig Gestaltungsspielraum lässt, unterliegt das „Ob“ und „Wie“ der frühzeitigen Öffentlichkeitsbeteiligung, über das beschriebene Mindestmaß hinaus, dem Ermessen der Bezirksämter und Bezirksversammlungen.

Aufgrunddessen werden einige Flächenentwicklungsverfahren ohne zusätzliche frühe Beteiligung durchgeführt, wohingegen bei anderen eine intensive informelle Beteiligung stattfindet. Ein Beispiel hierfür ist das vom Bezirksamt Eimsbüttel in Auftrag gegebene Beteiligungsverfahren um die Bebauungspläne Stellingen 61 und 62, auch bekannt als „Ideen für Stellingen“. Bei diesem Projekt wurde eine Wohnbebauung möglich gemacht durch einen Ringtausch von Universitätsgelände, Sportplätzen und Schulstandorten. Das vorgelagerte informelle Beteiligungsverfahren lief von 2013 bis 2014. Es gab eine Auftaktveranstaltung, eine öffentliche Ideenbörse, vertiefende Fokusgruppen zu den Themen Gemeinbedarf, Stadtteilhaus und Freiraum sowie eine Beteiligung von Schülern der Stadtteilschule Stellingen,

---

[492] *EZBK*, Kommentar zum BauGB, § 3 Rn. 13a.

[493] *Behörde für Stadtentwicklung und Umwelt*, Hamburg gemeinsam gestalten (2013), S. 8; *Behörde für Stadtentwicklung und Umwelt*, Hamburg macht Pläne (2011), S. 7.

[494] Vgl. *Durinke*, Bürgerentscheide in der Bauleitplanung, S. 151; *Niere*, NordÖR 2008, 153 (154 f.).

die in einem Modellbauworkshop Ideen für die Fläche entwickelten. Zudem konnten Bürger online Hinweise und Anregungen abgeben. Die Ergebnisse der Beteiligung flossen daraufhin in den städtebaulichen Wettbewerb und die Entwicklung eines Funktionsplanes ein, der die Grundlage für den 2017 in Kraft getretenen Bebauungsplan Stellingen 62 bildete.[495]

Eine das Bürgerbeteiligungsverfahren für Hamburg koordinierende Leitlinie gibt es nicht. Im Bezirk Hamburg-Nord hatte man in der Koalitionsvereinbarung zwischen SPD und Grünen im Jahr 2014 zwar vereinbart, aufgrund der vermehrt öffentlichen Proteste gegen Bauvorhaben die Beteiligungsmöglichkeiten auszuweiten und gemeinsam mit Initiativen, Bürgern, Vereinen, der Verwaltung und Bezirkspolitik „Leitlinien der guten Bürgerbeteiligung“ aufzustellen.[496] Nach einer Befassung mit dem Thema wurden Leitlinien für den Bezirk Hamburg-Nord jedoch von der Mehrheit in der Bezirksversammlung abgelehnt, da „eine Insellösung [...] im Rahmen dieser gesamtstädtisch relevanten Thematik weder erforderlich noch förderlich“[497] sei. Auf Landesebene ist die Thematik der Schaffung von Leitlinien noch nicht aktuell und wurde weder im Koalitionsvertrag der Bürgerschaft der 21. noch der 22. Legislaturperiode erwähnt.[498]

Die formellen Bürgerbeteiligungsprozesse im Bauplanungsverfahren können in Hamburg nur von den zuständigen Bezirksorganen initiiert werden. Hierbei dient die frühzeitige Öffentlichkeitsbeteiligung in erster Linie der Information der Bürger und der Ermittlung der berührten Belange. Die Öffentliche Planauslegung dient dazu, den Bürgern eine Möglichkeit zu geben, ihre Bedenken und Anregungen förmlich einzubringen.[499] Somit findet zunächst eine Informierung der Bürger statt, an die sich eine Konsultation anschließt, wobei die Verwaltung die alleinige Verfahrenshoheit im Rahmen der Vorgaben des BauGB innehat. Dies stellt im Ergebnis jedoch keine ergebnisoffene Deliberation zwischen Behörde und Bürgern dar, sondern eher eine einseitige Anhörung der Bürger, da in diesem Stadium des Verfahrens die grundlegenden Planungsentscheidungen bereits getroffen wurden.

Den Bürgern steht jedoch eine weitere Handlungsoption zu, sollten ihre Belange nicht hinreichend berücksichtigt werden. Ein zusätzlicher wichti-

---

495 Website Bezirk Eimsbüttel, Bürgerbeteiligung Ideen für Stellingen, Hintergrund.

496 Koalitionsvereinbarung SPD und Bündnis90/Die Grünen, Bezirksversammlung Hamburg-Nord 2014–2019, S. 5.

497 Bezirksversammlung Hamburg-Nord Drucks. 20-4255 vom 27.04.2017.

498 Vgl. Koalitionsvertrag SPD/Bündnis 90/Die Grünen, Bürgerschaft 21. Legislaturperiode, S. 107 ff.; Koalitionsvertrag SPD/Bündnis 90/Die Grünen, Bürgerschaft 22. Legislaturperiode, S. 24 ff.

499 *EZBK*, Kommentar zum BauGB, § 3 Rn. 11.

ger Verfahrensschritt ist nämlich die Zustimmung der Bezirksversammlung zum Bebauungsplan, wodurch sie als gewähltes Organ das Bezirksvolk vertritt und somit eine wichtige Mitwirkungsfunktion innehat. Diese Zustimmung kann von Bezirksbürgern bei hinreichendem Bedarf durch einen anderslautenden Bürgerentscheid, der gemäß § 32 Abs. 11 BezVG die Wirkung eines Beschlusses der Bezirksversammlung hat, ersetzt werden. Zudem steht den Bürgern bei einer Verletzung der Vorgaben des § 3 BauGB das Rechtsmittel der Normenkontrolle gemäß § 47 VwGO[500] zur Verfügung, in dessen Rahmen das Oberverwaltungsgericht das Bauplanungsverfahren auf die Einhaltung der gesetzlichen Standards hin überprüft. Auch wenn die beschriebenen Mindeststandards der Bürgerbeteiligung eher als Anhörungsrecht zu qualifizieren sind und damit am untersten Rand der Deliberation stehen, sind sie formell abgesicherte Verfahrensschritte, die justiziabel sind.

Dies entspricht einem Grundgedanken, der bei der Einführung formeller Bürgerbeteiligung in der Bauleitplanung im Vordergrund stand und darauf abzielte, sie als eine „Einschränkung des möglichen Machtmissbrauchs"[501] der planenden Stellen zu nutzen. Dies entsprang der Idee des Individualschutzes der Bürger und diente vornehmlich der Sicherung des Rechtsstaatsprinzips.[502] Dieser Standpunkt dürfte sich jedoch spätestens seit den Bürgerbeteiligungsreformen in den 1990er Jahren und einem damit geförderten Willen zum Meinungsaustausch mit der Bevölkerung gewandelt haben, sodass in Kommunikation mit den Bürgern versucht wird, widerstreitende Interessen auszugleichen und Konflikte bei der Vorhabenplanung zu vermeiden.[503] Die Ausgestaltung einer eventuellen Demokratisierung der Bauplanungsverfahren über das gesetzliche Mindestmaß hinaus obliegt jedoch den jeweiligen Kommunen.

Dies gilt ebenso für die beiden anderen Stadtstaaten Berlin und Bremen. Das BauGB gibt als Bundesnorm wie für Hamburg auch hier die Mindestanforderungen der Bürgerbeteiligung durch das zweistufige Beteiligungsverfahren in § 3 BauGB vor. Dabei wurden jedoch in Bremen und werden aktuell in Berlin für eine Verbesserung der Bürgerbeteiligung Leitlinien entworfen, die für eine einheitlichere Beteiligung und Verfahrenssicherheit für Bürger und Behörden sorgen sollen.[504] Somit ist Hamburg in diesem Bereich

---

[500] Verwaltungsgerichtsordnung (VwGO) i. d. F. der Bekanntmachung vom 19.03.1991 (BGBl. I, 686), geändert durch Gesetz vom 12.07.2018 (BGBl. I S. 1151).

[501] *Jogschies*, Bürgerbeteiligung an der Stadtplanung, S. 14.

[502] *Jogschies*, Bürgerbeteiligung an der Stadtplanung, S. 188f.

[503] Vgl. *Nanz/Fritsche*, Handbuch Bürgerbeteiligung, S. 9; *EZBK*, Kommentar zum BauGB, § 3 Rn. 11.

[504] Koalitionsvereinbarung SPD, DIE LINKE und Bündnis90/Die Grünen, Abgeord-

der selbstständigen Weiterentwicklung der Bürgerbeteiligung im Bauplanungsverfahren im Bundesländervergleich Schlusslicht.

b) Informelle Verfahren

Informelle Beteiligung findet in Deutschland insbesondere auf Grundlage des § 10 VwVfG, beziehungsweise in Hamburg des § 10 HmbVwVfG statt, wo die Nichtförmlichkeit des Verwaltungsverfahrens geregelt ist und nach Satz 2 das Verwaltungsverfahren einfach, zweckmäßig und zügig durchzuführen ist. Diese Norm gibt den Behörden ein hohes Maß an Verfahrensermessen, auf dessen Grundlage sie informelle Verfahren wie zum Beispiel „Runde Tische" durchführen können, weswegen die Norm auch als „Magna Charta"[505] der Bürgerbeteiligung im Verwaltungsverfahren bezeichnet werden kann.[506] In Hamburg fanden zwischen 2012 und 2016 insgesamt 98 informelle Beteiligungsverfahren statt.[507] Aufgrund der Vielgestaltigkeit der verschiedenen Beteiligungsinstrumente wird im Folgenden ein Überblick über Beteiligungsinstrumente sowie die sie durchführenden Einrichtungen gegeben.

aa) Ergänzung der formellen Bürgerbeteiligung, Stadtwerkstatt

In erster Linie werden informelle Verfahren in Hamburg zur Ergänzung der formellen Beteiligungsinstrumente genutzt, insbesondere der Beteiligungsverfahren im Bauplanungsrecht.[508] Zeitlich findet die informelle Beteiligung in der Regel statt, sobald ein Planungsanlass und hinreichende Diskussionsgrundlagen vorliegen. Diese Beteiligungsverfahren folgen meistens einem mehrstufigen Aufbau, der eine Auftaktveranstaltung, eine Vertiefungsphase und eine abschließende Zusammenfassung der Ergebnisse umfasst. Diese werden dokumentiert, häufig im Internet veröffentlicht und der Verwaltung zur Kenntnisnahme vorgelegt. Die Ergebnisse haben demnach das Potenzial, unmittelbar in die weitere Planung der Behörde einzufließen.[509] Um besonders schwierig zu erreichende Gruppen einzubeziehen, können zusätzlich dialogische Interviews mit von Planungen betroffenen Anwohnern

---

netenhaus 2016–2021, S. 31; *Senatskanzlei Bremen*, Beschluss vom 13.11.2018, Leitbild und Kriterien der Bürgerbeteiligung in der Stadt Bremen.

[505] *Arndt*, DVBl 2015, 6 (6).

[506] Vgl. Stelkens/Bonk/Sachs/*Schmitz*, VwVfG, § 10 Rn. 16; *Arndt*, DVBl 2015, 6 (6).

[507] Bü-Drucks.: 21/7722 vom 24.02.2017, S. 2.

[508] *Behörde für Stadtentwicklung und Umwelt*, Hamburg gemeinsam gestalten (2013), S. 10.

[509] Bü-Drucks.: 21/7722 vom 24.02.2017, S. 2f.

stattfinden, die direkt von der Verwaltung adressiert werden, sowie Fokusgruppen gebildet werden, um bestimmte Zielgruppen wie Kinder oder Senioren gesondert einladen zu können.[510] Daneben gibt es zunehmend Angebote der Onlinebeteiligung,[511] deren Einsatz in den Behörden und Bezirken von der sogenannten „Stadtwerkstatt" unterstützt wird.[512] Sie wurde im Jahr 2012 aufgrund eines Ersuchen der Bürgerschaft an den Senat geschaffen, ist bei der Koordinierungsstelle der Stadtentwicklungsbehörde angesiedelt und bildet seitdem das Dach für informelle Bürgerbeteiligung bei Hamburger Stadtentwicklungs- und Umweltschutzprojekten auf Landes- und Bezirksebene.[513] Für die Arbeit der Stadtwerkstatt wurden Qualitätsmaßstäbe (Frühzeitigkeit, Vollständigkeit, Verfahrensgerechtigkeit, Verfahrensklarheit, Nachvollziehbarkeit) für die Bürgerbeteiligung aufgestellt.[514] Allerdings gelten sie nur für den kleinen Ausschnitt der freiwillig durchzuführenden informellen Bürgerbeteiligung in der frühen Planungsphase[515] und gerade nicht für die Ausgestaltung der weiteren Beteiligung im gesamten Planungsverfahren, sodass es sich nicht um Leitlinien handelt, die grundsätzlich einen Maßstab für gute Bürgerbeteiligung darstellen könnten. Unterstützt wird die Stadtwerkstatt von einem Dialogbeirat, bestehend aus Vertretern aus Bildung, Wirtschaft und den verschiedenen Kammern.[516] Mit Letzterem gemeinsam wurden bis Mai 2019 insgesamt 15 Diskussionsveranstaltungen im Rahmen der Stadtwerkstätten abgehalten, die sich grundsätzlich mit übergeordneten Themen beschäftigten, die im gesamtstädtischen Interesse liegen.[517]

Häufig finden, ergänzend zur förmlichen Beteiligung im Bauplanungsrecht, nur Informationsveranstaltungen statt. Dennoch gibt es mit den beschriebenen Methoden auch weitergehende Ansätze, die stärker diskursiv ausgerichtet sind und eine Diskussion und somit Deliberation mit den Beteiligten über eine Planung ermöglicht.[518] Wiederum haben die Bürger keine

[510] Bü-Drucks.: 21/7722 vom 24.02.2017, S. 3.

[511] Vgl. z.B. zur Umgestaltung des Jungfernstiegs, https://beteiligung.hamburg/jungfernstieg/#/, Stand: 25.10.2020.

[512] Bü-Drucks.: 21/7722 vom 24.02.2017, S. 3.

[513] Bü-Drucks. 20/3939 vom 24.04.2012, S. 1 ff.

[514] Bü-Drucks. 20/3939 vom 24.04.2012, S. 2 f.

[515] Bü-Drucks. 20/3939 vom 24.04.2012, S. 2 f.

[516] *Behörde für Stadtentwicklung und Umwelt*, Hamburg gemeinsam gestalten (2013), S. 4.

[517] *Stadtwerkstadt*, Diskussionsveranstaltungen; Bü-Drucks. 21/7722 vom 24.02.2017, S. 5.

[518] *Behörde für Stadtentwicklung und Umwelt*, Hamburg gemeinsam gestalten (2013), S. 10.

Möglichkeit, solche Veranstaltungen zu initiieren. Jedoch zeigt der übergreifende Ansatz der Stadtwerkstatt, dass in der Verwaltung ein Bewusstsein dafür vorhanden ist, dass eine umfassende und frühzeitige Beteiligung der Betroffenen über das Mindestmaß des § 3 BauGB hinaus relevant für eine nachhaltige Planung ist.[519] Hierbei hat das Ziel des Konfliktmanagements in Form von Konflikterkennung und -vermeidung einen hohen Stellenwert inne.[520]

In Berlin und Bremen zeigt sich bezüglich der informellen Bürgerbeteiligung ein ganz ähnliches Bild wie in Hamburg. In Berlin gibt es ebenfalls ergänzend zu den formellen Beteiligungsvorgaben informelle Instrumente wie Stadtforen und Internetauftritte.[521] Auch wurde im Jahr 2018 im Auftrag der Berliner Senatsverwaltung für Stadtentwicklung und Wohnen eine Berliner Stadtwerkstatt eingerichtet. Dieses Pilotprojekt hat jedoch einen kleineren Aufgabenzuschnitt als das Hamburger Gegenstück und betreut insbesondere landeseigene Vorhaben im Bezirk Berlin-Mitte. Zudem wird die Stadtwerkstatt, anders als in Hamburg, durch einen externen Dienstleister, das Institut für Partizipatives Gestalten, durchgeführt und ist zunächst auf drei Jahre befristet.[522] In Bremen sind die informellen Instrumente auch sehr individuell und werden teilweise erst während der Prozesse entwickelt. Hier sind als Beispiele der Bremer Stadtdialog, Internetauftritte mit Dialogfunktionen für Bürger oder „Runde Tische" zu nennen.[523] Eine die frühe informelle Bürgerbeteiligung koordinierende Einrichtung auf Landesebene gibt es in Bremen nicht. Somit kommt Hamburg mit einer auf Dauer angelegten Verwaltungseinheit in diesem Bereich auch hier ein Alleinstellungsmerkmal zu.

bb) Bürgerbeteiligung bei der Stadtteilentwicklung

Auch in der darüber hinausgehenden Stadtteilentwicklung wird in Hamburg mit informeller Bürgerbeteiligung gearbeitet. Hier sind zum einen Stadtteilentwicklungspläne zu nennen, die mithilfe von Bürgerbeteiligung erarbeitet werden. Allerdings gibt es diese nur in zwei Bezirken, nämlich den „Zukunftsplan Altona", der ab 2010 zur Förderung des Wohnungsbaus

---

519 Bü-Drucks. 20/3939 vom 24.04.2012, S. 2.

520 Vgl. *Behörde für Stadtentwicklung und Umwelt*, Hamburg gemeinsam gestalten (2013), S. 10; Bü-Drucks. 20/3939 vom 24.04.2012, S. 2.

521 Berliner Senatsvorlage-Nr. S-312/2017 vom 31.03.2017, S. 4.

522 Website Stadtwerkstatt, Projekte und Gebiet (2020); Website Stadtwerkstatt, Kontakt und Anfragen (2020); Auskunft einer Mitarbeiterin der Berliner Stadtwerkstatt aus Oktober 2020.

523 Bremische Bü-Drucks. 18/899 vom 07.05.2013, S. 4.

entwickelt wurde[524] und den „Bezirksentwicklungsplan Eimsbüttel",[525] der seit Ende der 1990er Jahre regelmäßig neu als Planungsinstrument vom Bezirksamt mit Politik und Bürgern abgestimmt und erarbeitet wird und die soziale sowie die Wohnraumentwicklung koordinieren soll.[526]

Daneben haben sich seit den 1980er Jahren sogenannte Quartiers- und Stadtteilbeiräte entwickelt, die ursprünglich bei Sanierungsmaßnahmen beraten sollten. Ab den 1990er Jahren wurden sie aber zunehmend durch Förderprogramme des Senats, stets auf einige Jahre begrenzt, finanziert und bestehen heute in verschiedenen Stadtteilen in sechs der sieben Hamburger Bezirke.[527] Ausgangspunkt war das 1992 aufgesetzte Konzept „Soziale Brennpunkte" für die Stadtteilerneuerung, das Ursachen von Armut und Arbeitslosigkeit und nachteilige Folgen bekämpfen sollte, wobei später auch auf eine Stärkung des Selbstverständnisses und der Artikulationsbereitschaft der Betroffenen abgezielt wurde.[528]

Parallel dazu wurde unter anderem durch einen Beschluss der Bezirksversammlung Hamburg-Nord ein Stadtteilbeirat im Stadtteil Dulsberg eingesetzt, der sich anteilig aus Bewohnern, Vertretern der Verwaltung, sozialen Einrichtungen, der Kirche und anderen lokalen Akteuren zusammensetzt.[529] Der Beirat tagt öffentlich. Jeder Anwohner erhält ein volles Stimmrecht, sobald er drei Mal innerhalb eines halben Jahrs an den Versammlungen teilgenommen hat.[530] Mit dem Bezirksamt wurde abgesprochen, dass dieses keine Dulsberg betreffenden Entscheidungen fällt, ohne den Stadtteilbeirat vorher zu beteiligen. Zudem kann der Beirat autonom über Mittel aus dem jeweils aktuellen Verfügungsfonds entscheiden und kleine Projekte im Stadtteil damit finanzieren.[531] Unterstützt wird der Stadtteilbeirat von einem Stadtteilbüro, in dem eine hauptamtlich beschäftigte Person arbeitet, die als Geschäftsstelle die Organisation der ehrenamtlichen Arbeit im Stadtteilbüro vornimmt und als Schnittstelle zwischen Bürgern, Beirat, Behörden und

---

524 Website Zukunftsplan Altona, Die Arbeitsschritte im Einzelnen; Bezirksversammlung Altona Drucks.-Nr. XIX-1211.1 vom 19.07.2012.

525 *Bezirksamt Eimsbüttel*, Bezirksentwicklungsplan Eimsbüttel 2014–2018.

526 Vgl. *Bezirksamt Eimsbüttel*, Bezirksentwicklungsplan Eimsbüttel 2014–2018, S. 3 f.

527 *Netzwerk Hamburger Stadtteilbeiräte*, Nur mit uns (2016), S. 4, 34.

528 *Hansen/Söngen*, Bezirksamt Hamburg-Nord, Soziale Stadtteilentwicklung in Dulsberg 1995 bis 2002, S. 910.

529 *Hansen/Söngen*, Bezirksamt Hamburg-Nord, Soziale Stadtteilentwicklung in Dulsberg 1995 bis 2002, S. 14; *Netzwerk Hamburger Stadtteilbeiräte*, Nur mit uns (2016), S. 34.

530 Website Stadtteilbüro Dulsberg, Geschäftsstelle Stadtteilrat.

531 *Hansen/Söngen*, Bezirksamt Hamburg-Nord, Soziale Stadtteilentwicklung in Dulsberg 1995 bis 2002, S. 14; *Mayer*, Hamburgisches Stadtteilentwicklungsprogramm (2003), S. 63.

lokalen Akteuren dienen soll.[532] Finanziell begleitet wurden diese Einrichtungen durch Förderprogramme, zunächst durch das „Armutbekämpfungsprogramm" von 1995[533], dann durch das Stadtteilentwicklungsprogramm von 1998 (STEP)[534], die „Aktive Stadtteilentwicklung" von 2005[535] und das „Rahmenprogramm Integrierte Stadtteilentwicklung" (RISE) von 2009[536], das bis heute besteht.[537]

Die Stadtteilbeiräte erfüllen ihre Aufgabe als Anlaufstelle für Belange der Bürger bezüglich ihres Stadtteils. Sie sind der gesamten Stadtteilöffentlichkeit gegenüber offen, können innerhalb ihrer Mitgliedergemeinschaft eine Meinung zu aktuellen Themen oder Planungen im Stadtteil bilden und diese der Bezirksverwaltung mitteilen. In diesem Rahmen haben die Beiräte ein deliberatives Potenzial, da die Bürger vor Ort in die Meinungsbildung zu sie betreffenden Themen einbezogen werden können. Allerdings gibt es die Beiräte nicht in allen Stadtteilen, sodass diese Option nicht allen Bürgern offensteht. Zudem organisieren sich die Beiräte selbst, sodass ihre Größe (zwischen 10 und 50 Mitgliedern) und auch die Bestimmung der Mitglieder (von Wahl bis Losverfahren) sehr variiert.[538] Daneben sind sie finanziell bezüglich des Stadtteilbüros und der zu verteilenden Mittel stets vom aktuellen Förderprogramm abhängig. Somit gibt es weder eine einheitliche Struktur noch eine institutionelle Sicherheit für die Beiräte. Sie verfügen über keine rechtliche Verankerung und damit über keine formellen Mitwirkungsrechte. Sie können punktuell das Stimmungsbild eines Stadtteils zu einem Vorhaben einfangen und kommunizieren, sind aufgrund ihrer Selbstorganisation aber nicht repräsentativ und bilden stets nur einen Bruchteil des Bezirksvolkes ab, der sich aktiv engagiert.

Ähnliches lässt sich wiederum zu den Vergleichsländern Berlin und Bremen sagen. In Berlin gibt es sogenannte Quartiersmanagementgebiete mit Quartiersräten, die in den betroffenen Stadtteilen Bürgerbeteiligung zu Themen der Quartiersentwicklung durchführen.[539] In Bremen gibt es ebenfalls sozialräumlich ausgerichtete Förderprogramme, die ein Quartiersmanagement vorsehen und damit die Bürger vor Ort an der Stadtteilentwicklung

---

532 *Hansen/Söngen*, Bezirksamt Hamburg-Nord, Soziale Stadtteilentwicklung in Dulsberg 1995 bis 2002, S. 15.

533 Bü-Drucks. 15/3813 vom 22.08.1995.

534 Bü-Drucks. 16/1360 vom 08.09.1998, S. 4 f.

535 Bü-Drucks. 18/2127 vom 19.04.2005.

536 Bü-Drucks. 19/3652 vom 21.07.2009.

537 *Netzwerk Hamburger Stadtteilbeiräte*, Nur mit uns (2016), S. 34.

538 *Mayer*, Hamburgisches Stadtteilentwicklungsprogramm (2003), S. 61.

539 Berliner Senatsvorlage-Nr. S-312/2017 vom 31.03.2017, S. 4.

beteiligen.[540] In allen Fällen handelt es sich jedoch vornehmlich um Einrichtungen der punktuellen und informellen Beteiligung.

cc) Bürgerhaushalte

Das Instrument der Bürgerhaushalte wird in Deutschland seit Ende der 1990er Jahre auf kommunaler Ebene vielfältig genutzt, in Hamburg kam es erst zweimal zur Anwendung.[541] Hintergrund der Entwicklung in Deutschland war der aus der New-Public-Management-Reform entstandene Ansatz, dass man in einigen Regionen sogenannte „Bürgerkommunen" entwickeln wollte, die auf dem Leitbild einer kundenorientierten Verwaltung aufbauten. Sie sollten das freiwillige Engagement fördern und Bürger vermehrt an kommunalen Planungsprozessen beteiligen.[542] Hierzu wurde nach neuen Möglichkeiten gesucht, die Bürger an politischen Entscheidungen zu beteiligen, was zu Pilotprojekten der Bürgerhaushalte führte, die zum Beispiel von der Bertelsmann-Stiftung in Nordrhein-Westfalen organisiert wurden.[543] Die Bürgerhaushalte sollten dabei in erster Linie den Zweck verfolgen, den Gemeinderäten als einfaches Informationsinstrument zu dienen und den Bürgern eine Beteiligungsform zu geben, mit deren Hilfe sie sich besser mit den Haushaltsbeschlüssen identifizieren können.[544]

In Hamburg gab es jedoch nie explizite Bestrebungen eine „Bürgerkommune" zu werden, sodass auch der Bürgerhaushalt hier keine dementsprechende Tradition hat. Das Instrument wurde auf Antrag der Bürgerschaft, nach einem ersten Bürger-Dialog im Jahr 2006, ein zweites Mal im Jahr 2009 durchgeführt.[545] Ziel dieser Dialoge war „die Identifizierung der von den Bürgerinnen und Bürgern gesehenen Prioritäten und Posterioritäten bei den öffentlichen Aufgaben," insbesondere im Zusammenhang mit der damals aktuellen Finanzkrise und der daraus resultierenden Sparmaßnahmen.[546] Die Ergebnisse des Bürger-Dialogs wurden „dem Senat zur Einbeziehung in seine Beratungen über den Haushaltsplan-Entwurf 2011/2012 und die Mittelfristige Finanzplanung zur Verfügung gestellt".[547]

---

540 Bremische Bü-Drucks. 18/899 vom 07.05.2013, S. 3.

541 Vgl. *Neunecker*, in: Glaab, Politik mit Bürgern – Politik für Bürger, 199 (204); Website Bürgerhaushalt, Landkarte Bürgerhaushalte; Bü-Drucks. 19/2326 vom 03.03.2009.

542 *Bogumil/Holtkamp/Schwarz*, Das Reformmodell Bürgerkommune, S. 7; *Röcke*, Framing Citizen Participation, S. 78 ff., 83 f.

543 *Röcke*, Framing Citizen Participation, S. 84.

544 *Nantz/Fritsche*, Handbuch Bürgerbeteiligung, S. 47.

545 Bü-Drucks. 19/2326 vom 03.03.2009.

546 Bü-Drucks. 19/2326 vom 03.03.2009, S. 1.

547 Bü-Drucks. 19/2326 vom 03.03.2009, S. 2.

Hierbei konnten sich die Hamburger Bürger auf einer Website über die Haushaltsplanungen der Stadt in einem ersten Schritt informieren, wofür Videochats und Livediskussionen mit Experten zum Thema angeboten wurden. Im Anschluss konnte mithilfe eines Haushaltsrechners ein Haushalt mit eigenen Schwerpunkten erstellt und in einem dritten Schritt die eingebrachten Ideen in einem Forum diskutiert werden.[548] Die Website wurde von etwa 3.800 Bürgern besucht, wobei 245 individuelle Haushalte und 1.970 Forenbeiträge erarbeitet wurden.[549]

Im Abschlussbericht wurde aufgrund der quantitativen und qualitativen Ergebnisse der Beteiligung eine regelmäßige Einbeziehung der Bürger an haushaltspolitischen Entscheidungen als sinnvoll bewertet.[550] Es kam jedoch zu keiner Wiederholung des Formats auf Landesebene. Mit der Frage, ob ein Bürgerhaushalt auf Bezirks- oder Stadtteilebene stattfinden sollte, hat sich der Senat bis zum Ende der 21. Legislaturperiode nicht befasst.[551] Einen Impuls zur Weiterentwicklung dieser Idee gibt jedoch der Koalitionsvertrag für die 22. Legislaturperiode der Hamburgischen Bürgerschaft, den die SPD und Bündnis 90/Die Grünen für den Zeitraum von 2020 bis 2025 geschlossen haben. Darin heißt es, dass „[wir] [f]ür besonders bedeutende Stadtentwicklungsprojekte und neue, kreative Beteiligungsformate […] die Einrichtung eines Bürger*innenbeteiligungs-fonds prüfen [werden], auf den die Bezirke nach Vorlage eines Konzeptes zugreifen können."[552]

Wie bei fast allen anderen Bürgerhaushalten, die bisher in Deutschland stattgefunden haben, wurde auch dieses Beteiligungsformat von der politischen Seite aus initiiert, ausgestaltet und war informell, beratend und damit deliberativ.[553] Die Bürger wurden lediglich bezüglich der Haushaltsthemen konsultiert und konnten ihre Ideen miteinander und mit Experten auf der Website diskutieren, ohne dabei Entscheidungskompetenzen übertragen zu bekommen. Die Sortierung und Umsetzung der Ergebnisse oblagen allein der hoheitlichen Seite, sodass es sich um einen Prozess des „selektiven Zuhörens"[554] handelte. Nur bei Zustimmung von Seiten des Senats, der den

---

[548] Hamburgische Bürgerschaft, Ergebnisbericht Bürgerhaushalt Hamburg 2009, S. 5 f., 19 f.

[549] Hamburgische Bürgerschaft, Ergebnisbericht Bürgerhaushalt Hamburg 2009, S. 6, 29, 46.

[550] Hamburgische Bürgerschaft, Ergebnisbericht Bürgerhaushalt Hamburg 2009, S. 166.

[551] Bü- Drucks.: 21/7722 vom 24.02.2017, S. 18

[552] Koalitionsvertrag SPD/Bündnis 90/Die Grünen, Bürgerschaft 22. Legislaturperiode, S. 24.

[553] Dazu *Kleger*, in: Herzberg/Sintomer/Kleger, Hoffnung auf eine neue Demokratie, 313 (322).

[554] *Herzberg/Sintomer/Allegretti/Röcke*, Dialog Global, S. 14.

Haushalt erarbeitet und der Bürgerschaft, die ihn letztlich beschließt, gab es die Option, Vorschläge der Bürger zu übernehmen.[555]

In den beiden anderen Stadtstaaten fanden bisher keine Bürgerhaushalte auf Landesebene statt, wobei es in Berlin jedoch Überlegungen in diese Richtung gibt.[556] Auf Bezirks- und Stadtteilebene fanden in Bremen Bestrebungen diesbezüglich im Stadtteil Walle statt, die jedoch wieder eingestellt wurden.[557] In Berlin gibt es dagegen seit 2005 die dauerhafte Einrichtung des Kiezfonds beziehungsweise des Bürgerhaushalts im Bezirk Lichtenberg.[558] Im Jahr 2019 wurden vom Bezirksamt insgesamt 130.000 € für die 13 Stadtteile des Bezirks zur Verfügung gestellt, womit Projekte, die der Entwicklung des jeweiligen Stadtteils dienen (zum Beispiel Nachbarschaftsprojekte, Verschönerung öffentlicher Bereiche, Pflanzaktionen, Straßenfeste und Diskussionsveranstaltungen) umgesetzt werden sollen. Die Anwohner können auf einer Website[559] Ideen einreichen und bis zu 1.000 € für ihre Projekte beantragen. Über die Bewilligung der Gelder entscheidet eine Bürgerjury, in der vom Bezirksbürgermeister berufene Bürger sitzen.[560] Hintergrund der Einrichtung dieses Projekts war die prekäre finanzielle Lage Berlins, die zu einer Neuordnungsagenda des Landes führte, mit der die Effizienz der Berliner Verwaltung verbessert werden sollte. Mit dem Bürgerhaushalt wollte man einen neuen Akzent setzen, mit dem Ziel, die Bürger über knappere öffentliche Mittel aufzuklären und sie an der Diskussion über die Ausgestaltung öffentlicher Leistungen zu beteiligen.[561] Das Projekt läuft bis heute und wird als Leuchtturmprojekt für Deutschland bezeichnet.[562]

4. Instrumente der repräsentativen Demokratie

Auch in Hamburg, dessen Regierungssystem repräsentativ ausgestaltet ist, entscheiden die Bürger nach Art. 6 Abs. 2 HV durch Wahlen, wer von den Mandatsbewerbern ins Landesparlament einzieht und dort in ihrem Namen über Sachfragen abstimmt.

---

555 Bü-Drucks. 19/2326 vom 03.03.2009, S. 1.

556 2020 könnte Berlin einen Bürgerhaushalt bekommen, in: Der Tagesspiegel vom 18.09.2019.

557 Website Bürgerhaushalt, Bremen/Walle.

558 *Röcke*, Framing Citizen Participation, S. 144 f.

559 Website Bürgerhaushalt Lichtenberg.

560 *Bezirksamt Lichtenberg von Berlin*, Kiezfonds.

561 *Herzberg/Cuny*, in: Herzberg/Sintomer/Kleger, Hoffnung auf eine neue Demokratie, 255 (258 f.).

562 *Mehr Demokratie*, Bürgerhaushalte in den Berliner Bezirken.

Die erste Hamburgische Bürgerschaft nach dem Ende des Zweiten Weltkrieges wurde im Rahmen des Wiederaufbaus demokratischer und rechtsstaatlicher Strukturen im Februar 1946, zunächst ohne Wahlen von der britischen Besatzungsmacht ernannt, um vorläufig wieder eine Arbeitsfähigkeit herzustellen. Sie bestand aus einem Querschnitt der Hamburger Bürger und einigen Politikern und hatte die Aufgabe, eine neue Verfassung für Hamburg zu erarbeiten.[563] Die ersten Nachkriegswahlen fanden dann im Oktober 1946 statt.[564] Seit dem Erlass der endgültigen „Verfassung der Freien und Hansestadt Hamburg“ im Jahr 1952 wurde die Bürgerschaft gemäß Art. 10 Abs. 1 HV a.F.[565] alle vier und seit 2014 gemäß Art. 10 Abs. 1 HV alle fünf Jahre von den Hamburger Bürgern neu gewählt. Wahlberechtigt sind nach § 6 Abs. 1 BüWG[566] alle Deutschen, die das 16. Lebensjahr vollendet haben und seit mindestens drei Monaten ihren Wohnsitz in Hamburg haben. Gewählt wird nach § 2 BüWG nach den Grundsätzen einer mit der Personenwahl verbundenen Verhältniswahl, wobei von den 121 Abgeordneten der Bürgerschaft 71 nach Wahlkreislisten und die übrigen nach Landeslisten gewählt werden.[567] Die Wahlbeteiligung lag bei der ersten Wahl im Jahr 1946 bei 79 %, hatte zwischenzeitlich im Jahr 1982 den höchsten Stand mit 84 % und wies bei der Wahl im Jahr 2015 den historisch niedrigsten Wert von 56,5 % auf.[568] Im Jahr 2020 lag die Wahlbeteiligung wieder bei 63 %.

Darüber hinaus werden auch die sieben Bezirksversammlungen regelmäßig alle fünf Jahre gewählt, gemeinsam mit der Wahl zum Europäischen Parlament, § 1 BezVWG[569]. Hierbei werden nach § 2 Abs. 2 BezVWG etwa zwei Drittel der Bezirksabgeordneten nach Wahlkreislisten und die übrigen Mitglieder nach Bezirkslisten gewählt. Durch die Wahl legitimieren die Bürger die ehrenamtlich tätigen Mitglieder der Bezirksversammlungen, die an der Verwaltung mitwirken, indem sie nach § 19 BezVG die Führung der

---

563 *Tormin*, Der schwere Weg zur Demokratie, S. 116, 118, 121 f.

564 *Lüth*, Die Hamburger Bürgerschaft 1946–1971, S. 32.

565 Verfassung der Freien und Hansestadt Hamburg, i. d. F. der Bekanntmachung vom 06.06.1952 (HmbBl. I 100-a).

566 Gesetz über die Wahl zur Hamburgischen Bürgerschaft (BüWG) i. d. F. vom 22.07.1986 (HmbGVBl. 1986, S. 223), zuletzt geändert durch Gesetz vom 13.09.2019 (HmbGVBl. S. 280).

567 Dazu *Schulz*, in.: Kaiser/Michl, Landeswahlrecht, 217 (222 f.).

568 *Statista*, Wahlbeteiligung bei den Bürgerschaftswahlen in Hamburg von 1946 bis 2015.

569 Gesetz über die Wahl zu den Bezirksversammlungen (BezVWG) i. d. F. vom 05.07.2004 (HmbGVBl. 2004, S. 313, 318), zuletzt geändert durch Gesetz vom 06.12.2018 (HmbGVBl. S. 376).

Geschäfte der Bezirksämter kontrollieren.[570] Die Wahlbeteiligung zu den Bezirksversammlungen lag im Jahr 2019 bei 58,6 % und damit deutlich über dem Wert der davorliegenden Wahl im Jahr 2014, bei der lediglich 40,9 % der Hamburger abstimmten.[571]

Auch in den übrigen Bundesländern der Bundesrepublik werden die Landesparlamente und die Gemeindevertretungen nach der jeweiligen Verfassung oder der Gemeindeordnung und den dazugehörigen Wahlgesetzen regelmäßig von den wahlberechtigten Bürgern gewählt.[572] In Berlin wird beispielsweise gemäß § 7 Abs. 1 WahlG BE[573] das Abgeordnetenhaus für die Dauer von fünf Jahren gewählt, was ebenso für die Bezirksverordnetenversammlungen gilt, die mit ersterem zusammen gewählt werden.[574]

Somit ist die Wahl als politische Partizipation[575] das grundlegende Instrument, mit dem die Hamburger sowie die Bürger der anderen Bundesländer an der Konstituierung ihrer jeweiligen Landesparlamente und Bezirks(abgeordneten)versammlungen wie Gemeinderäte mitwirken und die zur Wahl gestellten Personen legitimieren können.

5. *Zwischenergebnis*

Die Darstellung der Hamburger Bürgerbeteiligungsinstrumente hat ergeben, dass es landestypisch traditionelle und etablierte formal geregelte Beteiligungsformen wie Wahlen, Petitionen, Öffentlichkeitsbeteiligung im Bauplanungsverfahren und direktdemokratische Beteiligungsformen auf Landes- und Bezirksebene gibt. Somit sieht die Rechtsordnung hier repräsentative, deliberative und auch direktdemokratische Beteiligungsformen vor.

Daneben haben sich jedoch auch neuere Beteiligungsinstrumente im partizipativen Bereich, namentlich die Konsensmethoden auf Landes- und Bezirksebene entwickelt, die wie auf Landesebene zum Abschluss von „Bürgerverträgen" führen. Dieser Prozess begann auf Bezirksebene parallel mit der Einführung von Bürgerbegehren und -entscheiden im Jahr 1998. In den Bezirken, also auf exekutiver Ebene, setzte man somit von Anfang an auf

---

570 *David*, HV, Art. 56 Rn. 16, 32.

571 *Statistisches Amt für Hamburg und Schleswig-Holstein*, Analyse der Wahlen zu den Bezirksversammlungen in Hamburg am 26. Mai 2019, S. 20.

572 *Geis*, Kommunalrecht, § 11 Rn. 2 ff.

573 Gesetz über die Wahlen zum Abgeordnetenhaus und zu den Bezirksverordnetenversammlungen (Landeswahlgesetz) vom 25.09.1987, zuletzt geändert durch Gesetz vom 02.12.2020 (GVBl. S. 1435).

574 *Hoffmann/Schwenkner*, in: Kost/Wehling, Kommunalpolitik in den deutschen Ländern, 63 (67).

575 *Fishkin*, When the People Speak, S. 45.

konsensuale Lösungen im Konfliktfall zwischen Bürgerinitiativen, die ein Bürgerbegehren anmeldeten, und der Lokalpolitik, um so eine alle zufriedenstellende Lösung zu finden. Auf der Landesebene, wo die direkte Demokratie die legislative Ebene betrifft, begann die Verstetigung der Konsensfindung ab dem Jahr 2013. Dem ging die Änderung des Art. 50 HV im Jahr 2008 voraus, wonach das Ergebnis eines Volksentscheides für Bürgerschaft und Senat rechtlich verbindlich und mit Einführung des fakultativen Referendums noch zusätzlich in seinem Bestand gesichert wurde. Die rechtliche Stärkung des Volksentscheides scheint hier wesentlich zur grundsätzlichen Einigungsbereitschaft auf Seiten der Politik beigetragen zu haben, die sich sodann verstärkt auf informelle Mechanismen zur Durchführung der Konsensfindung konzentrierte.

Aber auch im deliberativen Bereich erweist sich die repräsentative Seite als innovativ. Auf der einen Seite ist der Hamburger Gesetzgeber mit dem Hamburgischen Seniorenmitwirkungsgesetz zu nennen, das ein neues formell abgesichertes Beteiligungsgremium schafft, auf der anderen Seite die Verwaltung mit dem Bürger-Dialog bezüglich der Gestaltung des öffentlichen Haushaltes oder mit der Einführung der Hamburger Stadtwerkstatt im Jahr 2012, die damit die traditionellen formellen Vorgaben der Öffentlichkeitsbeteiligung durch informelle Zusatzangebote anreichert.

In der Zusammenschau zeigt sich, dass die Hamburger Politik und Verwaltung insbesondere die Möglichkeiten der gesetzlich nicht geregelten und somit informellen Bürgerbeteiligung nutzen, wobei sich die neuen Instrumente im Bereich zwischen Deliberation und Partizipation bewegen. Gerade die Konsensmethoden sind dabei mit ihrer partizipativen Natur eine deutliche Innovation im Vergleich zu den traditionellen, formellen Instrumenten, bei denen schlicht ein Instrument fehlt, das Bürger auf Augenhöhe in einen Entscheidungsprozess einbezieht. Hiermit setzt Hamburg sich auch von den anderen Stadtstaaten Berlin und Bremen ab, die eine solche Regelhaftigkeit bei der Einigung mit direktdemokratischen Initiativen nicht kennen.

Fraglich ist jedoch, wie sich diese neuen Beteiligungsmöglichkeiten in das Demokratieverständnis in Hamburg und damit auch in Deutschland einordnen lassen. Ein grundsätzliches Demokratiedefizit im Sinne des Art. 20 Abs. 2 Satz 1 GG und Art. 3 Abs. 2 Satz 1 HV, wonach die Ausübung der Staatsgewalt durch das Volk grundsätzlich gestört oder unvollständig sein könnte, ist aufgrund der dargestellten Staatsstruktur und Funktionalität in Hamburg abzulehnen. Die parlamentarischen und exekutiven Repräsentativstrukturen werden insbesondere durch regelmäßig stattfindende Wahlen legitimiert und durch anlassbezogen stattfindende direktdemokratische Verfahren ergänzt, sodass das Landesvolk im Sinne des Demokratieprinzips hinreichend an der Ausübung von Staatsgewalt teilnehmen kann. Die dargestellte instrumentale Entwicklung seit Ende der 1990er Jahre in Hamburg hat jedoch gezeigt, dass die Bürger auf Landes- wie auf Bezirksebene ein hohes Interesse an vermehrter Beteiligung haben und sich insbesondere der Volksgesetzgebung bedienen, um sich selbst in den Bezirken das Instrument der Bürgerentscheide zu verschaffen. Zudem konnten durch politische Entwicklungen und eine grundsätzliche Einigungsbereitschaft der politischen Akteure die Instrumente im Laufe der Zeit stetig verfestigt und verbindlicher ausgestaltet werden. Diese Entwicklung hat jedoch eine Lücke zwischen der Repräsentation und den direktdemokratischen Instrumenten offengelassen, die die deliberativen Instrumente nicht füllen konnten.

Es fehlten Instrumentarien, welche die Responsivität politischer Entscheidungen erhöhten. Von der ursprünglich innovativen Übertragung politischer Entscheidungskompetenz auf die Bürger durch direktdemokratische Instrumente, die einen Sachverhalt jedoch stets auf eine nur mit Ja oder Nein zu beantwortende Frage herunterbrechen, entwickelte sich im Laufe der Zeit auf beiden Seiten ein Bedürfnis und Erfordernis nach einer Möglichkeit des Dialogs und der Kompromissfindung, woraus die Konsensmethoden entstanden. Da sich diese aus der politischen Praxis heraus entwickelt haben, gibt es bisher keine formellen Grundlagen für diese Verfahren. Es handelt sich daher um informelle Ergänzungen eines demokratischen Systems und politische Hilfsmittel, derer sich die Landes- und Bezirkspolitik bedient, um den direktdemokratischen Konflikt mit erfolgversprechenden Initiativen zu vermeiden und zu beenden. Dennoch zeigen die Konsensmethoden, wie auch die informellen, deliberativen Ansätze, eine grundsätzliche Offenheit der Hamburger Legislative und Exekutive gegenüber neuen Beteiligungsformaten. Die Repräsentanten werden durch die verschiedenen Beteiligungsmöglichkeiten und insbesondere durch die scharfen Schwerter von Volks- und Bürgerentscheid dazu gezwungen, sich gegenüber den Bürgern zu öffnen und deren Bedürfnisse vermehrt in die Planung von Vorhaben einzubeziehen und so ein responsiveres Regierungsverständnis zu entwickeln. Diese informellen Entwicklungen füllen dabei Lücken, die die formellen Beteiligungsinstrument bisher noch offengelassen haben.

III. Gemeinsamkeiten und Unterschiede der Beteiligungsinstrumente

Die vorstehende konzeptionelle Untersuchung der in Schottland und Hamburg existierenden Bürgerbeteiligungsinstrumente zeigt, wie vielfältig und teilweise unübersichtlich sich die Beteiligungsmöglichkeiten darstellen. Die Einordnung in die verschiedenen demokratietheoretischen Kategorien ermöglicht dabei eine systematisierte und somit übersichtliche Darstellung der verschiedenen Instrumente. Auf dieser Grundlage können im Folgenden die grundsätzlichen Gemeinsamkeiten und Unterschiede herausgearbeitet werden, um geeignete Vergleichsobjekte zu identifizieren.

1. Gemeinsamkeiten

Gemeinsamkeiten zeigen sich insbesondere bei den Instrumenten der repräsentativen Demokratie. Sowohl in Schottland als auch in Hamburg werden das Landesparlament und die sich auf der darunter befindenden exekutiven Ebene bestehenden *councils* und Bezirksversammlungen in regelmäßigen Abständen vom Landes-, *council*- und Bezirksvolk in freien und gleichen Wahlen gewählt und somit personell demokratisch legitimiert. Dies ist insofern nicht überraschend, als beide Länder, wenn auch mit unterschiedlichen Kompetenzen, als parlamentarische Demokratien organisiert sind. Die in bestimmten Abständen stattfindenden Wahlen des Legislativorgans stellen dabei einen der Grundpfeiler der demokratischen Staatsorganisation dar.[576]

Auch im Rahmen der deliberativen Beteiligungsinstrumente gibt es vielzählige Überschneidungen, mit Ausnahme des Seniorenmitwirkungsgesetzes, mit dem Hamburg heraussticht. Darüber hinaus kennen aber beide Länder mit rules 15.4 ff. Standing Orders of the Scottish Parliament und Art. 28 HV Petitionen oder Eingaben, wie es in Hamburg heißt. Mit diesen können einzelne Bürger Bitten und Beschwerden an das Parlament, beziehungsweise an den durch dieses eingesetzten Petitionsausschuss richten, der dann in beiden Fällen über das Schicksal der Eingabe entscheidet. In Hamburg gibt es zusätzlich mit Art. 29 HV noch die Volkspetition, wonach sich die Bürgerschaft mit einem Anliegen befasst, das von 10.000 Hamburgern per Unterschrift unterstützt wird. Diesen Mechanismus kennt im Vereinigten Königreich nur das *House of Commons* im Westminster Parlament, das jedoch 100.000 Unterschriften für eine parlamentarische Debatte verlangt.[577]

---

576 Dazu Mangoldt/Klein/Starck/*Sommermann*, GG, Bd. 2, Art. 20 Rn. 81, 83.

577 *Leyland*, The Constitution of the United Kingdom, S. 148.

Ähnlich ist darüber hinaus auch die Öffentlichkeitsbeteiligung im Bauplanungsrecht ausgestaltet, wo die jeweiligen Gesetze[578] in Schottland und Hamburg nur ein Mindestmaß an formeller Beteiligung vorsehen, deren Ergebnisse die öffentlichen Stellen lediglich zur Kenntnis nehmen, jedoch nicht umsetzen müssen. Auch kennen beide Systeme Formen der bürgernahen Stadtteilentwicklung zur Bekämpfung sozialer Ungleichheiten. Schottland hat das in Part 2 Community Empowerment (Scotland) Act 2015 geregelte *community planning*, das alle *local authorities* durchführen müssen, Hamburg die Quartiers- und Stadtteilbeiräte, die allerdings nur informell organisiert sind und die es nicht in allen Hamburger Stadtteilen gibt, sodass ihr Wirkbereich dem der schottischen *locality plans* nach sec. 9(3), 10(1) Community Empowerment (Scotland) Act 2015 entspricht. In diesem Bereich ist die schottische flächendeckende Organisation inklusive einer gesetzlichen Regelung als rechtsverbindlicher sowie potenziell demokratischer zu bewerten, zumal das *community planning* in allen Landesteilen stattfindet und somit allen Einwohnern die Möglichkeit gibt, sich in die Stadtteilentwicklung einzubringen. Zuletzt bestehen auch Parallelen in der Strategie beider Länder, informelle Beteiligungsverfahren wie *mini-publics*, Workshops und Fokusgruppen oder Angebote der Onlinebeteiligung zur Ergänzung der formellen Instrumente zu nutzen und neue Formen der konsultativen Bürgerbeteiligung im Verwaltungsbereich zu testen.

Die Überschneidungen im deliberativen Bereich dürften daraus resultieren, dass es sich dabei thematisch insbesondere um die Bereiche des Bauplanungsrechts und der Stadtentwicklung handelt, in denen Bürger direkt von den Entscheidungen betroffen sind. Hier besteht grundsätzlich ein sehr hohes Bedürfnis in der Bevölkerung, sich zu diesen Themen zu äußern und sie im Optimalfall mitzugestalten, sodass sich hier in beiden Ländern ein weites Spektrum an Konsultationsmethoden entwickelt hat. Alle diese deliberativen Verfahren, die den Zweck haben, ein Stimmungsbild zu bestimmten Themen zu ermitteln und im Optimalfall so die politische Debatte mit Ansichten der Bürger anzureichern, haben als gemeinsamen Nenner das demokratische Prinzip der Stimmgleichheit. Auch wenn einige Beteiligungsinstrumente nicht in allen Landesteilen angeboten werden, haben zumindest alle Betroffenen einer Region, denen ein solches Instrument offen steht, ein gleiches Beteiligungsrecht inne und allen abgegebenen Stimmen kommt das gleiche, wenn in der Praxis meist auch eher geringe, Gewicht zu.[579] Dieser Umstand ist in beiden Systemen letztlich Ausfluss des gelebten Demokratieprinzips.

---

[578] Sec. 10 und 18 Town and Country Planning (Scotland) Act 1997; § 3 BauGB.

[579] *Cooper/Smith*, JoPD Vol. 8 (2012): Iss. 1, Article 3, S. 15.

2. *Unterschiede*

Unterschiede lassen sich dagegen insbesondere im Bereich der direkten Demokratie finden. Obwohl sowohl das Vereinigte Königreich als auch die Bundesrepublik Deutschland in der Literatur beide als „ängstliche Länder“ bezüglich der Ausgestaltung direkter Demokratie auf gesamtstaatlicher Ebene eingeordnet werden,[580] unterscheidet sich die regionale Anwendung erheblich. Während die Bürger in Hamburg auf Landesebene mit der Volksgesetzgebung des Art. 50 HV eigene, das Parlament und die Regierung bindende Gesetze beschließen und auf Bezirksebene mit dem Bürgerentscheid gemäß § 32 BezVG Beschlüsse fassen können, die die gleiche Wirkung wie ein Beschluss der Bezirksversammlung und damit eines Organs der Exekutive haben, finden sich keine in diesem Sinne direktdemokratischen Instrumente in Schottland. Das plebiszitäre Instrument des Referendums ist nicht direktdemokratisch im hier vertretenen Sinne, da es den Bürgern keine Staatsgewalt überträgt. Es kann weder von den Bürgern initiiert werden, noch werden Parlament oder Regierung in Schottland oder gar Westminster rechtlich durch das Ergebnis gebunden.[581] Es fragt lediglich rein informatorisch ein Stimmungsbild der Bevölkerung zu einer bestimmten Sachfrage ab. Das Fehlen eines Volksgesetzgebers neben dem schottischen Parlament könnte im Zusammenhang mit dem Grundsatz der absoluten Parlamentssouveränität des Westminster Parlaments stehen, wonach dieses durch keine andere Instanz gebunden werden kann.[582] Auch wenn Schottland über die Jahrhunderte in vielen Bereichen sein eigenes Rechtssystem behalten hat, scheint auch hier ein restriktives Verständnis davon zu bestehen, inwieweit Staatsgewalt mit den Bürgern geteilt werden sollte, um ihnen eine Ergänzung zu den repräsentativen Strukturen zu gewähren.

Im Bereich der Partizipativen Demokratie oder auch kooperativen Zusammenarbeit der Bürger mit der Politik erweist sich Schottland dagegen im Vergleich zu Hamburg als recht innovativ. Es hat im *Community Empowerment (Scotland) Act 2015* mit dem Verfahren der *participation request* und der Möglichkeit einer Anordnung einer *participation in public decision-making* direkt zwei neue Mechanismen zur Stärkung von Bürgerbeteiligung eingeführt und insbesondere formal abgesichert. Das von der schottischen Regierung daneben sehr geförderte *participatory budgeting* verfügt zwar über keine Rechtsgrundlage, wird aber durch das offizielle *community*

---

[580] Vgl. *Walter-Rogg*, in: Gabriel/Kropp, Die EU-Staaten im Vergleich, 236 (261).

[581] *Kimmel*, in: Gabriel/Kropp, Die EU-Staaten im Vergleich, 62 (77); *Kaufmann/Waters*, Direct Democracy in Europe, S. 39 ff.

[582] *Fröhlich*, Von der Parlamentssouveränität zur Verfassungssouveränität, S. 50 ff.

choices Programm seit dem Jahr 2016 mit einem hohen finanziellen Aufwand gefördert. Zudem wurde es durch die Vereinbarung der schottischen Regierung mit *COSLA* hinsichtlich des durch die *local authorities* bis zum Jahr 2021 zu erreichenden 1 %-Ziels systemimmanent[583] und verfügt somit über einen quasi-institutionellen Rahmen. Hintergrund der Einführung dieser neuen Instrumente war dabei das Bestreben der Regierung, die Bürger für Beteiligungsprozesse zu aktivieren und sie in öffentliche Entscheidungsprozesse einzubeziehen, um so bessere Entscheidungen treffen zu können und gleichzeitig den Gemeinden mehr Mitspracherechte zur verbesserten Selbstbestimmung zu gewähren. Die Hamburger Partizipationsmethoden in Form von Konsensmethoden auf Landes- und Bezirksebene dagegen haben sich aufgrund des Leerraums entwickelt, der seit Einführung der direkten Demokratie zwischen formell abgesicherten repräsentativen und direktdemokratischen Beteiligungsinstrumenten bestand. Die politische Seite nutzt die Konsensmethoden regelmäßig zum Konfliktmanagement und reagiert damit auf direktdemokratische Initiativen. Sie versucht, die Initiatoren in einem meist recht späten Stadium eines Entscheidungsverfahrens nachträglich einzubeziehen, um zur Konfliktbewältigung eine responsivere Lösung zu finden. Die Bürger gelangen somit über den Umweg direktdemokratischer Instrumente zu einem stärkeren Mitspracherecht.

In allen Fällen sind Umfang und Ausgestaltung der Partizipation letztlich von der Bereitschaft der Repräsentanten abhängig, diese zu gewähren.[584] Dies erklärt die Vielfältigkeit der Methoden. Trotz der unterschiedlichen Beweggründe für die Einführung und die verschiedenen Ausgestaltungen der Instrumente dienen sie alle dazu, die Bereitschaft zur konstruktiven Mitwirkung der Bürger zu stärken und ihr Wissen zu aktivieren, was mit den tradierten, einseitig ausgestalteten Handlungsformen oft nicht hinreichend gelingt.[585] Die neuen Kommunikationswege sollen demnach sowohl in Schottland als auch in Hamburg dabei helfen, das Bemühen der Repräsentanten, die Interessen der Bürger in ihre Entscheidungen einzubeziehen, in die Praxis umzusetzen.

---

[583] Vgl. *O'Hagan/Hill O'Connor/MacRae/Teedon*, Evaluation of Participatory Budgeting Activity in Scotland 2016–2018, S. 8 ff., 70; *PB Scotland*, Scotland's Community Choices Programme (2017).

[584] *Harkins/Escobar*, PB in Scotland: an overview of strategic design choices, S. 21.

[585] Vgl. dazu *Hoffmann-Riem*, in: Hoffmann-Riem/Schmidt-Aßmann/Voßkuhle, Grundlagen des Verwaltungsrechts, Bd. II, 885 (941).

3. *Identifizierung der Vergleichsobjekte*

Die Untersuchung der Gemeinsamkeiten und Unterschiede der Beteiligungsinstrumente hat gezeigt, dass sich die traditionellen Beteiligungsinstrumente der repräsentativen Demokratie in Hamburg und Schottland sehr ähnlich sind und von ihnen keine Modernisierungsimpulse ausgehen, die einen Vergleich erforderlich machen. Ein Rechtsvergleich direktdemokratischer Beteiligungsinstrumente schließt sich insofern aus, als dass die schottische Rechtsordnung über keine solchen Mechanismen verfügt. Dementsprechend verspricht der Bereich der konsultativen Demokratie für die weitere Untersuchung den höchsten Erkenntnisgewinn. Hierbei sind aufgrund der aktuellen Entwicklungen insbesondere die relativ neuen partizipativen Beteiligungsinstrumente in den Fokus zu nehmen.

Die Hamburger Konsensmethode auf Landesebene, die eine Beteiligung an legislativen Entscheidungen ermöglicht, findet keinen instrumentalen Gegenpol in Schottland. Die vermehrte Bürgerbeteiligung an legislativer Ausschussarbeit im schottischen Parlament, die die *engagement unit* etablieren soll, ist für einen Vergleich noch nicht so weit entwickelt, als dass hinreichende empirische Daten für eine vergleichende Studie existierten, und dürfte auch aufgrund der Vielgestaltigkeit der Beteiligungsstränge kein geeignetes Vergleichsobjekt darstellen.

Daneben finden auch die drei schottischen Partizipationsmethoden in Hamburg keine vollständigen Entsprechungen, wohl aber verwandte Mechanismen, die einem Rechtsvergleich zugänglich sind. Das *participatory budgeting* findet sein Gegenstück im lediglich deliberativ ausgestalteten Hamburger Bürgerhaushalt. Zwar sind die Ebenen, auf denen die Instrumente durchgeführt werden, als Ansatzpunkte für einen Vergleich ungeeignet, da sowohl die erste als auch die zweite Generation des *participatory budgetings* in Schottland auf Ebene der *local authorites* oder darunter auf Ebene der *communities*, der Hamburger Bürgerhaushalt oder Bürger-Dialog dagegen auf Landesebene organisiert und durchgeführt wurde.[586] Allerdings ist in beiden Fällen die Zielrichtung vergleichbar, da es bei beiden Verfahren darum geht, die Exekutive bezüglich der Bearbeitung von Haushaltsfragen in Richtung der Bürger zu öffnen. Eine wichtige Rolle spielt dabei auch der übereinstimmende Wunsch der Initiatoren der Instrumente, also der schottischen Regierung und der Hamburgischen Bürgerschaft, hierdurch die Ermittlung der Präferenzen der Bürger hinsichtlich öffentlicher Leistungen und Aufgaben und der entsprechenden finanziellen Unterstüt-

[586] Bü-Drucks. 19/2326 vom 03.03.2009.

zung zu ermöglichen. Somit können diese haushalts- oder finanzrelevanten Beteiligungsinstrumente dahingehend vergleichend betrachtet werden, ob sie zu einer allgemeinen Demokratisierung dieser Verfahren beitragen.

Das Instrument der *participation request*, bei welchem es im Grundsatz um die Kooperation von bürgerlichen Gruppierungen mit Vertretern der Exekutive geht, kann daneben durchaus mit der Hamburger Konsensmethode auf Ebene der Bezirke verglichen werden. Auch in Hamburg wird einer Gruppe von Bürgern ein einflussreicher Diskurs mit der Lokalverwaltung eröffnet, wobei hier insbesondere mit Vertretern der Bezirksversammlungen verhandelt wird. Das Instrument der *participation request* eröffnet dagegen den Diskurs mit einer ganzen Liste öffentlicher Stellen (sec. 22(1) i.V.m. sch. 2 Community Empowerment (Scotland) Act 2015). Hierunter fallen jedoch auch die *local authorities* und damit die *councils*. Da diese ebenso wie die Bezirksversammlungen gewählte Institutionen der Lokalverwaltung bilden, soll sich der Vergleich insbesondere auf diesen Bereich beziehen. So kann die Zusammenarbeit von Bürgern mit ihren gewählten Lokalabgeordneten daraufhin untersucht werden, ob dies die demokratischen Strukturen in diesem Bereich stärkt oder möglicherweise sogar schwächt.

Die Regelungen zur *participation in public decision-making*, die die Bürgerbeteiligung eher indirekt stärken sollen, indem Minister des schottischen Parlaments die Durchführung von Bürgerbeteiligung in bestimmten Fällen gegenüber nachgeordneten Verwaltungseinheiten anordnen können, findet in Hamburg keine Entsprechung in den Reihen der Beteiligungsinstrumente. Am nächsten kommt ihm das besondere Weisungs- und Evokationsrecht des Hamburger Senats aus § 1 Abs. 4 VerwBehG, § 42 Satz 2 BezVG. Auch wenn dieses primär der Wahrnehmung von Führungs- und Beaufsichtigungsaufgaben des Senats gegenüber nachgeordneten Behörden dient,[587] wird gerade die Evokation häufig im Zusammenhang mit Bürgerbeteiligungsverfahren genutzt, bei denen es zu keiner Einigung kommt. In Verbindung mit dem Weisungsrecht kann diese Kompetenz des Hamburger Senats somit als Gegenstück zur *participation in public decision-making* in den Vergleich einbezogen werden, um insbesondere die Einordnung und Bewertung dieser ministeriellen Eingriffsrechte bezüglich der demokratischen Auswirkungen auf die Verwaltung vorzunehmen.

All diesen Mechanismen ist letztlich gemein, dass sie eine Beteiligung der Bürger auf der Ebene der Verwaltung ermöglichen, unterstützen oder regulieren, sodass eine vergleichende Betrachtung, die den Fokus auf die demokratischen Auswirkungen dieser Methoden auf die Exekutive sowie recht-

[587] *David*, HV, Art. 33 Rn. 24 f.

liche Grenzen und Weiterentwicklungsmöglichkeiten setzt, erkenntnisreich zu sein verspricht.

IV. Ergebnis

Nachdem die verschiedenen Bürgerbeteiligungsinstrumente in einer instrumentalen Analyse in den jeweiligen landesspezifischen Kontext gesetzt und die Instrumente in die verschiedenen demokratietheoretischen Stufen eingeordnet wurden, ergibt sich ein übersichtliches Gesamtbild. Hieraus konnten die bestehenden Gemeinsamkeiten und Unterschiede der beiden Rechts- und Beteiligungssysteme herausgearbeitet werden, wonach es insbesondere im Bereich der Instrumente der repräsentativen und deliberativen Demokratie deutliche Überschneidungen gibt. Dies dürfte auf die übereinstimmenden Regierungssysteme der parlamentarischen und damit repräsentativ ausgestalteten Demokratie zurückzuführen sein.

Deutliche Unterschiede finden sich dagegen in den Bereichen der direkten und partizipativen Demokratie. Während es in Hamburg für die Bürger mehrere Möglichkeiten gibt, sich in rechtlich verbindlicher Weise auf Landesebene in die Gesetzgebung und auf Bezirksebene in die Verwaltungstätigkeit einzumischen, existiert eine solche Möglichkeit in Schottland nicht.

Dagegen kennen beide Länder partizipative Instrumente, deren Ausgestaltung sich jedoch unterscheidet. In Schottland sind sie entweder formal oder institutionell abgesichert und ermöglichen den Bürgern ein Mitspracherecht in der Verwaltungstätigkeit. Hamburg weist daneben nur politisch gewachsene, informelle Praktiken auf, dafür aber sowohl auf Legislativ- als auch auf Exekutivebene.

Da es im direktdemokratischen Bereich in Schottland keine Anknüpfungspunkte gibt, scheidet dieser für einen funktionalen Vergleich aus. Dagegen erscheint die Ausgestaltung der partizipativen Demokratie für einen Rechtsvergleich vielversprechend. Die drei dargestellten schottischen Kooperationmethoden finden zwar keine direkten Äquivalente im Hamburger Verfassungsleben, jedoch existieren durchaus verwandte Methoden mit ähnlichen Zielrichtungen. Anhand dieser soll die vergleichende Untersuchung der Funktionalität vorgenommen werden, unter Einordnung in das jeweilige Verwaltungssystem und Betrachtung der demokratischen Auswirkungen der Instrumente auf die Exekutive. Diese Vergleichsarbeit ist Gegenstand des nachfolgenden Teils.

Kapitel 3

Rechtsvergleich der Bürgerbeteiligungsinstrumente in Hamburg und Schottland

Die vorstehende Analyse der Bürgerbeteiligungsinstrumente in Hamburg und Schottland hat die Heterogenität der Beteiligungsformate in Herkunft, Funktion und Ausgestaltung aufgezeigt. Seit Ende der 1990er Jahre hat sich in Schottland wie in Hamburg eine vielfältige Beteiligungskultur entwickelt, was auf eine veränderte Wahrnehmung der Ausübung von Staatsgewalt und auch auf ein neues Selbstverständnis der Bürger, daran teilzuhaben, hinweist. Dementsprechend wurden von der Politik oder auch direkt durch die Bürger neue Beteiligungsinstrumente, insbesondere im Bereich der Partizipation, geschaffen.

Somit stellt sich die Frage, welche rechtliche Rolle diese neuen Instrumente im jeweiligen demokratischen Gesamtzusammenhang spielen. Können sie die Funktion erfüllen, die in einer Demokratie grundsätzlich vom Parlament und seinen Gesetzen abgeleitete Legitimation[1] von Verwaltungsentscheidungen, also die bestehende „institutionelle Ausrüstung“[2], rechtlich zu ergänzen? Hierbei soll insbesondere die Legitimation des Handelns der Amtswalter im Vordergrund der Untersuchung stehen, da die Bürger bei den für den Vergleich ausgewählten Instrumenten ausschließlich in Sachentscheidungen einbezogen werden.

Gegenstand der rechtlichen Prüfung ist somit die Frage, ob die neuen Beteiligungsmechanismen durch die direkte Einbeziehung von Bürgern in Sachentscheidungsprozesse der Verwaltung einen zweiten Strang demokratischer Legitimation „von unten“ ermöglichen oder ob sie die bereits bestehenden demokratischen Legitimationsstrukturen zumindest ergänzen und so zu einem „mehr“ an Demokratie in der Verwaltung führen.

Um diese Frage zu beantworten, werden zunächst Anforderungen an die demokratische Legitimation für die Ausübung von Staatsgewalt durch die Exekutive in Hamburg und Schottland dargestellt und überprüft, inwieweit diese rechtlich ergänzungsbedürftig und -fähig sind. Daran schließt sich so-

---

[1] Vgl. dazu Dreier/*Dreier*, GG, Bd. II, Art. 20 (Demokratie) Rn. 109 ff.

[2] *Luhmann*, Legitimation durch Verfahren, S. 16.

dann ein funktionaler Rechtsvergleich[3] an, der die ausgewählten Beteiligungsinstrumente zueinander in Bezug setzt und daraufhin überprüft, ob sie zu einer Erhöhung der Legitimation von administrativen Sachentscheidungen beitragen. Hierbei werden die jeweiligen nationalen verfassungsrechtlichen Rahmenbedingungen berücksichtigt. Aufgrund des im deutschen Recht gebildeten Ausgangsverständnisses, das dieser Untersuchung zugrunde liegt, wird dabei vornehmlich eine deutsche Interpretationsperspektive eingenommen.

I. Legitimationsanforderungen an die Exekutive in Hamburg und Schottland

Die Regierungssysteme Schottlands und Hamburgs sind, wie in Kapitel 1 festgestellt wurde, als repräsentative Demokratien ausgestaltet. Dennoch gibt es bei der konkreten Ausgestaltung der konzeptuellen und institutionellen Einzelheiten im Verfassungsleben Unterschiede, weswegen im Folgenden zunächst die Formen demokratischer Legitimation des Verwaltungshandelns in beiden Ländern betrachtet werden. Anhand dessen kann sodann überprüft werden, ob ein einheitlicher Maßstab für den nachfolgenden Vergleich definiert werden kann. Im zweiten Schritt wird untersucht, inwieweit die Legitimationssysteme der rechtlichen Weiterentwicklung bedürfen und zugänglich sind.

1. Legitimation von Verwaltungshandeln

Die Legitimation von Verwaltungshandeln ist ein Teilbereich der grundlegenden Frage nach Legitimation staatlicher Herrschaft. In einer Demokratie geht es dabei immer um die verschiedenen Formen, mit denen die Ausübung von Staatsgewalt an den Willen des Volkes rückgekoppelt und somit gerechtfertigt werden kann. Hierbei ist zunächst der normative Begriff der Legitimation von der Legitimität als „sozialer Anerkennung von Herrschaft" zu unterscheiden.[4] Demokratische Legitimation im Sinne des Rechtsbegriffs wird nach deutschem Verständnis abstrakt durch eine ununterbrochene Legitimationskette der Leitungsorgane zum Volk unter stetiger

---

[3] Dazu *Kischel*, Rechtsvergleichung, S. 93 ff.

[4] Vgl. dazu *Trute*, in: Hoffmann-Riem/Schmidt-Aßmann/Voßkuhle, Grundlagen des Verwaltungsrechts, Bd. I, 307 (308); *Menzel*, Legitimation staatlicher Herrschaft durch Partizipation Privater?, S. 20 ff.; *Luhmann*, Legitimation durch Verfahren, S. 28; *van Reybrouck*, Gegen Wahlen, S. 14.

politischer Rückbeziehung auf dieses durch periodische Wahlen zum Parlament und die Verantwortlichkeit der Regierung gegenüber dem Parlament vermittelt.[5] Zu klären ist demnach, wie sich die dogmatischen Anforderungen an die Legitimation von Verwaltungshandeln in Deutschland und im Vereinigten Königreich als demokratische Grundsätze darstellen. Im Anschluss sind für die Konkretisierung der Vergleichbarkeit deren tatsächliche Ausgestaltungen in Hamburg und Schottland zu untersuchen.

a) Konzeptioneller Rahmen der Legitimation in Deutschland und im Vereinigten Königreich

aa) Deutschland

In Deutschland wird das Demokratieprinzip unter Betonung der Volkssouveränität durch die Verfassung, namentlich Art. 20 Abs. 2 GG konkretisiert, nach dessen Satz 1 alle Staatsgewalt vom Volke ausgeht. Im darauffolgenden Satz 2 wird festgelegt, wie das Volk die Staatsgewalt ausübt,[6] woraus sich in der deutschen Lehre und Verfassungsrechtsprechung das „klassische Modell" der Verwaltungslegitimation entwickelt hat.[7] Dieses setzt sich zusammen aus den vier Elementen des Volks als Legitimationssubjekt, der Staatsgewalt als Legitimationsobjekt, den Modi der Legitimation zur Herstellung eines Zurechnungszusammenhangs zwischen ersteren Beiden und dem Legitimationsniveau.[8]

Der Begriff des „Volkes" meint dabei das jeweilige Staats- oder Landesvolk.[9] Weiterhin muss jede Ausübung von Staatsgewalt, also alles Handeln der Verwaltung mit Entscheidungscharakter, demokratisch legitimiert werden.[10] Hierfür gibt es herkömmlich drei Legitimationsformen. Dies ist zum einen die personelle Legitimation, die sich auf die Personen bezieht, die in amtlicher Funktion für den Staat tätig werden, und eine ununterbrochene Legitimationskette zu jedem Amtswalter in der Verwaltung verlangt. Dies

---

[5] Vgl. dazu *Böckenförde*, in: Isensee/Kirchhof, Handbuch des Staatsrechts Bd. III, 31 (38 f.); *Turpin/Tomkins*, British Government and the Constitution, S. 56.

[6] Vgl. *Schmidt-Aßmann*, AöR 1991, 329 (337); *Trute*, in: Hoffmann-Riem/Schmidt-Aßmann/Voßkuhle, Grundlagen des Verwaltungsrechts, Bd. I, 307 (327); David, HV, Art. 3 Rn. 17 ff.

[7] Dazu *Trute*, in: Hoffmann-Riem/Schmidt-Aßmann/Voßkuhle, Grundlagen des Verwaltungsrechts, Bd. I, 307 (311).

[8] Vgl. *Trute*, in: Hoffmann-Riem/Schmidt-Aßmann/Voßkuhle, Grundlagen des Verwaltungsrechts, Bd. I, 307 (311 ff.); *Sommermann*, in: Bauer/Huber/Sommermann, Demokratie in Europa, 191 (203).

[9] BVerfGE 83, 37 (51); 83, 60 (71).

[10] BVerfGE 83, 60 (73).

wird für Beamte durch Ernennung und Zuweisung in ein konkretes Amt im Rahmen der Verwaltungshierarchie verwirklicht, die sich letztlich auf einen Minister, den Regierungschef und somit auf das diesen wählende Parlament zurückführen lässt.[11] Daneben existiert die sachlich-inhaltliche oder materielle Legitimation,[12] die sich auf das Handeln der Amtswalter bezieht.[13] Sie sichert die inhaltliche Bindung von hoheitlichem Handeln an den Volkswillen zum einen durch Gesetzesbindung und zum anderen durch Kontrolle der Verwaltung durch Aufsicht und Weisung durch die Regierung.[14] Das Zusammenspiel der personell- und materiell-demokratischen Komponenten wird auch Legitimationsmodell der Ministerialverwaltung genannt, das sich durch die beschriebene Bestellungshierarchie, Normenhierarchie sowie Weisungs- und Gehorsamshierarchie auszeichnet.[15] Zuletzt ist die institutionell-funktionelle Legitimation zu nennen, wonach die Institutionen und Funktionen der drei Gewalten und somit auch der Exekutive im Grundgesetz in Art. 62 ff. und 83 ff. GG vorgesehen sind, was ihre Existenz und die damit verbundenen Kompetenzen verfassungsrechtlich legitimiert.[16] Hierbei handelt es sich jedoch eher um einen vom Verfassungsgeber vorgegebenen verfassungsrechtlichen Rahmen, der nicht alleine hoheitliches Handeln legitimieren kann. Vielmehr bedarf es dazu stets der Ergänzung um personelle und materielle Legitimation, sodass diese dritte Legitimationsform eine ordnende Stellung einnimmt.[17]

Das Legitimationsniveau beschreibt letztlich, inwieweit das Zusammenwirken von Legitimationssubjekt, Legitimationsobjekt und den Legitimationsformen wirksam und vor allem effektiv ist, wobei die genannten Modi je nach Einzelfall eine stärkere oder schwächere Ausprägung haben können.[18] Als Beispiel ist hier das Handeln der Verwaltung durch Beamte zu nennen, die lediglich durch Sekundärorgane und insbesondere auf Lebenszeit berufen werden. Diese eher schwach ausgeprägte personelle Legitimation wird jedoch durch eine hohe materielle Legitimation in Form von Ge-

[11] Vgl. Mangoldt/Klein/Starck/*Sommermann*, GG, Bd. 2, Art. 20 Rn. 164 ff.

[12] *Schmidt-Aßmann*, AöR 1991, 329 (357); *Jestaedt*, Demokratieprinzip und Kondomialverwaltung, S. 270.

[13] Mangoldt/Klein/Starck/*Sommermann*, GG, Bd. 2, Art. 20 Rn. 168.

[14] *Böckenförde*, in: Isensee/Kirchhof, Handbuch des Staatsrechts Bd. II, 429 (441 f.).

[15] *Jestaedt*, Demokratieprinzip und Kondomialverwaltung, S. 345 f.

[16] *Trute*, in: Hoffmann-Riem/Schmidt-Aßmann/Voßkuhle, Grundlagen des Verwaltungsrechts, Bd. I, 307 (313 f.).

[17] Dazu Mangoldt/Klein/Starck/*Sommermann*, GG, Bd. 2, Art. 20 Rn. 169.

[18] Vgl. BVerfGE 83, 60 (72); 93, 37 (67); *Trute*, in: Hoffmann-Riem/Schmidt-Aßmann/Voßkuhle, Grundlagen des Verwaltungsrechts, Bd. I, 307 (316 f.).

setzesbindung in Kombination mit Kontroll- und Weisungsabhängigkeit effektiv legitimiert.[19]

bb) Das Vereinigte Königreich

Im Vereinigten Königreich dagegen wird das Demokratieprinzip durch eine Zusammenschau der aus der materiellen Verfassung entspringenden Verfassungsgrundsätze konkretisiert, wobei der Schwerpunkt auf der Parlamentssouveränität liegt. Insbesondere die nicht demokratische Zusammensetzung des *House of Lords* als zweiter Kammer des Westminster Parlaments, sowie die Ernennung des Führers der stärksten Fraktion im Unterhaus zum Prime Minister ohne vorherige Wahl durch die Abgeordneten,[20] zeigt auf, dass institutionell in erster Linie nicht unbedingt die auf das Volk zurückführbaren Legitimationsketten relevant sind. Vielmehr steht das Prinzip der Verantwortlichkeit und Rechenschaftspflicht der Regierung gegenüber dem Parlament und der Öffentlichkeit im Vordergrund.[21] Dennoch wird auch hier das Recht zu regieren wie in jeder Demokratie von den Wählern des Unterhauses abgeleitet, sodass dem demokratischen Gedanken, dass die Regierung auch dem Volk gegenüber verantwortlich ist, ebenfalls eine gewisse Bedeutung im britischen Verfassungsgefüge zukommt.[22] Das britische Gegenstück zum deutschen Legitimationsmodell leitet sich dabei in der demokratischen Tradition des Vereinigten Königreichs von den *standards of good governance* ab und ist als *principle of accountability* bekannt.[23] Dieses Prinzip beinhaltet die Elemente der Kontrolle durch die Öffentlichkeit, also den grundsätzlichen Gedanken, dass die Verwaltung sich responsiv gegenüber den Wünschen und Bedürfnissen der Öffentlichkeit verhalten soll, sowie das Element der Rechenschaftspflicht, was im britischen Verfassungsverständnis die Verantwortlichkeit der Regierung gegenüber dem Unterhaus meint.[24] Das *principle of accountability* lässt sich weiterhin konzeptuell in drei Kategorien unterteilen.

Den ersten Bestandteil des Prinzips stellt die *political accountability* dar, die sicherstellen soll, dass die Regierung demokratischer und öffentlicher

---

[19] Vgl. *Jestaedt*, Demokratieprinzip und Kondomialverwaltung, S. 295.

[20] *Turpin/Tomkins*, British Government and the Constitution, S. 656; *Leyland*, The Constitution of the United Kingdom, S. 37.

[21] Vgl. *Sommermann*, in: Bauer/Huber/Sommermann, Demokratie in Europa, 191 (204 f.).

[22] Vgl. *Himsworth/O'Neill*, Scotland's Constitution, S. 28; *Turpin/Tomkins*, British Government and the Constitution, S. 56; R (Miller) vs. The Prime Minister and Cherry vs. Advocate General for Scotland, [2019] UKSC 41, para. 46.

[23] Dazu *Reid*, Public Law, S. 196; *Himsworth/O'Neill*, Scotland's Constitution, S. 26 ff.

[24] *Turpin/Tomkins*, British Government and the Constitution, S. 566 ff.

Kontrolle durch das Volk unterliegt. Letzteres ermächtigt durch Wahlen das Parlament, diese Kontrolle auszuführen.[25] In diesen Zusammenhang gehört zudem auch die *doctrine of ministerial responsibility*, die entwickelt wurde, um Minister auch zwischen den Wahlen zur Verantwortung ziehen zu können.[26] Es wird in *collective* und *individual responsibility* unterteilt. Nach der Kollektivverantwortlichkeit müssen alle Minister die Entscheidungen des *Cabinets*, also der Regierung, mittragen oder öffentlich widersprechen und zurücktreten. Dies soll der Einheit und Stärke der Regierung gegenüber dem Parlament und der Öffentlichkeit dienen, aber auch die Überprüfung für das Parlament erleichtern.[27] Die hier relevantere individuelle ministerielle Verantwortlichkeit stellt sicher, dass die Minister gegenüber dem Parlament für ihre eigenen Handlungen und Entscheidungen innerhalb ihres Ressorts sowie das Handeln der dort arbeitenden Amtswalter gegenüber dem Parlament verantwortlich sind.[28] Die Rechenschaftspflichten der Minister des Westminster Parlaments sind dabei im *Ministerial Code*[29] festgelegt.[30] Das gewählte Unterhaus überprüft die Einhaltung dieser Ministerialverantwortung durch Befragungen der Minister im Parlament, parlamentarische Debatten über politische Entscheidungen der Regierung sowie Ausschussuntersuchungen.[31] Daneben steht die *legal accountability* als Teil der *rule of law*, wonach die Regierung, wie auch die ihr nachgeschaltete Verwaltung, sich an die jeweiligen Parlamentsgesetze halten muss und nur im Rahmen der ihr durch die Gesetze gegebenen Kompetenzen handeln darf.[32]

Eine Ausnahme davon bilden in diesem Zusammenhang die demokratietheoretisch bedenklichen „*Henry VIII powers*". Hierbei handelt es sich um den Ministern explizit eingeräumte Kompetenzen, Parlamentsgesetze zu ändern. Somit kann unter sehr limitierter parlamentarischer Kontrolle durch exekutive *secondary legislation* die parlamentarische *primary legislation* verändert werden. Dies wird im Vereinigten Königreich grundsätzlich als erforderlich angesehen, um eine effektive Gesetzgebung für die jeweiligen Verwaltungsstränge zu gewährleisten.[33] Allerdings gibt es auch scharfe Kritik, die diese Kompetenzen als undemokratisch, unvereinbar mit der Ge-

---

[25] *Elliott/Thomas*, Public Law, S. 389.

[26] *Reid*, Public Law, S. 196 f.

[27] *Tomkins*, Public Law, S. 135 ff.

[28] *McFadden/McFadzean*, Public Law Essentials, S. 19 f.; *Tomkins*, Public Law, S. 148.

[29] *UK Government*, Ministerial Code (2019).

[30] *Elliott/Thomas*, Public Law, S. 124.

[31] *Elliott/Thomas*, Public Law, S. 390; *Page*, Constitutional Law of Scotland, S. 245 f.

[32] *Elliott/Thomas*, Public Law, S. 391.

[33] Vgl. Martin vs. HM Advocate, [2010] UKSC 10, para.72; *Webley/Samuels*, Public Law, S. 243 f.

waltenteilung, der *rule of law* wie der Parlamentssouveränität einordnet.[34] Ein aktuelles Beispiel findet sich in sec. 8 und 9 European Union (Withdrawal) Act 2018, der den Ministern eine erhebliche Änderungskompetenz hinsichtlich EU-Gesetzen überträgt, welche nach dem Austritt des Vereinigten Königreichs aus der Europäischen Union in britisches Recht übernommen werden.[35] Diese Regelungen können jedoch aufgrund ihrer Spezialität und des besonderen Anwendungsbereiches für die Gesamtbetrachtung des britischen Legitimationsgefüges vorliegend außer Betracht bleiben.

Als dritter Aspekt ist die *administrative accountability* zu nennen, derzufolge die Regierung durch gute Organisation und gutes Management sicherstellen soll, dass die politischen Entscheidungen effektiv und effizient von der Verwaltung umgesetzt werden. Hierbei muss sichergestellt werden, dass diejenigen, die in diesem Prozess Hoheitsgewalt ausüben, letztlich *accountable*, also verantwortlich gegenüber dem (Wahl-)Volk sind, auch wenn sie persönlich von Wahlen unberührt bleiben.[36] Als Kopf der Exekutive ernennt der *Prime Minister* in diesem Zusammenhang zum Zwecke der Arbeitsteilung die Minister, die wiederum die *officials* und die *civil servants* (Verwaltungsbeamte)[37] ernennen, welche den Ministern im Verwaltungsapparat unterstehen. Diese sind sowohl gesetzes- als auch ihren jeweiligen Vorgesetzten und den Ministern gegenüber weisungsgebunden.[38] Eng damit verbunden ist die *Carltona doctrine*, die den Ministern nur zum Zwecke der Arbeitsteilung erlaubt, Entscheidungen an nachgeordnete Stellen zu delegieren, aber für deren Handlungen sie rechtlich und politisch verantwortlich bleiben.[39]

cc) Vergleichende Betrachtung der Legitimationsmodelle

Stellt man diese Legitimationstheorien, namentlich das deutsche klassische Legitimationsmodell und das britische *principle of accountability* nebeneinander, sind begrifflich wie inhaltlich einige Unterschiede zu identifizieren.

Während das *principle of accountability* in *political*, *legal* und *administrative accountability* unterteilt wird, dreht sich das klassische Legitimationsmodell um die vier Begriffe des Volkes, der Staatsgewalt, der Legitimationsformen und des Legitimationsniveaus. Bei näherer Betrachtung lässt sich

[34] *Taylor*, The (not so) Great Repeal Bill, part 2: How Henry VIII clauses undermine Parliament, LSE (2017); *Webley/Samuels*, Public Law, S. 244; HL Paper 225 (2018), The Legislative Process: The Delegation of Powers, S. 20.

[35] *Webley/Samuels*, Public Law, S. 243 f.

[36] *Turpin/Tomkins*, British Government and the Constitution, S. 56.

[37] *Elliott/Thomas*, Public Law, S. 130.

[38] *Elliott/Thomas*, Public Law, S. 392 f.

[39] Vgl. *Elliott/Thomas*, Public Law, S. 528 f.

jedoch feststellen, dass das deutsche Legitimationsmodell lediglich einen umfassenderen Blickwinkel einnimmt als das britische Gegenstück. Während in das deutsche Modell systemrelevante Vorfragen nach der Definition von Staatsvolk und Staatsgewalt einbezogen werden, beschränkt sich das *principle of accountability* auf die Beschreibung der Modi der Legitimation. Dennoch gehören auch beim letzteren Prinzip die Aspekte des Volkes und der Ausübung von Staatsgewalt untrennbar zum Verantwortlichkeitskontext dazu, da es ohne sie keine Erforderlichkeit demokratischer Verantwortlichkeitszusammenhänge gäbe.

Im Bereich der Legitimationsmodi finden sich die Begriffe der Ministerialverwaltung beziehungsweise der *doctrine of ministerial responsibility*. Die Ministerialverwaltung umfasst jedoch personelle und materielle Legitimation als Gesamtheit, wohingegen die *doctrine of ministerial responsibility* nur die *political accountability* der Minister gegenüber dem Parlament beschreibt, sodass jeweils ein anderer Bereich des Legitimationssystems erfasst wird.

Inhaltlich am nächsten stehen sich die materielle Legitimation auf der einen und die *legal* und *administrative accountability* auf der anderen Seite. Die Verwaltungslegitimation wird in Deutschland neben der personellen insbesondere durch die materielle Legitimation sichergestellt, indem durch Gesetzes- und Weisungsbindung die Rückkoppelung von Verwaltungshandeln an die Regierung sichergestellt wird. Gleiches gilt im Vereinigten Königreich, wo die *legal accountability* die Bindung von Verwaltungshandeln ans Gesetz und die *administrative accountability* die Aufsicht und Weisungsabhängigkeit der *civil servants* vorsieht.

Die Begriffe der personellen und institutionell-funktionellen Legitimation tauchen in der Theorie des britischen Legitimationskontextes nicht auf. Dennoch existiert auch hier der Gedanke der rechtlichen Abwägung innerhalb des *principle of accountability*, der als verwandter Gedanke zum Legitimationsniveau identifiziert werden kann. Dies lässt sich zumindest indirekt aus dem Prüfungsumfang des *judicial reviews* ableiten. Der Prüfungsumfang dieser Klageart befasst sich mit der Frage, ob die Verwaltung oder ein anderer *public body* die ihm durch Gesetz oder auf andere Weise übertragenen Kompetenzen überschritten oder missbraucht hat.[40] Die Bewertung, ob der Eingriff des Hoheitsträgers gerechtfertigt und somit legitimiert ist, bemisst sich dabei ausschließlich nach dem *principle of legality*, also der Frage, ob die Hoheitsgewalt innerhalb der rechtlichen und verfassungsmäßigen Grenzen ausgeübt wurde. Gerade bei offen formulierten Rechtsgrundlagen und den

[40] Dazu *Himsworth/O'Neill*, Scotland's Constitution, S. 422.

ungeschriebenen Kompetenzen, wie zum Beispiel den *prerogative powers* gibt es ebenfalls einen Abwägungsspielraum. Dieser orientiert sich an der jeweiligen Eingriffsintensität des Hoheitsaktes, sodass weniger intensive Eingriffe grundsätzlich eher von einem eingeräumten Ermessensspielraum umfasst sind als solche mit größerem Gewicht.[41] Mithin besteht auch hier ein Abwägungsspielraum bezüglich der Einhaltung von Kompetenzen innerhalb der Verantwortlichkeitsstrukturen im Rahmen des *principle of accountability*, der der Frage nach einem hinreichenden Legitimationsniveau zumindest nahekommt.

Somit weisen die beiden Länder bezüglich ihrer Legitimationsmodelle konzeptionell unterschiedliche Schwerpunkte auf. Das deutsche Legitimationsmodell kann mit seinem umfassenden Ansatz eher als dogmatisch eingeordnet werden, wohingegen das britische Prinzip mit seiner Konzentration auf die für die verfassungsrechtliche Realität relevantesten Aspekte einen eher pragmatischeren Standpunkt einnimmt. Als gemeinsames Kernelement demokratischer Legitimationsvermittlung beider Systeme lässt sich der Grundsatz der parlamentarischen Verantwortung der Regierung identifizieren.[42]

b) Institutionelle Umsetzung in Hamburg und Schottland

Nach der Feststellung der konzeptionellen Differenzen und Gemeinsamkeiten der Legitimationsmodelle in Deutschland und dem Vereinigten Königreich, sind im Folgenden die institutionellen Ausgestaltungen der Legitimationspraxis in Hamburg und Schottland zu betrachten, um den Umfang der Vergleichbarkeit herauszustellen.

aa) Landesebene

Zunächst finden die beschriebenen Legitimationsmodelle auch in den subnationalen Ebenen Anwendung. So wird aufgrund des Homogenitätsgebots des Art. 28 Abs. 1 Satz 1 GG und den Vorgaben des Art. 3 Abs. 2 HV das Demokratieprinzip auch in Hamburg durch die Verfassung konkretisiert. Das britische *priciple of accountability* wurde, wenn auch nicht formalisiert, ebenfalls als grundlegende demokratische Doktrin in die Rechtspraxis Schottlands übernommen.[43]

---

[41] R (Miller) vs. The Prime Minister and Cherry vs. Advocate General for Scotland, [2019] UKSC 41, para. 38, 48 ff.

[42] Vgl. dazu *Sommermann*, in: Bauer/Huber/Sommermann, Demokratie in Europa, 191 (205).

[43] *Himsworth/O'Neill*, Scotland's Constitution, S. 288.

Dabei ist in beiden Fällen evident, dass der Gedanke der Volkssouveränität den Mittelpunkt des Legitimationsgefüges darstellt. Dies wird in Hamburg durch Art. 3 Abs. 2 HV deutlich, wonach jegliche Hamburger Staatsgewalt vom Hamburger Landesvolk ausgeht. In Schottland stellt dagegen rein rechtlich der Monarch die Quelle der Staatsgewalt dar.[44] Dennoch hat das schottische Rechtssystem und -verständnis stets seine Eigenheiten innerhalb der rechtlichen und politischen Möglichkeiten beibehalten. Während der Devolution wollte man daher das unikameral ausgestaltete schottische Parlament in Abgrenzung zum bikameralen Westminster Parlament deutlich volksnäher ausgestalten.[45] Dies führte in Schottland innerhalb der devolvierten Kompetenzen des schottischen Parlaments und seiner Regierung institutionell zu einer anderen Ausgestaltung des *principle of accountability*. Näheres hierzu lässt sich im *Scottish Ministerial Code*[46] finden. Dort heißt es in para. 3.1, dass sich die schottischen Minister im Verhältnis zum schottischen Parlament darum bemühen sollen, die von der *Consultative Steering Group* erarbeiteten Grundsätze einzuhalten. Hierzu zählt nach para. 3.2(b) Scottish Ministerial Code der Grundsatz, dass die schottische Regierung gegenüber dem schottischen Parlament sowie Parlament und Regierung gegenüber dem schottischen Volk rechenschaftspflichtig sein sollen.[47] Hierin zeigt sich ein grundlegender Unterschied im kompetenziellen Verantwortlichkeitsgefüge. Auch wenn sich der *Scottish Ministerial Code*, der die Rechenschaftspflichten der schottischen Minister festgelegt, inhaltlich stark am *UK Ministerial Code* orientiert,[48] ist die Verpflichtung auf Rechenschaft gegenüber dem Volk nur im *Scottish Ministerial Code* zu finden. Die vollständige Legitimationskette von den Verwaltungsbeamten hin zum Volk lässt sich sodann in Verbindung mit dem *Civil Service Code*[49] konstruieren. Hierin wird festgelegt, dass die *civil servants* ihren jeweiligen schottischen Ministern gegenüber rechenschaftspflichtig sind, die wiederum dem schottischen Parlament gegenüber verantwortlich sind.[50] Da letzteres nach dem *Scottish Ministerial Code* dem Volk gegenüber verantwortlich ist, ist die Verantwortlichkeitskette wie in Hamburg von jedem Verwaltungsbeamten hin

---

[44] *Himsworth/O'Neill*, Scotland's Constitution, S. 193.

[45] Vgl. *Davidson/Elstub*, BJPIR 2014, Vol. 16, 367 (373); *Page*, Constitutional Law of Scotland, S. 47 f.

[46] *Scottish Government*, Scottish Ministerial Code (2018).

[47] *Scottish Government*, Scottish Ministerial Code (2018), S. 10.

[48] *Page*, Constitutional Law of Scotland, S. 244; *Elliott/Thomas*, Public Law, S. 124.

[49] *Scottish Government*, Civil Service Code (2010).

[50] *Scottish Government*, Civil Service Code (2010), S. 3.

zum schottischen Volk konstruierbar. Diese Legitimationskette gilt in Schottland jedoch nur im Rahmen der devolvierten Kompetenzen.

Weiterhin muss in beiden Ländern jede Ausübung von Staatsgewalt demokratisch legitimiert werden. In Hamburg sind dies beispielsweise auf Landesebene Entscheidungen der Beamten in den Fachbehörden oder auf Bezirksebene der Erlass eines Beschlusses der Bezirksversammlung.[51] In Schottland bezieht sich dies auf alles Handeln der Verwaltung, also der *civil servants* und der *public bodies* auf gesamtschottischer Ebene oder der *councils* in den *local authorities.*[52]

Die dogmatisch parallel strukturierte Legitimation von Sachentscheidungen ist auch in der Verfassungsrealität Hamburgs und Schottlands ähnlich ausgestaltet. So besteht in Hamburg wie auch in Schottland die Pflicht für Amtsträger, sich bei der Ausübung von Staatsgewalt an die Grenzen der Gesetze zu halten. Zudem gelten auch in beiden Staatsorganisationen Kontroll- und Weisungsrechte der Regierung gegenüber den ihnen nachgeschalteten Beamten. Letzteres wird in Hamburg durch den Senat beziehungsweise die einzelnen Senatoren ausgeübt, die dem Parlament gegenüber verantwortlich sind.[53] Gleiches gilt in Schottland, wo die *officials* und *civil servants* ihren jeweiligen Vorgesetzten und letztlich den Ministern gegenüber weisungsgebunden sind.[54]

Daneben ist der Legitimationsmodus der personellen Legitimation nicht Bestandteil des britischen *principle of accountability*. Dennoch sind die tatsächlichen personellen Ernennungsabläufe in der schottischen Exekutive denen in Hamburg nicht unähnlich. So wählt in Hamburg das vom Volk gewählte Parlament nach Art. 34 Abs. 1 HV mit seiner Mehrheit den Regierungschef, der nach Art. 34 Abs. 2 HV die Senatoren ernennt, welche daraufhin nach Art. 45 HV die personelle Legitimation für Beamte durch Ernennung und Zuweisung in ein konkretes Amt im Rahmen der Verwaltungshierarchie verwirklichen.[55] Der einzige formelle Unterschied zu dieser Vorgehensweise besteht in Schottland darin, dass der Regierungschef lediglich vom gewählten Parlament nach sec. 46 Scotland Act 1998 zur Ernen-

---

[51] BVerfGE 83, 60 (73); *David*, HV, Art. 3 Rn. 28, Art. 56 Rn. 28 ff.

[52] *Elliott/Thomas*, Public Law, S. 475 ff.; *Himsworth/O'Neill*, Scotland's Constitution, S. 421; *Scottish Government*, Civil Service Code (2010), S. 3; *Scottish Government*, Code of Conduct for Councillors (2018), S. 5, 7.

[53] *David*, HV, Art. 3 Rn. 18 ff.

[54] Vgl. *Elliott/Thomas*, Public Law, S. 392 f., *Page*, Constitutional Law of Scotland, S. 251.

[55] Mangoldt/Klein/Starck/*Sommermann*, GG, Bd. 2, Art. 20 Rn. 164 ff.; *David*, HV, Art. 3 Rn. 19.

nung vorgeschlagen wird und sodann vom Monarchen nach sec. 45(1) Scotland Act 1998 ernannt wird. Die Ernennung des *First Ministers* in Schottland ist damit dennoch in erster Linie Sache des Parlaments, ganz im Gegensatz zu der Ernennung des *Prime Ministers* im Westminster Parlament.[56] Der schottische *First Minister* ernennt sodann als Kopf der Exekutive in Schottland gemäß sec. 47 Scotland Act 1998 die Minister, die nach sec. 51(1) Scotland Act 1998 die Mitarbeiter der schottischen Verwaltung ernennen können. Die schottischen *civil servants* gehören dabei zum gesamtbritischen *„civil service of the state"*, der bei der Devolution nicht aufgeteilt wurde. Zuständig für die Ernennung der *civil servants* ist somit grundsätzlich nach sec. 3(1) Constitutional Reform and Governance Act 2010[57] der *Minister for the Civil Service* der gesamtbritischen Regierung, der jedoch die Kompetenzen zur Ernennung der schottischen *civil servants* nach sec. 1 Civil Service (Management Functions) Act 1992[58] i. V. m. sec. 3 Constitutional Reform and Governance Act 2010 an die schottische Regierung übertragen hat, vgl. auch sec. 51(4) Scotland Act 1998.[59] Die schottischen Verwaltungsbeamten sind trotz der Zugehörigkeit zum gesamtbritischen *civil service* nur den schottischen Ministern gegenüber verantwortlich.[60]

Die institutionell-funktionelle Legitimation dürfte dagegen im britischen Kontext als Legitimationsform grundsätzlich aufgrund der fehlenden formellen Verfassung unbekannt sein, hat allerdings auch im deutschen Rechtsverständnis aufgrund ihres besonderen Ursprungs aus der Verfassung, die alleine keine hoheitliche Machtausübung legitimieren kann, eine eher untergeordnete Rolle neben personeller und materieller Legitimation inne.[61] Allerdings sind die Institutionen und Kompetenzen der schottischen Exekutive, ähnlich wie in der Hamburger Verfassung nach Art. 33 ff. und 55 ff. HV, in sec. 44 ff. Scotland Act 1998 vorgesehen. Da der *Scotland Act 1998* als Verfassungsdokument angesehen wird,[62] kann der Gedanke der institutionell-funktionellen Legitimation in Schottland zumindest im *Scotland Act 1998* mittelbar wiedergefunden werden, da er ebenso wie die Hamburgische Verfassung die staatsrechtliche Institutionenordnung vorgibt.

[56] *Page*, Constitutional Law of Scotland, S. 72.

[57] Constitutional Reform and Governance Act 2010 vom 08.04.2010, abrufbar unter: http://www.legislation.gov.uk/ukpga/2010/25/contents, Stand: 02.10.2020.

[58] Civil Service (Management Functions) Act 1992 vom 17.12.1992, abrufbar unter: http://www.legislation.gov.uk/ukpga/1992/61/contents, Stand: 02.10.2020.

[59] *Page*, Constitutional Law of Scotland, S. 88.

[60] *Scottish Government*, Civil Service Code (2010), S. 3.

[61] Vgl. dazu Mangoldt/Klein/Starck/*Sommermann*, GG, Bd. 2, Art. 20 Rn. 169.

[62] Imperial Tobacco Limited vs. Lord Advocate, [2012] UKSC 61, para. 10, 15.

Das Legitimationsniveau, das im deutschen Verständnis nach einem hinreichenden Zusammenspiel der Einzelteile des Legitimationsmodells sucht, findet in Schottland, wie auf nationaler Ebene, am ehesten indirekt im Prüfungsumfang des *judicial reviews* einen verwandten Abwägungsgedanken, der sich jedoch lediglich mit der Einhaltung von rechtlichen Kompetenzen beschäftigt. Die Begriffe des Volkes, der Staatsgewalt sowie der personellen und institutionell-funktionellen Legitimation sind in der Verfassungsrealität zu identifizieren, dienen in ihrem Zusammenspiel aber nicht originär der Herstellung eines ausgewogenen Verantwortlichkeitsniveaus in Schottland. Dennoch sind wie im konzeptionellen Zusammenhang auch in der institutionellen Staatsorganisation zumindest die Begriffe des Volkes und die Ausübung von Staatsgewalt unabdingbare Bestandteile des demokratischen Systems, ohne die die Beurteilung von Legitimation von Verwaltungshandeln nicht denkbar ist.

Somit lassen sich im Ergebnis, trotz der festgestellten konzeptionellen Differenzen der Legitimationsmodelle in Deutschland und dem Vereinigten Königreich, in der institutionellen Legitimationspraxis Hamburgs und Schottlands in allen Bereichen verwandte Rechtsgedanken finden. Dabei gibt es zwar formal bezüglich der Ernennung der jeweiligen Organe Unterschiede, da aufgrund der formellen Monarchie, der Schottland angehört, einige Ernennungsakte vom Monarchen und nicht vom Parlament vorgenommen werden. Dennoch handelt es sich in der demokratischen Realität um Entscheidungen der gewählten Volksvertreter, sodass diese Unterschiede für den Vergleich keine Auswirkung entfalten. Das Gleiche gilt für den Aspekt der Volkssouveränität. In Schottland ist zwar formal der Monarch der Souverän, jedoch wird der Fokus für den Vergleich auf die Anwendung des Demokratieprinzips innerhalb der rechtlichen Kompetenzen und der demokratischen Institutionenordnung gelegt. Daher lässt sich als wichtigste Übereinstimmung für den Vergleich die Verantwortlichkeit der Ausübung von Staatsgewalt gegenüber dem jeweiligen Landesvolk identifizieren, was in Hamburg nach Art. 3 Abs. 2 HV und in Schottland nach para. 3.2(b) Scottish Ministerial Code verlangt wird.

bb) Kommunalebene

Daneben sollen die kommunalen Legitimationsstrukturen kurz beleuchtet werden. Eine legitimatorische Sonderstellung weisen in Hamburg die Bezirksversammlungen auf, die in erster Linie die Mitwirkung des Landesvolkes an der Bezirksverwaltung ermöglichen sollen und daher gerade keine (Bezirks-)Volksvertretungen im Sinne von Art. 28 Abs. 1 S. 2 GG darstellen.[63] Personell werden die Mitglieder der Bezirksversammlungen durch Wahlen des jeweiligen Bezirksvolks legitimiert und dadurch der Berufungsakt vollzogen. Die materielle Legitimation ergibt sich durch die Weisungs- und Evokationsrechte des Senats, was aufgrund der verschiedenen Zielrichtungen zu Spannungen führen kann.[64]

Die Abgeordneten der *councils* der schottischen *local authorities* werden dagegen, wie in den Gemeinden der deutschen Flächenländer, als administrative Kommunalregierungen vom jeweiligen *council*-Volk gewählt, somit personell legitimiert und sind den Wählern gegenüber für ihre Entscheidungen und Handlungen verantwortlich.[65] Sie weisen jedoch mit Blick auf Deutschland eine Zwitterstellung zwischen Kommunalregierungen und Bezirksversammlungen auf. So sollen sie zwar die Geschäfte ihrer *local authority* führen und verfügen dafür nach sec. 69 Local Government (Scotland) Act 1973 über weitreichende Kompetenzen. Allerdings sind sie, aufgrund einer fehlenden Garantie kommunaler Selbstverwaltung, stärker als deutsche Gemeinderäte gesetzlichen Vorgaben der schottischen Regierung unterworfen. Zudem können die Verwaltungen der *local authorities* von der schottischen Regierung, ebenso wie die Hamburger Bezirksverwaltung nach § 42 S. 2 BezVG vom Senat, im Rahmen der Aufsichtsrechte bindende Anordnungen erhalten. Eine solche ministerielle Anordnung kann in Schottland wegen der grundsätzlich sehr weitgehenden Kompetenzen der *local authorities* und deren Verantwortlichkeit allein ihren Wählern gegenüber allerdings nur aufgrund einer konkreten Rechtsgrundlage erfolgen.[66] Solche Ermächtigungsnormen können aber bei Bedarf vom schottischen Parlament geschaffen werden. Zudem liegt es auch in der Kompetenz des Parlaments, die territoriale und kompetenzielle Zusammensetzung der *local authorities* jederzeit durch Gesetz zu ändern.[67] Ähnliches gilt für die dekonzentrierte Organisation der Bezirksverwaltung in Hamburg. Die Schwelle ist jedoch insofern höher, als eine Aufhebung oder Neugestaltung dieses Bereichs ein Tätigwerden des Hamburger Verfassungsgesetzgebers erfordert.[68]

Damit besteht bei den Bezirksversammlungen wie den *councils* das spannungsreiche Verhältnis der dualen Legitimation beziehungsweise *accountability* durch eine starke materielle Legitimation in Verbindung mit einer per-

---

[63] David/Stüber/*David*, HV, Art. 56 Rn. 45, 50.

[64] *David*, HV, Art. 56 Rn. 33; BVerfGE 83, 60 (81).

[65] *Scottish Government*, Code of Conduct for Councillors (2018), S. 5, 7.

[66] Vgl. *Scottish Government*, Code of Conduct for Councillors (2018), S. 5, 7; *Reid*, Public Law, S. 225; *Loughlin*, Legality and Locality, S. 62 f., 65.

[67] Vgl. Kapitel 1.I.2.b); *Himsworth*, Local Government Law in Scotland, S. 23.

[68] David/Stüber/*David*, HV, Art. 4 Rn. 3.

sonellen Legitimationskomponente durch Wahlen, womit die regionalen Verwaltungseinheiten auch institutionell vergleichbare Anknüpfungspunkte aufweisen.

c) Zwischenergebnis

Anhand dieser Zusammenschau von konzeptionellen Legitimationsmodellen und institutioneller Organisation kann festgestellt werden, dass, auch wenn die Legitimationsmodelle grundsätzlich einen unterschiedlichen Fokus aufweisen, die tatsächlichen demokratischen Legitimationsketten, die von der Wahl des Parlaments über die Wahl des Regierungschefs, die Ernennung des jeweiligen Kabinetts bis hin zur Ernennung der Verwaltungsbeamten, sowohl in Schottland als auch in Hamburg weitgehend parallel laufen. Ähnliches gilt für die kommunale Ebene der Bezirksverwaltungen und der *local authorities.* Auch wenn es institutionell Unterschiede gibt, sind insbesondere die Konstituierung der Bezirksversammlungen und der *councils* durch regelmäßig stattfindende Wahlen sowie die rechtlichen Eingriffsmöglichkeiten der jeweiligen Landesregierung in die Regionalverwaltung ein tauglicher Anknüpfungspunkt für den Vergleich.

Dabei ist insbesondere die materielle Legitimation in Form von Gesetzesbindung und Aufsicht über die Verwaltung durch Kontrolle und Weisung der Regierung sowohl im britischen *principle of accountability* als auch im deutschen Legitimationsmodell als stärkste Form der Legitimation zu identifizieren, womit sich dieser Bereich als besonders geeignet für den Rechtsvergleich erweist. Anhand dieses herausgearbeiteten Maßstabes ergibt sich die Struktur der Legitimation von Verwaltungshandeln, anhand der überprüft werden kann, inwieweit die für den Vergleich ausgewählten Beteiligungsinstrumente einen Zugewinn an demokratischer Legitimation für die Verwaltung darstellen können.

Die Unterschiede in Definition und Ausgestaltung sind bei der Überprüfung der Einhaltung und Ergänzung der demokratischen Vorgaben durch die Beteiligungsinstrumente im Einzelnen für jedes Rechtssystem zu berücksichtigen.

2. Erforderlichkeit und Möglichkeit der rechtlichen Weiterentwicklung demokratischer Legitimation

Nachdem festgestellt werden konnte, dass für die Verwaltungsorganisation in Hamburg und Schottland ein vergleichbarer Legitimationsmaßstab besteht, ist zu untersuchen, inwieweit dieses System der demokratischen

Rückbindung von Verwaltungshandeln an den Willen des Volkes der Weiterentwicklung zugänglich ist.

Wie aufgezeigt, funktioniert das Prinzip der Legitimationskette, die sich vom Volk über Wahlen auf das Parlament und von diesem auf die Regierung und die dieser nachgeschalteten Verwaltung durch Aufsicht und Gesetzesbindung erstreckt, in beiden Regierungssystemen sehr ähnlich. Die demokratische Legitimation der Verwaltung ist somit juristisch und praktisch durch ununterbrochene Legitimationsstränge zum Volk grundsätzlich sichergestellt, weshalb sich aus rechtlicher Perspektive keine unmittelbare Notwendigkeit der Weiterentwicklung dieses Systems ergibt.

Allerdings stellen das Demokratieprinzip wie auch seine Ausformungen grundsätzlich keine festgesetzten Regeln dar, sondern vielmehr ein sich stetig weiterentwickelndes Modell, das jederzeit Anpassungen an sich verändernde Realitäten ermöglichen können muss, um überlebensfähig zu bleiben.[69] Dabei ist das Prinzip der Demokratie offen, ermöglicht insbesondere die Optimierung institutioneller Arrangements bezüglich der Rückbindung von Gewaltausübung[70] und zielt auch auf die Sicherstellung und Verbesserung des Legitimationsniveaus ab. Die Steigerung der Rückbindung von Staatsgewalt an den unmittelbaren Willen des Volkes muss dabei regelmäßig als positiv bewertet werden, zumal dies die fortschreitende Erfüllung des demokratischen Prinzips bedeutet. Diese Lernfähigkeit ermöglicht zudem auch eine Anpassung an die sich stetig weiterentwickelnde Verfassungs- wie auch Verwaltungswirklichkeit. Starre formale Vorgaben von Ableitungszusammenhängen wären mit der Arbeitsweise der Verwaltung, die dynamisch auf die Realität reagieren können muss, nicht vereinbar. Somit lässt die Legitimationsordnung im beschriebenen Sinne neue Mitwirkungs- und Mitentscheidungsmöglichkeiten durchaus zu, allerdings nur innerhalb der Grenzen, die das Demokratieprinzip setzt.[71]

Die Verantwortung, auf die Einhaltung des Legitimationszusammenhangs zu achten, trifft dabei stets den Gesetzgeber. Dieser muss sicherstellen, dass die demokratischen Grundpfeiler der Legitimation auch bei kooperativem Handeln der Verwaltung gegenüber Bürgern eingehalten werden. Der unveränderliche Kern des demokratischen Prinzips, der hier als Grenze für Fortentwicklungen gezogen werden muss, setzt sich zusammen aus den

---

[69] Vgl. BVerfGE 107, 59 (91); *Trute*, in: Hoffmann-Riem/Schmidt-Aßmann/Voßkuhle, Grundlagen des Verwaltungsrechts, Bd. I, 307 (319); *Elliott/Thomas*, Public Law, S. 396.

[70] *Trute*, in: Hoffmann-Riem/Schmidt-Aßmann/Voßkuhle, Grundlagen des Verwaltungsrechts, Bd. I, 307 (308 f.).

[71] Dazu *Trute*, in: Hoffmann-Riem/Schmidt-Aßmann/Voßkuhle, Grundlagen des Verwaltungsrechts, Bd. I, 307 (308 f.).

Aspekten der Gemeinwohlorientierung, der Gleichheit der Einflussnahmemöglichkeiten der Bürger, gleichmäßiger Interessenberücksichtigung im Sinne eines Minderheitenschutzes, der sachgerechten Aufgabenerledigung sowie der institutionellen Neutralitätssicherung.[72] Daneben unterliegt auch die Verwaltung selbst bei der tatsächlichen Ausgestaltung von Verfahren und Kooperationsbeziehungen mit Privaten diesen grundlegenden demokratischen Anforderungen. Kommt es in diesem Bereich zu Legitimationsstörungen oder -unterbrechungen, muss der Gesetzgeber im Rahmen seiner Einschätzungsprärogative die formellen Vorgaben anpassen.[73]

Im Rahmen dieser Voraussetzungen ist die Weiterentwicklung der kontinuierlichen Rückbindung von Verwaltungsentscheidungen an das Volk durch neue Mechanismen auf Seiten der Verwaltung aus rechtlichem Betrachtungswinkel möglich.

3. Zwischenergebnis

Wie sich in der Untersuchung der Legitimationssysteme Hamburgs und Schottlands gezeigt hat, bestehen bezüglich der Orientierung der Legitimation am Volk im Verfassungsverständnis Hamburgs und im dargestellten Rechtsrahmen Schottlands Übereinstimmungen. Zudem gleichen sich die Legitimationsmodi der materiellen Legitimation und der *legal* und *administrative accountability* sowohl in der demokratischen Theorie wie auch in der Verfassungsrealität. Die Modi der personellen und institutionell-funktionellen Legitimation werden im britischen Kontext nicht explizit erwähnt, ergeben sich in Schottland jedoch zumindest indirekt aus den Vorgaben des *Scotland Act 1998*. Somit soll der Schwerpunkt der vergleichenden Untersuchung im Bereich der materiellen Legitimation liegen, die hier als weitgehend einheitlicher Maßstab identifiziert werden kann. Daneben ist das Legitimationssystem beziehungsweise das ihm zugrundeliegende Demokratieprinzip im Rahmen der Einhaltung der demokratischen Kernelemente stets der rechtlichen Weiterentwicklung zugänglich, um flexibel auf die Anforderungen der Rechtswirklichkeit reagieren zu können. Diese Feststellungen bilden eine taugliche Grundlage für den nachfolgenden Rechtsvergleich der ausgewählten Beteiligungsinstrumente.

---

[72] Vgl. Mangoldt/Klein/Starck/*Sommermann*, GG, Bd. 2, Art. 20 Rn. 81; *Trute*, in: Hoffmann-Riem/Schmidt-Aßmann/Voßkuhle, Grundlagen des Verwaltungsrechts, Bd. I, 307 (347 f.).

[73] *Trute*, in: Hoffmann-Riem/Schmidt-Aßmann/Voßkuhle, Grundlagen des Verwaltungsrechts, Bd. I, 307 (347 f.).

II. Funktionaler Rechtsvergleich der Partizipationsinstrumente

Wie einleitend dargestellt wurde, geht es bei dem Begriff der Verwaltungslegitimation als Rechtsbegriff nicht um die sozialwissenschaftliche Frage nach der Akzeptanz administrativer Herrschaft, sondern um die normative Frage nach der Rechtfertigung der Ausübung von Hoheitsgewalt.[74] In dieser staatlichen Gewaltausübung, also in den Entscheidungen, die die Verwaltungsmitarbeiter regelmäßig treffen, um das vom Parlament vorgegebene abstrakt-generelle Recht für den Einzelfall zu konkretisieren, liegt der Zweck von Verwaltungshandeln. Hierbei müssen Gestaltungsaufgaben ausgefüllt und öffentliche und private Interessen zum Ausgleich gebracht werden.[75] Diese Konkretisierung im Einzelfall können die Amtswalter im Rahmen ihrer Ermessensspielräume grundsätzlich ohne weitere Rückkoppelung mit den betroffenen Bevölkerungsgruppen oder Bürgern selbst vornehmen. Es handelt sich dabei aufgrund der dargestellten Legitimationsketten um autorisiertes Handeln für das Volk und im Namen des Volkes und ist somit formal gerechtfertigt. Allerdings gehört es auch zu den Voraussetzungen der demokratischen Repräsentation, sich inhaltlich auf das wirkliche Volk oder Betroffenengruppe zu beziehen und nicht Entscheidungen für hypothetische Adressaten zu treffen.[76] Es gehört daher ebenfalls zur Verwaltungslegitimation, den demokratischen Aspekt ergänzend im Verfahren zu erarbeiten.[77]

In diesem Sinne wird im Rahmen der genannten demokratischen Vorgaben untersucht, inwieweit die ausgewählten Beteiligungsinstrumente rechtlich dazu geeignet sind, den Bürgern einen effektiven Einfluss auf die Ausübung von Staatsgewalt und somit die Einbeziehung des tatsächlichen Willens der Bürger in Verwaltungsentscheidungen zu ermöglichen, um hiermit zu demokratischen Verwaltungsverfahren beizutragen.

Dies soll in Form eines funktionalen Rechtsvergleichs geschehen. Hierfür werden, anschließend an die Länderberichte zu den verfassungsrechtlichen

---

[74] *Schmidt-Aßmann*, AöR 1991, 329 (331); *Schliesky*, in: Schliesky/Schulz/Gottberg/Kuhlmann, Das Demokratieprinzip des Grundgesetzes, 15 (21, 31).

[75] *Schneider*, in: Hoffmann-Riem/Schmidt-Aßmann/Voßkuhle, Grundlagen des Verwaltungsrechts, Bd. II, 523 (525ff., 540, 620).

[76] *Böckenförde*, in: Müller, Staatsorganisation und Staatsfunktionen im Wandel, 301 (320ff.).

[77] Vgl. *Schneider*, in: Hoffmann-Riem/Schmidt-Aßmann/Voßkuhle, Grundlagen des Verwaltungsrechts, Bd. II, 523 (525); *Trute*, in: Hoffmann-Riem/Schmidt-Aßmann/Voßkuhle, Grundlagen des Verwaltungsrechts, Bd. I, 307 (338).

Hintergründen in Kapitel 1 und die instrumentale Analyse der Beteiligungsinstrumente in Kapitel 2, die ausgewählten Instrumente des *participatory budgetings* den Hamburger Bürgerhaushalten, die *participatory requests* der Hamburger Konsensmethode auf Bezirksebene und das *participation in public decision-making* dem Weisungs- und Evokationsrecht des Hamburger Senats im Vergleich gegenübergestellt. Die inhaltliche Prüfung der Vergleichspartner erfolgt anhand der dargestellten Anforderungen an demokratische Legitimation sowie der Kernelemente des Demokratieprinzips auf ihre Fähigkeit hin, zu einer Demokratisierung der Verwaltung beizutragen. Dabei sind die Gemeinsamkeiten und Unterschiede der jeweiligen Beteiligungsmethoden vergleichend zu analysieren und insbesondere die gefundenen Differenzen vor dem Hintergrund rechtlicher, politischer, historischer und sozialer Aspekte zu deuten. Am Ende steht eine Bewertung der gefundenen Ergebnisse hinsichtlich ihrer Zweckmäßigkeit.[78]

1. Participatory Budgeting und die Hamburger Bürgerhaushalte

Anhand des Eingangs herausgearbeiteten Legitimationsmaßstabes wird im Folgenden das Vergleichspaar des *participatory budgetings* und des Hamburger Bürgerhaushalts dahingehend untersucht, inwieweit sie im Bereich der Gestaltung und Konkretisierung öffentlicher Haushaltsfragen geeignet sind, zu einer Erhöhung der Legitimation der diesbezüglichen Verwaltungsentscheidungen beizutragen.

Für diese Prüfung ist die Heranziehung von bereits in Kapitel 2 dargestellten Fallbeispielen von Nutzen, da sie eine konkrete Problemanalyse und -auswertung ermöglichen. Für das schottische *participatory budgeting* wird daher das Projekt *„Dundee Decides"* aus dem Jahr 2018 gewählt.[79] Der *council* dieser *local authority* verteilte 1,2 Millionen Pfund seines *mainstream council budgets*, also seines regulären Haushaltsgeldes, für den Bereich der Infrastruktur durch einen Bürgerbeteiligungsprozess.[80] Dies stellt den ersten Versuch innerhalb Schottlands dar, öffentliche Haushaltsgelder durch *participatory budgeting* aufzuteilen,[81] womit er als Fallstudie besonders interessant ist.

Für Hamburg wird aufgrund der höheren Aktualität der zweite und bisher letzte Prozess des Hamburger Bürger-Dialogs aus dem Jahr 2009 ge-

---

[78] Vgl. dazu *Kischel*, Rechtsvergleichung, S. 93 ff.; *Zweigert/Kötz*, Einführung in die Rechtsvergleichung, S. 43, 46.

[79] Vgl. zum Sachverhalt Kapitel 2.I.2.b).

[80] *PB Partners*, Dundee Pilot PB Programme 2017–2018 Evaluation, S. 4.

[81] *PB Scotland*, Dundee Decides: Results in for mainstream PB process (2018).

wählt.[82] Die Einwohner Hamburgs bekamen hierbei die Möglichkeit, sich am Aufstellungs- und Beratungsverfahren für den Haushalt 2011/2012 zu beteiligen, indem sie auf einer Internetplattform ihren eigenen Haushalt aufstellen, über Ausgabenschwerpunkte und mögliche Einsparungen diskutieren und sich über den Hamburger Haushalt insgesamt informieren konnten. Die Ergebnisse dieses Projektes sollten sodann bei den anstehenden Haushaltsberatungen des Senats Berücksichtigung finden.[83]

Um Redundanzen zu vermeiden, werden die jeweiligen verfahrensspezifischen Details und Hintergründe der Bürgerbeteiligungsprozesse in der nachfolgenden Untersuchung innerhalb der relevanten Prüfungspunkte näher dargestellt.

a) Partizipation als Stärkung demokratischer Legitimation in der Verwaltung?

Die genannten Fälle werden als Modellbeispiele der Bürgerbeteiligungsmethoden im Bereich des öffentlichen Haushalts genommen, anhand derer herauszufinden ist, welchen konkreten rechtlichen Zweck sie erfüllen können. Dabei werden den beiden informellen Instrumenten von der jeweiligen Politik unterschiedliche Nutz- und Wirkmöglichkeiten zugeschrieben.

Gerade in Schottland herrscht die Sichtweise, dass das *participatory budgeting* ein großes Potenzial für die Weiterentwicklung der Demokratie habe. So heißt es auf der offiziellen Website der schottischen Regierung:

> "We support PB as a tool for community engagement and as a resource to build on the wider development of participatory democracy in Scotland" sowie "PB can complement aspirations in the Community Empowerment (Scotland) Act 2015 to give communities more powers to achieve their own ambitions."[84]

Zudem findet sich in der *Participatory Budgeting Charter for Scotland* der Satz:

> "PB is a central part of our democracy in Scotland and should be standard practice for how budget decisions which affect communities are made."[85]

Aber auch in Hamburg wurde die Beteiligung der Bürger in Haushaltsfragen für essenziell gehalten, wie der diesbezügliche Antrag der CDU-Fraktion in der Bürgerschaft offenbart:

---

[82] Vgl. zum Sachverhalt Kapitel 2.II.3.b)cc).

[83] *Hamburgische Bürgerschaft*, Ergebnisbericht Bürgerhaushalt Hamburg 2009, S. 9 f.; Bü-Drucks. 19/2326 vom 03.03.2009, S. 2.

[84] *Scottish Government*, Community Empowerment: Participatory Budgeting.

[85] *PB Scotland*, Participatory Budgeting Charter for Scotland (2019), S. 16.

„Wir halten es für richtig und notwendig, die Bürgerinnen und Bürger bei der zentralen Frage einzubeziehen, welche Ausgaben unter den Parametern zwingende Notwendigkeit, Wirksamkeit und Überprüfbarkeit der Zielerreichung trotz der Finanz- und Wirtschaftskrise für unabdingbar gehalten werden.“[86]

Die dargestellten Aussagen der schottischen Regierung und der Hamburgischen Bürgerschaft lassen vielfältigen Interpretationsspielraum offen, inwieweit die Instrumente zu einer Veränderung der Demokratie, oder zumindest der tradierten exekutiven Arbeitsweisen im Bereich öffentlicher Haushalte beitragen sollen. Dabei macht gerade die Wortgewaltigkeit der Aussagen der schottischen Regierung („PB as a [...] resource to build on the wider development of participatory democracy in Scotland“[87]) deutlich, dass eine genaue Untersuchung der Frage erforderlich ist, ob durch die Beteiligungsmethoden rechtlich ein zweiter Strang demokratischer Legitimation neben die bestehenden repräsentativen Strukturen treten kann. Ist dies nach dem rechtlichen Verständnis der Legitimationsstrukturen nicht möglich, ist zumindest die Eignung der Instrumente dahingehend zu überprüfen, ob sie die tradierten Verwaltungsstrukturen auf demokratische Weise bereichern können.

aa) Zusätzlicher Strang demokratischer Legitimation

Soll eine zweite Linie für die Rechtfertigung der Ausübung von Hoheitsgewalt eingeführt werden, ist nach dem deutschen Verfassungsverständnis erforderlich, dass neben das Modell des Art. 20 Abs. 2 GG ein weiteres Modell der (Mit-)Entscheidung tritt. Dies bedeutet, dass für einen zweiten Strang demokratischer Legitimation die eigenständige Ausübung von Staatsgewalt erforderlich ist,[88] da es sich anderenfalls lediglich um eine unverbindliche Konsultation der Bürger handelt, die rechtlich keine legitimierende Wirkung entfalten kann. Gleiches dürfte für das britische Verständnis des *principle of accountability* gelten. Auch in diesem System werden die Entscheidungen von Hoheitsträgern in den jeweiligen hierarchischen Linien gerechtfertigt. Soll eine Entscheidung durch eine zweite Verantwortlichkeitskette direkt von den Bürgern legitimiert werden, so muss dieser Beteiligung auch hier konkreter Einfluss auf das Ergebnis gewährleistet werden.

Die entscheidende Frage für die Beurteilung, ob eine Bürgerbeteiligung einen zweiten Legitimationsstrang bilden kann, ist demnach, ob die Bürger im Prozess selbst Staatsgewalt ausüben. Bereits in der instrumentalen Analyse und Einordnung der Beteiligungsinstrumente in die verschiedenen De-

---

[86] Bü-Drucks. 19/2326 vom 03.03.2009, S. 1.
[87] *Scottish Government*, Community Empowerment: Participatory Budgeting.
[88] Vgl. *Schmidt-Aßmann*, AöR 1991, 329 (374).

mokratietheorien wurde deutlich, dass den Bürgern durch das *participatory budgeting* und den Hamburger Bürgerhaushalt nur sehr geringe Mitentscheidungskompetenzen bezüglich der Haushaltsentscheidungen übertragen wurden.[89]

In Schottland setzt sich der *council*-Haushalt gemäß sec. 70(1) Local Government Finance Act 1992[90] zu etwa 20 % aus den *local taxes* und nach sch. 12 sec. 1(1), 9(4) Local Government Finance Act 1992 zu etwa 80 % aus Geldern der schottischen Regierung zusammen.[91] Der Großteil der Fonds der schottischen Regierung sind nicht konkret zweckgebunden, sodass die *councils* bei der Erstellung der Haushalte eigene Prioritäten setzen können.[92] Die *council taxes* sollen bei der Verteilung durch *participatory budgeting* außen vor bleiben, da sie als Lokalsteuer bereits direkt für die Bürger eingesetzt werden.[93] Auf Hamburger Landesebene wird der Haushaltsplan für die Gesamtausgaben der Stadt Hamburg nach Art. 66 Abs. 2 Satz 1 HV von der Landesregierung, dem Senat, erstellt und der Bürgerschaft vorgelegt, die ihn sodann durch Beschluss feststellt. Die Haushaltskompetenz liegt somit bei der Legislative, die hierbei jedoch inhaltlich auf die Vorbereitungen der Exekutive angewiesen ist.

Auch wenn es sich bei schottischer Regional- und hamburgischer Landesebene um unterschiedliche Vergleichsobjekte handelt, verfügen beide über die Kompetenz, einen Haushalt aufzustellen. Das *participatory budgeting* sowie der Hamburger Bürgerhaushalt sind informelle Instrumente, denen keine Rechtsgrundlagen zugrunde liegen. Sie wurden eingesetzt, um während des Prozesses der Haushaltserstellung die Präferenzen der letztlich davon betroffenen Bürger zu identifizieren und diese in die Ausgabenplanungen einzubeziehen.[94] Initiatoren der Prozesse waren auf beiden Seiten die für den Haushaltsbeschluss zuständigen Stellen in Form des *councils* und der Bürgerschaft. Organisiert und durchgeführt wurde das *participatory budgeting* verwaltungsintern vom *City Development Department* und vom *Community Learning and Development Team*,[95] der Hamburger Bürger-Dialog von der TuTech Innovation GmbH, deren Gesellschafter die Freie und Han-

---

[89] Vgl. Kapitel 2.I.2.b) und Kapitel 2.II.3.b)cc).

[90] Local Government Finance Act 1992 vom 06.03.1992, abrufbar unter: https://www.legislation.gov.uk/ukpga/1992/14/contents, Stand: 07.11.2020.

[91] *Page*, Constitutional Law of Scotland, S. 168.

[92] *Himsworth/O'Neill*, Scotland's Constitution, S. 229.

[93] *COSLA*, Participatory Budgeting mainstreaming activity (2017), Appendix 1, S. 6.

[94] Bü-Drucks. 19/2326 vom 03.03.2009, S. 1; *PB Partners*, Dundee Pilot PB Programme 2017–2018 Evaluation, S. 14.

[95] *PB Partners*, Dundee Pilot PB Programme 2017–2018 Evaluation, S. 6 f.

sestadt Hamburg und die Technische Universität Hamburg sind.[96] Beide Prozesse fanden dabei hauptsächlich internetgestützt auf eigens dafür angelegten Websites statt,[97] wobei sie sich methodisch erheblich unterschieden. Während beim *participatory budgeting* die Bürger über die konkrete Verteilung von Haushaltsgeldern aus dem *Community Infrastructure Fund 2017–18* für verwaltungsseitig ausgewählte Projekte abstimmen konnten,[98] konnten die Hamburger abstrakt ihre eigenen Haushalte erstellen und dabei ihre präferierten Schwerpunkte setzen, um anschließend miteinander und mit Finanzexperten darüber zu diskutieren.[99]

Insbesondere der letzte Punkt zeigt den Unterschied zwischen einem im vorliegend verstandenen Sinne partizipativen und deliberativen Bürgerbeteiligungsprozess. Während im schottischen Verfahren die Bürger explizite Haushaltsentscheidungen treffen sollten, die dann von der Lokalverwaltung umgesetzt wurden, ging es in Hamburg um die haushaltsrelevanten Interessen der Bürger, die man sammeln wollte, um sie als informatorische Quelle in die Haushaltserstellung des Senats einbeziehen zu können.

In Schottland ist es beim *participatory budgeting* üblich, bereits vor Durchführung des Verfahrens die Einhaltung der Ergebnisse gegenüber den Bürgern zuzusagen. In Hamburg hingegen sollen die Resultate lediglich in die Haushaltsberatungen mit einfließen. Es wurde somit ein unterschiedlicher Grad politischer Bindungswirkung für die jeweiligen Ergebnisse zugesagt. Die davon jedoch klar abzugrenzende rechtliche Kompetenz, zu entscheiden, inwieweit die Ergebnisse tatsächlich umgesetzt beziehungsweise in die Haushaltsberatungen einbezogen werden, verblieb dabei vollständig dem *Dundee City Council* und dem Hamburger Senat und der Bürgerschaft. In beiden Fällen wurden die Beteiligungsprozesse als zusätzlicher Aspekt der herkömmlichen Haushaltsberatungen und dazugehörigen Beschlussfassungen durchgeführt,[100] wobei die jeweilige Haushaltskompetenz bei den repräsentativen Institutionen verblieb.

Insbesondere sind die Abstimmungen um das *participatory budgeting*, anders als gegebenenfalls Referenden,[101] nicht als Volksbefragungen zu werten,

---

96 *Hamburgische Bürgerschaft*, Ergebnisbericht Bürgerhaushalt Hamburg 2009, S. 9; Website TuTech Innovation GmbH, Kontakt.

97 *Dundee City Council*, Participatory Budgeting Guide, S. 1 f.; Bü-Drucks. 19/2326 vom 03.03.2009, S. 1 f.

98 *PB Partners*, Dundee Pilot PB Programme 2017–2018 Evaluation, S. 4, 6 ff.

99 *Hamburgische Bürgerschaft*, Ergebnisbericht Bürgerhaushalt Hamburg 2009, S. 5 f.

100 Auskunft eines Concil Officers des Dundee City Council aus November 2019; Bü-Drucks. 19/2326 vom 03.03.2009, S. 2.

101 Vgl. Kapitel 2.I.3.a)bb).

die potenziell als Teilhabe an der Staatswillensbildung qualifiziert werden können. Aufgrund des offenen Charakters der Abstimmungen, die keine Festlegung auf das Aktivvolk auf Staats- oder Regionalebene vorsehen und somit über keine rechtliche Grundlage verfügen, ist ein deutlicher qualitativer Unterschied zur Ausübung von Staatsgewalt durch Wahlen erkennbar.[102]

Weder durch das *participatory budgeting* noch durch den Hamburger Bürgerhaushalt wurde den Bürgern also eine rechtliche Mitentscheidungskompetenz an der Gestaltung der Haushalte gegeben, sodass sie in keinem der Fälle Staatsgewalt ausüben konnten. Folglich sind die Beteiligungsmethoden nicht geeignet, eine eigenständige sekundäre Legitimationsstruktur herzustellen.

bb) Erhöhung des Grades demokratischer Legitimation

Nachdem die Beteiligungsinstrumente als nicht geeignet klassifiziert wurden, eine zweite Legitimationsstruktur zu schaffen, ist im Folgenden zu untersuchen, inwieweit sie sich in den Rahmen der bestehenden Legitimationssysteme in Schottland und Hamburg einfügen. Es soll festgestellt werden, ob die Instrumente als Ergänzung und Stärkung der demokratischen Zurechnungszusammenhänge bewertet werden können, oder ob sie gegebenenfalls das Demokratieprinzip verletzen und somit eine Gefahr für die repräsentativen Strukturen darstellen. Hierbei wird der Schwerpunkt insbesondere auf die herausgearbeiteten Übereinstimmungen der Legitimationsstrukturen gelegt und überprüft, inwieweit das Volk als Legitimationsspender einbezogen wird und sich die Instrumente innerhalb des jeweiligen Rechtsrahmens bewegen.

(1) Das Volk als Legitimationsspender

In jedem demokratischen System dient das Volk als Quelle der Staatsgewalt. Daher lässt sich sowohl in Hamburg als auch in Schottland jede Gewaltausübung auf das jeweilige Landesvolk zurückführen, das durch Wahlen das Landesparlament oder die Lokalregierung legitimiert. Für die Beurteilung, inwieweit das *participatory budgeting* und die Bürgerhaushalte das Volk als Legitimationssubjekt über Wahlen hinaus in die Entscheidungen der Hoheitsträger einbeziehen, ist zunächst die Definition des jeweiligen Volksbegriffs erforderlich.

---

[102] Dazu BVerfGE 8, 104 (114ff.); BayVerfGH, Entscheidung vom 21.11.2016 – Vf. 15-VIII-14 und Vf. 8-VIII-15, Rn. 94ff., abrufbar unter: https://www.bayern.verfassungsgerichtshof.de/media/images/bayverfgh/15-viii-14u.a-entscheidung.pdf, Stand: 15.04.2021.

(a) Definition des Volksbegriffs

Hierbei besteht ein Unterschied zwischen dem Aktivvolk, das über Wahlen dem Parlament seine Legitimation vermittelt und dem Volk als Adressaten, welches in seiner Gesamtheit der auf einem Territorium ausgeübten Herrschaft unterworfen ist. Letzterer Volksbegriff gehört zwar ebenfalls zum Demokratieprinzip, bleibt jedoch für das normative Legitimationsverständnis ohne Relevanz,[103] sodass vorliegend das Aktivvolk als Definition im Vordergrund der Untersuchung stehen soll.

Der allgemeine staatsrechtliche, im Deutschen Grundgesetz verwendete Volksbegriff umfasst die Aktivbürgerschaft als Gesamtheit aller wahlberechtigten Bürger und ist dabei auf deutsche Staatsangehörige im Sinne des Art. 116 Abs. 1 GG beschränkt.[104] Dies stellt einen eher engen Volksbegriff dar, der an die Staatsangehörigkeit der Bürger anknüpft. Im Vereinigten Königreich lässt sich ein entsprechend klar definierter Volksbegriff nicht finden. Es existiert keine Tradition oder klare Idee davon, wer „der Staat" und damit der Demos ist.[105] Dies liegt an der historisch gewachsenen Form der britischen Demokratie, die stets mit den politischen und gesellschaftlichen Entwicklungen mitwuchs und daher auch nie ein Verfassungsdokument entwickelt hat, das grundsätzliche demokratische Begrifflichkeiten aufnimmt oder konkretisiert.[106]

Da aber im Vereinigten Königreich wie auch in Deutschland das Wahlvolk die Legislative rechtlich ermächtigt und deren Gewaltausübung legitimiert, soll dieses vorliegend als Anknüpfungspunkt für die Definition des Volksbegriffs dienen. Auf nationaler Ebene ist zunächst ein relativer Gleichlauf des Kreises der Wahlberechtigten bezüglich Wahlalter und Staatsangehörigkeit festzustellen. Nach § 12 Abs. 1 BWahlG[107] sind alle Deutschen im Sinne des Art. 116 Abs. 1 GG für Wahlen zum Bundestag wahlberechtigt, die am Wahltag das achtzehnte Lebensjahr vollendet haben und seit mindes-

---

[103] Vgl. *Trute*, in: Hoffmann-Riem/Schmidt-Aßmann/Voßkuhle, Grundlagen des Verwaltungsrechts, Bd. I, 307 (322 f.).

[104] Dazu Münch/Kunig/*Schnapp*, GG, Bd. 1, Art. 20 Rn. 24; Mangoldt/Klein/Starck/*Sommermann*, GG, Bd. 2, Art. 20 Rn. 148; *Böckenförde*, in: Isensee/Kirchhof, Handbuch des Staatsrechts Bd. II, 429 (445); *Karpen*, in: Hoffmann-Riem/Koch, Hamburgisches Staats- und Verwaltungsrecht, 25 (34); *Schliesky*, in: Schliesky/Schulz/Gottberg/Kuhlmann, Das Demokratieprinzip des Grundgesetzes, 15 (22 ff.); BVerfGE 83, 60 (71).

[105] Auskunft eines Rechtswissenschaftlers und Public Law Advocates am Court of Session aus November 2019; *Turpin/Tomkins*, British Government and the Constitution, S. 10 f.

[106] Vgl. Kapitel 1.I.1.c).

[107] Bundeswahlgesetz i. d. F. der Bekanntmachung vom 23.07.1993 (BGBl. I S. 1288, 1594), zuletzt geändert durch Gesetz vom 14.11.2020 (BGBl. I S. 2395).

tens drei Monaten in der Bundesrepublik Deutschland ihren Wohnsitz haben oder sich sonst gewöhnlich aufhalten […]. Für das Westminster Parlament kann nach sec. 1(1)(a),(c),(d) Representation of the People Act 1983[108] wählen, wer am Tag der Wahl im Register für seinen Wahlkreis eingetragen, entweder Staatsbürger des Commonwealth oder Staatsbürger der Republik Irland und 18 Jahre oder älter ist. Nach sec. 3(1) Representation of the People Act 1983 sind jedoch verurteilte und inhaftierte Personen während ihrer Zeit in der Haftanstalt vom Wahlrecht auf allen Ebenen des Vereinigten Königreichs ausgeschlossen. Dies verstößt gegen Art. 3 des ersten Zusatzprotokolls zur EMRK[109], der das Recht auf freie Wahlen vorsieht. Allerdings gab es von Seiten des Westminster Parlaments bisher keine Bestrebungen, diese Norm anzupassen.[110]

Auf Ebene der Landesparlamente zeigen sich dagegen Unterschiede beim Kreis der Wahlberechtigten. Während für die Hamburgische Bürgerschaft nach § 6 Abs. 1 BüWG alle Deutschen, die das 16. Lebensjahr vollendet haben und seit mindestens drei Monaten in Hamburg ihren Wohnsitz haben, wahlberechtigt sind, können für das schottische Parlament nach sec. 11(1) Scotland Act 1998, sec. 2(1)(c),(d) Representation of the People Act 1983, Scottish Elections (Reduction of Voting Age) Act 2015[111] Staatsbürger des Commonwealth, Staatsbürger der Republik Irland oder *„qualifying foreign national[s]"* ab 16 Jahren wählen, sofern sie einen Wohnsitz im Wahlkreis und sich zur Wahl registriert haben. Die Wahlen zum schottischen Parlament standen bis zum Austritt des Vereinigten Königreichs aus der Europäischen Union im Gegensatz zur Hamburgischen Bürgerschaft bereits dem erweiterten Kreis aller EU-Bürger offen, die in Schottland einen Wohnsitz hatten.[112] Im Jahr 2020 wurde der *Scottish Elections (Franchise and Representation) Act 2020*[113] erlassen, der nach sec. 1(2) den Kreis der Wählerschaft zum schottischen Parlament auf *„qualifying foreign national[s]"* erweiterte. Hierunter fallen nach sec. 1(9) Scottish Elections (Franchise and Representation) Act 2020, sec. 202(1) Representation of the People Act 1983 alle Einwohner, die keine Staatsbürger des Commonwealth oder der Republik Ir-

---

[108] Representation of the People Act 1983 vom 08.02.1983, abrufbar unter: http://www.legislation.gov.uk/ukpga/1983/2/contents, Stand: 17.11.2020.

[109] Zusatzprotokoll zur Konvention zum Schutze der Menschenrechte und Grundfreiheiten i. d. F. des Protokolls Nr. 11 vom 20.03.1952 (SEV Nr. 009).

[110] *Reid*, Public Law, S. 88 f.

[111] Scottish Elections (Reduction of Voting Age) Act 2015 vom 24.07.2015, abrufbar unter: http://www.legislation.gov.uk/asp/2015/7/contents, Stand: 20.11.2020.

[112] *Himsworth/O'Neill*, Scotland's Constitution, S. 94 f.

[113] Scottish Elections (Franchise and Representation) Act vom 01.04.2020, abrufbar unter: https://www.legislation.gov.uk/asp/2020/6/contents/enacted, Stand: 09.11.2020.

land sind und die nach dem *Immigration Act 1971*[114] über ein Aufenthaltsrecht im Vereinigten Königreich verfügen. Zudem können nach sec. 5 Scottish Elections (Franchise and Representation) Act 2020 nun auch verurteilte Personen in Schottland wählen, wenn sie eine Haftstrafe von nicht mehr als zwölf Monaten verbüßen.

Hier zeigt Schottland im Vergleich zu Hamburg ein deutlich weiteres Verständnis vom Volksbegriff. Es entfernt sich damit vom Verständnis der Verknüpfung des Wahlvolkes mit der nationalen Staatsangehörigkeit und lässt den ethnischen Nationalismus für ein eher politisches Verständnis von Nationalität hinter sich. Dies wird auch in der Rhetorik der schottischen Regierung deutlich, die grundsätzlich von „*The people of Scotland*" (den Bürgern Schottlands) und nicht etwa *von „The Scottish people*" (den schottischen Bürgern) spricht.[115] Das schottische Verständnis des Demos ist somit nicht nur offener und fließender im Vergleich zum Volksverständnis Hamburgs und Deutschlands, sondern ebenfalls zu dem auf nationaler Ebene des Vereinigten Königreichs.

Auf kommunaler Ebene war der Kreis der Wahlberechtigten in Hamburg und Schottland bis zum Austritt des Vereinigten Königreichs aus der Europäischen Union ähnlich. Für die Wahl der Bezirksversammlungen nach § 6 Abs. 1 BezVWG sind in Hamburg alle Unionsbürger des Bezirks wahlberechtigt, die am Wahltag das 16. Lebensjahr vollendet haben und seit mindestens drei Monaten im Gebiet der Freien und Hansestadt Hamburg ihren Wohnsitz haben oder sich sonst gewöhnlich aufhalten [...]. Bis zum „*Brexit*" waren in Schottland ebenfalls EU-Bürger ab 16 Jahren wahlberechtigt. Da jedoch der Kreis der Wahlberechtigten zu den Wahlen der schottischen *councils* nach sec. 2(1)(c) Representation of the People Act 1983, sec. 1 Scottish Elections (Reduction of Voting Age) Act 2015 mit dem für das schottische Parlament übereinstimmt, wurde mit dem *Scottish Elections (Franchise and Representation) Act 2020* auch dieser Adressatenkreis auf „*qualifying foreign national[s]*" erweitert.

Während in Schottland aufgrund von sec. 11(1) Scotland Act 1998, sec. 2(1)(c) Representation of the People Act 1983 ein gesetzlicher Gleichlauf der Wahlberechtigung auf Landes- und Kommunalebene herrscht, ist die unterschiedliche Wahlberechtigung zur Hamburgischen Bürgerschaft und den Bezirken Ausfluss aus Art. 28 Abs. 1 Satz 3 GG. Danach sind bei Kommunalwahlen (Art. 28 Abs. 1 Satz 3 GG ist insoweit auch auf die Hamburger

---

[114] Immigration Act 1971 vom 28.10.1971, abrufbar unter: https://www.legislation.gov.uk/ukpga/1971/77/contents, Stand: 16.11.2020.

[115] Vgl. beispielhaft Protecting Scotland's Future: the Government's Programme for Scotland 2019–2020, S. 2 ff.

Bezirke anwendbar[116]) auch Personen wahlberechtigt, die die Staatsangehörigkeit eines Mitgliedstaates der Europäischen Gemeinschaft besitzen. Dies ist die Umsetzung des Art. 20 Abs. 2 Satz 2 b) AEUV[117], wonach Unionsbürgern das Wahlrecht zu den Wahlen des Europäischen Parlaments und Kommunalwahlen zukommt.[118]

Diese Übersicht zeigt auf, dass der Volksbegriff gerade in einem Mehrebenensystem kein feststehender Begriff ist, sondern sich je nach Repräsentationsebene als veränderbares Konzept darstellt.[119]

(b) Einbeziehung des Volkes durch die Beteiligungsinstrumente

Es ist nun zu untersuchen, inwieweit die Beteiligungsmechanismen die jeweiligen Legitimationssubjekte einbeziehen. Im Fall des Hamburger Bürger-Dialogs, der sich auf Landesebene abspielte und somit am Bürgerschafts-Wahlvolk zu orientieren ist, gab es keine Teilnahmebeschränkungen.[120] Informieren konnte sich jeder Internetnutzer über die Website. Wollten die Teilnehmer jedoch ihren eigenen Haushalt erstellen und sich an den Diskussionen beteiligen, mussten sie sich auf der Website mit einer gültigen E-Mailadresse und einem Benutzernamen registrieren.[121] Hierbei gab es keinerlei Teilnahmebeschränkungen oder Überprüfungen der Nutzer hinsichtlich Alter, Nationalität oder Wohnort. Hintergrund dieser Offenheit war der dem Projekt innewohnende Gedanke, einen möglichst großen Interessentenkreis anzusprechen und keine Barrieren für die Beteiligung zu schaffen. Im Vordergrund stand generell die Sammlung inhaltlich starker Argumente für die Gestaltung des Haushaltes.[122]

Das Verfahren *Dundee Decides* spielte sich auf Ebene der *local authorities* ab und ist somit am *council*-Wahlvolk zu orientieren. Es richtete sich grundsätzlich an alle Einwohner Dundees ab elf Jahren, gleich welcher Nationalität.[123] Dabei sollten die Bürger jeweils innerhalb ihres *wards* (Stadtteils)

---

116 Münch/Kunig/*Löwer*, GG, Bd. 1, Art. 28 Rn. 32.

117 Vertrag über die Arbeitsweise der Europäischen Union (AEUV) i. d. F. vom 01.12.2009 (ABl. EG Nr. C 115 vom 9.5.2008 S. 47), zuletzt geändert m. W. v. 01.07.2013 (ABl. EU L 112/21 vom 24.04.2012).

118 Mangoldt/Klein/Starck/*Schwarz*, GG, Bd. 2, Art. 28 Rn. 118 ff.

119 Vgl. *Gamper*, in: Fraenkel-Haeberle/Kropp/Palermo/Sommermann, Citizen Participation in Multi-Level Democracies, 67 (73 ff.).

120 Auskunft eines ehemaligen Mitarbeiters der TuTech, die den Prozess durchführte, aus Januar 2020.

121 *Hamburgische Bürgerschaft*, Ergebnisbericht Bürgerhaushalt Hamburg 2009, S. 6.

122 Auskunft eines ehemaligen Mitarbeiters der TuTech, die den Prozess durchführte, aus Januar 2020.

123 *PB Partners*, Dundee Pilot PB Programme 2017–2018 Evaluation, S. 8.

abstimmen, was durch die Eingabe einer Mailadresse und der Postleitzahl auf der Website sichergestellt werden sollte.[124] Jedoch fand auch hier keine vertiefte Überprüfung der Daten statt, sodass technisch auch Personen für andere Stadtteile abstimmen oder von außerhalb Dundees teilnehmen konnten. Der Hintergrund dieses Teilnehmerzuschnitts war, insbesondere Kinder und ausländische Personen, die normalerweise sehr wenig Einflussmöglichkeiten auf politische Entscheidungsprozesse haben, gezielt zu motivieren und zu integrieren.[125]

In beiden Fällen stimmte der Kreis der Beteiligten somit nicht mit dem Kreis der Wahlberechtigten zum jeweiligen repräsentativen Organ in Form von *council* und Bürgerschaft überein. Beim Hamburger Bürger-Dialog konnten alle interessierten Personen mit Internetzugang teilnehmen. Die Einbeziehung von potenziell jedermann, unabhängig von Alter, Nationalität und Wohnort stellt ein deutlich größeres Teilnehmerfeld dar, als gemäß § 6 Abs. 1 BüWG zur Wahl der Hamburgischen Bürgerschaft zugelassen ist. Auch in Dundee war der adressierte Teilnehmerkreis deutlich größer als der Kreis des *council*-Wahlvolks. Die Altersgrenze von 16 Jahren für *council*-Wahlen wurde um fünf Jahre unterschritten und ebenso konnte jeder Anwohner unabhängig von der ethnischen Zugehörigkeit teilnehmen. In Dundee gab es im Gegensatz zu Hamburg einige Zugangsbeschränkungen. Dennoch war in beiden Fällen ein größerer Kreis von Bürgern für das Verfahren zugelassen, als die Wahlgesetze für die Legitimation der gewählten Repräsentativorgane vorsehen.

Fraglich ist, wie dieser Umstand im Lichte der aus dem Demokratieprinzip fließenden Legitimationsmodelle zu bewerten ist, also ob die Einbeziehung eines „Mehr" an Bürgern in politische Entscheidungen auch als ein „Mehr" an Demokratie gewertet werden kann. Demokratie als staatsrechtlicher Begriff kann jedoch nicht einfach potenziert werden. Wie aufgezeigt, definieren die jeweiligen Wahlgesetze den wahlberechtigen Teil der Bürger, der durch Wahlen die Repräsentanten personell legitimiert und somit als Legitimationssubjekt eine jeweils feststehende Größe darstellt.[126] Beim *participatory budgeting* und dem Hamburger Bürger-Dialog handelt es sich in Abgrenzung zu Wahlen jedoch um Abstimmungen beziehungsweise Beratungen hinsichtlich Haushalts- und damit Sachfragen, sodass hier ein anderer Maßstab für die Definition des einzubeziehenden „Volkes" beziehungs-

[124] *Dundee City Council*, Participatory Budgeting Guide; Auskunft eines Concil Officers des Dundee City Council aus November 2019.

[125] *PB Partners*, Dundee Pilot PB Programme 2017–2018 Evaluation, S. 8; Auskunft eines Concil Officers des Dundee City Council aus November 2019.

[126] Vgl. Mangoldt/Klein/Starck/*Sommermann*, GG, Bd. 2, Art. 20 Rn. 148.

weise den Teilnehmerkreis anwendbar ist. Denn auch wenn lediglich das „Wahlvolk" die Repräsentanten personell durch den Wahlakt legitimieren kann, und die Repräsentanten zumindest in Schottland nach sec. 3.4 Councillors' Code of Conduct in erster Linie diesem gegenüber verantwortlich sind (in Hamburg sind die Abgeordneten nach Art. 7 Abs. 1 Satz 2 HV frei und nur ihrem Gewissen unterworfen), muss die Exekutive den jeweiligen Haushalt im Sinne aller Bürger ihres Hoheitsgebiets aufstellen. Hierzu gehören unter sozial- und wirtschaftspolitischen Aspekten insbesondere auch Kinder und nicht wahlberechtigte Ausländer. Im Falle von Dundee nutzen die durch den *participatory budgeting* Prozess finanzierten Infrastrukturen gerade auch diesen Personengruppen und nicht nur dem wahlberechtigten *council*-Volk.

Das gleiche gilt für die Beratung hinsichtlich des Hamburger Haushalts, in dem auch Ausgaben für nicht wahlberechtigte Bürger vorgesehen sind. Auch diese Bevölkerungsgruppen sind vom jeweiligen Haushalt betroffen, sodass es sachlich gerechtfertigt erscheint, ihre Bedürfnisse in die Planungen miteinzubeziehen. Etwas anderes gilt jedoch für Menschen, die nicht im jeweils betroffenen Territorium wohnhaft sind. Weder in Hamburg noch in Schottland umfasst das Volksverständnis Personen, die außerhalb der Region leben. Um Missbrauchsmöglichkeiten zu minimieren, wären Einschränkungen hinsichtlich des Erfordernisses einer gewissen Verwurzelung von (ausländischen) Bürgern im jeweiligen Gebiet, beispielsweise durch eine Mindestwohnsitzdauer denkbar. Zusätzlich ist an Altersgrenzen für Kinder zu denken, um einen Mindeststandard an Einsichtsfähigkeit zu gewährleisten.

Allerdings zeigen diese Einschränkungsansätze bereits die grundsätzliche Schwierigkeit, die Abstimmungsberechtigung im Einzelfall festzulegen. Es gibt für jede Sachfrage einen anderen Betroffenenkreis, der beispielsweise anhand von Territorialität, Herkunft, Alter oder Betroffeneninteressen festgelegt werden kann, sodass man bei der Suche nach der richtigen Bezugsgruppe zwangsläufig zu zufälligen Ergebnissen gelangt.[127] So sind Kinder zwar von Haushaltsentscheidungen im Ergebnis betroffen, sie zahlen jedoch in der Regel selbst keine Steuern und konnten im Fall von Dundee dennoch über die Verteilung von Geldern mitbestimmen. Bezüglich der Altersgrenze zeigen verschiedene Fälle des *participatory budgetings* in Schottland die Abgrenzungsproblematik. Trotz ähnlichem Verfahren und gleicher Interessenlage lag die Altersgrenze in Dundee bei elf Jahren, in South Central Edinburgh dagegen bei acht Jahren.[128] Dass die Entscheidung im Einzelfall fest-

[127] *Schmidt-Aßmann*, AöR 1991, 329 (371 f.).

[128] *PB Scotland*, South Centra£ Decides on Saturday (2016).

gelegt, wer bei der Bürgerbeteiligung bezüglich Sachfragen ein adäquater Adressat und somit potenzieller „Demos" ist, dient der Flexibilität der Verwaltung. So kann wie im Hamburger Beispiel durch eine komplett uneingeschränkte Beteiligungsmöglichkeit jeder Person ein möglichst großer Adressatenkreis generiert werden. Es kann aber auch zu unbefriedigenden oder nicht nachvollziehbaren Ergebnissen führen, wie der Fall der unterschiedlichen Altersgrenzen in Dundee und Edinburgh zeigt.

Der Umstand, dass die Verwaltung, die im Rahmen ihres Verfahrensermessens zumeist informelle Beteiligungsprozesse wie die hier dargestellten organisiert, die Teilnehmerkreise selber festlegen kann, führt neben der fehlenden Ausübung von Staatsgewalt durch die Betroffenen dazu, dass diese Verfahren nicht geeignet sind, zusätzliche Legitimation zu spenden. Der Beteiligtenkreis kann für jeden Prozess neu definiert und somit jeweils nach Bedarf eine neue Betroffenengruppe generiert werden, womit die Exekutive über ein wichtiges Steuerungsinstrument verfügt. Eine rechtliche Legitimation erlangt die Exekutive dabei sowohl in Hamburg als auch in Schottland nur durch Parlamentsgesetze, die Aufsicht der parlamentarisch überwachten Regierung und Wahlen zu den regionalen Verwaltungsorganen. Sie kann sich nicht durch informelle Beteiligungsverfahren mit wechselnden Teilnehmerkreisen eine zweite Legitimationsstruktur verschaffen. Die Partizipation verschiedener Bürgergruppen durch Interessenvermittlung und -berücksichtigung ist dementsprechend lediglich dazu geeignet, die Akzeptanz und Legitimität bezüglich der Sachentscheidungen zu erhöhen.[129]

(2) Materielle Legitimation und legal accountability bezüglich der Kernelemente einer repräsentativen Demokratie

Da das *participatory budgeting* und der Bürger-Dialog hinsichtlich des Legitimationssubjektes „Volk" nur als responsive Ergänzung der repräsentativen Strukturen gewertet werden können, ist weiterhin zu überprüfen, ob sie sich innerhalb der Grenzen der materiellen Legitimation und der *legal accountability*, also innerhalb des jeweiligen Rechtsrahmens in Form von Parlamentsgesetzen bewegen.[130] Nur wenn dies der Fall ist, können die Beteiligungsformen eher als unterstützende, denn als die repräsentative Demokratie gefährdende Ergänzungen eingeordnet werden.

---

[129] Vgl. auch *Abromeit/Stoiber*, Demokratien im Vergleich, S. 199; *Schmidt-Aßmann*, AöR 1991, 329 (369, 373).

[130] Dazu *Böckenförde*, in: Isensee/Kirchhof, Handbuch des Staatsrechts Bd. II, 429 (441 f.); *Elliott/Thomas*, Public Law, S. 391.

Der Prüfungskatalog wird aufgrund des bei der Untersuchung im Fokus stehenden Demokratieprinzips auf die Kernelemente des vorliegend zugrunde gelegten Verständnisses einer repräsentativen Demokratie beschränkt, die möglicherweise durch die beschriebenen Verfahren verletzt werden. Dafür ist zunächst das demokratische Prinzip inhaltlich zu definieren und in der jeweiligen Rechtsordnung Hamburgs wie Schottlands zu identifizieren, um sodann die Einhaltung dieser rechtlichen Grenzen durch die Beteiligungsinstrumente zu untersuchen.

(a) Mehrheitsprinzip

Eines der grundlegendsten Prinzipien einer Demokratie ist das eng mit dem Gleichheitsprinzip verwobene Mehrheitsprinzip. Um die Gleichheit politischer Bürgerrechte zu wahren, sind Wahlen und Abstimmungen stets von der Mehrheit der Wähler und Abstimmenden zu entscheiden. So soll dem mehrheitlichen Volkswillen bezüglich Einzelentscheidungen Geltung und Akzeptanz verschafft werden.[131]

(aa) Rechtsgrundlage

Im deutschen und damit auch Hamburger Verfassungsverständnis stellt das Demokratieprinzip, aus welchem sich das Mehrheitsprinzip herleitet, eine Rechtsnorm dar. Auf Bundesebene findet sich diese Norm in Art. 20 Abs. 1 und 2 Satz 1 GG, in Hamburg in Art. 3 Abs. 2 Satz 1 HV, wo es heißt, dass alle Staatsgewalt vom Volke ausgeht. Bei diesem Verfassungssatz handelt es sich um ein Staatsstrukturprinzip, also ein solches, das die grundlegenden Modalitäten des Staatshandelns vorgibt.[132] Eine konkrete Ausgestaltung des Mehrheitsprinzips für das Hamburger Haushaltsrecht, konkret für den Haushaltsbeschluss der Bürgerschaft, findet sich in Art. 66 Abs. 2 Satz 1 i. V. m. Art. 19 HV. Hiernach ist zu einem Beschluss der Bürgerschaft eine einfache Stimmenmehrheit erforderlich. Diese Normen stellen zusammen einen Rechtsrahmen auf, anhand dessen die Einhaltung des Mehrheitsprinzips durch den Hamburger Bürger-Dialog überprüft werden kann.

Eine entsprechende Normierung des Demokratieprinzips im Vereinigten Königreich und Schottland sucht man dagegen vergebens. Das Demokratieprinzip findet in der Verfassungsrealität zwar weitgehend Anwendung und wird von den jeweiligen Staatsorganen umgesetzt. Allerdings kennt das tra-

---

[131] Vgl. Dolzer/Graßhof/Kahl/Waldhoff/*Robbers*, Bonner Kommentar zum GG, Bd. V, Art. 20 Rn. 649; *Böckenförde*, in: Isensee/Kirchhof, Handbuch des Staatsrechts Bd. II, 429 (465 f.); *Elliott/Thomas*, Public Law, S. 63.

[132] Mangoldt/Klein/Starck/*Sommermann*, GG, Bd. 2, Art. 20 Rn. 81, 86, 88.

ditionelle britische und schottische Verfassungsverständnis das Demokratieprinzip nicht als originäres, rechtlich durchsetzbares Verfassungsprinzip[133] und aufgrund der fehlenden formellen Verfassung entsprechend erst recht nicht als geschriebene Rechtsnorm. Vielmehr wird die repräsentative Demokratie hier als „*tenant*", also als Mieterin der ungeschriebenen Verfassung des Vereinigten Königreichs angesehen.[134] Dennoch spielt das Demokratieprinzip und mit ihm seine Kernelemente in der jeweiligen Staatsorganisation, wie auch in Deutschland, eine große Rolle. Es wurde zudem erstmals im Jahr 2019 als allgemeines Rechtsprinzip vom britischen *Supreme Court* als Prüfungsmaßstab für die Rechtsprüfung im „*Prorogation Case*"[135] angewendet, in dem es um die Rechtmäßigkeit der Vertagung des Westminster Parlaments durch Premierminister Boris Johnson im Vorfeld des zu diesem Zeitpunkt zum 31. Oktober 2019 drohenden Austritts des Vereinigten Königreichs aus der Europäischen Union ging. Das Gericht befand die *prorogation* im Sinne einer Vertagung des Westminster Parlaments zwischen zwei *sessions*, also Sitzungsperioden für einen Zeitraum von fünf Wochen in unmittelbarer zeitlicher Nähe zum geplanten „*Brexit*" für rechtswidrig. Die Länge der Unterbrechung habe „an extreme effect upon the fundamentals of our democracy",[136] indem die Fähigkeit des Parlaments zur Wahrnehmung seiner verfassungsmäßigen Aufgaben in dieser Zeit vereitelt wurde, ohne dabei über eine angemessene Rechtfertigung zu verfügen.[137]

Das Demokratieprinzip als Verfassungsprinzip findet demnach langsam Eingang in das britische und schottische Verfassungsverständnis. Es kann in diesem Zusammenhang jedoch längst noch nicht als rechtliches Prinzip behandelt werden, anhand dessen eine rechtliche Überprüfung regelmäßig stattzufinden hat. Da es somit an einer grundsätzlichen demokratischen Rechtsnorm fehlt, muss die schottische Rechtsordnung dahingehend untersucht werden, ob sich die Kernelemente des Demokratieprinzips, in diesem Fall das Mehrheitsprinzip, im einfachen Recht auffinden lassen, um anhand dessen die Vereinbarkeit des *participatory budgetings* mit diesem Grundsatz überprüfen zu können.

---

[133] Vgl. dazu *Elliott/Thomas*, Public Law, S. 63; *Reid*, Public Law, S. 37 ff.; *Himsworth/O'Neill*, Scotland's Constitution, S. 23 ff.

[134] *Reid*, Public Law, S. 20.

[135] R (Miller) vs. The Prime Minister and Cherry vs. Advocate General for Scotland, [2019] UKSC 41, para. 55 ff., 58.

[136] R (Miller) vs. The Prime Minister and Cherry vs. Advocate General for Scotland, [2019] UKSC 41, para. 58.

[137] R (Miller) vs. The Prime Minister and Cherry vs. Advocate General for Scotland, [2019] UKSC 41, para. 1 f., 58 ff.

Da sich das *participatory budgeting* auf *council*-Ebene abspielt, ist dementsprechend eine Rechtsgrundlage erforderlich, die die *councils* auf das Prinzip der Entscheidungsfindung durch demokratische Mehrheiten verpflichtet. Eine solche Rechtsgrundlage stellt sch. 7, sec. 5(1) Local Government (Scotland) Act 1973 dar, in dem es heißt

„[...] all questions coming or arising before a council shall be decided by a majority of the members of the council present and voting thereon at a meeting of the council".

Diese Norm sieht also vor, dass alle Fragen, die in die Kompetenz eines *councils* fallen, von diesem mit der Mehrheit der anwesenden *council*-Abgeordneten entschieden werden sollen. Hierin kommt der demokratische Grundgedanke zum Ausdruck, dass nur Mehrheitsentscheidungen dem Willen des jeweiligen (*council*-)Volkes Geltung verschaffen können, womit die Norm eine hinreichende Rechtsgrundlage für die anstehende Überprüfung des Mehrheitsprinzips darstellt.

(bb) Prüfung der Rechtmäßigkeit

Das Mehrheitsprinzip wird verletzt, wenn, im Hinblick auf die Gleichheit der politischen Rechte der Bürger, Entscheidungen nicht nach der Mehrheitsregel getroffen werden.[138]

Im Hamburger Beispiel könnte dies der Fall sein, zumal der Bürger-Dialog keine Abstimmung vorsah, sondern den Bürgern die Erstellung eigener Haushalte ermöglichte. Wäre ein solcher schlicht ohne Kontrolle von Senat und Bürgerschaft übernommen worden, würde dies eine Verletzung des Demokratieprinzips darstellen. Die Letztentscheidungsbefugnis über das ob und wie der Einbeziehung der Ideen und Diskussionsergebnisse blieb aber aufgrund der beratenden Natur des Prozesses unangetastet und damit beim Senat, der den Haushaltsplan erstellte. Die der Beratung und potenziellen Einbeziehung der Beteiligungsergebnisse nachgelagerte Abstimmung der Bürgerschaft wahrte das Mehrheitsprinzip, indem das durch Wahlen legitimierte Parlament mit seiner Mehrheit den Haushalt 2011/2012 annahm.[139]

In Dundee wurde die Mehrheitsentscheidung über den Haushalt dagegen vor dem Beteiligungsprozess bei den Haushaltsentscheidungen Anfang des Jahres 2017 getroffen. Der *council* beschloss dabei in einer Art Globalbewilligung, die Summe von 1,2 Millionen Pfund für einen Beteiligungsprozess

---

[138] Vgl. Mangoldt/Klein/Starck/*Sommermann*, GG, Bd. 2, Art. 20 Rn. 86.

[139] Vgl. dazu *Trute*, in: Hoffmann-Riem/Schmidt-Aßmann/Voßkuhle, Grundlagen des Verwaltungsrechts, Bd. I, 307 (340f.); Bü-Plenarprotokoll 20/21 vom 24.11.2011, S. 1615.

zur Verfügung zu stellen.[140] Nachdem das *participatory budgeting* durchgeführt und ausgewertet worden war, wurde das Ergebnis von den dafür zuständigen *engineers* im *City Development Department* ohne eine weitere Beteiligung des *councils* direkt an die Gewinner-Projekte zur weiteren Verwendung überwiesen.[141]

Dieses Vorgehen ist trotz der politischen Entscheidungsmacht der Abstimmenden insoweit als unproblematisch zu bewerten, als dass hierbei das Mehrheitsprinzip in doppelter Form eingehalten wurde. Zum einen war das Haushaltsmittel genau für diesen Zweck per Mehrheitsbeschluss des *councils* zur Verfügung gestellt und die inhaltliche Entscheidung auf diese Weise delegiert worden.[142] Zum anderen fand das Mehrheitsprinzip auch beim *participatory budgeting* selbst Anwendung. Jeder Abstimmende konnten auf der Website fiktive 150.000 Pfund auf die angebotenen Projekte verteilen. Die Projekte, die am häufigsten ausgewählt wurden und damit die Mehrheit bekamen, erhielten den Zuschlag.[143]

Beide Verfahren lagen dabei im Rahmen des Gestaltungsspielraums der repräsentativen Einheiten. Während die Hamburgische Bürgerschaft über die Budgethoheit verfügt und in diesem Rahmen eben auch informelle Beratungsverfahren anordnen kann, verfügen die *local authorities* nach sec. 69(1)[144] und 83(3)(b)[145] Local Government (Scotland) Act 1973 über einen weiten Ermessensspielraum, der auch für Haushaltsentscheidungen gilt. Hierbei müssen sie sich, um nicht in Gefahr zu geraten, einen *judicial review* auszulösen, an die allgemeinen Verwaltungsgrundsätze der *procedural fairness*, *rationality*, *proportinality* und eben der *legality* halten.[146] Be-

[140] *Dundee City Council*, Article II Revenue Budget and Council Tax 2017/2018, Appendix I, Community Infrastructure Fund.

[141] *PB Partners*, Dundee Pilot PB Programme 2017–2018 Evaluation, S. 4, 9; Auskunft eines Concil Officers des Dundee City Council aus November 2019.

[142] *PB Partners*, Dundee Pilot PB Programme 2017–2018 Evaluation, S. 5f., 14.

[143] *Dundee City Council*, Participatory Budgeting Guide; *PB Scotland*, Dundee Decides: Results in for mainstream PB process (2018).

[144] Sec. 69(1) Local Government (Scotland) Act 1973: "Without prejudice to any powers exercisable apart from this section but subject to the provisions of this Act and any other enactment passed before or after this Act, a local authority shall have power to do any thing (whether or not involving the expenditure, borrowing or lending of money or the acquisition or disposal of any property or rights) which is calculated to facilitate, or is conducive or incidental to, the discharge of any of their functions."

[145] Sec. 83(3)(b) Local Government (Scotland) Act 1973: "A local authority may incur expenditure on contributions to any of the following funds, that is to say –

(b)the funds of any body which provides any public service in the United Kingdom otherwise than for the purposes of gain."

[146] *Elliott/Thomas*, Public Law, S. 391.

züglich der Einhaltung des Mehrheitsprinzips in Gestalt von sch. 7, sec. 5(1) Local Government (Scotland) Act 1973 bestehen vorliegend aufgrund der dem Beteiligungsverfahren vorgelagerten *council*-Entscheidung jedoch keine Bedenken.

Im Ergebnis verletzen die informellen Beteiligungsinstrumente für die Haushaltsgestaltung in Dundee und Hamburg in ihrer jeweiligen Form nicht das demokratische Mehrheitsprinzip.

(b) Repräsentationsprinzip

Weiterhin müssen die Beteiligungsverfahren aber auch das demokratische Repräsentationsprinzip wahren. Das Demokratieprinzip setzt neuen Beteiligungsmöglichkeiten hierbei insoweit Grenzen, als dass es die Unterbrechung der Rückführbarkeit staatlicher Entscheidungen auf das Volk durch zwischengeschaltete Entscheidungsbefugnisse von Einzelnen oder Gruppen, die nicht mit dem legitimierenden Volk identisch sind, verbietet. Dies wird im deutschen Verfassungsverständnis „Störungsverbot“[147] genannt. Dieser Gedanke der ununterbrochenen Legitimationskette lässt sich anhand der Prinzipien der *legal* und *administrative accountability* auch im schottischen Rechtsverständnis nachvollziehen, wo die Verwaltung ebenfalls Verantwortungsketten bis zu Regierung und Parlament und somit letztlich zum Volk einhalten muss. Die Exekutive darf demnach in den Entscheidungsprozess keine dritte, vom Aktivvolk unterschiedliche Gruppe einbeziehen und ihr Entscheidungsgewalt übertragen, da sonst die *accountability* durchschnitten würde.

(aa) Rechtsgrundlage

In Hamburg ergibt sich das Repräsentationsprinzip aus Art. 3 Abs. 2 Satz 1 i. V. m. Art. 7 Abs. 1 Satz 1 HV, wonach die Abgeordneten Vertreter des ganzen Volkes sind und nach Maßgabe der Verfassung und der Gesetze die vom Volk ausgehende Staatsgewalt ausüben.[148] Die Abgeordneten haben dabei insbesondere die Interessen des Volkes, das sie repräsentieren, wahrzunehmen und nicht die ihrer Wahlkreise oder einzelner Interessengruppen.[149]

In Schottland muss dagegen erneut das einfache Recht auf eine entsprechende Rechtsgrundlage durchsucht werden. Als allgemeiner Gedanke demokratischer Repräsentation kann dabei der Representation of the People

[147] *Schmidt-Aßmann*, AöR 1991, 329 (369); Mangoldt/Klein/Starck/*Sommermann*, GG, Bd. 2, Art. 20 Rn. 143 ff.

[148] *David*, HV, Art. 7 Rn. 5.

[149] *David*, HV, Art. 7 Rn. 7.

Act 1983 genommen werden. Hierin wird allgemein das Wahlrecht für die verschiedenen Organisationsebenen des Vereinigten Königreichs geregelt. Dabei offenbart nur der Name des Gesetzes seinen konkreten Zweck, nämlich die Repräsentation des Volkes durch Wahlen zu den repräsentativen Organen zu gewährleisten. Sec. 2 Representation of the People Act 1983 regelt die Wahlberechtigung zu den *council*-Wahlen. Das *local government* in Form der *councils* repräsentiert somit im Sinne dieses Gesetzes das jeweilige Wahlvolk. Dieser Repräsentationsgedanke wird zudem durch den *Code of Conduct for Councillors*[150] konkretisiert. Dabei handelt es sich um kein Gesetz, sondern einen nach sec. 1(5) Ethical Standards in Public Life etc. (Scotland) Act 2000[151] von den schottischen Ministern erstellten und vom schottischen Parlament beschlossenen Verhaltenskodex für die Lokalabgeordneten. Darin heißt es in Rule 3.4: "you are responsible to the electorate [...]"[152] und in Rule 3.22: "Whilst you are a member of the community, you are also a representative of that community and of the Council to which you are elected".[153] Auch wenn es sich um kein Gesetz im formellen Sinne handelt, wird die Einhaltung dieser Vorgaben nach sec. 8 und 9 Ethical Standards in Public Life etc. (Scotland) Act 2000 durch die *Standards Commission for Scotland* und den *Commissioner for Ethical Standarts in Public Life in Scotland* überprüft und die Nichteinhaltung nach sec. 19 Ethical Standards in Public Life etc. (Scotland) Act 2000 sanktioniert, sodass der *Code of Conduct* für die Abgeordneten bindend ist. Demnach findet auch in Schottland das demokratische Prinzip der Repräsentation eine rechtliche Verankerung.

(bb) Prüfung der Rechtmäßigkeit

Allerdings könnte durch das *participatory budgeting* und den Bürgerhaushalt das demokratische Repräsentationsprinzip verletzt worden sein, indem jeweils deutlich weniger Bürger an den Verfahren teilgenommen haben und somit in den Ergebnissen repräsentiert wurden, als von der Haushaltsentscheidung letztlich betroffen waren. Dies stellte eine Rechtsverletzung dar, wenn die Legitimationskette vom Aktivvolk bis hin zur Ausübung der Staatsgewalt durch die Einbeziehung von Partikularinteressen unterbrochen würde.

---

[150] *Scottish Government*, Code of Conduct for Councillors (2018).

[151] Ethical Standards in Public Life etc. (Scotland) Act 2000 vom 24.07.2000, abrufbar unter: http://www.legislation.gov.uk/asp/2000/7/contents, Stand: 12.11.2020.

[152] *Scottish Government*, Code of Conduct for Councillors (2018), S. 7.

[153] *Scottish Government*, Code of Conduct for Councillors (2018), S. 10.

Beim *Dundee Decides*-Verfahren beteiligten sich 11.472 Bürger, was gut 10 % der in diesem Verfahren abstimmungsberechtigten Einwohner dieses *councils* ausmacht,[154] wobei anhand der Mehrheitsentscheidungen maximal gut 5 % der Bürger durch die Entscheidungen repräsentiert wurden. In Hamburg besuchten um die 3.800 Menschen die Website, wobei 552 von ihnen einen eigenen Haushalt erstellten und somit ihre Schwerpunkte für den künftigen Haushalt kundtaten.[155] Die aktive Beteiligung von 552 Personen stellt bei etwa 1,7 Millionen Einwohnern in Hamburg im Jahr 2009[156] beziehungsweise bei 1,2 Millionen. Wahlberechtigten[157] einen Anteil von etwa 0,03 % oder 0,05 % dar. In beiden Fällen repräsentieren die gewählten Organe einen deutlich größeren Teil der Bürger. Bei einer Wahlbeteiligung von 63,5 % zur Hamburgischen Bürgerschaft im Jahr 2008[158] waren bei einer Mehrheitsentscheidung der Bürgerschaft zumindest um die 32 % der Wahlberechtigten repräsentiert. In Dundee lag die Wahlbeteiligung im Jahr 2012 bei etwa 36,19 %,[159] was eine Repräsentation von etwa 19 % des *council*-Volkes bei Mehrheitsentscheidungen bedeutet. Die theoretischen Mehrheitswerte der untersuchten Verfahren liegen mit 5 % in Dundee und maximal 0,05 % in Hamburg deutlich darunter. Wären die Ergebnisse der Beteiligungsverfahren rechtlich bindend, so würde dies weder die Mehrheit des tatsächlichen Aktivvolkes, noch die Mehrheit des in den gewählten Körperschaften repräsentierten Aktivvolkes abbilden.

Wie aber bereits bei der Prüfung des Mehrheitsprinzips festgestellt, hatten die Bürger mit dem Bürger-Dialog eine sehr unverbindliche, beratende Funktion inne. Zudem entschieden Senat und Bürgerschaft nach Abschluss des Beteiligungsverfahrens über die Einbeziehung der Abstimmungsergebnisse in den Haushaltsplan, sodass die Repräsentanten die vollständige Kontrolle über den Ausgang des Prozesses behielten und somit die demokratische Legitimation des Haushaltsbeschlusses sicherten.

In Dundee lief das Beteiligungsverfahren jedoch genau andersherum ab. Zwar erteilten die Abgeordneten des *councils* eine Art Globalbewilligung für die Verteilung von 1,2 Millionen Pfund des Haushaltsgeldes durch *parti-*

---

[154] *PB Partners*, Dundee Pilot PB Programme 2017–2018 Evaluation, S. 8.

[155] *Hamburgische Bürgerschaft*, Ergebnisbericht Bürgerhaushalt Hamburg 2009, S. 6.

[156] *Statistisches Amt für Hamburg und Schleswig-Holstein*, Bevölkerung in Hamburg (2010), S. 12.

[157] *Statistisches Amt für Hamburg und Schleswig-Holstein*, Endgültiges Ergebnis der Bürgerschaftswahl 2008.

[158] *Statistisches Amt für Hamburg und Schleswig-Holstein*, Endgültiges Ergebnis der Bürgerschaftswahl 2008.

[159] *Dundee City Council*, Elections Results 2012.

cipatory budgeting.[160] Allerdings entschieden, wenn auch nur politisch bindend, letztlich die teilnehmenden Bürger über die konkrete Verteilung des Geldes. An die Abstimmung schloss sich keine erneute Entscheidung durch den *council* als repräsentatives Organ an, der das Resultat überprüfte und sodann im Namen des Wahlvolkes billigte. Demnach entschied faktisch eine kleine Gruppe von Bürgern über die inhaltliche Verteilung der Haushaltsmittel. Hierin könnte die Gefahr der Unterbrechung des Legitimationszusammenhangs gesehen werden.

Zu der Initiativentscheidung des *councils* kam aber hinzu, dass bereits im Vorfeld des Beteiligungsverfahrens eine Überprüfung der zur Verfügung stehenden Projekte durch die für die Verteilungsentscheidung zuständigen *council-officials* stattfand. Diese trafen eine Vorauswahl bezüglich der förderungsfähigen Projekte, sodass lediglich solche zur Wahl standen, die in jedem Fall von den Repräsentanten genehmigt waren.[161] Dementsprechend wurden bereits im Vorhinein alle Projekte von den zuständigen und damit demokratisch legitimierten Verwaltungsstellen als förderungsgeeignet genehmigt, womit die Bürger nur noch über legitimatorisch abgesicherte Inhalte entscheiden konnten. Die Kombination der Faktoren aus Genehmigung des Verfahrens durch den *council* und Auswahl der Projekte durch die *officials* ist als ausreichend zu bewerten, den repräsentativen Charakter des Prozesses zu erhalten.

Somit verletzten weder der Bürger-Dialog noch das *participatory budgeting* in Hamburg und Dundee in ihrer jeweiligen Form das demokratische Repräsentationsprinzip in Form des Störungsverbotes.

(c) Zwischenergebnis zur materiellen Legitimation

Die Überprüfung des *participatory budgetings* und des Bürgerhaushaltes hinsichtlich der Einhaltung der aus dem Demokratieprinzip entspringenden Grundsätze der Mehrheitsentscheidung und der Repräsentation hat ergeben, dass die Instrumente sich innerhalb der jeweiligen rechtlichen Grenzen bewegen. In beiden Fällen verbleibt die rechtliche Kontrolle der Ergebnisse der Bürgerbeteiligung bei den repräsentativen Einheiten, die lediglich im Rahmen ihres Verfahrensermessens die haushaltsrelevanten Präferenzen der Bürger ermittelten. Insofern verletzen die Bürgerbeteiligungsverfahren nicht das Demokratieprinzip in seinen gesetzlichen Ausgestaltungen und halten sich damit im Rahmen der materiellen Legitimation und der *legal accountabiltiy.*

---

[160] *Dundee City Council*, Article II Revenue Budget and Council Tax 2017/2018, Appendix I, Community Infrastructure Fund.

[161] *PB Partners*, Dundee Pilot PB Programme 2017–2018 Evaluation, S. 5 f., 14.

(3) Zwischenergebnis zur Erhöhung des Grades demokratischer Legitimation und accountability

Die Frage, ob die Bürgerbeteiligungsinstrumente über die Einhaltung der materiellen Legitimation hinaus zu einer Erhöhung des Grades demokratischer Legitimation führen, ist zu verneinen. Beide Verfahren wurden einem Beteiligtenkreis eröffnet, der das Wahlvolk als demokratisches Minimum sowie weitere Betroffene und interessierte Personen einbezog. Die Entscheidung, wer bei einer zu behandelnden Sachfrage teilnahme- und abstimmungsberechtig ist, obliegt dabei regelmäßig der das Verfahren organisierenden Verwaltung im jeweiligen Einzelfall und führt zu zufälligen Ergebnissen. Insbesondere der Umstand, dass die repräsentative Einheit für jeden Fall selbst bestimmen kann, wen sie einbeziehen möchte, führt dazu, dass die Verfahren nicht geeignet sind, die Sachentscheidungen an den Demos, der von der Entscheidung letztlich betroffen ist, legitimatorisch zu koppeln. Damit handelt es sich beim Bürger-Dialog und beim *participatory budgeting* um rein beratende und damit potenziell die Responsivität steigernde Ergänzungen der demokratischen Zurechnungszusammenhänge. Sie können zwar nicht die rechtliche Legitimation und Verantwortlichkeit im Sinne der *accountability* erhöhen, unter Umständen jedoch die Legitimität von Sachentscheidungen im Sinne der sozialen Anerkennung von Herrschaft.[162]

cc) Ergebnis zu Partizipation als zusätzliche Quelle demokratischer Legitimation und accountability in der Verwaltung?

Die Beteiligungsverfahren in ihrer jeweiligen Ausgestaltung sind insbesondere nicht geeignet, Deliberation und Partizipation als zusätzliche und somit eigene Quelle demokratischer Legitimation zu begründen.

Dies liegt zuvorderst daran, dass weder das *participatory budgeting* noch der Bürger-Dialog es den Beteiligten ermöglicht, rechtlichen Einfluss auf die Ergebnisse zu nehmen. Die Instrumente sehen gerade nicht die Teilung von Staatsgewalt mit Bürgern vor, sondern lediglich eine Konsultation. Über deren Auswirkungen entscheiden allein die Repräsentanten, im Fall von Schottland vor, im Fall von Hamburg nach der Bürgerbeteiligung. Ohne konkrete Mitentscheidungskompetenzen und somit die Möglichkeit, Staatsgewalt auszuüben, kann durch Bürgerbeteiligung jedoch keine weitere Legitimationsstruktur geschaffen werden. Demnach ist keins der untersuchten

[162] Vgl. *Trute*, in: Hoffmann-Riem/Schmidt-Aßmann/Voßkuhle, Grundlagen des Verwaltungsrechts, Bd. I, 307 (308); *Luhmann*, Legitimation durch Verfahren, S. 28.

Beteiligungsverfahren dazu geeignet, die repräsentativen Strukturen strukturell zu verändern.

b) Einordnung der Ergebnisse

Die vorstehenden Ergebnisse zeigen, dass die Instrumente der Bürgerbeteiligung bezüglich der Frage, ob sie zu einem „Mehr" an demokratischer Legitimation führen, gleichartig zu bewerten sind. Keines der Instrumente kann in seinem Rechtssystem einen zweiten Strang demokratischer Legitimation eröffnen, da in keinem Fall die Ausübung von Staatsgewalt und somit von Mitbestimmung an die beteiligten Bürger übertragen wird. Zudem konnte sich in beiden Verfahren über das jeweilige Wahlvolk hinaus eine weitaus größere Personengruppe beteiligen, womit die Instrumente sich nicht auf die Einbeziehung des staatsrechtlichen Demos im Sinne des Aktivvolkes beschränkten. Auch halten beide Beteiligungsmechanismen die rechtlichen Grenzen des Mehrheits- und Repräsentationsprinzips und damit der materiellen Legitimation und *legal accountability* ein.

Trotz dieser grundlegenden Übereinstimmungen weisen die Bürgerbeteiligungsinstrumente im Detail und dabei in der Kehrseite ihrer Gemeinsamkeiten erhebliche Unterschiede auf, die für den weiteren Erkenntnisgewinn einzuordnen sind. Daran anschließend ist die Bewertung ihrer Zweckmäßigkeit vorzunehmen. Es ist zu beurteilen, inwieweit sie zu einer Demokratisierung der Verwaltungsverfahren beitragen können, wobei insbesondere die verschiedenen politischen und verfassungsrechtlichen Rationalitäten herauszuarbeiten sind.[163]

aa) Unterschiedliche Bindungswirkung der Instrumente

Der erste gravierende Unterschied der Beteiligungsverfahren besteht darin, dass, auch wenn ihre Ergebnisse nicht rechtlich verbindlich sind und ihre politische und damit tatsächliche Bindungswirkung enorm divergiert. So handelt es sich beim *participatory budgeting* um ein Instrument der partizipativen Demokratie, bei dem die Bürger zumindest faktisch das Letztentscheidungsrecht innehaben, wohingegen der Bürger-Dialog als deliberativ einzuordnen ist, bei dem rechtlich wie faktisch die Repräsentanten entscheiden.

Dies liegt unter anderem an der unterschiedlichen politischen Zielrichtung, die hinter den Instrumenten steht. So stellt das *participatory budgeting*

---

[163] Vgl. dazu *Kischel*, Rechtsvergleichung, S. 93 ff.; *Zweigert/Kötz*, Einführung in die Rechtsvergleichung, S. 43, 46; *Röcke*, Framing Citizen Participation, S. 57.

im schottischen Kontext ein Instrument des *community developments* und *empowerments* dar, mit welchem den Gemeinden im Kampf gegen die lokale Demokratieverdrossenheit mehr Gestaltungsmöglichkeiten übertragen werden sollen.[164] Vor diesem Hintergrund wurde von der schottischen Regierung und *COSLA* zusammen ein schottlandweites Programm bezüglich *participatory budgeting* aufgesetzt.[165] Der Hamburger Bürger-Dialog fand dagegen nur zwei Mal, eher in Form von Pilotprojekten hinsichtlich einer Modernisierung der Haushaltsdebatte statt. Ziel dieses Formats war „die Identifizierung der von den Bürgerinnen und Bürgern gesehen Prioritäten und Posterioritäten bei den öffentlichen Aufgaben," insbesondere im Licht der damals aktuellen Finanzkrise und der sich daraus ergebenden erforderlichen Sparmaßnahmen.[166] Es stand also eher die punktuelle Rechtfertigung von Haushaltskürzungen denn eine grundlegende Strategie zur Veränderung von Entscheidungsstrukturen im Vordergrund.

Im schottischen Kontext ist dabei festzustellen, dass das *participatory budgeting* als partizipatives Beteiligungsinstrument einen neuen Aspekt der direkten Teilhabe von Bürgern mit sich bringt, den die schottische Bevölkerung zuvor in dieser Form nicht kannte. Dies ist eine völlig andere Ausgangslage als im Hamburger Kontext, wo die Bürger grundsätzlich über direktdemokratische Beteiligungsinstrumente verfügen. Dies gilt jedoch wiederum nicht für die Erstellung von Haushaltsplänen und Haushaltsbeschlüsse, die nach Art. 50 Abs. 1 Satz 2 HV und § 32 Abs. 1 Satz 2 BezVG nicht Gegenstand direkter Demokratie sein können. Dass die Bürger keine Entscheidungsgewalt bezüglich der Haushaltsgestaltung übertragen bekommen, liegt in Deutschland in der Budgethoheit der Kommunen begründet, die nach deren Verfassungen nicht übertragbar ist.[167] Das gleiche gilt für die Einheitsgemeinde Hamburg, wo Art. 66 HV der Bürgerschaft die ausschließliche Kompetenz zur Feststellung des Haushaltsplans überträgt, um so die staatliche Aufgabenerfüllung zu gewährleisten.[168] Ein solch starres Verständnis der Budgethoheit existiert in Schottland nicht. Das schottische Parlament hat zunächst im Rahmen der Devolution gemäß sec. 64 ff. Scot-

---

[164] Vgl. *Bort/McAlpine/Morgan*, The Silent Crisis (2012), Foreword; *Escobar/Garven/Harkins/Glazik/Cameron/Stoddart*, in: Dias, Hope for Democracy, 311 (313); *Harkins/Egan*, The Role of Participatory Budgeting (2012), S. 28 ff., 33; *Commission on the future delivery of public services (2011)*, S. 72 ff.

[165] *COSLA/Scottish Government*, Community Choices 1 % Framework Agreement (2017); *Scottish Government*, Programme for Scotland 2017–18, S. 109.

[166] Bü-Drucks. 19/2326 vom 03.03.2009, S. 1.

[167] Vgl. *Neunecker*, in: Glaab, Politik mit Bürgern – Politik für Bürger, 199 (204); *Röcke*, Framing Citizen Participation, S. 151.

[168] *David*, HV, Art. 66 Rn. 9 f.

land Act 1998 die Budgethoheit für Schottland übertragen bekommen und mit dem *Public Finance and Accountability (Scotland) Act 2000*[169] Vorgaben für die Handhabung öffentlicher Gelder festgesetzt. Der Auftrag der schottischen Regierung in Richtung der *local authorities*, Teile ihres öffentliches Haushalts durch Bürgerabstimmungen zu verteilen, zeigt dabei ein eher flexibles Verständnis von kommunaler Budgethoheit.

bb) Unterschiedliche Bezugsgruppen

Der zweite Unterschied liegt im jeweiligen Zuschnitt des Kreises der Bürger, die jeweils in die Beteiligungsverfahren einbezogen werden sollten. Während in Dundee grundsätzlich alle Einwohner Dundees, gleich welcher Nationalität ab elf Jahren innerhalb ihrer Stadtteile abstimmen sollten,[170] konnten in Hamburg alle interessierten Personen mit Internetzugang, unabhängig von Alter, Nationalität und Wohnort teilnehmen.[171]

Dies liegt wiederum am unterschiedlichen Zweck und der damit einhergehenden unterschiedlichen Intensität der Bindungswirkung der jeweiligen Bürgerbeteiligung. Bei einer deliberativen und damit rein konsultativen Befragung von Bürgern, wie im Hamburger Beispiel, wo für den Initiatoren auch das Sammeln guter sachlicher Argumente für die Haushaltsgestaltung im Vordergrund steht und nicht nur das Herausfiltern der Prioritäten der von Haushaltsbeschluss betroffenen Bürger, sind Zugangsbeschränkungen eher hinderlich. Insofern war es im Sinne eines möglichst großen Teilnehmerkreises angezeigt, keine Zugangsbeschränkungen vorzunehmen. Der partizipatorische Prozess in Dundee, bei dem die vom Haushalt tatsächlich betroffenen Einwohner auch über die konkrete Verteilung der Gelder abstimmen sollen, bedurfte dagegen im Sinne der Herstellung von Legitimität und Akzeptanz der Entscheidung einer Begrenzung des Teilnehmerfeldes.

cc) Unterschiedliche Verfahrensausgestaltung

Der dritte Unterschied liegt in der sehr unterschiedlichen Verfahrensausgestaltung der Beteiligungsinstrumente. Beim Bürger-Dialog wurden zunächst die Bürger über eine Website informiert und beteiligt, woraufhin die Aufstellung des Haushaltsplans durch den Senat und zuletzt der Bürgerschafts-

---

[169] Public Finance and Accountability (Scotland) Act 2000 vom 17.01.2000, abrufbar unter: http://www.legislation.gov.uk/asp/2000/1/contents, Stand: 10.11.2020.

[170] *PB Partners*, Dundee Pilot PB Programme 2017–2018 Evaluation, S. 8; *Dundee City Council*, Participatory Budgeting Guide.

[171] Auskunft eines ehemaligen Mitarbeiters der TuTech, die den Prozess durchführte, aus Januar 2020.

beschluss folgte. Im Fall von *Dundee Decides* war die Reihenfolge umgekehrt. Hier stand zuerst der Haushaltsbeschluss des *councils*, woraufhin die Organisation durch die Verwaltungsmitarbeiter und als letztes die Bürgerbeteiligung stand.

Dieser Unterschied ist abermals den verschiedenen politischen Zielrichtungen der Beteiligungsinstrumente in Verbindung mit dem rechtlichen Verständnis von Budgethoheit der verschiedenen repräsentativen Ebenen geschuldet.

Während der Bürger-Dialog auf Hamburger Landesebene stattfand, wurde der *participatory budgeting* Prozess auf *council*- und damit Kommunalebene durchgeführt. Die Konsultation der Hamburger sollte lediglich die inhaltlichen Beratungen des Senats als Landesregierung bereichern, weswegen die Bürgerbeteiligung zeitlich davor stattfinden musste. Das parlamentarische Hoheitsrecht, über den Haushalt zu entscheiden blieb dabei, entsprechend den verfassungsrechtlichen Vorgaben des Art. 66 Abs. 2 Satz 1 HV, unangetastet bei der Bürgerschaft, die im letzten Schritt den Haushalt durch Beschluss feststellte und damit die Verantwortung für den Inhalt übernahm. In Dundee sollte den Bürgern zumindest politisch die Entscheidungsgewalt und somit das „letzte Wort" im Entscheidungsprozess übertragen werden, womit ihre Beteiligung zwangsläufig am Ende des Verfahrens stehen musste. Budgetentscheidung und Verfahrensorganisation spielten sich dabei auf Ebene der Regionalregierung und somit komplett im exekutiven Bereich ab, in dem der Finanzvorbehalt im Vergleich zum Deutschen Verständnis nicht so stark ausgeprägt ist. Eine Delegation von partiellen Haushaltsentscheidungen, zumal mit strenger Vorsortierung durch die Verwaltungsmitarbeiter, ist von den weiten Ermessensspielräumen der *councils* gedeckt und steht dem Budgetverständnis auf dieser Ebene nicht entgegen. Insofern war eine Letztentscheidung durch den *Dundee City Council* rechtlich nicht erforderlich.

dd) Bewertung des demokratischen Potenzials

Es verbleibt die abschließende Beantwortung der Frage, inwieweit die Bürgerbeteiligungsinstrumente im haushaltsrechtlichen Zusammenhang zu einem demokratischeren Verwaltungshandeln führen können. Ihr Nutzen liegt in erster Linie darin, potenziell durch Einbeziehung einer großen Menge von Bürgern die Akzeptanz und damit die politische Legitimität von Hoheitsentscheidungen zu stärken, womit sie eine wichtige, die Repräsentanten und Repräsentierten verbindende Funktion erfüllen können. Dabei stellt sich die Frage, wie die Bewertung eines etwaigen demokratischen Potenzials solcher Mechanismen außerhalb der rechtlichen Legitimationsstrukturen vorgenommen werden kann. Im Hinblick auf eine mögliche Weiterentwicklung repräsentativer Strukturen durch Beteiligungsmechanismen erscheint es zweckmäßig, die Bewertung der Instrumente schwerpunktmäßig anhand des Verhältnisses von Bürgerbeteiligung und repräsentativer Demokratie sowie des Potenzials, letztere fortzuentwickeln, vorzunehmen.

Sowohl in Hamburg als auch in Schottland ist weder der Bürger-Dialog noch das *participatory budgeting* als Alternative zur repräsentativen Entscheidungsfindung in Haushaltsangelegenheiten gedacht oder konstruiert. Die untersuchten Beteiligungsinstrumente sollen in erster Linie, mit unterschiedlicher Ausprägung, Ergänzungen der tradierten Verfahrensabläufe darstellen. Dabei ist die Bürgerbeteiligung in Hamburg eher in einem Subordinationsverhältnis zu den inhaltlichen Entscheidungen des Senats zu sehen, da ihm die Auswertung und Entscheidung über die Einbeziehung der Ergebnisse vollständig verbleibt. In Dundee sollte die Abstimmung den Bürgern dagegen das Recht zu politischer Mitsprache verschaffen, was dieses Instrument in ein eher komplementäres Verhältnis zu den Verfahrensprozessen im *Dundee City Council* setzt. Dies wird dadurch deutlich, dass der *council* von vornhinein öffentlich zusagte, die Abstimmungsergebnisse akzeptieren zu wollen und auf eine abschließende Überprüfung der Resultate durch eigene Befassung und Beschluss verzichtete.

Das Potenzial, die jeweiligen repräsentativen Strukturen grundlegend umzugestalten, kann dabei keinem der Beteiligungsinstrumente zugesprochen werden. Allerdings suchten die Verfahren mit unterschiedlicher Intensität danach, Haushaltsentscheidungen durch Bürgerbeteiligung responsiver auszugestalten.

Das *participatory budgeting* mit seinem einfachen Beteiligungskonzept wird als demokratische Innovation betrachtet,[172] wobei fraglich ist, inwieweit es geeignet ist, in Schottland zu tiefgreifenden demokratischen Erneuerungen zu führen. Im Gegensatz zum brasilianischen Vorbild, wo die gemeinsame Haushaltsgestaltung grundlegende Systemänderungen mit sich brachte, wird das *participatory budgeting* in Schottland nur als informelles Instrument genutzt, das sich, ohne systematische Veränderungen erforderlich zu machen, in die bestehenden Verwaltungsstrukturen einfügt. Allerdings werden die *councils* als Kommunalverwaltung mit der dauerhaften Erfüllung des 1 %-Ziels ab dem Jahr 2021 dazu gezwungen, sich grundsätzlich neu auszurichten, ihre Finanzpolitik transparenter und verständlicher

---

[172] Vgl. *Escobar*, Contemporary Pragmatism 14 (2017), 416 (424).

zu gestalten und politische Mitsprache zu ermöglichen.[173] Hierbei wird einem weiten Adressatenkreis, der faktisch von der Entscheidung betroffen sein wird, mit gleichen Einflussnahmemöglichkeiten unter Einhaltung des Mehrheitsprinzips ein Teilhaberecht gewährt. Das Format der Abstimmung über im Vorfeld verwaltungsseitig genehmigte Projekte sichert, trotz geringer Beteiligungsquoten, die institutionelle Neutralität bei der späteren Umsetzung. Damit vereint diese neue Methodik viele demokratische Aspekte in sich.

Da es sich in Hamburg ebenfalls um ein informelles Instrument handelt, konnte auch der Bürgerhaushalt nicht zu einer Veränderung der formellen repräsentativen Strukturen führen. Die deliberative Bürgerbefragung bewegte sich sicher in den repräsentativen Strukturen, ohne die Möglichkeiten einer partizipativen Beteiligung im Rahmen der gesetzlich zulässigen Grenzen anzudenken. Der Teilnehmerkreis wurde jedoch nicht begrenzt, sodass eher das Sammeln von guten Argumenten im Vordergrund stand, und nicht das Herstellen einer responsiven Verbindung zu den tatsächlich betroffenen Bürgern, auch wenn diese primär angesprochen werden sollten. Inwieweit der Zweck erfüllt wurde, sich ergebnisoffen den Präferenzen der Bürger zu stellen und diese in den damaligen Haushalt einzubeziehen, ist unklar, da diesbezüglich keine Evaluation existiert. Trotz der gewährleisteten gleichen Einflussnahmemöglichkeit aller Adressaten, mangelte es diesem Verfahren an Ergebnistransparenz.

Somit ist das schottische Verfahren als mutiger und innovativer zu bewerten, was sich mit den unterschiedlichen rechtlichen und politischen Hintergründen erklären lässt. Dundee versuchte im Sinne des *community developments* und des 1 %-Ziels der Schottischen Regierung, den Bürgern direkte Einflussmöglichkeiten auf einen Teil der haushaltspolitischen Entscheidungen zu übertragen und betrat hierbei im schottischen Kontext partizipatorisches Neuland. Auch der Hamburger Bürger-Dialog war als Verfahren neu, war insgesamt, vornehmlich aufgrund der starren Budgethoheit auf der Ebene des Landeshaushalts, bezüglich demokratischer Mitwirkung durch Bürger aber sehr zurückhaltend ausgestaltet. Da das *participatory budgeting* dieser zweiten Generation im Sinne des *1 %-Agreements* auf eine Verstetigung angelegt ist, birgt es zudem das Potenzial, das kommunale Verwaltungsverhalten grundsätzlich zu verändern und die Verteilung öffentlicher Haushalte mit demokratischer Partizipation anzureichern. Da der Hamburger Bürger-Dialog nur zwei Mal stattfand, konnte er möglicherweise punk-

---

[173] *Kleger*, in: Herzberg/Sintomer/Kleger, Hoffnung auf eine neue Demokratie, 313 (321); *Open Government Partnership*, Scotland, Participatory Budgeting (2016).

tuell die Transparenz der öffentlichen Haushaltsplanung erhöhen.[174] Eine grundsätzliche Öffnung der staatlichen Verfahren hin zu den Bürgern könnte aber nur ein verstetigter Bürgerhaushalt bezwecken.

2. Participation request und die Hamburger Konsensmethode auf Bezirksebene

Auch das zweite Vergleichspaar der *participation requests* und der Hamburger Konsensmethode auf Bezirksebene soll anhand des eingangs herausgearbeiteten Legitimationsmaßstabes untersucht werden. Maßgeblich ist dabei die Frage, inwieweit die jeweilige Zusammenarbeit von Bürgern und Bürgergruppen mit ihren gewählten Lokalabgeordneten geeignet ist, zu einer Verstärkung der Legitimationsstrukturen und der Demokratisierung der diesbezüglichen Verwaltungsentscheidungen beizutragen.

Als Fallbeispiel für die schottische *participation request* wird der Prozess des *The City of Edinburgh Councils „Pitz sale, Portobello"* aus dem Jahr 2017 gewählt.[175] Hierbei stellte der *Portobello Community Council* den Antrag, durch einen *outcome improvement process* am Verkauf eines öffentlich genutzten Grundstückes (*„the Pitz"*) über die übliche Beteiligung in einem solchen Planungsprozess hinaus beteiligt zu werden. Daraufhin fand ein *outcome improvement process* statt, an dessen Ende der Beschluss des *Finance and Resources Committees* des *Edinburgh City Councils* stand, wonach gemeinsam mit der Gemeinde in Portobello ein Masterplan für die Weiterentwicklung des Grundstücks erstellt werden sollte.[176] Anhand dieses Masterplans sollte nach einem geeigneten Käufer gesucht werden, über den das *Finance and Resources Committee* nach Beratung mit den Initiatoren der *participation request* abgestimmt hätte. Das Verfahren endete während der Erstellung des Masterplans vorzeitig, da der Pächter des *„Pitz"* sich dazu entschied, das Unternehmen weiter zu betreiben, womit der Verkauf obsolet wurde.[177]

Für Hamburg wird der Prozess der bezirklichen Konsensmethode im Fall der Umgestaltung des Blankeneser Marktplatzes gewählt, wo die weit fort-

---

[174] Vgl. *Deutscher Städtetag*, Thesen zur Weiterentwicklung lokaler Demokratie (2013), S. 4.

[175] Vgl. zum Sachverhalt Kapitel 2.I.2.a).

[176] *The City of Edinburgh Council*, Decision Notice, PR, Pitz sale (2017); *The City of Edinburgh Council*, Finance and Resources Committee, Minutes vom 11. und 22.10.2018, S. 2; The City of Edinburgh Council, Finance and Resources Committee, Report vom 11.10.2018, S. 2.

[177] Auskunft eines Communtiy Councillors aus Portobello aus November 2019; *McMillan/Steiner/Hill O'Connor*, Participation Requests: Evaluation of Part 3 of the Community Empowerment (Scotland) Act 2015 (2020), S. 54.

geschrittenen Planungen und Bauarbeiten im Jahr 2017 durch das Bürgerbegehren „Rettet unseren Blankeneser Marktplatz!“ gestoppt wurden und man sich nach Verhandlungen zwischen Lokalpolitik und Bürgerbegehren auf ein Kompromisspapier bezüglich der weiteren Vorgehensweise einigte, das in der Bezirksversammlung mehrheitlich angenommen wurde.[178] Das Verfahren um den Marktplatz sowie dessen Neugestaltung zog sich jedoch auch danach weiter hin und war bis Ende 2019 nicht abgeschlossen.[179]

Diese beiden Fallbeispiele bieten sich, trotz ihres unterschiedlichen Ausganges, aufgrund ihrer inhaltlichen und verfahrenstechnischen Nähe für den Vergleich an. Beide Verfahren wurden von verfassten bürgerlichen Gruppen, zum einen vom *community council* und zum anderen von einer auf ein Bürgerbegehren gerichteten Bürgerinitiative zur Beteiligung an der Umgestaltung einer öffentlich genutzten Fläche initiiert. Sodann kam es beiderseits zu Verhandlungsprozessen zwischen den Initiatoren und der Lokalverwaltung in Form von *The City of Edinburgh Council* und Bezirksamt und Bezirksversammlung Altona, die sich auf die Erstellung eines Masterplans richteten. Die jeweiligen verfahrensspezifischen Details und Hintergründe der Beteiligungsprozesse werden in der nachfolgenden Untersuchung innerhalb der relevanten Prüfungspunkte näher dargestellt.

a) Partizipation als Stärkung demokratischer Legitimation in der Verwaltung?

Die aufgeführten Fallbeispiele werden als Modelle neuer Bürgerbeteiligungsmethoden im Bereich der Zusammenarbeit von gewählten Körpern der Lokalverwaltung mit Bürgern und Gemeindeorganisationen herangezogen, um ihre Auswirkungen auf die traditionellen demokratischen Arbeitsweisen der Exekutive zu untersuchen.

Participation requests sollen dabei als neues, formelles Instrument im Rahmen des *community empowerments* dazu beitragen, die bereits praktizierten Beteiligungsformen zu ergänzen, Ungleichheiten in der Bürgerbeteiligung zwischen den *council*-Gebieten abzumildern und den Gemeinden ein für alle zugängliches Beteiligungsinstrument zur Verfügung zu stellen.[180]

---

[178] *Bezirksversammlung Altona*, Protokoll der Sitzung des Hauptausschusses vom 16.11.2017; Website Interessengemeinschaft Blankenese Marktplatz, Unsere Ziele; Blankeneser Marktplatz sorgt weiter für gereizte Stimmung, in: Hamburger Abendblatt vom 27.11.2018.

[179] Blankenese: Der Marktplatz-Umbau ist endlich gesichert, in: Hamburger Abendblatt vom 05.12.2019.

[180] *Campbell/Evans/Gilman/Reid*, SPICe Briefing, Community Empowerment (Scotland) Bill (2014), S. 11; *Scottish Government*, Participation Requests Guidance (2017), S. 3.

Die Hamburger Konsensmethode dagegen ist ein informelles Instrument, das sich organisch aus der politischen Realität heraus entwickelt hat. Die Bezirksverwaltung in Form von Bezirksamt und Bezirksversammlung zeigt sich insbesondere aufgrund strategischer und verfahrensökonomischer Gründe im Falle erfolgreicher Bürgerbegehren, oder noch früher, beim Erreichen der Sperrwirkung nach § 32 Abs. 5 Satz 1 und Satz 3 BezVG kompromissbereit. Hier wird die Kooperation mit einer Bürgerinitiative in erster Linie zur Konfliktvermeidung und -beendigung eingesetzt.

Die Vergleichsobjekte wurden zwar für unterschiedliche politische Zwecke, im Ergebnis jedoch für den gleichen demokratischen Nutzen entwickelt. Sie beschreiten ähnliche Wege, indem sie die Zusammenarbeit von Bürgergruppen und gewählten Repräsentanten sowie der dazugehörigen Lokalverwaltung suchen, um die Responsivität der politischen Entscheidungen zu erhöhen. Inwiefern dieser partizipative Ansatz der Bürgerbeteiligung dazu geeignet ist, die repräsentativen Institutionen demokratisch zu bereichern, durch einen neuen Strang oder zumindest die Verstärkung der bereits bestehenden Legitimation, wird im Folgenden wiederum durch einen funktionalen Zugriff erschlossen.

aa) Zusätzlicher Strang demokratischer Legitimation

Ein zweiter Strang demokratischer Legitimation bedürfte, wie zuvor festgestellt, der Ausübung von Hoheitsgewalt durch die Gruppe, von der die Legitimation hergeleitet werden soll. *Participation requests* und die Konsensmethode als Beteiligungsmechanismen könnten also nur eine parallele Legitimationsstruktur schaffen, wenn die Bürger dadurch befähigt würden, verbindlichen Staatswillen zu äußern.[181]

Im Fall von Edinburgh ging es um den Verkauf eines öffentlichen Grundstückes, auf dem ein Pächter bisher ein Sportzentrum betrieben hatte. Im *The City of Edinburgh Council* werden Entscheidungen über den Verkauf von öffentlichen Grundstücken im *Finance and Resources Committee*, einem Ausschuss des *councils*, getroffen. Da es im gleichen Zuge auch um die Weiterentwicklung der Fläche ging, waren weitere zuständige Stellen beteiligt, wie das *Development Management Sub Committee* des *councils*, das Baugenehmigungen erließ und der *Executive Director for Place*, dem als Leiter der Abteilung für Stadtteilentwicklung und -planung in der Verwaltung die Koordination des Projekts oblag.[182] Im Hamburger Fall sollte die öf-

---

[181] Vgl. dazu *Jestaedt*, Demokratieprinzip und Kondomialverwaltung, S. 257; *Schmidt-Aßmann*, AöR 1991, 329 (374).

[182] *The City of Edinburgh Council*, Finance and Resources Committee, Report vom

fentliche Fläche des Blankeneser Marktplatzes umgestaltet und erneuert werden. Der Stadtteil Blankenese liegt im Bezirk Altona, sodass die Zuständigkeit beim Bezirksamt und der Bezirksversammlung Altona lag. Im Bezirksamt befasst sich konkret das Fachamt Management des Öffentlichen Raumes mit dem Vorhaben, in der Bezirksversammlung ist der Planungsausschuss zuständig.[183]

Die Verwaltungsstrukturen in Edinburgh und Altona sind demzufolge vergleichbar, da in beiden Fällen die Regionalverwaltung und die Ausschüsse der gewählten Lokalkörperschaften für die Stadtteilentwicklung zuständig sind und sich beim Verfahren abstimmen müssen. In diese vorgegebenen Verwaltungsabläufe greifen nun das Verfahren der *participation request* auf Grundlage des part. 3 Community Empowerment (Scotland) Act 2015 und die Konsensmethode ein, die als informelles Instrument im Rahmen des Verfahrensermessen der Verwaltung nach § 10 HmbVwVfG über keine konkrete Rechtsgrundlage verfügt. In beiden Fällen wurde das Beteiligungsverfahren von einer statuierten Gruppe von Bürgern initiiert, in Edinburgh vom *community council* des Stadtteils Portobello,[184] in Altona von der Bürgerinitiative, die das Bürgerbegehren „Rettet unseren Blankeneser Marktplatz" anmeldete.[185] Hintergrund war jeweils die Unzufriedenheit der Gruppen mit den Plänen der Verwaltung für die Fortentwicklung der betroffenen öffentlichen Fläche und der Wunsch, auf das Verfahren inhaltlich Einfluss zu nehmen.

Die Beteiligungsverfahren unterscheiden sich dabei in einigen Details. In Edinburgh löste die *participation request* des *Portobello Community Councils* aus dem April 2017 ein mehrstufiges, formelles Verfahren nach sec. 22 ff. Community Empowerment (Scotland) Act 2015 aus, indem aufgrund der Anfrage im Rahmen des Entscheidungsprozesses eine Diskussion zwischen Vertretern der Antragsteller und *councillors* aus Portobello und ein darauf aufbauender *outcome improvement process* stattfand.[186] In Altona wurde im September 2017 auf Grundlage des § 32 BezVG ein Bürgerbegehren gegen den zweiten Bauabschnitt der Umgestaltung des Marktplatzes angemeldet und im Oktober die Sperrwirkung nach § 32 Abs. 5 Satz 1 und Satz 3 BezVG

11.10.2018, S. 2 f.; *The City of Edinburgh Council*, How we are organized, Council services.

[183] *Bezirksversammlung Altona*, Protokoll der Sitzung des Planungsausschusses vom 15.11.2017; *Bezirksamt Altona*, Organigramm (2018).

[184] *The City of Edinburgh Council*, Decision Notice, PR, Pitz sale (2017), S. 1.

[185] Bezirksversammlung Altona Drucks. 20-4052 vom 28.09.2017.

[186] *The City of Edinburgh Council*, Corporate Policy and Strategy Committee, Report vom 28.03.2017, Appendix 3, S. 3.

erreicht.[187] Infolgedessen fand ein informelles Gespräch über die weiteren Baumaßnahmen zwischen der Bezirksverwaltung in Form von Bezirksamtsleitung und Vorsitz der Bezirksversammlung Altona, der eigens für die Abstimmung mit zivilgesellschaftlichen Gruppen geschaffene „Arbeitskreis Ortskern Blankenese“ sowie den Vertrauensleuten des Bürgerbegehrens statt.[188]

In Edinburgh konnten Vertreter des *Portobello Community Councils* im Rahmen der *participation request* den Auswahlprozess bezüglich der potenziellen Käufer beeinflussen.[189] Zusätzlich zu diesem *outcome improvement process* fand in Portobello ein Bürgerbeteiligungsevent zu der Frage statt, welche Nutzung die Gemeinde sich für die Zukunft wünschen würde. Organisiert wurde dies von *Action Porty*, einer vom *community council* gegründeten *company limited by guarantee* (GmbH), deren Form sich der *council* bediente, um im Rechtsverkehr handlungsfähig zu sein.[190] Im Ergebnis stand das *Finance and Resources Committee* des *The City of Edinburgh Councils* vor der Entscheidung, das Grundstück an den im *participation request*-Prozess ausgewählten Bieter zu verkaufen oder das Grundstück vom Markt zurückzuziehen, um mit der Gemeinde zusammen einen Masterplan zu entwickeln und anhand dessen einen neuen Käufer zu suchen.[191] Das *Finance and Resources Committee* entschied sich im Oktober 2018 für letzteren Weg,[192] bei dem der *Executive Director of Place* und *Action Westbank*, eine Untergruppe von *Action Porty*, die Bürgerbeteiligung gemeinsam organisierten, bis der Prozess vorzeitig endete.[193] In Hamburg trafen die vier Parteien dagegen direkt eine Vereinbarung, die konkrete Maßnahmen wie die Art der Gehwegpflasterung und Parkplatzplanungen für den ersten und zweiten

---

[187] Bezirksversammlung Altona Drucks. 20-4052 vom 28.09.2017; Bezirksversammlung Altona Drucks. 20-4242 vom 16.11.2017.

[188] *Bezirksversammlung Altona*, Protokoll der Sitzung des Hauptausschusses vom 16.11.2017, Anlage, S. 5; Einigung über die Umgestaltung des Blankeneser Marktplatzes, in: Rote Seiten, Ausgabe 3/2017, S. 14.

[189] *The City of Edinburgh Council*, Decision Notice, PR, Pitz sale (2017), S. 1; Auskunft eines Communtiy Councillors aus Portobello aus November 2019.

[190] Website Action Porty, The Story so far; *The City of Edinburgh Council*, Finance and Resources Committee, Report vom 11.10.2018, S. 7.

[191] *The City of Edinburgh Council*, Finance and Resources Committee, Report vom 11.10.2018, S. 2, 7.

[192] *The City of Edinburgh Council*, Finance and Resources Committee, Minutes vom 11. und 22.10.2018, S. 2 ff.

[193] Auskunft eines Councillors aus Edinburgh aus November 2019; Auskunft eines Communtiy Councillors aus Portobello aus November 2019; *McMillan/Steiner/Hill O'Connor*, Participation Requests: Evaluation of Part 3 of the Community Empowerment (Scotland) Act 2015 (2020), S. 54.

Bauabschnitt der Marktplatzmodernisierung vorsah.[194] Dieser Kompromiss wurde im November 2017 in der Bezirksversammlung Altona zur Abstimmung gestellt und angenommen.[195]

Beiden Verfahren ist gemeinsam, dass sich Vertreter der jeweiligen Bürgergruppierungen des betroffenen Stadtteils mit den zuständigen Repräsentanten trafen, um das weitere Vorgehen zu verhandeln. Es wurde dabei durch inhaltliche Auseinandersetzung mit den Planungen Einfluss auf den weiteren Verfahrens- und Planungsverlauf genommen und dieser inhaltlich umgestaltet, wobei der partizipative Charakter der Mechanismen deutlich wird. Die Beteiligung ging durch die damit einhergehende Zusammenarbeit von Bürgergruppen und Repräsentanten deutlich über eine reine Diskussion oder Beratung hinaus, sodass durchaus von Mitgestaltung gesprochen werden kann.

Verbindlichen Staatswillen äußerten dabei jedoch weder der *Portobello Community Council* noch die Initiatoren des Bürgerbegehrens. Dies wird daran deutlich, dass sowohl das *Finance and Resources Committee* als auch die Altonaer Bezirksversammlung vor der Umsetzung der gefundenen Kompromisse über die jeweilige Handlungsempfehlung beziehungsweise die Vereinbarung abstimmten. Die Repräsentanten behielten damit die vollständige rechtliche Entscheidungskompetenz über die Planungsverfahren. Zudem verfügt keines der Beteiligungsinstrumente über rechtliche Durchsetzungsmöglichkeiten. Dies liegt in Hamburg daran, dass es sich um ein informelles, politisches Abstimmungsverfahren im Vorfeld eines Bezirksversammlungsbeschlusses handelt.[196] In Schottland mangelt es an einem entsprechenden Rechtsmittel in part 3 Community Empowerment (Scotland) Act 2015.[197]

Zwar verfügen die Ergebnisse in Form von Rücknahme des Verkaufsangebotes mit anschließender Masterplanerstellung in Edinburgh und in Form von konkreten Vereinbarungen zu Bodenbelägen und Parkplatzgestaltung in Blankenese über eine enorme faktische Bindungswirkung. Bei einer *participation request* wird dies über das Erfordernis nach sec. 31(2) Community Empowerment (Scotland) Act 2015 bewirkt, wonach eine Evaluation über den jeweiligen *outcome improvement process* veröffentlich werden muss, mit

---

[194] *Bezirksversammlung Altona*, Protokoll der Sitzung des Hauptausschusses vom 16.11.2017, Anlage, S. 3 ff.; Einigung über die Umgestaltung des Blankeneser Marktplatzes, in: Rote Seiten, Ausgabe 3/2017, S. 14.

[195] *Bezirksversammlung Altona*, Protokoll der Sitzung des Hauptausschusses vom 16.11.2017.

[196] Dazu *Schulz*, DÖV 2019, 533 (541 f.).

[197] *Plotnikova/Bennett*, Research report participation requests (2018), S. 16.

dessen Transparenz ein gewisser Umsetzungs- beziehungsweise Rechtfertigungsdruck einhergeht. Im Fall von Blankenese wurde dagegen explizit in die Vereinbarung hineingeschrieben, dass „Die Vertragsparteien dieser Vereinbarung […] diese Vereinbarung als verbindlich an[erkennen] […]“.[198] Dies ist jedoch nicht mit der Übertragung von Entscheidungskompetenzen oder einer rechtlichen Bindungswirkung zu verwechseln.[199]

Somit verleiht keine der untersuchten Kooperationsmethoden den Bürgern die Kompetenz, Staatsgewalt auszuüben, womit sie keinen zweiten Strang demokratischer Legitimation generieren können.

bb) Erhöhung des Grades demokratischer Legitimation

Die Beteiligungsinstrumente sind des Weiteren daraufhin zu untersuchen, inwieweit sie sich in den Rahmen der bestehenden Legitimationssysteme in Schottland und Hamburg einfügen und innerhalb dessen als Ergänzung und Stärkung der demokratischen Zurechnungszusammenhänge bewertet werden können. Hierbei wird der Schwerpunkt der Untersuchung, wie bereits beim ersten Vergleichspaar, insbesondere auf die übereinstimmenden Aspekte der Legitimationsstrukturen gelegt.

(1) Das Volk als Legitimationsspender

Auch bei diesem Vergleichspaar steht bezüglich der demokratischen Rückkoppelung von Hoheitsentscheidungen die Frage im Vordergrund, inwieweit das Volk als Legitimationsspender durch die neuen Partizipationsinstrumente in die Entscheidungsprozesse der Regionalverwaltungskörperschaften einbezogen wird.

Für den Volksbegriff wird vorliegend, wie im ersten Rechtsvergleich herausgestellt,[200] der staatsrechtliche Begriff des Wahlvolkes gewählt. Dementsprechend wird im Fall von Edinburgh die Bevölkerungsgruppe, die nach sec. 2(1)(c) Representation of the People Act 1983, sec. 1 Scottish Elections (Reduction of Voting Age) Act 2015 den *The City of Edinburgh Council* wählt und im Fall von Altona die Bevölkerungsgruppe, die nach § 6 Abs. 1 BezVWG die Altonaer Bezirksversammlung wählt, als jeweils legitimatorischer Anknüpfungspunkt für die Untersuchung herangezogen. In beiden Fällen sind Anwohner mit der entsprechenden Staatsbürgerschaft ab 16 Jahren wahlberechtigt. In Hamburg können zudem auch EU-Bürger wählen,

---

[198] *Bezirksversammlung Altona*, Protokoll der Sitzung des Hauptausschusses vom 16.11.2017, Anlage, S. 4.

[199] Vgl. dazu *Schulz*, DÖV 2019, 533 (540 f.).

[200] Vgl. Kapitel 3.II.1.a)bb)(1)(a).

während in Edinburgh alle Anwohner mit entsprechender Aufenthaltserlaubnis nach *Immigration Act 1971* als *qualifying foreign nationals* über eine Wahlberechtigung verfügen.

Dabei ist in Hamburg die Besonderheit zu beachten, dass die Bezirke territoriale Verwaltungseinheiten und gerade keine Gemeinden im Sinne des Art. 28 Abs. 2 Satz 1 GG darstellen und ihre Bezirksversammlungen daher auch keine Gemeinderegierungen sind. Dennoch wurde vom Bundesverfassungsgericht die jeweilige Wählerschaft, die die Bezirksversammlungen wählt, als „Bezirksvolk" anerkannt, zumal die Bezirksversammlungen auch Staatsgewalt ausüben.[201]

(a) Einbeziehung des Wahlvolkes

Fraglich ist nun, inwieweit die partizipativen Beteiligungsinstrumente das jeweilige Aktivvolk in das Verfahren einbeziehen. Eine *participation request* kann nach sec. 22(1) Community Empowerment (Scotland) Act 2015 nur von einem *community participation body* initiiert werden. Dies sind nach sec. 20 Community Empowerment (Scotland) Act 2015 Gemeindeorganisationen mit und ohne Satzung, eine einfache Interessengruppe, ein *community council* oder eine von schottischen Ministern bestimmte Gruppe. Die Hamburger Konsensmethode beginnt dagegen stets mit der Anzeige eines Bürgerbegehrens durch eine Initiative. Dabei sind drei Vertrauenspersonen zu benennen, die berechtigt sind, die Unterzeichnenden und die Initiative zu vertreten, § 32 Abs. 2 BezVG.

Bei der Diskussion im Rahmen des *outcome improvement process*' der *participation request* wird der *community participation body* und die jeweiligen, für das Verfahren relevanten *stakeholder* einbezogen. Im hier gewählten Beispiel aus Edinburgh kamen insbesondere Vertreter des *Portobello Communtiy Councils* und Vertreter des *Finance and Resources Committees* des *The City of Edinburgh Councils* zusammen, um zunächst einen tauglichen Käufer auszuwählen und um später das Beteiligungsverfahren für den Masterplan zu organisieren.[202] Bei der Konsenssuche in Hamburg kommen parallel dazu die Vertrauensleute der Bürgerinitiative mit Vertretern der Bezirksverwaltung zusammen, um eine gemeinsame Lösung zu finden. Im Beispiel des Blankeneser Marktplatzes waren dies die Vertrauenspersonen des

---

[201] BVerfGE 83, 60, 75 ff.

[202] *The City of Edinburgh Council*, Decision Notice, PR, Pitz sale (2017); *The City of Edinburgh Council*, Finance and Resources Committee, Minutes vom 11. und 22.10.2018, S. 2; *The City of Edinburgh Council*, Finance and Resources Committee, Report vom 11.10.2018, S. 2.

Bürgerbegehrens sowie die Vorsitzenden der Bezirksversammlung Altona, die Bezirksamtsleiterin von Altona und der „Arbeitskreis Ortskern Blankenese“.[203] In beiden Fällen handelte es sich bei den Initiatoren und den in die Verfahren einbezogenen Personen um kleine Gruppen von Bürgern, die nicht mit dem Wahlvolk identisch sind.

(b) Personelle Legitimation

Fraglich ist, ob diesen Personengruppen zumindest eine personelle Legitimation für das jeweilige *council-* oder Bezirksvolk zukommt.

Im Fall der *participation request* bezüglich des *Pitz sale* in Portobello wurde das Verfahren vom dortigen *community council* initiiert. Die *community councillors* sollen nach sec. 52(6),(7) Local Government (Scotland) Act 1973 grundsätzlich gewählt werden und nach sec. 51(2) Local Government (Scotland) Act 1973 als Repräsentanten für ihre Gemeinde deren Interessen vertreten, ohne jedoch über eigene Entscheidungskompetenzen zu verfügen. Den Mitgliedern eines *community councils* kommt über den Wahlakt somit grundsätzlich eine Art personeller Legitimation in ihrer Gemeinde zu. Problematisch ist allerdings, dass sie nach sec. 52(7) Local Government (Scotland) Act 1973 nur gewählt werden, wenn es mindestens 20 Bewerber gibt.[204] Im Fall des hier relevanten *Portobello Community Councils* wurden die Mitglieder des *community councils* seit den letzten Wahlen im Jahr 2013[205] nur noch individuell durch den *council* nachbenannt. Dies liegt daran, dass sich nicht genügend Freiwillige finden, die als *community councillors* ehrenamtlich tätig sein wollen. Die nächste Wahl findet dementsprechend erst wieder statt, wenn mehr Bewerber als freie Mandate vorhanden sind.[206] Somit sind auch diese Einrichtungen nicht immer demokratisch legitimiert. Zudem ist es stets Zufall, ob nach sec. 22, 20 Community Empowerment (Scotland) Act 2015 ein *community council* oder ein anderer *community participation body*, die *participation request* einlegt. Insbesondere einfache Bürger- oder anderen Interessengruppen sind im Gegensatz zu den *community councils* nie gewählt und daher nie personell legitimiert.

In Hamburg wurde das Bürgerbegehren, das zum Konsens mit der Altonaer Bezirksverwaltung führte nach § 32 Abs. 2 Satz 2 BezVG von drei be-

---

[203] *Bezirksversammlung Altona*, Protokoll der Sitzung des Hauptausschusses vom 16.11.2017, Anlage, S. 5; Einigung über die Umgestaltung des Blankeneser Marktplatzes, in: Rote Seiten, Ausgabe 3/2017, S. 14.

[204] *Bland/Cullingworth*, Local Governance Review (2019), S. 36.

[205] Portobello Community Council Election, 24 October 2013, Declaration of Result.

[206] Auskunft eines Communtiy Councillors aus Portobello aus November 2019.

nannten Vertrauenspersonen vertreten, wobei das Bürgerbegehren selbst eine Abstimmung zum zugrunde liegenden Gegenstand vorsieht. Die nach § 32 Abs. 3 Satz 1 BezVG zu sammelnden Unterschriften vermitteln den Initiatoren, die aufgrund ihrer Vertretungsbefugnis stets die Ansprech- und Verhandlungspartner für die Verwaltung darstellen, daher keine personelle Legitimation. Sie treten nur für die Sache auf und haben kein Mandat, das Bürgerbegehren inhaltlich über die Grenzen, die § 32 Abs. 7 BezVG ihnen setzt, hinaus zu verändern.[207] Zudem kam es im Fall des Bürgerbegehrens „Rettet unseren Blankeneser Marktplatz!" noch nicht einmal zu einem erfolgreichen Bürgerbegehren im Sinne des § 32 Abs. 3 BezVG, da die erforderlichen Unterschriften von 3 % der wahlberechtigten Einwohner nicht eingereicht wurden. Lediglich die Sperrwirkung des § 32 Abs. 5 BezVG wurde mit der Abgabe eines Drittels der nach § 32 Abs. 3 BezVG erforderlichen Unterschriften erreicht, bevor die Vertrauensleute zu Verhandlungen mit der Bezirksverwaltung eingeladen wurden.[208] Die Verhandlungsführer des zivilgesellschaftlichen Lagers vertraten auch hier nicht das gesamte Gemeinde- beziehungsweise Bezirksvolk, sondern lediglich die Personen, die bisher für das Bürgerbegehren abgestimmt hatten, sodass auch ihnen keinerlei personelle Legitimation bezüglich des Bezirksvolkes zukommt.

(c) Zwischenergebnis

In beiden Fällen wurden die Beteiligungsprozesse somit von einer kleinen Gruppe personell nicht legitimierter Bürger initiiert. Diese Gruppen wurden sodann im weiteren Verfahrensverlauf in den jeweiligen Beteiligungsprozess mit den Repräsentanten einbezogen. Zwar gibt es in beiden Fällen die Möglichkeit, auch andere betroffene Interessengruppen zu beteiligen, was in Blankenese mit dem eigens geschaffenen „Arbeitskreis Ortskern Blankenese" geschehen ist, der zivilgesellschaftliche Gruppen abbilden und deren Belange in die Planungen einbeziehen sollte.[209] Allerdings handelt es sich in jedem Fall nur um einen kleinen Beteiligtenkreis, der sich aus der jeweiligen Betroffenheit heraus ergibt und den Kreis der Wahlberechtigten zum *council* und zur Bezirksversammlung deutlich unterschreitet. Somit beziehen die Beteiligungsmethoden weder direkt noch indirekt das jeweilige Aktivvolk in ihre Verfahren ein.

---

[207] Vgl. *Schulz*, DÖV 2019, 533 (540).

[208] Bezirksversammlung Altona Drucks. 20-4242 vom 16.11.2017; Bezirksversammlung Altona Drucks. 20-9035 vom 16.11.2017; Einigung über die Umgestaltung des Blankeneser Marktplatzes, in: Rote Seiten, Ausgabe 3/2017, S. 14.

[209] Einigung über die Umgestaltung des Blankeneser Marktplatzes, in: Rote Seiten, Ausgabe 3/2017, S. 16 f.

(2) Materielle Legitimation und legal accountability bezüglich der Kernelemente einer repräsentativen Demokratie

Da weder die *participation request* noch die Konsensmethode einen zweiten Strang demokratischer Legitimation bieten kann und darüber hinaus auch nicht das Aktivvolk als Legitimationssubjekt in Exekutiventscheidungen einbezogen wird, muss der Schwerpunkt der nachfolgenden Prüfung auf die Frage gelegt werden, ob sich die Instrumente zumindest im Rahmen der materiellen Legitimation beziehungsweise der *legal accountability* bewegen. Die Einhaltung parlamentarischer Gesetze als Ausdruck des Volkswillens stellt in diesem Zusammenhang die Rückbindung an den Demos sicher.[210]

Es ist demnach zu untersuchen, ob die Beteiligungsinstrumente mit geltenden Parlamentsgesetzen vereinbar sind. Der Prüfungsmaßstab wird aufgrund der Zielrichtung des Rechtsvergleichs hinsichtlich der Vereinbarkeit der neuen Beteiligungsformen mit dem Demokratieprinzip auf dessen normative Ausformungen beschränkt.

(a) Gleichheitsprinzip

Das Leitbild der Demokratie sieht die politische Selbstbestimmung gleichberechtigter Bürger vor, wobei die Gleichheit als Ausgangspunkt der Demokratie verstanden werden kann.[211] Elementar ist dabei die staatsbürgerliche Gleichheit der Mitwirkungsmöglichkeiten, die den demokratischen Distanzschutz und die Neutralität der Institutionen garantiert.[212]

(aa) Rechtsgrundlage

Das deutsche und nach Art. 28 Abs. 1 Satz 2 GG damit auch hamburgische Verfassungsverständnis fordert diese Gleichheit anhand von Art. 20 Abs. 2 Satz 1 und 2 GG im Zusammenhang mit der Ausübung von Staatsgewalt bei Wahlen, Abstimmungen und beim Ämterzugang.[213] Die gesetzliche Konkretisierung der Gleichheit der Wahl für die bei der Konsensmethode im Fokus stehenden Bezirksversammlungen findet sich in Art. 4 Abs. 3 Satz 1 HV, wonach die Bezirksversammlungen in allgemeiner, unmittelbarer, frei-

---

[210] Vgl. dazu *Böckenförde*, in: Isensee/Kirchhof, Handbuch des Staatsrechts Bd. II, 429 (441 f.); *Schmidt-Aßmann*, AöR 1991, 329 (357).

[211] Vgl. *Sommermann*, in: Bauer/Huber/Sommermann, Demokratie in Europa, 191 (198 ff., 219); *Trute*, in: Hoffmann-Riem/Schmidt-Aßmann/Voßkuhle, Grundlagen des Verwaltungsrechts, Bd. I, 307 (321); *Baer*, in: Rosenfeld/Sajó, The Oxford Handbook of Comparative Constitutional Law, 982 (999).

[212] *Schmidt-Aßmann*, AöR 1991, 329 (336).

[213] Vgl. Sachs/*Sachs*, GG, Art. 20 Rn. 19.

er, gleicher und geheimer Wahl gewählt werden. Art. 20 Abs. 2 Satz 2 GG nennt Wahlen und Abstimmungen als Instrumente der Ausübung von Staatsgewalt allerdings gleichberechtigt nebeneinander.[214] Somit gilt das Prinzip der demokratischen Gleichheit in diesem Sinne sowohl für Bezirkswahlen als auch für Bezirksabstimmungen.

Aufgrund einer fehlenden Normierung des Demokratieprinzips im Vereinigten Königreich und Schottland wird für die schottische Seite unmittelbar das einfache Recht für die Suche nach dem Prinzip der demokratischen Gleichheit bemüht. Für die Wahl der *local councils* findet sich in sec. 2(2) Representation of the People Act 1983 die Vorgabe:

> "A person is not entitled to vote as an elector (a) more than once in the same electoral area at any local government election, or (b) in more than one electoral area [...]".

Demnach ist niemand berechtigt, bei Kommunalwahlen mehr als einmal im selben Wahlkreis, oder bei einer Wahl in mehreren Wahlkreisen zu wählen. Jeder Wähler verfügt lediglich über eine Stimme und somit über den gleichen Einfluss auf den Ausgang der Wahl, worin folglich das demokratische Gleichheitsprinzip in Bezug auf Kommunalwahlen zum Ausdruck kommt. Bezüglich Abstimmungen findet sich eine entsprechende Rechtsgrundlage beispielsweise in sch. 1, sec. 23 Referendums (Scotland) Act 2020.[215] Hiernach werden bei Referenden Stimmen einer Person, die mehrfach per Post eingehen, nur einmal für die Abstimmung gewertet. Somit besteht auch im schottischen Rechtsverständnis die Idee der politischen Gleichheit bei Wahlen und Abstimmungen.

(bb) Prüfung der Rechtmäßigkeit

Das demokratische Gleichheitsprinzip könnte vorliegend verletzt werden, wenn einer einzelnen Gruppe gesteigerter Einfluss auf die Staatsgewalt eingeräumt würde.[216] Wie bereits bei der Überprüfung der Frage, ob die Beteiligungsinstrumente einen zusätzlichen Strang demokratischer Legitimation schaffen können, festgestellt wurde, wird aber weder durch eine *participation request* noch durch die Konsensmethode direkt Staatsgewalt durch die Beteiligten aus dem bürgerlichen Lager ausgeübt. Die Initiatoren einer *participation request* und eines Bürgerbegehrens, die im jeweiligen Fall mit der

---

[214] David/Stüber/*David*, HV, Art. 56 Rn. 43.

[215] Sch. 1 sec. 23 Referendums (Scotland) Act 2020: "Where a counting officer is satisfied that two or more entries in the postal voters list, or the proxy postal voters list or in each of those lists relate to the same voter, the counting officer may not issue more than one ballot paper in respect of that voter."

[216] Vgl. Sachs/*Sachs*, GG, Art. 20 Rn. 19.

Lokalverwaltung interagieren, um einen Kompromiss für den individuellen Vorgang zu finden, können lediglich durch geschickte Gesprächsführung den Inhalt des Ergebnisses mitgestalten. Die Entscheidungskompetenz über die Umsetzung des Kompromisses verbleibt bei den Abgeordneten eines *committees* des *councils* und der Bezirksversammlung. Inwieweit diese inhaltliche Beeinflussung des weiteren Verfahrens durch eine kleine Gruppe von Bürgern ein demokratisches Problem darstellt, ist eine Frage der Verletzung des Störungsverbotes innerhalb des Repräsentationsprinzips und betrifft nicht die Frage nach dem Gleichheitsgebot.

Die allgemeine Sorge, dass sich insbesondere gebildete und finanziell gut aufgestellte Personen (*high capacity groups*)[217] solcher Instrumente bedienen, gehört dagegen in das Spektrum der sozialen Gleichheit und hat ebenfalls keine Auswirkung auf die Frage nach dem demokratischen Gleichheitsprinzip. Sec. 20, 22 Community Empowerment (Scotland) Act 2015 stellt die Initiierung einer *participation request* einem *community participation body* frei, der ohne weitere Einschränkungen auch nur aus einer losen Gruppe von Bürgern bestehen kann, die aus einer Gemeinde kommen. § 32 Abs. 1 BezVG knüpft die Inititiierung eines Bürgerbegehrens an die Wahlberechtigung. In beiden Fällen steht die Nutzung und Auswirkung des jeweiligen Instruments einer breiten Personengruppe aus einem *council*-Gebiet beziehungsweise Bezirk im gleichen rechtlichen Maße zur Verfügung. Der Grundsatz der demokratischen Gleichheit wird durch die untersuchten Bürgerbeteiligungsinstrumente demnach nicht berührt.

(b) Repräsentationsprinzip und Neutralitätsgebot

Die Beeinflussung von Entscheidungen repräsentativer Körperschaften durch Sonderinteressen kleiner Personengruppen könnte zu einer Verletzung des demokratischen Repräsentationsprinzips führen. Solche Entscheidungen sollen nach dem Prinzip staatlicher Selbsterhaltung im Sinne des Allgemeinwohls fallen, wobei dem Aspekt der Neutralitätssicherung der Repräsentanten ein hohes Gewicht zukommt.[218] Die Neutralitätspflicht wird im schottischen Kontext *rule against bias* oder schlicht *impartiality* (Unparteilichkeit) genannt und gebietet Amtswaltern, einen unvoreingenommen Standpunkt gegenüber den von ihnen zu entscheidenden Angele-

---

[217] *Cooper/Smith*, JoPD Vol. 8 (2012): Iss. 1, Article 3, S. 15 f.; *McMillan/Steiner/Hill O'Connor*, Participation Requests: Evaluation of Part 3 of the Community Empowerment (Scotland) Act 2015 (2020), S. 50 ff.

[218] Vgl. *Trute*, in: Hoffmann-Riem/Schmidt-Aßmann/Voßkuhle, Grundlagen des Verwaltungsrechts, Bd. I, 307 (334 f., 339, 347 f.).

genheiten einzunehmen.[219] Der im deutschen Verfassungsverständnis „Störungsverbot“[220] genannte Grundsatz lässt sich, wie schon im Rahmen des Vergleichs von *participatory budgeting* und Bürgerhaushalt festgestellt, auch im schottischen Rechtsverständnis der *legal* und *administrative accountability* nachvollziehen.[221]

(aa) Rechtsgrundlage

In Schottland ergibt sich das Repräsentationsprinzip für die *council*-Ebene aus sec. 2 Representation of the People Act 1983, der die Wahlberechtigung zu den *council*-Wahlen regelt, in Zusammenschau mit dem *Code of Conduct for Councillors*, der klarstellt, dass die Abgeordneten Vertretern ihrer Gemeinde und dem Wahlvolk gegenüber verantwortlich sind.[222]

Für die Mitglieder der Hamburger Bezirksversammlungen gilt nach § 6 Abs. 1 Satz 4 BezVG, ähnlich wie für die Bürgerschaftsabgeordneten nach Art. 7 Abs. 1 Satz 1 HV, insoweit die Freiheit des Mandats, als dass sie an Aufträge und Weisungen nicht gebunden sind. Im Vergleich zu Art. 7 HV fehlt jedoch der das Repräsentationsprinzip konkretisierende Zusatz, dass sie nur ihrem Gewissen unterworfen sind. Dabei ist der besondere rechtliche Status der Bezirksversammlungen zu beachten, wonach sie gerade keine Selbstverwaltungskörperschaften darstellen, sondern eher den Status gewählter Verwaltungsausschüsse innehaben.[223] Die Beschlüsse der Bezirksversammlungen wirken wie die Beschlüsse anderer Verwaltungsausschüsse dabei nicht für das Bezirksvolk rechtsverbindlich nach außen, sondern haben nach § 19 Abs. 2 Satz 1 BezVG nur verwaltungsintern Bindungswirkung gegenüber dem Bezirksamt. Versteht man Repräsentation im Zusammenhang mit dem Demokratieprinzip als einen Begriff, der gegenüber dem Volk nach außen wirkt, so würde den Bezirksversammlungen kein repräsentativer Charakter zukommen.[224] Ihre demokratische Legitimation würde sich allein aus den materiellen Vorgaben des Art. 4 Abs. 2 Satz 2 HV und dem einfachen Gesetzesrecht ableiten und ihre Wahl, die nach Art. 4 Abs. 3 Satz 1 HV im Sinne des Demokratieprinzips allgemein, unmittelbar, frei, gleich und geheim stattzufinden hat, wäre ein reiner Besetzungsakt, der keine Legitimation vermittelte, weil es ihr ohne Repräsentation nach außen nicht bedürfte. Allerdings knüpft das

---

[219] Vgl. dazu *Elliott/Thomas*, Public Law, S. 508; *Reid*, Public Law, S. 418 ff.; *Scottish Government*, right first time (2010), S. 30 f.

[220] *Schmidt-Aßmann*, AöR 1991, 329 (369).

[221] Vgl. Kapitel 3.II.1.a)bb)(2)(b)(aa).

[222] *Scottish Government*, Code of Conduct for Councillors (2018), Rule 3.22, 3.4.

[223] BVerfGE 83, 60 (76 f.), David/Stüber/*David*, HV, Art. 4 Rn. 23.

[224] Vgl. David/Stüber/*David*, HV, Art. 56 Rn. 45 f., 50.

demokratische Repräsentationsprinzip nicht nur an die Zielrichtung von Entscheidungen an, sondern nach Art. 3 Abs. 2 Satz 1 HV an die Ausübung von Staatsgewalt und somit amtliche Handlungen mit Entscheidungscharakter.[225] Bezirksversammlungen wirken nach Art. 4 Abs. 2 Satz 2 HV an der Aufgabenerledigung der Verwaltungsangelegenheiten mit, die nach § 2 BezVG den Bezirksämtern übertragen sind. Sie agieren nach § 10 Abs. 1 BezVG als Willensbildungsorgane und treffen im aufgezeigten Rahmen nach § 19 Abs. 2 Satz 2 und § 21 BezVG Entscheidungen. Zudem verfügen sie zusätzlich über originäre Kompetenzen, beispielsweise nach § 41 Abs. 2 BezVG für die Verteilung von Sondermitteln oder nach § 34 Abs. 1 BezVG bezüglich der Wahl und Abwahl des Bezirksamtsleiters. Die Bezirksversammlungen, die nach Art. 4 Abs. 2 Satz 2 und Abs. 3 HV die Mitwirkung der Bürger an der Verwaltung verwirklichen sollen, haben dementsprechend nicht nur beratende Funktion, sondern üben als Organe der unmittelbaren Hamburger Staatsverwaltung Staatsgewalt aus.[226] Dementsprechend vermittelt die Wahl nach Art. 4 Abs. 3 Satz 1 HV den Bezirksversammlungsmitgliedern auch personelle Legitimation, die sie im Sinne der Repräsentation nach Art. 20 Abs. 2 Satz 2 GG und der Mitwirkung des Volkes an der Verwaltung spiegeln müssen. Das Selbstverständnis der Bezirksabgeordneten orientiert sich dabei grundsätzlich am Leitbild des freien Bürgerschaftsmandats nach Art. 7 Abs. 1 HV.[227] Demnach findet auch auf exekutiver Bezirksebene im Sinne der Hamburger Verfassung das Prinzip der demokratischen Repräsentation Anwendung.

(bb) Prüfung der Rechtmäßigkeit

Der Grundsatz der demokratischen Repräsentation in Form des Störungsverbots würde durch die Bürgerbeteiligungsmechanismen verletzt, wenn die Legitimationskette vom Wahlvolk bis zur Ausübung von Staatsgewalt durch sie unterbrochen würde. Vorliegend ist zu untersuchen, inwieweit die Gefahr besteht, dass die Beteiligungsinstrumente einzelnen, personell nicht legitimierten Personen oder Gruppen die Durchsetzung von Individualinteressen ohne Rücksicht auf das Allgemeinwohl ermöglichen.[228]

---

[225] Vgl. Mangoldt/Klein/Starck/*Sommermann*, GG, Bd. 2, Art. 20 Rn. 146; BVerfGE 83, 60 (73); 107, 59 (87).

[226] Dazu BVerfGE 83, 60 (76 ff.); BVerfG, Beschluss vom 14.01.2008, in: DVBl 2008, S. 236 Ziff. 27; HVerfG Urteil vom 17.12.2003 – HVerfG 1/03, NordÖR 2004, 18 (22 f.); David/Stüber/*David*, HV, Art. 4 Rn. 24.

[227] Auskunft eines Mitglieds aus der Bezirksversammlung Hamburg-Nord aus Dezember 2018.

[228] Vgl. dazu *Trute*, in: Hoffmann-Riem/Schmidt-Aßmann/Voßkuhle, Grundlagen des Verwaltungsrechts, Bd. I, 307 (344, 372 ff.); *Elliott/Thomas*, Public Law, S. 508.

Wie bereits festgestellt[229] verfügen die Initiatoren der Beteiligungsprozesse weder in Schottland noch in Hamburg über eine personelle Legitimation im rechtlichen Sinne, repräsentierten daher nicht das jeweilige *council-* oder Bezirksvolk und konnten somit lediglich Partikularinteressen in die Verhandlungen einfließen lassen.[230] Fraglich ist, inwieweit sich dieser Umstand auf die jeweiligen Legitimationsstrukturen auswirkt.

Im Fall von Schottland ist die *participation request* als formelles Beteiligungsinstrument ausgestaltet. Der direkt durch das Wahlvolk demokratisch legitimierte parlamentarische Gesetzgeber in Form des schottischen Parlaments hat mit part 3 Community Empowerment (Scotland) Act 2015 explizit eine Rechtsgrundlage für dieses Beteiligungsverfahren geschaffen, mit dem verschiedene Gruppen aus dem bürgerlichen Spektrum Verwaltungsentscheidung inhaltlich beeinflussen können sollen. Hiermit wird dieser Vorgang materiell legitimiert, indem er sich im Rahmen der *legal accountability* hält. Zudem versucht das Gesetz die Beeinflussung des Verwaltungsprozesses durch Partikularinteressen zu vermeiden. Hierfür sieht sec. 24(3)(c) Community Empowerment (Scotland) Act 2015 vor, dass eine *participation request* abgelehnt werden kann, wenn sie nicht Allgemeininteressen wie beispielsweise der wirtschaftlichen Entwicklung, der öffentlichen Gesundheit oder dem gesellschaftlichen Wohlergehen dient. Relativierend kommt hinzu, dass die Letztentscheidungskompetenz bei einer *participation request* stets bei der zuständigen Stelle innerhalb der Verwaltung verbleibt. Dies war im Fall des *„Pitz sale“* das *Finance and Resources Committee* des *Edinburgh City Councils*.[231]

In Hamburg existiert dagegen keine Rechtsgrundlage für die konsensuale Beendigung von Bürgerbegehren. Es käme grundsätzlich §§ 32 Abs. 7 S. 1 BezVG, § 7 Abs. 1 Satz 1 BezAbstDurchfG in Betracht, wonach spätestens vier Monate nach Zustandekommen des Bürgerbegehrens ein Bürgerentscheid durchgeführt wird, sofern die Bezirksversammlung dem Anliegen des Bürgerbegehrens nicht innerhalb von zwei Monaten unverändert oder in einer von der Initiative gebilligten Form zustimmt. Hierfür müsste jedoch zunächst ein Bürgerbegehren zustande gekommen sein, woran es im vorliegenden Fall aus Blankenese fehlt, da die Gespräche direkt nach Erreichen der Sperrwirkung aufgenommen wurden. Auch ein Verfahren nach § 7 Abs. 3 BezAbstDurchfG, wonach die auf das Bürgerbegehren gerichtete In-

---

[229] Vgl. Kapitel 3.II.2.a)bb)(1)(b).

[230] Vgl. dazu *Böckenförde*, in: Isensee/Kirchhof, Handbuch des Staatsrechts Bd. II, 429 (448 f.).

[231] *The City of Edinburgh Council*, Finance and Resources Committee, Report vom 11.10.2018.

itiative und die Bezirksversammlung sich auf eine dreimonatige Aussetzung der Frist für die Durchführung eines Bürgerentscheids oder auf die Einleitung eines Moderationsverfahrens verständigen können, kommt als rechtliche Grundlage nicht in Frage.[232] Es bedarf auch hierbei eines zustande gekommenen Bürgerbegehrens sowie der einvernehmlichen Einleitung eines förmlichen Moderationsverfahrens nach § 7 Abs. 3 BezAbstDurchfG, woran es im Fall des Blankeneser Bürgerbegehrens fehlt. § 32 Abs. 8 BezVG, § 18 BezABstDurchfVO sind lediglich als Verfahrensbeendigungsregel zu qualifizieren, für den Fall, dass die Bezirksversammlung dem Anliegen des Bürgerbegehrens unverändert oder in einer Form zustimmt, auf die sich Initiative und Bezirksversammlung zuvor schriftlich geeinigt haben.

Somit handelt es sich beim hier untersuchten konsensualen Verfahren um ein informelles Beteiligungsverfahren, dem keine materielle Legitimation in Form einer Rechtsgrundlage zur Verfügung steht. Der Kompromiss selbst kann nur als politisches Agreement zwischen den Vertrauensleuten der Initiative, der Bezirksverwaltung und der von der Bezirksverwaltung einbezogenen Interessengruppe „Arbeitskreis Ortskern Blankenese" eingeordnet werden. Wie bei der *participation request* verbleibt die Letztentscheidungskompetenz über die gefundene Einigung jedoch bei der gewählten Bezirksversammlung. Die Bezirksversammlung Altona stimmte am 16. November 2017 und damit einen Tag nach der Unterzeichnung des Kompromisses mit seiner Mehrheit nach § 13 Abs. 1 BezVG für dessen Annahme,[233] womit formal die demokratische Legitimation für die Umsetzung des Kompromisses im Bezirk hergestellt wurde.

Somit verletzen die beiden Beteiligungsinstrumente formal nicht das Repräsentationsprinzip, da im Fall der *participation request* eine Rechtsgrundlage für das Verfahren existiert und in beiden Fällen die gewählten Repräsentanten über die Annahme der jeweils gefundenen Lösung abstimmen und den Inhalt dadurch legitimierten.

Allerdings ist eine solch schematische Betrachtung nicht hinreichend, da auch inhaltlich ein wirksamer Zurechnungszusammenhang zwischen Volk und der Ausübung von Staatsgewalt bestehen muss, der eine zu starke Klientelorientierung verbietet.[234] Der Grad der inhaltlichen Beeinflussung ist in Edinburgh und Altona dabei unterschiedlich. Während die *community councillors* aus Portobello bei der *participation request* zunächst bei der

[232] Vgl. *Schulz*, DÖV 2019, 533 (540).

[233] *Bezirksversammlung Altona*, Protokoll der Sitzung des Hauptausschusses vom 16.11.2017.

[234] Vgl. *Trute*, in: Hoffmann-Riem/Schmidt-Aßmann/Voßkuhle, Grundlagen des Verwaltungsrechts, Bd. I, 307 (350 f.).

Käuferauswahl mit anteiligen Stimmrechten in die Vorberatung einbezogen wurden und im Anschluss durch selbst organisierte Bürgerbeteiligung den Verkauf zugunsten der Erstellung eines Masterplans stoppen konnten, wurde in Altona zum Zwecke der Beendigung des Bürgerbegehrens direkt eine Vereinbarung getroffen, in der die Initiatoren des Begehrens einige ihrer Forderungen unmittelbar einbringen konnten. Dies zeigt sich insbesondere am Unterschied zwischen der Fragestellung des Bürgerbegehrens „Sind Sie dafür, dass alle weiteren Planungen und Bauausführungen für den 2. Bauabschnitt zur Umgestaltung des Blankeneser Marktplatzes sofort gestoppt werden?“[235] und dem Ergebnis der Einigung, bei welcher auf zwei Seiten Details zu Anordnung der Parkplätze, der Gehwegverbreiterung, der Gehwegpflasterung und des Standortes des Markthauses getroffen wurden.[236] Insbesondere im Hamburger Fall ist fraglich, inwieweit sich die Bezirksversammlung inhaltlich mit dem Kompromiss auseinandergesetzt und ihn auf eine Gemeinwohlverträglichkeit hin überprüft hat, bevor sie für dessen Umsetzung stimmte. Aufgrund des späten Zeitpunktes im Bauplanungsverfahren, in dem der Kompromiss geschlossen wurde – mit den Bauarbeiten war bereits begonnen worden – und den niedrigen Hürden für die Sperrwirkung, die es Initiatoren von Bürgerbegehren ermöglichen, sich sehr schnell eine starke Verhandlungsposition zu organisieren, muss darauf geachtet werden, dass es nicht zu einer Sabotage von Verwaltungsentscheidungen durch Übergewichtung von Partikularinteressen kommt.[237] Im Protokoll der entsprechenden Bezirksversammlungssitzung steht dementsprechend die Kritik am intransparenten Verfahren, das unter hohem Zeitdruck durchgeführt wurde und die Erleichterung der Beteiligten im Vordergrund, mit dem Kompromiss einen Bürgerentscheid vermeiden zu können. Eine inhaltliche Auseinandersetzung mit den Einigungsergebnissen findet sich nicht.[238]

Diese Gefahr besteht bei der *participation request* nicht im gleichen Ausmaß, da dort keine Sperrwirkung oder eine andere rechtliche Durchsetzungsmöglichkeit für das Anliegen der Bürger vorgesehen ist, die die Verwaltung in diesem Sinne unter Druck setzen könnte. Vielmehr führt die

---

235 Bezirksversammlung Altona Drucks. 20-4242 vom 16.11.2017.

236 *Bezirksversammlung Altona*, Protokoll der Sitzung des Hauptausschusses vom 16.11.2017, Anlage, S. 3 f.

237 Vgl. Mangoldt/Klein/Starck/*Sommermann*, GG, Art. 20 Rn. 79, 170, 184 f.; *Fehling*, in: Hoffmann-Riem/Schmidt-Aßmann/Voßkuhle, Grundlagen des Verwaltungsrechts, Bd. II, 1341 (1367).

238 *Bezirksversammlung Altona*, Protokoll der Sitzung des Hauptausschusses vom 16.11.2017.

Normierung der *participation request* in part 3 Community Empowerment (Scotland) Act 2015 zu einem gewissen Maß an Verfahrenssicherheit und -transparenz, wobei insbesondere sec. 24(3)(c) Community Empowerment (Scotland) Act 2015 die Einhaltung des Allgemeinwohls im Verfahren vorsieht. Der *report* des *Finance and Resources Committee* setzt sich dazu passend detailliert mit dem Verfahrensablauf der Bürgerbeteiligung und den dazugehörigen Umständen auseinander, sodass eine umfassende Abwägung der relevanten Aspekte bezüglich des „*Pitz sales*" stattfinden konnte.[239]

Somit erscheint die Beteiligung kleiner Bürgergruppen im untersuchten Fall der Konsensmethode eher zu einer Ausdünnung staatlicher Entscheidungsbeherrschung und damit zu einer Reduktion des Gemeinwohlgehalts der Entscheidung zu führen als beim Vergleichspartner der *participation request* in Edinburgh.

(c) Zwischenergebnis zur materiellen Legitimation

Die Überprüfung der *participation request* und der bezirklichen Konsensmethode hinsichtlich der Einhaltung der demokratischen Grundsätze der Gleichheit und der Repräsentation hat ergeben, dass sich die Instrumente formal innerhalb der jeweiligen rechtlichen Grenzen bewegen. Das Gleichheitsprinzip ist vorliegend nicht betroffen, da die Beteiligungsinstrumente den partizipierenden Bürgern keinen rechtlich gesteigerten Einfluss auf die Staatsgewalt einräumen und die Nutzung der Instrumente darüber hinaus allen Adressaten in gleichem Maße rechtlich zusteht. Die Partikularinteressen, die potenziell durch die personell nicht legitimierten Initiatoren der Beteiligungsverfahren in die Verwaltungsentscheidungen einfließen, werden im Fall von Schottland insbesondere durch die zugrundeliegende Regelung im *Community Empowerment (Scotland) Act 2015* materiell legitimiert und im Sinne der Einhaltung des Allgemeinwohls ausgestaltet. In Hamburg fehlt eine entsprechende Rechtsgrundlage. Hier entscheidet trotz der Letztentscheidungskompetenz der Bezirksversammlung die jeweilige Verfahrensausgestaltung über den Grad der inhaltlichen Entscheidungsherrschaft auf Seiten der Verwaltung, was, wie im untersuchten Beispiel, zu einer Ausdünnung des Allgemeinwohlgehaltes der Entscheidung führen kann.

---

[239] *The City of Edinburgh Council*, Finance and Resources Committee, Report vom 11.10.2018.

(3) Zwischenergebnis zur Erhöhung des Grades demokratischer Legitimation und accountability

Im Hinblick auf das Demokratieprinzip und die rechtliche Herleitung von Legitimation und *accountability*, die sich durch das Wahlvolk speist, kann die reine Betroffenheitsbeteiligung von *participation request* und Konsensmethode nicht zu einer Erhöhung von Legitimation führen.[240] Beide Verfahren werden von einer kleinen Gruppe von Bürgern initiiert, die jeweils auch als Verhandlungspartner bei den Gesprächen mit der Verwaltung fungieren. In den untersuchten Fällen in Edinburgh und in Altona bildeten weder der *community council* noch die Vertrauenspersonen des Bürgerbegehrens direkt oder durch personelle Legitimation indirekt das jeweilige Aktivvolk ab. Die Hinzuziehung weiterer Interessengruppen liegt in der Macht der Repräsentanten, wie die hier dargestellten Beispiele zeigen. Damit tritt aber auch wieder das Problem der Bestimmbarkeit des „richtigen" Betroffenenkreises auf, was stets dem Zufall unterliegt. Es bleibt bei einer durch Verhandlungen erzielten Beratung der Verwaltung durch Interessengruppen und damit bei einer responsiven Ergänzung der demokratischen Zurechnungszusammenhänge. Die Partizipation dieser Gruppen kann, wenn das Verfahren demokratische Mindeststandards wie Gleichheitsprinzip und Orientierung am Allgemeinwohl einhält, den Volkswillensbildungsprozess somit unterstützen,[241] die rechtliche Legitimation des Verwaltungsverfahrens aber nicht stärken.

cc) Ergebnis zu Partizipation als zusätzliche Quelle demokratischer Legitimation und accountability in der Verwaltung?

Da die untersuchten Beteiligungsverfahren die demokratischen Strukturen der Legitimation und der *accountability* nicht verstärken können, sind sie auch nicht dazu geeignet, die Partizipation als zusätzliche Quelle demokratischer Legitimation auszugestalten.

Dies liegt wiederum daran, dass weder die *participation request*, noch die bezirkliche Konsensmethode es den Beteiligten ermöglicht, rechtlichen Einfluss auf die Umsetzung der mit der Verwaltung erarbeiteten Ergebnisse zu nehmen. Die Instrumente ermöglichen den Initiatoren zwar, durch geschickte Verhandlungen Einfluss auf den Inhalt des jeweiligen Kompromisses zu nehmen. Die Entscheidung über das „ob" der Annahme und Umsetzung der gefundenen Einigung verbleibt allerdings bei den gewählten Regi-

[240] Vgl. dazu *Schmidt-Aßmann*, AöR 1991, 329 (350, 371 ff.).
[241] Vgl. *Schmidt-Aßmann*, AöR 1991, 329 (376).

onalkörperschaften. Es mangelt daher an der Teilung von Staatsgewalt mit den Bürgern, die für die Etablierung einer parallelen Legitimationsstruktur erforderlich wäre.

b) Einordnung der Ergebnisse

Aus den vorstehenden Prüfungsergebnissen ergibt sich, dass die untersuchten Fragen grundsätzlich für beide Beteiligungsinstrumente gleich zu beantworten sind. So wird den Bürgern in keinem Fall durch das jeweilige Instrumentarium eine Teilnahme an der Ausübung von Staatsgewalt ermöglicht, womit die Schaffung einer zweiten Legitimations- oder Verantwortungssäule in den repräsentativen Systemen durch sie ausscheidet. Auch werden beide Instrumente nur von einer kleinen Gruppe von Bürgern initiiert, die sodann maßgeblich in den Verhandlungsprozess mit der Verwaltung einbezogen werden. Der Demos im Sinne des Wahlvolkes wird auf Seiten der Bürger weder direkt noch indirekt beteiligt. Zuletzt halten beide Beteiligungsinstrumente die formellen Grenzen des Gleichheits- und Repräsentationsprinzips ein, sodass rechtlich weder die materielle Legitimation noch die *legal accountability* verletzt werden.

Obwohl die Ergebnisse insofern gleichförmig sind, weisen die untersuchten Fallbeispiele bezüglich ihrer verfahrensmäßigen Ausgestaltung einige Unterschiede auf, die für einen Erkenntnisgewinn unter Berücksichtigung der unterschiedlichen politischen und rechtlichen Rationalitäten einzuordnen sind. Hieran schließt sich die Beurteilung an, inwieweit die Instrumente dazu geeignet sind, zu einer Demokratisierung der Verwaltungsverfahren beizutragen.[242]

aa) Unterschiedliche inhaltliche Einflussnahmemöglichkeiten

Der erste Unterschied besteht darin, dass, auch wenn keines der partizipativen Beteiligungsinstrumente Staatsgewalt auf Bürger überträgt, die Verhandlungspositionen der bürgerlichen Seiten und damit das faktische Ausmaß der inhaltlichen Einflussnahmemöglichkeiten stark divergieren. Während die *participation request* einen eher schwachen Verhandlungsprozess im Vorfeld der Entscheidung des weiterhin allein entscheidungsbefugten *councils* darstellt, haben die Initiatoren eines Bürgerbegehrens eine recht starke Verhandlungsposition inne.

[242] Vgl. dazu *Kischel*, Rechtsvergleichung, S. 93 ff.; *Zweigert/Kötz*, Einführung in die Rechtsvergleichung, S. 43, 46.

Dies lässt sich insbesondere mit der rechtlichen Ausgestaltung der Instrumente erklären. Auch wenn der Hamburger Konsensmethode selbst keine Rechtsgrundlage zugrunde liegt, sondern sie eine politisch gewachsene Praxis darstellt, erwächst sie aus dem direktdemokratischen und damit normierten Verfahren um ein Bürgerbegehren nach § 32 BezVG. Hierbei verschafft die Sperrwirkung des § 32 Abs. 5 Satz 1 BezVG den Initiatoren eine starke Stellung, da bereits nach Vorliegen eines Drittels der für ein Bürgerbegehren geforderten Unterschriften von lediglich 2 % oder 3 % der Wahlberechtigten im Bezirk bis zur Feststellung des Zustandekommens eine dem Bürgerbegehren entgegenstehende Entscheidung nicht mehr getroffen und mit dem Vollzug einer solchen Entscheidung nicht mehr begonnen werden darf. Diese Sperrwirkung bindet der Verwaltung bezüglich des mit dem Bürgerbegehren angegriffenen Verfahrens rechtlich die Hände und lässt sie mit Hinblick auf empfindliche Verfahrensverzögerungen und Kostensteigerungen kurzfristig gesprächs- und kompromissbereit werden.[243] Hinzu kommt, dass den Initiatoren des Bürgerbegehrens als Alternative zu einem Kompromiss, zumindest bei Erreichen eines erfolgreichen Bürgerbegehrens, stets nach § 32 Abs. 7 BezVG die Durchführung eines Bürgerentscheides zur Verfügung steht. Dieser hat nach § 32 Abs. 11 Satz 1 BezVG die Wirkung eines Beschlusses der Bezirksversammlung, womit die Bürger letztlich selbst, ohne Einmischung der Verwaltung, nach § 32 Abs. 9 Satz 2 BezVG mit einfacher Mehrheit der abgegebenen Stimmen über den fraglichen Gegenstand entscheiden können. Hierbei ist auch relevant, dass bisher fast alle Bürgerentscheide in Hamburg positiv und damit gegen die Bezirksversammlungen ausgingen.[244]

Dieses Zusammenspiel rechtlicher Möglichkeiten der Initiatoren verleiht ihnen gegenüber der Bezirksverwaltung eine äußerst starke Verhandlungsposition, über die die Initiatoren einer schottischen *participation request* nicht verfügen. Der gesetzliche Rahmen nach part 3 Community Empowerment (Scotland) Act 2015 gibt insbesondere Definitionen der beteiligungsfähigen Parteien, einzelne Verfahrensschritte wie Initiierung, Entscheidung über Annahme und Ablehnung der Anfrage und den sich daran anschließenden *outcome improvement process*, Berichtspflichten der Verwaltung und diesbezügliche Fristen vor. Jedoch fehlt eine rechtliche Konkretisierung oder Stärkung der Position der Initiatoren des Prozesses. Lediglich die Annahme einer *participation request* ist für die Verwaltung nach sec. 24(5)

---

[243] Vgl. *Bolliger*, in: Freitag/Wagschal, Direkte Demokratie, 419 (421).

[244] *Mehr Demokratie e.V.*, Noch viel Luft nach oben, Anhang 2, S. 55 ff., lfd. Nr. 13, 17/18, 35/36, 37/38, 52/53, 64/65, 71/72, 80, 81/82, 87/88, 93, 101, 107/108, 114/115, 135.

Community Empowerment (Scotland) Act 2015 verpflichtend, sofern keine *reasonable grounds*, also hinreichende Gründe, die in sec. 24(3) Community Empowerment (Scotland) Act 2015 konkretisiert werden, für eine Ablehnung bestehen. Die Ausgestaltung der Verhandlungen aller Beteiligter und des *outcome improvement process* ist nicht definiert und verbleibt daher komplett der Verwaltungsseite, die nach sec. 31 und 32 Community Empowerment (Scotland) Act 2015 letztlich nur Berichtspflichten trifft. Neben tatsächlichen Druckmitteln, wie dem Ausdruck der Unzufriedenheit einer Gemeinde mit einem bestimmten Vorhaben und einer geschickten Verhandlungsführung, verfügen die initiierenden *community participation bodies* über keine rechtlichen Absicherungen ihrer Position. Rechtsmittelmöglichkeiten nach sec. 30 Community Empowerment (Scotland) Act 2015 wurden bisher nicht geschaffen. Der Prozess um die *participation request* ist aufgrund seiner rechtlich schwächeren Stellung im Vergleich zur Konsensmethode demnach ein deutlich milderer Partizipationsprozess.

Hierbei sind jedoch auch die historischen und politischen Hintergründe in die Einordnung miteinzubeziehen. So haben die Hamburger sich das Instrument des Bürgerbegehrens selbst mithilfe eines Volksentscheides gegeben,[245] was die starke Stellung der Bürger in diesem Verfahren erklärt. Die Konsensmethode hat sich hieraus primär politisch von Seiten der Bezirksverwaltung zum Zwecke der Konfliktlösung entwickelt.[246] Der *Community Empowerment (Scotland) Act 2015* und mit ihm die *participation request* wurde vom schottischen Parlament im Rahmen der Strategie um die allgemeine Stärkung der Gemeinden geschaffen, um ihnen erstmals ein formelles Instrument der Mitsprache zu geben.[247] Hierbei geht es auch darum, Bürgern und Gemeinden zu vermitteln, dass von öffentlicher Seite aus ein Dialog mit ihnen gewollt ist. Die Bürger verfügen erstmals über ein Instrument, mit welchem sie selbst einen Beteiligungsprozess starten und sich als Problemlöser verstehen können.[248]

bb) Verschiedene Initiatoren

Der zweite Unterschied besteht in der jeweiligen Gruppe der Initiatoren der Beteiligungsinstrumente. Bei beiden Verfahren werden zwar die Initiatoren selbst oder Vertreter dieser Gruppe bei den jeweiligen Verhandlungen von

---

[245] David/Stüber/*David*, HV, Art. 56 Rn. 1.

[246] Vgl. Kapitel 2.II.2.b).

[247] *Scottish Parliament*, Stage 1 Report on the Community Empowerment (Scotland) Bill (2015), S. 36 f., 42 f.

[248] *Plotnikova/Bennett*, Research report participation requests (2018), S. 12.

der Verwaltung als Ansprech- und Diskussionspartner herangezogen. Allerdings unterscheidet sich der potenzielle Kreis der Initiativberechtigten.

Wie am untersuchten Beispiel aufgezeigt, führen in Hamburg die drei Vertrauenspersonen eines Bürgerbegehrens, die von einer Initiative nach § 32 Abs. 2 Satz 2 BezVG als deren Vertreter benannt werden müssen, auch die Verhandlungen mit der Bezirksverwaltung. In Übereinstimmung mit den Voraussetzungen, die für die Unterstützer eines Bürgerbegehrens gelten, muss es sich nach § 2 Abs. 2 Satz 1 BezAbstDurchfG bei den Vertrauenspersonen ebenfalls um wahlberechtigte Einwohner des betroffenen Bezirks handeln. In Schottland können nach sec. 22(1), 20 Community Empowerment (Scotland) Act 2015 *community participation bodies* eine *participation request* bei einer *public service authority* anmelden. Dies können nach sec. 20 Community Empowerment (Scotland) Act 2015 gemeindekontrollierte Einrichtungen, ein *community council*, eine von einem Minister hierfür ernannte Gruppe oder eine Gruppe von Bürgern aus einer Gemeinde sein. Insbesondere die letzte Gruppe wird vom Gesetz, neben dem erforderlichen Gemeindebezug, nicht näher definiert, sodass es keine Beschränkungen hinsichtlich des Alters oder der Wahlberechtigung gibt. Der Kreis, der eine *participation request* initiieren kann, ist demnach deutlich größer als der Teilnehmerkreis bei einem Bürgerbegehren.

Diese Unterschiede ergeben sich zunächst aus den jeweils aufgezeigten zugrundeliegenden Rechtsgrundlagen. Erklären lassen sich die unterschiedlichen Beteiligungskreise mit den jeweils dahinterstehenden Zweckrichtungen der Instrumente. Da ein Bürgerbegehren auf die Durchführung eines Bürgerentscheides abzielt, der einem Beschluss der Bezirksversammlung gleicht, muss sich der Unterstützerkreis an der Wählerschaft zur Bezirksversammlung orientieren, um eine hinreichende legitimatorische Parallelität in der Sache herzustellen. Da nur die Vertrauenspersonen nach § 32 Abs. 2 Satz 2 BezVG berechtigt sind, die Unterzeichnenden und die Initiative zu vertreten und für diese bindende Erklärungen abzugeben, kommen nur sie als rechtliche Vertreter bei den Verhandlungen mit der Verwaltung infrage, um in diesem Rahmen Absprachen treffen zu können. Eine *participation request* dagegen soll im Sinne des *Community Empowerment (Scotland) Acts 2015* Gemeinden *empowern*, also stärken. Daher wurde neben einfachen Bürgergruppen insbesondere auch *community councils*, die qua ihrer Existenz nach sec. 51(2) Local Government (Scotland) Act 1973 die Interessen ihrer Gemeinde vertreten sollen, das Initiativrecht übertragen. So können in den *local authorities*, wo *community councils* existieren, entsprechend ihrer Aufgabe bei Bedarf tätig werden. Darüber hinaus können auch Bürger selbst die Initiative ergreifen, wenn es beispielsweise keinen *community council* gibt, oder dieser nicht in ihrem Sinne handelt. Hierbei steht nach dem Gedanken eines umfänglichen *community empowerments* die Gemeinde als Ganzes in Form der Einwohnerschaft im Vordergrund, ohne sie auf das Aktivvolk zu begrenzen.

cc) Allgemeinwohl und Individualinteressen

Der dritte Unterschied besteht in der Verfahrensausgestaltung hinsichtlich der Einhaltung des Repräsentationsprinzips und des Allgemeinwohls. Im untersuchten Fall aus Hamburg wurde ein sehr allgemein gehaltenes Bürgerbegehren, bestehend aus einer knappen Frage,[249] gegen die Umgestaltung des Blankeneser Marktplatzes initiiert. Daraus wurde in den Verhandlungen der Vertrauenspersonen mit der Bezirksverwaltung ein mehrseitiges Dokument, indem explizite Vereinbarungen zur Gestaltung des Marktplatzes getroffen wurden.[250] In Edinburgh wurde mit der *participation request* zunächst eine Mitsprache der Gemeinde beim „*Pitz sale*", also beim Verkauf der fraglichen öffentlichen Fläche gefordert, die in der Rücknahme des Verkaufsangebotes endete. Anschließend sollte gemeinsam mit Bürgern und der Verwaltung ein Masterplan für die künftige Nutzung erarbeitet werden.[251] In Schottland hatte die Einigung der Beteiligten somit insbesondere die Einbeziehung der betroffenen Gemeinde und deren Gemeinwohl bezüglich der Nutzung der Fläche im Blick, während man sich in Hamburg über spezifische Punkte wie die Qualität der Gehwegpflasterung (Asphaltbelag statt Klinkerverband) einigte.[252]

Dieser Umstand resultiert wiederum aus den rechtlichen Hintergründen der Beteiligungsinstrumente. Während eine *participation request* nach sec. 24(3) Community Empowerment (Scotland) Act 2015 stets einem Allgemeininteresse wie der wirtschaftlichen Entwicklung oder der öffentlichen Gesundheit dienen sollte, fehlt eine solche Vorgabe im Rahmen des bezirklichen Kompromisses in Hamburg. Während in Schottland bereits bei der Zulassungsentscheidung die *participation request* diesbezüglich überprüft wird, fehlt ein solcher Mechanismus in Hamburg. Im letzteren Fall findet

---

249 „Sind Sie dafür, dass alle weiteren Planungen und Bauausführungen für den 2. Bauabschnitt zur Umgestaltung des Blankeneser Marktplatzes sofort gestoppt werden?", Bezirksversammlung Altona Drucks. 20-4242 vom 16.11.2017.

250 *Bezirksversammlung Altona*, Protokoll der Sitzung des Hauptausschusses vom 16.11.2017, Anlage, S. 3 f.

251 *The City of Edinburgh Council*, Decision Notice, PR, Pitz sale (2017); *The City of Edinburgh Council*, Finance and Resources Committee, Report vom 11.10.2018, S. 2 ff.

252 *Bezirksversammlung Altona*, Protokoll der Sitzung des Hauptausschusses vom 16.11.2017, Anlage, S. 3.

die Prüfung des Vorgangs hinsichtlich der Einhaltung des Allgemeinwohls und der Erforderlichkeit der jeweiligen Kompromisslösung lediglich bei der Letztentscheidung der Bezirksversammlung statt.

dd) Bewertung des demokratischen Potenzials

Es verbleibt die Bewertung des demokratischen Potenzials der untersuchten Beteiligungsinstrumente im Bereich der Kooperation zwischen Bürgern und der Lokalverwaltung. Fraglich ist, ob die Instrumente dazu geeignet sind, mehr Legitimität durch die Erhöhung der Responsivität von Verwaltungsentscheidungen zu schaffen, in welchem Verhältnis sie zur repräsentativen Verwaltungsstruktur stehen und inwieweit sie Verwaltungsverfahren demokratisch bereichern können.

Legitimität kann durch Deliberation und die Möglichkeit der Partizipation von Bürgern, also durch eine kommunikative Verkoppelung von Repräsentierten und Repräsentanten erzielt werden und soll die Bereitschaft des Volkes erhöhen, hoheitliche Entscheidungen hinzunehmen.[253] Funktionieren kann das jedoch nur, wenn die Verwaltungsentscheidung im sozialen Klima akzeptabel ist und nicht hauptsächlich von persönlichen Prämissen beeinflusst wird.[254] Das grundsätzliche Problem der Partizipation von zivilgesellschaftlichen Gruppen in diesem Zusammenhang ist also das Spannungsverhältnis zwischen der Aufgabe der Verwaltung, die Impulse der Betroffenen in ihre Entscheidungen einzubeziehen und der gleichzeitig bestehenden Verpflichtung, stets im Sinne der Allgemeinheit zu agieren.

Hierbei ist insbesondere die unterschiedliche Betonung der Individualinteressen im Verwaltungsverfahren für die Bewertung der Instrumente relevant. Im untersuchten Fall in Portobello verständigten sich die Initiatoren der *participation request* mit der Verwaltung nur auf das weitere Verfahren. Die Nutzung der öffentlichen Fläche wurde dabei inhaltlich nicht weiter konkretisiert. Dies sollte in einem weiteren Schritt gemeinsam mit dem betroffenen Stadtteil erarbeitet werden.[255] In Hamburg konnten die Vertrauenspersonen der Initiative dagegen direkt die inhaltliche Gestaltung des Marktplatzes mitbestimmen, ohne in einem Zwischenschritt der Gemeinde eine Äußerungsmöglichkeit zu geben. In Schottland hätte das Vorgehen,

---

[253] Vgl. *Blondiaux/Sintomer*, in: Herzberg/Sintomer/Kleger, Hoffnung auf eine neue Demokratie, 83 (84, 100); Deliberation kann Akzeptanz politischer Entscheidungen fördern; Mangoldt/Klein/Starck/*Sommermann*, GG, Bd. 2, Art. 20 Rn. 80a.

[254] *Luhmann*, Legitimation durch Verfahren, S. 28, 32 ff.

[255] *The City of Edinburgh Council*, Finance and Resources Committee, Report vom 11.10.2018.

wäre es nicht vorzeitig beendet worden, durch die Öffnung des Verfahrens für die ganze Gemeinde potenziell die Akzeptanz des Ergebnisses erhöhen können. In Hamburg wurde dagegen, nachdem sogar zu einem früheren Zeitpunkt eine umfassende informelle Bürgerbeteiligung stattgefunden hatte,[256] auf Druck des Bürgerbegehrens der bisherige Plan inhaltlich verändert, um die direktdemokratische Initiative zu beenden.[257] In diesem Fall erscheint die Erhöhung der allgemeinen Akzeptanz durch dieses Vorgehen fraglich. Auch wenn hier lediglich Aussagen zu den untersuchten Einzelfällen getroffen werden können, geben sie Hinweise, in welche Richtung die Instrumente jeweils genutzt werden können.

Das Verhältnis dieser Beteiligungsmechanismen zur repräsentativen Demokratie kann dabei nur ergänzender Natur sein. In beiden Fällen wird der Willensbildungsprozess der Verwaltung, wenn auch in unterschiedlicher Intensität, inhaltlich beeinflusst und um Argumente von Betroffenengruppen erweitert, sodass es sich um ein komplementäres Verhältnis handelt.

Dabei gestaltet keines der untersuchten Beteiligungsverfahren die repräsentative Demokratie grundlegend um. Allerdings unterscheiden sich die institutionellen Auswirkungen dadurch, dass die *participaton request* als ein formelles und die Konsensmethode als ein informelles Instrument ausgestaltet ist. In Schottland wurde mit part 3 Community Empowerment (Scotland) Act 2015 vom schottischen Parlament bewusst die Möglichkeit für Bürger eröffnet, Initiator und Teil eines Beteiligungsprozesses zu werden, der bei Erfüllung der gesetzlichen Voraussetzungen zwingend durchzuführen ist. Hiermit wurde im Rahmen der formellen Bürgerbeteiligung in Schottland absolutes Neuland betreten, welches zu neuen Prozessen innerhalb der Verwaltung führte. Die Rechtsgrundlage sichert dabei insbesondere die Einhaltung der *accountability*, gestaltet das Verfahren weitgehend transparent aus und betont den Allgemeinwohlbezug, den jeder *participaton request*-Antrag erfüllen muss. Hiermit wurde für alle schottischen Gemeinden ein einheitliches Partizipationsinstrument geschaffen, das gezielt Betroffeneninteressen und Gemeinwohlorientierung in Ausgleich zu bringen versucht.

Das Konsensverfahren in Hamburg, dem in der untersuchten Form keine Rechtsgrundlage zur Verfügung steht, ist dagegen politisch gewachsen. Seine Durchführung hängt immer vom Erreichen der Sperrwirkung, der Erfolgsaussicht des jeweiligen Bürgerbegehrens und der damit verbundenen

---

[256] Einigung über die Umgestaltung des Blankeneser Marktplatzes, in: Rote Seiten, Ausgabe 3/2017, S. 3.

[257] *Bezirksversammlung Altona*, Protokoll der Sitzung des Hauptausschusses vom 16.11.2017.

Einigungsbereitschaft der Bezirksverwaltung ab. Somit handelt es sich um eine politische Annäherung der direkten und der repräsentativen Demokratie auf Bezirksebene unter Ausnutzung der rechtlichen Freiräume, worunter die Verfahrenstransparenz leidet. Zudem besteht, wie das untersuchte Beispiel zeigt, durch die starke Position der für die Bürgerinitiative verhandelnden Vertrauenspersonen die Gefahr, dass sich dies zu Lasten des Allgemeininteresses auswirkt. Zwar entstehen durch einen Bürgerentscheid und die damit verbundene Sperrwirkung, insbesondere bei geplanten baulichen Maßnahmen, hohe Kosten für den Steuerzahler. Wenn jedoch allein die Verhinderung eines Bürgerbegehrens oder Bürgerentscheids im Vordergrund der Verhandlungen steht und nicht auch die inhaltlich der Allgemeinheit zuträglichste Lösung, wirkt sich dies negativ auf die institutionelle Neutralität und repräsentative Ausrichtung der Verwaltungsorgane aus.

Im Ergebnis wird durch beide Beteiligungsinstrumente eine grundsätzliche Bereitschaft der Verwaltung signalisiert, mit Bürgern und Gemeinden in einen Dialog zu treten. In beiden Fällen kann dies als Öffnung der Verwaltung und Schritt in Richtung Weiterentwicklung des *„top down"*-Verwaltungsverständnisses hin zu einem Verhältnis der Kooperation verstanden werden. Mit Blick auf die Einhaltung demokratischer Aspekte wie Verfahrenstransparenz und Ausbalancierung von Partikular- und Allgemeinwohlinteressen hat die schottische *participation request* jedoch ein höheres Potenzial, die herkömmlichen Verwaltungsverfahren demokratisch zu bereichern, als das Hamburger Konsensverfahren.

3. Participation in public decision-making und das Weisungs- und Evokationsrecht

Das dritte Vergleichspaar wird, in Form von einer Anordnung zu *participation in public decision-making* und des Weisungs- und Evokationsrechts, ebenfalls anhand der übereinstimmenden Aspekte des Prinzips der *accountability* und der demokratischen Legitimation untersucht. Im Mittelpunkt der Untersuchung steht dabei die Frage, inwieweit die Instrumentarien geeignet sind, im Bereich ministerieller Eingriffsrechte im Zusammenhang mit Bürgerbeteiligungsverfahren zu einer Stärkung der Legitimationsstrukturen und einer Demokratisierung der diesbezüglichen Verwaltungsentscheidungen beizutragen.

Dabei ist das schottische Instrument der *participation in public decision-making* für die Untersuchung interessant, da es wie die *participation request* mit Erlass des *Community Empowerment (Scotland) Act 2015* neu geschaffen wurde. Die gesetzlichen Vorgaben in sec. 139 Community Empowerment (Scotland) Act 2015 spielen für die Stärkung der Bürgerbeteiligung selbst eine eher mittelbare Rolle, da es sich um eine Ermächtigungsgrundlage für schottische Minister handelt, aufgrund derer bei Bedarf gegenüber nachgeordneten Verwaltungseinheiten konkrete Regelungen getroffen werden können. Das sich in diesem Zusammenhang anbietende Vergleichsinstrument in Hamburg ist das Weisungs- und Evokationsrecht des Hamburger Senats aus §§ 42, 45 BezVG. Hiernach unterstehen die Bezirksämter der Aufsicht des Senats, der allgemein oder im Einzelfall Weisungen erteilen und nach § 1 Abs. 2 VerwBehG Angelegenheiten selbst erledigen kann. Diese Kompetenzen des Senats kommen häufig im Zusammenhang mit Bürgerbegehren zum Einsatz.[258]

Da von der ministeriellen Kompetenz, eine Anordnung bezüglich einer *participation in public decision-making* zu erlassen, bisher kein Gebrauch gemacht wurde, wird ein hypothetisches Beispiel für die potenzielle Nutzung bemüht. Hierfür bietet sich die Verpflichtung der *councils* der *local authorities* an, das 1 %-Ziel bezüglich der Verteilung der *council*-Haushalte durch *participatory budgeting* zu erfüllen, zumal gerade dies ein Motiv bei der Schaffung des Instruments war.[259] Für das Hamburger Weisungs- und Evokationsrecht wird das Beispiel um das Bürgerbegehren „Eden für Jeden" aus dem Jahr 2013 gewählt. Hierbei ging es um die Umsetzung des Bebauungsplans „Winterhude 42/Barmbek-Nord 42/Alsterdorf 42" durch Bezirksamt und Bezirksversammlung im Bezirk Hamburg-Nord, wonach bestehende Kleingärten im sogenannten Pergolenviertel zugunsten einer Wohnbebauung verlegt werden sollten. Hiergegen wendeten sich betroffene Bürger mithilfe eines Bürgerbegehrens. Dieses wurde nach einer Senatsanweisung an das Bezirksamt, wonach dieses für eine zügige Umsetzung des Bebauungsplanverfahrens sorgen sollte, für unzulässig erklärt.[260]

In beiden Fällen geht es somit nicht um konkrete Beteiligungsmechanismen für Bürger, sondern um den lenkenden Eingriff der jeweiligen Minister beziehungsweise Senatoren in die Zuständigkeiten der ihnen nachgeordneten kommunalen Verwaltungseinheiten im Bereich der Bürgerbeteiligung.

---

[258] Vgl. *Mehr Demokratie e.V.*, Noch viel Luft nach oben, Anhang 2, S. 55 ff., lfd. Nr. 11, 30, 31, 32, 33, 52/53, 55, 66, 71/72, 74, 87/88, 92, 102, 109, 131, 132, 138, 144.

[259] Vgl. *Campbell/Reid*, Community Empowerment (Scotland) Bill – Parliamentary consideration prior to Stage 3 (2015), S. 15; Auskunft des ehemaligen Ministers für Local Government and Community Empowerment aus November 2019.

[260] Bezirksversammlung Hamburg-Nord, Drucks. 2489/13 vom 14.02.2013; Bezirksversammlung Hamburg-Nord, Drucks. 2568/13 vom 19.03.2013; Bezirksversammlung Hamburg-Nord, Drucks. XX-3133 vom 22.08.2013; *Mehr Demokratie e.V.*, Noch viel Luft nach oben, Anhang 2, S. 65.

Die nachfolgende Untersuchung wird demnach insbesondere die Einordnung und Bewertung der ministeriellen Kompetenzen bezüglich der demokratischen Auswirkungen auf die Verwaltung in den Fokus nehmen.

a) Stärkung demokratischer Legitimation durch ministerielle Instrumente?

Die genannten Fallbeispiele werden im Folgenden genutzt, um eine Prüfung vorzunehmen, von der aus auf die potenziellen Auswirkungen der Instrumente auf die traditionellen demokratischen Arbeitsweisen der Exekutive hin geschlossen werden kann. Um herauszufinden, welche Auswirkungen sie auf die demokratische Legitimation und Partizipation haben, erfolgt zunächst ein konzeptioneller Rechtsvergleich der Instrumente, der eine Einordnung in die jeweilige Rechts- und Legitimationsordnung vornimmt. Daran knüpft ein technischer Vergleich an, der anhand der genannten Beispiele insbesondere Fragen nach Zielrichtung, Inhalt und Bindungswirkung der ministeriellen Kompetenzen klärt.

aa) Einordnung in die Rechtssysteme

Um Aussagen über die demokratischen Auswirkungen der ministeriellen Instrumente auf die Exekutive treffen zu können, ist die Frage zu klären, wo sie im jeweiligen Legitimationsgefüge einzuordnen sind.

(1) Zusätzlicher Strang demokratischer Legitimation

Die Instrumente der Anordnung einer *participation in public decision-making* und des Hamburger Weisungs- und Evokationsrechts würden einen parallelen Strang demokratischer Legitimation herstellen können, wenn sie den jeweiligen Bürgern ein rechtliches Mitentscheidungsrecht übertrügen.[261] Dies ist jedoch, wie bereits angedeutet, nicht Sinn und Zweck der Instrumente. Einzelne Bürger oder Bürgergruppen haben keinen Zugriff auf diese Mechanismen.

Vielmehr überträgt sec. 139(1) Community Empowerment (Scotland) Act 2015 den *Scottish Ministers* sowie § 1 Abs. 4 VerwBehG und § 42 Satz 2 BezVG dem Hamburger Senat die jeweilige Befugnis, Anordnungen und Weisungen in ihrem Sinne zu treffen. Bürger können somit nur nach Nutzung der Instrumente durch die Exekutive in einem indirekten Sinne davon betroffen sein.

Hierbei wird Staatsgewalt durch die ministerielle Ebene ausgeübt. Dies führt jedoch nicht zu einer weiteren Legitimationsstruktur, sondern ge-

---

[261] Vgl. *Schmidt-Aßmann*, AöR 1991, 329 (374).

schieht innerhalb der bestehenden Systeme aufgrund der jeweiligen Rechtsgrundlagen.

Dabei erschafft sec. 139(1) Community Empowerment (Scotland) Act 2015 als Ermächtigungsgrundlage eine neue Kompetenz für die schottischen Minister, mit der sie im Bereich der Partizipation konkrete Regelungen gerichtet an *relevant persons* innerhalb der Verwaltung erlassen können. Die Rechtsgrundlagen in Hamburg in Form von § 1 Abs. 4 VerwBehG und § 42 Satz 2 BezVG sind dagegen eher allgemeine Lenkungsbefugnisse des Senates, dessen inhaltliche Konkretisierung im jeweiligen Einzelfall erfolgt und daher zur Regulierung des Verwaltungshandelns im Zusammenhang mit Bürgerbeteiligung, aber auch darüber hinaus eingesetzt werden kann.

(2) Rechtsnatur der ministeriellen Lenkungsinstrumente

Bevor die Instrumente im Legitimationsgefüge der schottischen und Hamburger Verwaltung eingeordnet werden können, muss zunächst die jeweilige Rechtsnatur geklärt werden.

(a) Die schottische Subordinate Legislation

Das Instrument der *participation in public decision-making* ist als konkrete materielle Kompetenz der schottischen Minister, Partizipation im Bereich der Ressourcenverteilung explizit gegenüber der Verwaltung anordnen zu können, neuartig. Die rechtliche Form, der sich das schottische Parlament bei der Schaffung dieses Instruments bedient hat, stellt jedoch ein traditionelles Instrument der Rechtsetzung durch die Verwaltung dar. Es handelt sich nach sec. 142(3) Community Empowerment (Scotland) Act 2015 um die Ermächtigung, eine sogenannte *Subordinate Legislation* zu erlassen, wird aber auch *Secondary Legislation* oder *Statutory Instrument* genannt.[262]

Im Vereinigten Königreich wurde Anfang der 1930er Jahre vom *Committee on Minister' Powers* bemängelt, dass es eine unübersichtliche Artenvielfalt ministerieller Anordnungsbefugnisse und damit verbundener förmlicher Vorgaben gäbe. Um das Prinzip der *rule of law* zu wahren, wurde mit dem *Statutory Instruments Act 1946*[263] die Rechtsform des *statutory instruments* und einheitliche förmliche Verfahrensvorgaben geschaffen. Damit wurde erstmals eine Übersichtlichkeit in die bis dahin ungeregelte Verwaltungs-

---

[262] Dazu *Webley/Samuels*, Public Law, S. 445; *Vagt*, Rechtsverordnung und Statutory Instrument, S. 44 f.

[263] Statutory Instruments Act 1946 vom 26.03.1946, (abrufbar unter: https://www.legislation.gov.uk/ukpga/Geo6/9-10/36/contents, Stand: 23.11.2020 um 12.15 Uhr).

rechtssetzung gebracht.[264] Dieses Instrumentarium dient der schottischen Regierung bis heute dazu, effiziente und flexible Regelungen zu treffen, insbesondere auch in Notsituationen, in welchen ein legislatives Gesetzgebungsverfahren zu langwierig wäre.[265] Im Rahmen der Devolution wurde mit sec. 112(5) Scotland Act 1998 auch die Kompetenz *Subordinate Legislation* zu schaffen auf Schottland übertragen. Der vom *Secretary of State* erlassene *Scotland Act 1998 (Transitory and Transitional Provisions) (Statutory Instruments) Order 1999, SI 1999/1096*[266] schuf die neue Kategorie des *Scottish Statutory Instruments*.[267] Diese Übergangsregelung wurde ein Jahrzehnt später vom *Interpretation and Legislative Reform (Scotland) Act 2010* abgelöst, der seitdem in sec. 27–37 *Scottish Statutory Instruments* regelt.

Die Rechtsgrundlage des sec. 139 Community Empowerment (Scotland) Act 2015 stellt in diesem Zusammenhang den sogannten *parent act* dar[268] und ermächtigt in dieser Funktion das Kabinett der schottischen Minister, im gesetzten Rahmen eigene *statutes*, also Regelungen zu erlassen. Diese vom Parlament den Ministern in ihrer Gesamtheit verliehene Befugnis ist als delegierte Rechtsetzung zu qualifizieren und kommt damit der deutschen Rechtsverordnung am nächsten.[269] Neben der Möglichkeit, sekundäre Gesetzgebungskompetenzen direkt auf schottische Minister zu übertragen (*statutory instrument* i. e. S.), können sie gemäß sec. 112(1) Scotland Act 1998 auch indirekt durch den Monarchen in Form einer *Order in Council* (*Statutory Instrument* i. w. S.) ausgeübt werden.[270] Dabei gibt es grundsätzlich drei verschiedene Arten, wie *statutory instruments* von der Exekutive erlassen werden können. Die weitreichendste Kompetenz hat die Exekutive bei den *laid only statutory instruments*, bei welchen das schottische Parlament lediglich über die Regelung informiert werden muss, sec. 30(2) Interpretation and Legislative Reform (Scotland) Act 2010.[271] Daneben gibt es die *negative statutory instruments*. Hierbei ist die Regelung dem schottischen Parlament ebenfalls vorzulegen, welches ab diesem Zeitpunkt 40 Tage Zeit hat, diese

---

264 Vgl. *Himsworth/O'Neill*, Scotland's Constitution, S. 276.

265 *Himsworth/O'Neill*, Scotland's Constitution, S. 170 f.; HL Paper 225 (2018), The Legislative Process: The Delegation of Powers, S. 2, 7.

266 Scotland Act 1998 (Transitory and Transitional Provisions) (Statutory Instruments) Order 1999, SI 1999/1096 vom 06.05.1999 (abrufbar unter: http://www.legislation.gov.uk/uksi/1999/1096/made, Stand: 23.11.2020 um 12.26 Uhr).

267 *Himsworth/O'Neill*, Scotland's Constitution, S. 276.

268 *Himsworth/O'Neill*, Scotland's Constitution, S. 275.

269 Vgl. dazu *Vagt*, Rechtsverordnung und Statutory Instrument, S. 37 ff., 44 ff.

270 *Himsworth/O'Neill*, Scotland's Constitution, S. 276; *Vagt*, Rechtsverordnung und Statutory Instrument, S. 45 f.

271 *Himsworth/O'Neill*, Scotland's Constitution, S. 279.

durch negativen Beschluss zu annulieren, sec. 28(2),(3) Interpretation and Legislative Reform (Scotland) Act 2010. Zuletzt sind die *affirmative statutory instruments* zu nennen, die für ihre Wirksamkeit der Zustimmung des schottischen Parlaments bedürfen, sec. 29(2),(3) Interpretation and Legislative Reform (Scotland) Act 2010.

Beim *Statutory Instrument* des *participation in public decision-making* in sec. 139 Community Empowerment (Scotland) Act 2015 handelt es sich nach sec. 142(3) Community Empowerment (Scotland) Act 2015 um eine *affirmative procedure*, also ein solches Verfahren, das der Zustimmung des Parlaments bedarf und somit der strengsten Kontrolle unterliegt.

(b) Das Hamburger Aufsichtsrecht

Die Befugnis des Senats aus § 1 Abs. 4 VerwBehG und § 42 Satz 2 BezVG, gegenüber den Bezirksämtern Weisungen zu erteilen oder Gegenstände zu evozieren und selbst zu erledigen, stellt in Hamburg ebenfalls ein traditionelles ministerielles Instrument des Senats dar. Auch in Hamburg gab es Anfang des 20. Jahrhunderts noch eine Vielfalt von Behörden und Ämtern, die das damals bestehende Recht der Selbstverwaltung in den zu Hamburg gehörenden Städten und Gemeinden ausübten. Eine große Verwaltungsreform brachte jedoch das Gesetz über den Aufbau der Verwaltung[272] im Jahr 1926 mit sich. Erstmals wurde die Behörden- und Ämterordnung fixiert und insbesondere das Evokationsrecht des Senats neu eingeführt.[273] Unter dem Nationalsozialismus und dem Groß-Hamburg-Gesetz aus dem Jahr 1937 wurde Hamburgs Verwaltung erheblich verändert und eine Doppelverwaltung mit staatlichem und kommunalem Charakter eingeführt. Doch bereits in der vorläufigen Verfassung vom 15. Mai 1946 bekannte Hamburg sich wieder zur Einheitsgemeinde mit Einheitsverwaltung und somit zu einem Verwaltungszentralismus, aus dem das Weisungs- und Evokationsrecht des Senats hervorgeht.[274] Dabei stellt das Evokationsrecht aufgrund der besonderen Form der Einheitsgemeinde ein singuläres, Hamburger Instrument dar, das in dieser Form in keinem anderen deutschen Bundesland existiert.[275]

---

[272] Gesetz über den Aufbau der Verwaltung vom 19.11.1926 (GVBl., 751.), in: Albert Wulff, Hamburgische Gesetze und Verordnungen, 3. Aufl., Bd. 1 (1930), Nr. 26, S. 199–214.

[273] *Bull*, in: Hoffman-Riem/Koch, Hamburgisches Staats- und Verwaltungsrecht, 89 (91).

[274] *Bull*, in: Hoffman-Riem/Koch, Hamburgisches Staats- und Verwaltungsrecht, 89 (91 f., 94 f.).

[275] *Bull*, in: Hoffman-Riem/Koch, Hamburgisches Staats- und Verwaltungsrecht, 89 (95).

Die Rechtsgrundlagen in Hamburg in Form von § 1 Abs. 4 VerwBehG und § 42 Satz 2 BezVG sind dabei lediglich eine Konkretisierung der Kompetenz des Senats aus Art. 33 Abs. 2 S. 2 HV, wonach er die Verwaltung führt und beaufsichtigt. Diese Führungs- und Beaufsichtigungsaufgaben erfüllt der Senat mithilfe von einfachen Beschlüssen gegenüber den ihm nachgeordneten Behörden.[276]

Mittel der Aufsicht sind Fachanweisungen und Weisungen im Einzelfall nach § 45 BezVG. Fachanweisungen sind allgemeine Verwaltungsvorschriften, die vom zuständigen Fachsenator oder dessen Staatsrat im Einvernehmen mit den Bezirksamtsleitungen getroffen werden, um in einem bestimmten Bereich für ein einheitliches Verwaltungshandeln zu sorgen, § 45 Abs. 1–4 BezVG. Eine Weisung im Einzelfall wird ebenfalls vom Senator oder seinem Staatsrat, allerdings ohne Zustimmung der Bezirke zur Abwehr einer Gefahr für die Sicherheit und Ordnung erlassen, § 45 Abs. 5 BezVG. Daneben gibt es Globalrichtlinien in § 46 BezVG, mit denen der Senat ausfüllungsfähige und -bedürftige Vorgaben für die Umsetzung politischer Ziele trifft, für die es bisher keine Rechtsvorschriften gibt.[277]

Das hier relevante Weisungs- und Evokationsrecht des Senats ist daneben kein klassisches Mittel der Aufsicht, sondern sichert in der Einheitsgemeinde die Stellung des Senats und die Durchführung seiner Führungsaufgaben ab.[278] Mit diesen Instrumenten kann also die Durchsetzung des Senatswillens rechtsverbindlich sichergestellt werden.

Das Weisungs- und Evokationsrecht im Sinne des § 42 BezVG ist dem Senat in seiner Gesamtheit vorbehalten, einzelne Senatoren können sich lediglich der Mittel der Fachanweisung und Weisung im Einzelfall aus § 45 BezVG bedienen. Die Form von Weisung und Evokation ist der einfache Senatsbeschluss.[279]

(3) Bestandteil der bestehenden Legitimationsstrukturen

Die Klärung der Rechtsnatur von *participation in public decision-making* und dem Weisungs- und Evokationsrecht ermöglicht nachfolgend die Ein-

[276] Vgl. dazu *Bull*, in: Hoffman-Riem/Koch, Hamburgisches Staats- und Verwaltungsrecht, 89 (94 f.); *David*, HV, Art. 33 Rn. 25 ff., Art. 56 Rn. 42; HVerfG Urteil vom 17.12.2003 – HVerfG 1/03, NordÖR 2004, 18 (22 f.).

[277] *David*, HV, Art. 56 Rn. 44; *Bull*, in: Hoffman-Riem/Koch, Hamburgisches Staats- und Verwaltungsrecht, 89 (112 f.).

[278] *Bull*, in: Hoffman-Riem/Koch, Hamburgisches Staats- und Verwaltungsrecht, 89 (94 f.); *David*, HV, Art. 33 Rn. 25 ff., Art. 56 Rn. 42; HVerfG Urteil vom 17.12.2003 – HVerfG 1/03, NordÖR 2004, 18 (22 f.).

[279] *David*, HV, Art. 55 Rn. 14, Art. 57 Rn. 17.

ordnung der Instrumente in die Legitimationsgefüge der schottischen und Hamburger Verwaltungsstrukturen.

Es handelt sich beim Instrument der *participation in public decision-making* um einen Akt der delegierten Rechtsetzung. Durch sec. 139 Community Empowerment (Scotland) Act 2015 erhalten Minister unmittelbare Regelungsbefugnisse im Bereich der Anordnung von Bürgerbeteiligung. Hiermit können schottische Minister die ihnen nachgeordneten Verwaltungseinheiten beispielsweise hinsichtlich der Erfüllung des 1 %-Zieles bezüglich der Verteilung von *council*-Geldern durch *participatory budgeting* überwachen und bei Nichterfüllung ein entsprechendes *statutory instrument* erlassen. Diese *secondary legislation* schafft, wie der Name schon sagt, zumindest eine materielle Rechtsnorm, die für die Verwaltung, wie ein Parlamentsgesetz auch, bindenden Charakter hat.[280] Den schottischen Ministern kommt somit die Kompetenz zu, Vorgaben im Rahmen der *legal accountability* zu erschaffen. Gleichzeitig unterliegen die Minister aber auch der Gesetzesbindung des *parent acts* und der parlamentarischen Kontrolle.[281] Dies zeigt sich im Fall von sec. 139 Community Empowerment (Scotland) Act 2015 insbesondere daran, dass es sich um eine *affirmative procedure* handelt. Ein solches *statutory instrument* bedarf nach sec. 29(2),(3) Interpretation and Legislative Reform (Scotland) Act 2010 zu seiner Wirksamkeit der Zustimmung des schottischen Parlaments, die naturgemäß nur nach eingehender Prüfung der Vorlage gegeben wird.

Beim Hamburger Weisungs- und Evokationsrecht hingegen handelt es sich um ein Instrument der ministeriellen und damit administrativen Aufsicht. Hiermit kann der Senat seine Führungsaufgaben gegenüber nachgeordneten Behörden durchsetzen und hatte beispielsweise im Fall des Bürgerbegehrens „Eden für Jeden", das die Durchführung des Bebauungsplanverfahrens gefährdete, die Kompetenz, das Bezirksamt Hamburg-Nord anzuweisen, „das eingeleitete Bebauungsplanverfahren [...] zügig und mit Priorität durchzuführen und unter Beachtung des Abwägungsgebotes festzustellen".[282] Eine solche Weisung bedarf jedoch lediglich eines einfachen Senatsbeschlusses[283] und stellt gerade keine delegierte Rechtsetzung dar. Vielmehr ist das Weisungs- und Evokationsrecht des Senats Teil von dessen parlamentarischer Verantwortung gegenüber der Bürgerschaft aus Art. 35 Abs. 1 und 3 HV.[284] Mit dem Recht des durch die Bürgerschaft legitimierten

[280] *Vagt*, Rechtsverordnung und Statutory Instrument, S. 45.

[281] *Himsworth/O'Neill*, Scotland's Constitution, S. 275.

[282] Bezirksversammlung Hamburg-Nord, Drucks. XX-3133 vom 22.08.2013.

[283] *David*, HV, Art. 57 Rn. 17.

[284] *David*, HV, Art. 33 Rn. 26.

Senats, als oberstes Exekutivorgan die Verwaltung zu führen und damit auch zu kontrollieren und zu korrigieren, erhält die Hamburger Verwaltung ihre Legitimation.[285] Diese Aufsichtsrechte in Form von Selbsteintritts- und Letztentscheidungsrechten sind als Teil der materiellen Legitimation zu qualifizieren.[286]

Sowohl die schottische *secondary legislation* als auch das Hamburger Aufsichtsrecht sind demzufolge Teil der klassischen Legitimationsstrukturen beziehungsweise des *principle of accountability*. Nach dem deutschen Rechtsverständnis sind beide Instrumente bei der materiellen Legitimation einzuordnen, die sowohl die Gesetzesbindung der Verwaltung als auch die exekutive Kontrolle und Weisung umfasst.[287] Auf der britischen Seite werden diese beiden Aspekte getrennt betrachtet, sodass die delegierte Rechtsetzung im Rahmen der *legal accountability*, das Kontroll- und Weisungsrecht dagegen bei der *administrative accountability* zu verorten ist.[288]

Gerade diese unterschiedliche Einordnung der ministeriellen Eingriffsrechte unter den Aspekt der materiellen Legitimation macht die technische Untersuchung der Instrumente mit Blick auf die Auswirkungen auf die partizipatorische Verfassungsrealität interessant.

bb) Technischer Vergleich der ministeriellen Aufsichtsinstrumente

Anhand der eingangs aufgezeigten Beispiele für die jeweilige Nutzung der ministeriellen Instrumente werden diese im Folgenden hinsichtlich ihrer Funktionalität in der Praxis untersucht. Es ist zu klären, inwieweit die unterschiedliche Verortung der Eingriffsrechte in der Legitimationssystematik sich auf das jeweilige Verwaltungshandeln und die Bürgerbeteiligung auswirkt.

(1) Inhalt und Umfang der Eingriffsrechte

Die rechtlichen Grenzen der ministeriellen Instrumente finden sich in den jeweiligen Rechtsgrundlagen. Sec. 139(2)–(5) Community Empowerment (Scotland) Act 2015 gibt den Umfang der Regelungsrechte für die *participa-*

[285] Vgl. dazu *Karpen*, in: Hoffmann-Riem/Koch, Hamburgisches Staats- und Verwaltungsrecht, 25 (43); *David*, HV, Art. 56 Rn. 42.

[286] *Trute*, in: Hoffmann-Riem/Schmidt-Aßmann/Voßkuhle, Grundlagen des Verwaltungsrechts, Bd. I, 307 (315 f.).

[287] Vgl. Mangoldt/Klein/Starck/*Sommermann*, GG, Bd. 2, Art. 20 Rn. 168; *Trute*, in: Hoffmann-Riem/Schmidt-Aßmann/Voßkuhle, Grundlagen des Verwaltungsrechts, Bd. I, 307 (315).

[288] Vgl. *Elliott/Thomas*, Public Law, S. 391 ff.

tion in public decision-making vor und statuiert in sec. (2) das Ziel, Bürgerbeteiligung zu fördern oder zu erleichtern.[289] Die darauffolgenden Vorgaben und Konkretisierungen dieses Ziels in sec. (3)–(5) stellen mit ihren einleitenden Worten „Regulations under subsection (1) may [...]“ lediglich „Kann“-Vorschriften dar, die beispielhaft aber nicht abschließend den Nutzen einer solchen Anordnung aufzeigen. Für das hier gewählte Beispiel der Anordnung der Durchführung des 1 %-Ziels bezüglich der Verteilung von Haushaltsgeldern der *councils* durch *participatory budgeting* ist sec. (4)(a) Community Empowerment (Scotland) Act 2015 relevant, der die Anordnung der Verteilung von finanziellen Ressourcen explizit vorsieht.[290] Hiermit erhalten die schottischen Minister die spezifische Kompetenz, die Durchführung eines konkreten Bürgerbeteiligungsverfahrens anzuordnen.

§ 1 Abs. 4 VerwBehG und § 42 Satz 1 BezVG geben dem Hamburger Senat dagegen das allgemeine Weisungs- und Evokationsrecht, das inhaltlich nicht auf das Thema Bürgerbeteiligung beschränkt ist.[291] Vielmehr beziehen sich diese Eingriffsrechte auf alle Aufgabenbereiche, die in der Kompetenz des Senats liegen, da er als Landesregierung die Aufsicht über die ihm untergeordnete Verwaltung innehat.[292] Die einzige Einschränkung, die sich aus der Führungsverantwortung des Senats aus Art. 33 Abs. 2 Satz 2 HV ergibt, ist eine Funktionsbegrenzung dergestalt, dass er sich dieser Rechte nur bedienen darf, soweit es für die Führung und Beaufsichtigung der Exekutive erforderlich ist. Dies dient der Wahrung der Eigenverantwortlichkeit der ressortleitenden Senatoren und der Richtlinienkompetenz des Ersten Bürgermeisters.[293] Somit kann der Senat aber in jede Verwaltungsentscheidung eines Bezirksamtes und indirekt über § 21 BezVG, der die Bindung der Bezirksversammlung an Entscheidungen des Senats vorsieht, auch der Bezirks-

---

[289] Sec. 139(2) Community Empowerment (Scotland) Act 2015: “The purpose is promoting or facilitating participation in relation to decisions of such persons as may be specified (in this section, ‘relevant persons’) relating to activities carried out, or proposed to be carried out, by or on behalf of those persons.”

[290] Sec. 139(4)(a) Community Empowerment (Scotland) Act 2015: “Regulations under subsection (1) may provide that activities as mentioned in subsection (2) include the allocation of – (a) financial resources.”

[291] § 1 Abs. 4 VerwBehG: „Der Senat kann allgemein und im Einzelfall Weisungen erteilen und Angelegenheiten selbst erledigen, auch soweit eine Fachbehörde oder ein Bezirksamt zuständig ist; § 42 Satz 1 BezVG: Die Bezirksämter unterstehen der Aufsicht nach Maßgabe der folgenden Vorschriften. Unberührt bleibt die Befugnis des Senats, allgemein oder im Einzelfall Weisungen zu erteilen und Angelegenheiten selbst zu erledigen [...].“

[292] David/Stüber/*David*, HV, Art. 56 Rn. 26.

[293] Dazu *David*, HV, Art. 33 Rn. 27.

versammlungen eingreifen. Dies illustriert das hier gewählte Beispiel des Bürgerbegehrens „Eden für Jeden". Für die Feststellung eines Bebauungsplanes durch das Bezirksamt ist nach § 6 Abs. 2 BauleitplanfeststellungsG die Zustimmung der Bezirksversammlung erforderlich. Wäre das Bürgerbegehren „Eden für Jeden", das gegen diese Zustimmung gerichtet war, in einem erfolgreichen Bürgerentscheid geendet, hätte es den Beschluss der Bezirksversammlung gemäß § 32 Abs. 11 BezVG ersetzt und somit den Bebauungsplan abgelehnt. Da der Senat eine Verzögerung des groß angelegten Wohnungsbauprojektes verhindern wollte, wies er das Bezirksamt und somit indirekt auch die Bezirksversammlung an, „das eingeleitete Bebauungsplanverfahren [...] zügig [...] durchzuführen und [...] festzustellen".[294] Da ein Bürgerbegehren die gleichen Kompetenzen wie eine Bezirksversammlung hat und genauso an eine Weisung gebunden ist, wurde ihm dadurch inhaltlich die Grundlage entzogen.[295]

Bei dieser Gegenüberstellung lässt sich feststellen, dass beide Instrumente nur durch das ministerielle Kabinett in seiner Gesamtheit ausgeübt werden können, dies jedoch in recht unterschiedlichen rechtlichen Rahmen. Während das schottische Instrument als *secondary legislation* den schottischen Ministern weite Kompetenzen hinsichtlich der Unterstützung und Vereinfachung von Bürgerbeteiligung gibt, sie aber thematisch auch darauf beschränkt, bezieht sich das Weisungs- und Evokationsrecht des Hamburger Senats auf dessen umfängliche Kompetenzen im Rahmen seiner Führungsaufgaben. Das schottische Instrument ist dabei lediglich in eine Richtung anwendbar und kann nur zur Anordnung einer Maßnahme an die Verwaltung erfolgen. Der Hamburger Senat dagegen kann in zwei Richtungen handeln und sowohl die nachgeordnete Verwaltung anweisen als auch den Gegenstand an sich ziehen. Bezüglich des Themas der Bürgerbeteiligung fällt im schottischen Kontext als Zielrichtung insbesondere die Ermöglichung der Rechtsgrundlage auf. Sie sieht insbesondere die Überwachung und bei Bedarf Durchsetzung der zweiten Generation des *participatory budgetings* vor.[296] Das Weisungs- und Evokationsrecht des Senats ist inhaltlich neutral, wird aber, wie das ausgewählte Beispiel exemplarisch zeigt, im Zusammenhang mit Bürgerbeteiligung häufig dazu genutzt, einem Bürgerbegehren die Grundlage zu nehmen, um ein bauplanerisches Projekt durchführen zu

[294] Bezirksversammlung Hamburg-Nord, Drucks. XX-3133 vom 22.08.2013.

[295] Vgl. Hamburgisches OVG, Beschluss vom 05.03.2015 – 2 Bs 20/15, S. 6 ff., abrufbar unter: http://justiz.hamburg.de/contentblob/4467024/153d91bcbe144086ca0fa1fbff308290/data/2bs20-15.pdf, Stand: 26.11.2020.

[296] *Scottish Government/Democratic Society*, Draft Report, Public Participation in Decision-Making (2016), S. 3.

können. Somit ist die faktische Nutzung im Bereich der Bürgerbeteiligung als eher verhindernd einzustufen.

(2) Adressaten

Die Adressaten eines *statutory instruments* im Sinne einer *participation in public decision-making* sind nach sec. 139(2),(7) Community Empowerment (Scotland) Act 2015 *„relevant persons"*, die Teil der schottischen Verwaltung auf nationaler oder lokaler Ebene sind.[297] Die Adressaten einer Weisung oder Evokation können nach § 1 Abs. 4 VerwBehG Fachbehörden auf Landesebene oder Bezirksämter auf Bezirksebene sein. Indirekt trifft dies, wie bereits erwähnt, über § 21 BezVG allerdings auch die Bezirksversammlungen, da sie bei ihren Entscheidungen neben Recht und Gesetz auch an „sonstige Entscheidungen des Senats" gebunden sind.

Beide Ermächtigungsgrundlagen zielen demnach auf interne Verwaltungseinheiten auf nationaler beziehungsweise Landes- oder kommunaler Ebene ab, womit keines der untersuchten Instrumente Außenwirkung entfaltet. Dies ist bei der Weisung und Evokation als exekutives Aufsichtsinstrument so angelegt, gilt dagegen aber nicht grundsätzlich für die *secondary legislation*. Abhängig vom *parent act* kann ein *statutory instrument* gleich einem parlamentarischen Gesetz im Bereich des Zivil- oder Strafrechts Außenwirkung entfalten.[298] Vorliegend handelt es sich aber um eine *administrative legislation*, die der Ordnung der nachgegliederten Verwaltung dient.[299]

In den hier gewählten Beispielen wären in beiden Fällen die gewählten kommunalen Verwaltungseinheiten in Form von *community councils* und Bezirksversammlung die Adressaten der jeweiligen Anordnungen. Die *community councils*, wenn sie sich nicht an die Umsetzung des 1 %-Ziels halten, aufgrund ihrer Zuständigkeit, den Haushalt und dessen Verteilung zu beschließen, sowie die Bezirksversammlung in Hamburg-Nord, da sie für die Zustimmung zum Bebauungsplanverfahren nach § 6 Abs. 2 BauleitplanfeststellungsG zuständig war. Hierbei könnten die schottischen Minister jedoch direkt die *„relevant persons"* adressieren, während der Hamburger Senat lediglich das Bezirksamt anweisen und damit nur indirekt die Bezirksversammlung binden kann.

---

[297] Sec. 139(7) Community Empowerment (Scotland) Act 2015: "Regulations under subsection (1) may specify a person in relation to whose decisions participation is to be promoted or facilitated only if the person is – (a) a part of the Scottish Administration, or (b) a Scottish public authority with mixed functions or no reserved functions (within the meaning of the Scotland Act 1998)."

[298] *Vagt*, Rechtsverordnung und Statutory Instrument, S. 45, 58.

[299] Vgl. *Elliott/Thomas*, Public Law, S. 21 f.

(3) Verfahren

Wenn Part 10 Community Empowerment (Scotland) Act 2015 für die Durchsetzung des 1 %-Ziels bezüglich des *participatory budgeting* genutzt werden würde, müsste es nach sec. 142(3) Community Empowerment (Scotland) Act 2015 das Verfahren einer *affirmative procedure* durchlaufen. Das Ministerkabinett müsste sich auf eine Vorlage einigen, die sodann in das *Delegated Powers and Law Reform Committee* als zuständigen Parlamentsausschuss zur Vorprüfung und sodann ins Parlament zur Abstimmung geleitet würde.[300] Nur bei positiver Bestätigung durch das schottische Parlament könnte den *community councils* in dieser Form die Vorgabe gemacht werden, das von der schottischen Regierung aufgestellte 1 %-Ziel bezüglich der Verteilung der kommunalen Haushaltsgelder durch *participatory budgeting* umzusetzen, sec. 29(2) Interpretation and Legislative Reform (Scotland) Act 2010.

Die Weisung im Falle des Bürgerbegehrens „Eden für Jeden" erfolgte dagegen als einfacher Senatsbeschluss, der mit dem Auftrag „das eingeleitete Bebauungsplanverfahren [...] zügig [...] durchzuführen und unter Beachtung des Abwägungsgebotes festzustellen" an das Bezirksamt Hamburg-Nord gerichtet wurde.[301] Auch die Weisung muss von allen Senatoren gemeinsam beschlossen werden, darüber hinaus jedoch keine zusätzlichen Überprüfungen durchlaufen oder eine Zustimmung der Bürgerschaft einholen. Der Senat wird nach § 11 Abs. 2 BezAbstDurchfG lediglich dazu verpflichtet, im Falle der Evokation eines erfolgreichen Bürgerentscheids die Bürgerschaft und die betroffene Bezirksversammlung über die maßgeblichen Gründe für das Vorgehen zu unterrichten.[302]

Damit kann festgestellt werden, dass trotz der reinen Binnenwirkung der Instrumente, an eine *secondary legislation* im Sinne von sec. 139 Community Empowerment (Scotland) Act 2015 deutlich höhere Verfahrensanforderungen gestellt werden als an die Weisung oder Evokation nach § 42 BezVG. Dies führt dazu, dass der Erlass eines *statutory instruments* als Verfahren zur Anordnung einer Bürgerbeteiligung deutlich langwieriger und weniger flexibel ist als das Weisungsrecht, das bei Bedarf mit einem einfachen Beschluss korrigierend in einen laufenden Verwaltungs- beziehungsweise Bürgerbeteiligungsprozess eingreifen kann. Insbesondere an dieser Stelle zeigt sich der Unterschied der jeweiligen Rechtsnatur der Instrumente. Die Überprüfung der schottischen *secondary legislation* durch das Parlament ist besonders bei

[300] Vgl. *Himsworth/O'Neill*, Scotland's Constitution, S. 277 f.

[301] Bezirksversammlung Hamburg-Nord, Drucks. XX-3133 vom 22.08.2013.

[302] David/Stüber/*David*, HV, Art. 56 Rn. 40.

als wichtig eingestuften Themenfeldern aufgrund des sehr weiten Regelungsspielraums zur Kontrolle vorgesehen und vermittelt als Kehrseite eine höhere demokratische Legitimation[303] als der einfache Senatsbeschluss in Hamburg. Dieser soll jedoch gerade im Rahmen der exekutiven Aufsicht einfach und flexibel im Einzelfall anwendbar sein, um auf Konflikte zwischen Interessen der Landes- und Bezirksebene einwirken und somit bestimmte politische Ziele effizient umsetzen zu können.[304]

(4) Rechtliche Bindungswirkung und Durchsetzbarkeit

Die Bindungswirkung eines *statutory instruments* nach sec. 139 Community Empowerment (Scotland) Act 2015 unterscheidet sich für die Adressaten nicht von der eines Gesetzes.[305] Das Parlament überträgt mit einer solchen Ermächtigungsgrundlage die Gesetzgebungskompetenz in einem definierten Aufgabenbereich auf die Exekutive. Nach dem Verständnis der *rule of law* sind entsprechend alle Normadressaten, im hiesigen theoretischen Beispiel die *community councils*, zur Einhaltung der Vorgaben einer solchen Regelung, das 1 %-*participatory budgeting* Ziel bezüglich der Verteilung ihrer Haushaltsgelder, umzusetzen.[306]

Die Bindungswirkung des Weisungsrechts aus § 42 Satz 1 BezVG richtet sich nach dem Wortlaut der Norm in erster Linie an die Bezirksämter. Die Mitglieder der Bezirksversammlungen sind nach § 6 Abs. 1 Satz 4 BezVG an Aufträge und Weisungen nicht gebunden. Allerdings formuliert § 21 BezVG die Grenzen des Entscheidungsrechts der Bezirksversammlungen als ganzem Organ. Hiernach sind sie bei ihren Entscheidungen an Recht und Gesetz, den Haushaltsbeschluss, Globalrichtlinien nach § 46 BezVG, Zuständigkeitsanordnungen und sonstige Entscheidungen des Senats – wozu auch Weisung und Evokation gehören – sowie Fachanweisungen und Einzelweisungen nach § 45 BezVG gebunden.[307]

Die Adressaten beider Instrumente werden demnach rechtlich durch die ministeriellen Regelungen gebunden, allerdings unterscheiden sich die jeweiligen Durchsetzungsmöglichkeiten bei Zuwiderhandlungen erheblich. Sollte ein *community council* in Schottland den potenziellen Vorgaben nach sec. 139 Community Empowerment (Scotland) Act 2015, zumindest 1 %

---

303 Dazu *Vagt*, Rechtsverordnung und Statutory Instrument, S. 218 f.; *Himsworth/O'Neill*, Scotland's Constitution, S. 279.

304 Vgl. David/Stüber/*David*, HV, Art. 56 Rn. 25 f.

305 *Vagt*, Rechtsverordnung und Statutory Instrument, S. 45, 58.

306 *Fröhlich*, Von der Parlamentssouveränität zur Verfassungssouveränität, S. 73 ff.

307 *David*, HV, Art. 33 Rn. 25.

seines Haushalts durch *participatory budgeting* zu verteilen, nicht nachkommen, stünde nur das Mittel des sehr aufwändigen und teuren *judicial reviews* zur Verfügung, mit dem vom Rechtsbruch Betroffene die Verletzung der Vorgaben des *statutory instruments* gerichtlich rügen könnten.[308] Die Minister selbst verfügten über kein rechtliches Instrument zur Durchsetzung.

Wären Bezirksamt und Bezirksversammlung im Fall des Bürgerbegehrens „Eden für Jeden" der Weisung des Senats, das Verfahren zügig durchzuführen, nicht nachgekommen, so hätte der Senat das Mittel der Evokation nutzen können. Zieht er die betroffene Zuständigkeit in dieser Form an sich, führt dies zum Verlust der Zuständigkeit des Bezirksamtes und damit auch der Bezirksversammlung, die viele ihrer Kompetenzen vom Bezirksamt ableitet. Somit kann sich der Senat bei Bedarf gegen die weisungsunabhängigen Mitglieder der Bezirksversammlungen durchsetzen und die Aufgaben selbst erledigen.[309]

cc) Zwischenergebnis

Die untersuchten ministeriellen Instrumente dienen konzeptionell nicht als externe Unterstützung oder Stärkung demokratischer Legitimation oder des *principle of accountability.* Sie stellen im Rahmen der materiellen Legitimation und der *legal accountability* vielmehr integrale Bestandteile dieser Systeme dar. Somit wird der *parent act* zur *participation in public decision-making* als Ermächtigungsgrundlage für den Erlass einer *secondary legislation* und das Weisungs- und Evokationsrecht als Aufsichts- und Kontrollrecht traditionell für die Herstellung von Verantwortungsketten innerhalb der jeweiligen Verwaltungsapparate genutzt.

Das konkrete Ziel, zivilgesellschaftliche Partizipation an Verwaltungsentscheidungen zu unterstützen, weist dabei nur das schottische Instrument auf. Der technische Vergleich der Instrumente anhand von Anwendungsbeispielen hat ergeben, dass mit der *participation in public decision-making* die Verwaltung bei Bedarf und unter Kontrolle des schottischen Parlaments zur Durchführung konkreter Beteiligungsverfahren angewiesen werden kann und soll. Das Hamburger Weisungs- und Evokationsrecht ist von seiner Konzeption her thematisch offener und kann vom Senat im Rahmen seiner Aufsichtskompetenzen ohne Umweg über eine parlamentarische Kontrolle auch bezüglich der Bürgerbeteiligung in der Verwaltung beliebig genutzt werden. In der Praxis wird es in diesem Sachgebiet jedoch vordringlich zur

---

[308] Vgl. dazu *Himsworth/O'Neill*, Scotland's Constitution, S. 275, 420ff., 427.

[309] Vgl. David/Stüber/David, HV, Art. 4 Rn. 17, 49; *David*, HV, Art. 33 Rn. 25; BVerfGE 83, 60 (80).

Beendigung von Bürgerbegehren oder der nachträglichen Korrektur von Bürgerentscheiden verwendet.

b) Einordnung der Ergebnisse

Unter einem abstrakteren Blickwinkel weisen die untersuchten Verfahren einige Gemeinsamkeiten auf. In beiden Fällen wird Bürgerbeteiligung ministeriell überwacht und kann in gewisser Hinsicht gesteuert werden. Beide Instrumente sind dabei nach deutschem Rechtsverständnis Teil der materiellen Legitimation und stellen ausschließlich verwaltungsinterne Eingriffsrechte der jeweiligen Regierung dar, die für die Adressaten in Form der nachgeordneten Verwaltungseinheiten bindend sind. Trotz dieser Gemeinsamkeiten weisen die Verfahren bei näherer Betrachtung aber insbesondere in ihrer technischen Ausgestaltung bedeutsame Unterschiede auf. Diese sind wiederum einzuordnen und bezüglich ihrer Zweckmäßigkeit im Lichte der jeweiligen rechtlichen und politischen Hintergründe zu bewerten.[310] Dabei steht im Mittelpunkt der Bewertung die Frage, welchem der Prozesse ein höheres demokratischen Potenzial im Hinblick auf Verwaltungs- und Bürgerbeteiligungsverfahren zukommt.

aa) Unterschiede konzeptioneller und technischer Art

Konzeptionell handelt es sich bei den untersuchten Instrumenten um Teile der klassischen Legitimationsstrukturen der Verwaltungssysteme. Aber auch wenn sie nach deutschem Verständnis beide unter der materiellen Legitimation zu subsumieren sind, gehören sie in die jeweils verschiedenen Unterkategorien dieser Legitimationsform. So stellt ein *statutory instrument* eine exekutive Rechtsnorm mit Binnenwirkung dar, an die sich die Verwaltung im Sinne der Gesetzesbindung und der *legal accountability* halten muss. Das Weisungs- und Evokationsrecht ist dagegen Teil der ministeriellen Aufsichts- und Kontrollrechte beziehungsweise der *administrative accountability*.[311]

Aber auch die technischen Ausgestaltungen weisen einige Unterschiede auf. So ist das schottische Instrument inhaltlich auf die Unterstützung von Bürgerbeteiligung beschränkt und kann dies nur einseitig von oben herab regeln, wohingegen das Hamburger Weisungsrecht inhaltlich alle Kompetenzen des Senates umfasst. Dieser kann in zwei Richtungen handeln, indem

[310] Vgl. dazu *Kischel*, Rechtsvergleichung, S. 93 ff.; *Zweigert/Kötz*, Einführung in die Rechtsvergleichung, S. 43, 46.

[311] Vgl. Kapitel 3.II.3.a)aa)(3).

er korrigierende Weisungen erteilt oder die Kompetenz direkt an sich zieht. Auch die parlamentarische Anbindung unterscheidet sich gravierend. Während die schottischen Minister keine wirksame Regelung zur *participation in public decision-making* ohne Zustimmung des schottischen Parlaments erlassen können, können die Hamburger Senatoren ihre Beschlüsse ohne vorherige Kontrolle der Hamburgischen Bürgerschaft wirksam fassen. Letztlich unterscheidet sich auch die tatsächliche Durchsetzbarkeit der jeweiligen Vorgaben erheblich. In Schottland steht den Ministern kein Mittel zur Durchsetzung solcher Regelungen zur Verfügung. Nur klagebefugten Personen steht der Rechtsweg des *judicial reviews* offen, wenn sie eine hinreichende Betroffenheit (*sufficient interest in the matter*) durch die Rechtsverletzung nachweisen können.[312] In Hamburg können die Senatoren bei exekutivem Ungehorsam den Gegenstand per Evokation dagegen direkt an sich ziehen und selbst regeln.[313]

bb) Einordnung der Unterschiede

Die gefundenen Unterschiede werden gemeinsam eingeordnet, da sie aus denselben rechtlichen und politischen Hintergründen erwachsen. Die unterschiedliche Einordnung der Instrumente in die Kategorien der materiellen Legitimation beziehungsweise der *legal* und *administrative accountability* sowie die unterschiedlichen technischen Verfahrensausgestaltungen resultieren aus der jeweiligen Rechtsnatur der ministeriellen Verfahren. Während die Regelungen zur *participation in public decision-making* die Rechtsgrundlage für eine *secondary legislation* als Form einer verwaltungsinternen Rechtsverordnung darstellen, handelt es sich beim Weisungs- und Evokationsrecht um schlichte verwaltungsinterne Aufsichtsrechte.

Relevanter als die Feststellung der jeweiligen Rechtsnatur ist in diesem Zusammenhang jedoch die Klärung der Frage, warum zur Regulierung von Bürgerbeteiligung durch ministerielle Aufsicht jeweils diese verschiedenen Instrumente zur Verfügung stehen.

Die rechtliche Beleuchtung dieser Frage ergibt, dass die Instrumente entsprechend des jeweiligen verfassungsmäßigen Verwaltungsaufbaus und anhand der damit einhergehenden Handlungsmöglichkeiten in Schottland und Hamburg gewählt wurden. So existiert zwar das verwaltungsinterne Weisungsrecht in jedem demokratisch-hierarchischen Verwaltungssystem. Die Ausgestaltung, dass diese Weisung auch gewählte Kommunalkörperschaften binden kann und dazu die Weisungsdurchsetzung noch durch das Evo-

---

312 *Vagt*, Rechtsverordnung und Statutory Instrument, S. 256 f., 284 f.

313 Vgl. Kapitel 3.II.3.a)bb).

kationsrecht abgesichert wird, ist allerdings eine rechtliche Besonderheit der Hamburger Einheitsgemeinde mit zentralistischer Regierung, in der den Bezirken nur sehr wenige ministerialfreie Kompetenzräume zustehen.[314] In Schottland existiert eine Selbstverwaltungskompetenz der Gemeinden beziehungsweise *local authorities* zwar nicht wie im Sinne des Art. 28 Abs. 2 Satz 1 GG, dennoch haben die *local authorities* zur individuellen Verwaltung ihrer Gemeinde viele eigene Kompetenzen, die sie aus Gesetzen des schottischen und des Westminster Parlaments ableiten.[315] In diese gesetzlich abgeleiteten Zuständigkeiten kann entsprechend auch nur per Gesetz, nicht aber durch schlichte Weisung der schottischen Minister eingegriffen werden. Daher müssen sich die Minister einer *secondary legislation* in Form einer verwaltungsinternen *administrative legislation* bedienen, wenn sie die nachgeordnete Verwaltung, zu der auch die *councils* der *local authorities* gehören, rechtsverbindlich zu einem bestimmten Handeln verpflichten möchten.

Doch auch die politischen Hintergründe spielen für die konkrete Nutzung der Instrumente eine entscheidende Rolle. In Schottland besteht spätestens seit den Empfehlungen der *Christie Commission* aus dem Jahr 2011 der politische Wille, die Gemeinden zu *empowern*, in dessen Zuge auch der *Community Empowerment (Scotland) Act 2015* mit dem Anordnungsrecht für Minister in sec. 139 kreiert wurde.[316] Hiermit können die Minister „von oben" die Verwaltung zur Vornahme von mehr Bürgerbeteiligung anweisen, wenn dies nicht freiwillig im Sinne der politischen Vorgaben geschieht.

In Hamburg fehlt eine landesweite politische Agenda bezüglich konkreter Beteiligungsziele. Allerdings kommt es auf bezirklicher Ebene häufig zu Konflikten zwischen politischen Zielen und den Interessen der betroffenen Bürger. Diese wehren sich sodann mit einem direktdemokratischen Verfahren in Form von Bürgerbegehren und Bürgerentscheid. Der Senat setzt dann die Instrumente der Weisung und Evokation als konfliktverhinderndes oder -beendendes Instrument ein.[317]

---

314 Dazu David/Stüber/*David*, HV, Art. 4 Rn. 17; *Bull*, in: Bull, Fünf Jahre direkte Bürgerbeteiligung in Hamburg, 16 (24 f.); BVerfGE 83, 60 (80).

315 Vgl. Kapitel 1.I.2.b); *Himsworth/O'Neill*, Scotland's Constitution, S. 227.

316 Vgl. Commission on the future delivery of public services (2011); *Scottish Government & COSLA*, Review of Community Planning (2012); *Page*, Constitutional Law of Scotland, S. 166; *Scottish Parliament*, Stage 1 Report on the Community Empowerment (Scotland) Bill (2015), S. 2 ff.

317 Vgl. *Mehr Demokratie e.V.*, Noch viel Luft nach oben, Anhang 2, S. 55 ff., lfd. Nr. 11, 30, 31, 32, 33, 52/53, 55, 66, 71/72, 74, 87/88, 92, 102, 109, 131, 132, 138, 144.

cc) Bewertung der demokratischen Funktion im Bereich der Bürgerbeteiligung

Zu einer vermehrten Legitimität im Sinne von sozialer Akzeptanz von Hoheits- beziehungsweise Verwaltungsentscheidungen[318] können die Instrumente dabei nicht beitragen. Legitimität kann grundsätzlich durch Beteiligungsprozesse gefördert werden, da Bürger nach eigener Beteiligung in inem transparenten und auf Konsensfindung gerichteten Verfahren tendenziell eher bereit sind, das gefällte Ergebnis hinzunehmen.[319] Die untersuchten ministeriellen Instrumente sind jedoch lediglich verwaltungsintern zur Kontrolle einsetzbar. Aufgrund der fehlenden Außenwirkung können Bürger für sich nur schwerlich eine direkte Akzeptanz ableiten. Dies gilt insbesondere für Hamburg, wo der Senat direktdemokratische Verfahren eher beendet als unterstützt. Dies legt die Schlussfolgerung nahe, dass die schottische Seite Bürgerbeteiligung eher unterstützen, die Hamburger Seite Beteiligung, zumindest in Form direkter Demokratie, eher verhindern möchte.

Eine solche Betrachtungsweise lässt jedoch den jeweiligen Gesamtkontext außer Acht. So wurzeln beide Herangehensweisen in der politischen und demokratischen Grundaufgabe, für die Allgemeinheit und somit für die Bürger in ihren jeweiligen Gemeinden und Bezirken die bestmöglichen Lebensbedingungen zu schaffen. Schottland versucht die Empfehlungen der *Christie Commission* umzusetzen, in dessen Rahmen eine vermehrte Bürgerbeteiligung und die Berücksichtigung der Ideen der Bürger als unverzichtbar für die Verbesserung der Lebensumstände in den Gemeinden angesehen wird.[320] In diesem Zuge wird auch der Verwaltungsapparat dahingehend ausgerichtet, Bürgerbeteiligung zu verstärken und zu unterstützen. Sec. 139 Community Empowerment (Scotland) Act 2015 ermöglicht es dabei, auf ein einheitliches Niveau von Bürgerbeteiligung und somit gleiche Zugangsmöglichkeiten für Bürger in den verschiedenen *local authorities* hinzuwirken. Dies gilt besonders für den Fall, dass sich nicht alle *councils* an die bisher nur politisch gesteckten Ziele hinsichtlich des *particpatory budgetings* der zweiten Generation halten sollten.

---

[318] *Trute*, in: Hoffmann-Riem/Schmidt-Aßmann/Voßkuhle, Grundlagen des Verwaltungsrechts, Bd. I, 307 (308); *Menzel*, Legitimation staatlicher Herrschaft durch Partizipation Privater?, S. 20 ff.; *Schmidt*, Demokratietheorien, S. 61.

[319] *Menzel*, Legitimation staatlicher Herrschaft durch Partizipation Privater?, S. 76; *Sintomer/Herzberg/Röckel*, Der Bürgerhaushalt in Europa – eine realistische Utopie?, S. 67 f.

[320] Commission on the future delivery of public services (2011); *Scottish Government & COSLA*, Review of Community Planning (2012); *Page*, Constitutional Law of Scotland, S. 166.

In Hamburg werden Regulierung und Realisierung der Daseinsfürsorge eher über die Kontrolle der Verwaltung verfolgt. Zwar hat auch hier Bürgerbeteiligung im Sinne eines Stimmungsbarometers und direkte Demokratie als Kontrollinstrument der Bürger einen hohen demokratischen Stellenwert im Verfassungsleben. Allerdings verbleiben Planung, Überwachung und Durchsetzung von Aufgaben, die auf das Allgemeinwohl gerichtet sind, größtenteils der Verwaltung. Dies illustriert das vorliegend gewählte Beispiel. Hier war die Schaffung von 1.400 Wohneinheiten auf einem Kleingartengebiet geplant, wogegen sich die Betroffenen mit einem Bürgerbegehren wehrten. Da hier die Bedeutung des Baus von neuen Wohnungen jedoch aus gesamtstädtischem Interesse sehr hoch war, setzte sich der Senat mittels Weisung gegen das Bürgerbegehren durch.[321] Die Beendigung von Bürgerbegehren durch Weisung und Evokation erweist sich somit nicht als Unterstützung der partizipatorischen Infrastruktur. Wäre jedoch jedes Bürgerbegehren, das sich gegen ein Wohnungsbauvorhaben wendet, erfolgreich, so könnte die Politik das faktisch bestehende Erfordernis nicht erfüllen, mehr bezahlbaren Wohnraum zu schaffen, wozu sie sich zudem durch das Programm „Vertrag für Hamburg – Wohnungsneubau“ verschrieben hat.[322] Die Ausübung von Weisung und Evokation im Einzelfall führt demnach zur direkten Durchsetzung von Allgemeininteressen und verhindert Bürgerbegehren und Bürgerentscheide, die nach politischem Konsens dem Allgemeinwohl widersprechen.

Folglich unterstützen die ministeriellen Eingriffsrechte in beiden Fällen, wenn auch in unterschiedlicher Form, die Vornahme demokratischer Bürgerbeteiligung im Sinne der Ausrichtung auf das Allgemeinwohl. In Schottland wird hierzu ein positiver Ansatz gewählt, der die Einstellung der Verwaltung zur Ausgestaltung allgemeinwohlorientierter Entscheidungen mit Hilfe von Bürgerbeteiligung positiv verändern soll und durch das ministerielle Instrument abgesichert wird. In Hamburg werden direktdemokratische Initiativen, die dem Allgemeinwohl entgegenstehen, durch das ministerielle Instrument beendet. Eine Tendenz, die exekutive Beteiligungskultur durch ministerielle Kontrolle intern positiv zu beeinflussen, ist bisher nicht ersichtlich. Der schottische Ansatz erscheint damit hinsichtlich der Weiterentwicklung demokratischer Verwaltungsverfahren progressiver als das hamburgische Konfliktmanagement.

---

321 Bezirksversammlung Hamburg-Nord, Drucks. XX-3133 vom 22.08.2013; Bü-Drucks. 20/7937 vom 17.05.2013, S. 1.

322 Bü-Drucks. 21/16077 vom 05.02.2019, S. 2f.

III. Zusammenfassende Bewertung zum 3. Kapitel

Die vergleichende Untersuchung der Beteiligungsinstrumente vor dem Hintergrund der jeweiligen Legitimationsanforderungen der Verfassungsordnungen in Hamburg und Schottland hat ergeben, dass deliberative und partizipative Beteiligungsformen nicht geeignet sind, parallele Legitimationsstrukturen zu schaffen oder die bestehenden Strukturen rechtlich zu ergänzen. Es fehlt hierfür schlicht an der Übertragung von Hoheitsgewalt und somit der Verbindung mit dem Legitimationsspender in Form des staatsrechtlichen Volkes.[323] Für den demokratischen Gesamtzusammenhang bedeutet dies, dass durch solche Instrumente die Idee der Ausübung von Volkssouveränität nicht neu konzipiert wird.

Dennoch ist die Erprobung partizipativer Instrumente essenziell, da ohne sie eine demokratische Weiterentwicklung schwierig ist.[324] Die untersuchten Beteiligungsinstrumente sind daher Zeugnisse des Versuchs, die repräsentativen Verwaltungsstrukturen weiterzuentwickeln und bezüglich konsultativer Beteiligungsformen zu öffnen. Es soll ein möglichst bürgernaher „Input" für Verwaltungsverfahren kreiert werden, um auf der „Output"-Ebene die beste Entscheidung unter Abwägung von Betroffenen- und Allgemeinwohlinteresse treffen zu können.[325] Dies gelingt in den dargestellten Fällen unterschiedlich gut.

In der vergleichenden Untersuchung ist insbesondere die unterschiedliche politische Motivation deutlich geworden, die hinter der Einführung und Nutzung der verschiedenen Instrumente steht. So sollen in Schottland in erster Linie die Gemeinden *empowered*, also mithilfe demokratischer Neuerungen gestärkt werden, wohingegen in Hamburg eher das Konfliktmanagement zwischen Verwaltung und Bürgerinitiativen im Vordergrund steht. Eine Tendenz, Instrumente der partizipativen Demokratie von punktuellen Verfahren hin zu einem Teil der Verwaltungsorganisation weiterzuentwickeln, lässt sich dementsprechend nur in Schottland erkennen.

Der Grund dafür liegt in den unterschiedlichen rechtlichen Rahmenbedingungen der beiden repräsentativen Demokratien. Schottland möchte das in der Verfassungsrealität lange Zeit vorherrschende rechtliche und politische Verständnis einer reinen repräsentativen Demokratie hinter sich lassen. Es sucht über neue Beteiligungsmechanismen wie *participatory budgeting* und *participation request* und mit Unterstützung ministerieller Aufsichts-

[323] Vgl. *Schmidt-Aßmann*, AöR 1991, 329 (369ff.).

[324] *Sommermann*, in: Bauer/Huber/Sommermann, Demokratie in Europa, 191 (221).

[325] Vgl. *Bellamy*, Political Constitutionalism, S. 27; *Landemore*, Open Democracy, S. 106.

rechte durch *participation in public decision-making* einen Weg, eine partizipative(re) Demokratie hervorzubringen.

In Hamburg existieren dagegen seit Ende der 1990er Jahre direktdemokratische Instrumente auf Landes- und Bezirksebene, die dem Volk mit rechtswirksamen Vetorechten in konkreten Sachfragen bereits eine sehr starke Stellung einräumen. Dabei wurde in der demokratietheoretischen Betrachtung die Entwicklung partizipativer Beteiligungsformen somit zunächst übersprungen und das Volk direkt mit der Möglichkeit ausgestattet, rechtsverbindliche Bürger- und Volksentscheide zu erlassen. Hamburg ist dem schottischen Vergleichspartner insoweit einen Schritt voraus, da Schottlands Rechtssystem keine direkte Demokratie in diesem Sinne kennt und sich vielmehr schrittweise an das *empowerment* der Bürger herantastet. Dementsprechend steht in Hamburg die Entwicklung von Verfahren im Vordergrund, die einen vermittelnden Weg zwischen den repräsentativen und den direktdemokratischen Strukturen bereiten, womit ebenfalls der partizipativ-demokratische Bereich eröffnet wird.

Das Potenzial von deliberativen und partizipativen Instrumenten, die jeweilige repräsentative Demokratie zu bereichern, besteht jedoch nur insoweit, wie sie das Demokratieprinzip nicht verletzen. Dabei hat der Rechtsvergleich insbesondere bei der Konsensfindung von zivilgesellschaftlichen Initiativen mit Verwaltungsgremien Gefahren bezüglich der Verletzung des Repräsentationsprinzips in Form des Gebotes zur Neutralität und der Allgemeinwohlorientierung sowie der Verfahrenstransparenz hervorgebracht. Durch die Konsenssuche mit personell nicht legitimierten Kleingruppen besteht eine erhöhte Gefahr, dass Partikularinteressen in die Abstimmungsergebnisse einfließen und die Repräsentanten im Aushandlungsprozess die gebotene Neutralität ein Stück weit verlieren. Demokratie bedeutet aber immer, einen Prozess der Vermittlung abzuhalten, der auf das Allgemeine hinarbeitet.[326] Die Gefahr, hiervon abzuweichen, besteht insbesondere in Hamburg aufgrund der starken Verhandlungsposition der direktdemokratischen Initiativen, während die Verfahrenskontrolle bei der *participation request* in Schottland komplett bei der repräsentativen Seite verbleibt.

Einen demokratischen Mehrwert als „rechtsstaatliche Teilhaberechte"[327] können neue Beteiligungsinstrumente aber nur entfalten, wenn sie die demokratischen Mindeststandards einhalten. Somit entscheidet die Qualität der inhaltlichen Überprüfung von Bürgerverträgen durch die repräsenta-

---

[326] *Böckenförde*, in: Isensee/Kirchhof, Handbuch des Staatsrechts Bd. II, 429 (483).

[327] *Trute*, in: Hoffmann-Riem/Schmidt-Aßmann/Voßkuhle, Grundlagen des Verwaltungsrechts, Bd. 1, 307 (312).

tiven Organe, inwieweit die stets zu beachtende Gemeinwohlorientierung[328] und damit das Demokratieprinzip eingehalten wird. Die Herausforderung ist dabei, in jedem Einzelfall die Interaktionszusammenhänge zwischen Repräsentanten und Repräsentierten diesem Maßstab entsprechend auszugestalten.

[328] Dazu *Trute*, in: Hoffmann-Riem/Schmidt-Aßmann/Voßkuhle, Grundlagen des Verwaltungsrechts, Bd. 1, 307 (346).

Kapitel 4

Mögliche Weiterentwicklung der partizipativen Instrumente und legal transplant

Im Rechtsvergleich wurde herausgestellt, dass sich die Verwaltung für eine demokratische Bereicherung ihrer Verfahren in jedem Beteiligungsfall der Herausforderung stellen muss, die Mindeststandards des Demokratieprinzips einzuhalten, was in den untersuchten Fällen unterschiedlich gut gelingt. Daran anknüpfend soll im Folgenden untersucht werden, inwieweit die Beteiligungsinstrumente im jeweiligen Kontext ihres Rechtssystems am Maßstab des Demokratieprinzips fortentwickelt werden können.

Hierfür soll die Idee des *legal transplant*, also der Rechtsübertragung vom einen in das andere System[1] bemüht werden, um Impulse für künftige Fortentwicklungen zu setzen. Der Begriff *legal transplant* wurde von Alan Watson und Otto Kahn-Freund Mitte der 1970er Jahre geprägt.[2] Dem kritischen Einwand von Pierre Legrand, eine solche Rechtstransplantation sei aufgrund der stets unterschiedlichen rechtlichen und tatsächlichen Rahmenbedingungen unmöglich,[3] ist zu entgegnen, dass es zumindest im hiesigen Kontext nicht um eine starre Übernahme von Vorhandenem geht, sondern um die gegenseitige Inspiration, Orientierung und Beeinflussung durch bereits erprobte Rechtsphänomene.

Bei der hier vorzunehmenden Prüfung steht der im vorherigen Kapitel identifizierte Bedarf an rechtlicher Weiterentwicklung von Beteiligungsinstrumenten in Schottland und Hamburg im Vordergrund. Durch wechselseitigen Rückgriff auf fremde Rechtsinstitute sollen Kompromisse erarbeitet werden, bei denen die spezifischen rechtlichen, politischen und kulturellen Bedürfnisse des jeweiligen Empfängerlandes zu berücksichtigen sind.[4] Hierbei ist im Anschluss an die vorherige Prüfung insbesondere interessant, inwieweit das schottische und das Hamburger Beteiligungsverständnis von-

---

[1] *Kischel*, Rechtsvergleichung, S. 63 ff.

[2] *Rehm*, RabelsZ 2008, 1 (3 f., 39).

[3] *Rehm*, RabelsZ 2008, 1 (16 ff.).

[4] Vgl. dazu *Rehm*, RabelsZ 2008, 1 (19 ff., 31 f., 34, 36, 40); *Peerenboom*, Towards a Methodology for Successful Legal Transplants (2012), S. 6 ff.

einander lernen können. Der Schwerpunkt der Überlegungen wird, neben dem Maßstab von Demokratie- und Rechtsstaatsprinzip, auf die rechtlichen Rahmenbedingungen des Empfängerlandes gelegt. Es ist zu überprüfen, inwieweit der jeweilige *legal transplant*-Gegenstand rechtlich übersetzt werden kann. Aus der Gesamtschau dieser Überlegungen soll schließlich ein abstrakter Überblick von Mindestvoraussetzungen erarbeitet werden, die es braucht, um Bürgerbeteiligung demokratiekonform in Verwaltungsstrukturen zu integrieren.

I. Weiterentwicklung schottischer Beteiligungsinstrumente

Die zuvor untersuchten schottischen Beteiligungsinstrumente[5] werden im Folgenden draufhin geprüft, inwiefern eine Weiterentwicklung im Lichte Hamburger Beteiligungsformen möglich ist.

1. Participatory budgeting

Wie in der vorstehenden Prüfung festgestellt, verletzt das untersuchte Verfahren des *participatory budgetings* in seiner aktuellen Form, in der die Abstimmungsergebnisse für die repräsentativen Stellen lediglich politisch und nicht rechtlich verbindlich sind, nicht das Demokratieprinzip.[6] Dieses Instrument soll sich zukünftig aber von individuellen Prozessen zu institutionellen Verwaltungsverfahren weiterentwickeln. Hierbei wird theoretisch auch die Möglichkeit in Betracht gezogen, die Abstimmungen rechtlich verbindlich zu machen und somit im hier verstandenen Sinne direktdemokratische Aspekte einzuführen.[7] Vor diesem Hintergrund ist zu überprüfen, inwieweit ein *legal transplant* von Hamburg nach Schottland in Frage kommt. Daran schließt sich die Frage an, welche demokratischen Parameter bei einer solchen Fortentwicklung des *participatory budgetings* in Schottland einzuhalten wären.

a) Identifizierung des legal transplant-Gegenstandes

Das Vergleichsinstrument des Hamburger Bürgerhaushaltes erscheint mit Blick auf das Ziel der schottischen Regierung, den Bürgern vor Ort tatsäch-

---

[5] Vgl. Kapitel 3.II.1. –3.

[6] Vgl. Kapitel 3.II.1.a)bb)(2)(c).

[7] *Bland/Cullingworth*, Local Governance Review (2019), S. 37 f.; Auskunft eines Senior Policy Officer der schottischen Regierung aus Oktober 2019.

liche Mitentscheidungsmöglichkeiten bezüglich der Verteilung von *council*-Geldern zu gewähren,[8] als ungeeignet für Fortentwicklungsüberlegungen. Das deliberative Instrument aus Hamburg, das den Fokus auf Diskussionen und die Ermittlung von gesellschaftlichen Bedürfnissen legt, übertrüge den Beteiligten, gemessen an der schottischen Zielsetzung, nicht mehr, sondern weniger tatsächliche Gestaltungsmöglichkeiten für den Haushalt.

Interessanter für die Inspiration der Weiterentwicklung des *participatory budgetings* ist dagegen die in den Hamburger Bezirken existierende direkte Demokratie in Form von Bürgerentscheiden. Dieses in Schottland unbekannte Feld, das den Bürgern in gewissen Grenzen die Ausübung von Staatsgewalt ermöglicht, erscheint mit Hinblick auf die schottische Idee des *community empowerments* äußerst interessant und soll daher im Folgenden anhand des Demokratieverständnisses in Schottland durchdacht werden.

b) Weiterentwicklung unter dem Demokratieprinzip

Für eine Annäherung des aktuell partizipativ ausgestalteten *participatory budgetings* an die direkte Demokratie in Form von Bürgerentscheiden in Hamburg müsste den Abstimmungsberechtigten die Ausübung von Staatsgewalt übertragen werden. Das bedeutet, dass die Abstimmungsergebnisse für die hoheitlichen Adressaten rechtlich verbindlich würden. Anhand der Vorgaben des § 32 BezVG, der das Verfahren um Bürgerbegehren und Bürgerentscheid normiert,[9] und des Demokratieprinzips ist zu überprüfen, inwiefern hierfür eine Normierung des bisher informell ausgestalteten *participatory budgetings* erforderlich wäre, welche Bevölkerungsgruppen abstimmungsberechtigt sein könnten und inwieweit es eines Quorums bedürfte.

aa) Rechtsgrundlage

Wie eingangs erläutert ist es nicht das Ziel, das Hamburger Instrument in Form von § 32 BezVG unverändert in die schottische Rechtsordnung zu transplantieren. Vielmehr ist zu untersuchen, inwieweit das *participatory budgeting* nach Maßgabe dieses rechtlichen Vorbilds veränderungsfähig ist.

---

[8] Vgl. Commission on the future delivery of public services (2011), S. 72 ff.; *Escobar*, Participatory Budgeting in Scotland, in: Hope for Democracy, 311 (315 f.); *Scottish Government*, Community Empowerment: Participatory Budgeting; *COSLA/Scottish Government*, Community Choices 1 % Framework Agreement (2017); *Scottish Government*, Programme for Scotland 2017–18, S. 109; *Scottish Government*, Community Choices Fund 2018/19 Guidance, S. 2.

[9] Vgl. zur konzeptionellen Darstellung Kapitel 2.II.1.d).

(1) Rechtliche Form

Sollten die Abstimmungsergebnisse des *participatory budgetings* rechtlich bindend werden, so ist zunächst an die Schaffung einer formellen Rechtsgrundlage zu denken. Hierbei kann § 32 Abs. 11 Satz 1 BezVG als Vorlage dienen, wonach ein Bürgerentscheid über § 19 Abs. 2 Satz 2 BezVG die rechtlich bindende Wirkung eines Beschlusses der Bezirksversammlung hat.

Wie im vergleichenden Kapitel festgestellt, bedarf es bei der Ausübung von Staatsgewalt stets einer Legitimationskette beziehungsweise in Schottland der *accountability*, die sich bis zum Parlament und dem dies konstituierende Volk zurückverfolgen lässt.[10] Eine Rechtsgrundlage in Form eines Parlamentsgesetzes, beispielsweise der Ergänzung eines Local Government Acts, würde somit die *legal accountability* im schottischen Kontext sichern. Dieser Weg wäre aufgrund der Neuheit eines solchen Instruments rechtskulturell wahrscheinlich der Weg, den die schottische Politik wählen würde. Hierzu hätte das schottische Parlament auch die Kompetenz, da zu seiner Regelungsbefugnis die Entscheidung über Existenz und Ausgestaltung der Kompetenzen der *councils* gehört.[11]

Denkbar wäre auch die Nutzung von sec. 139 Community Empowerment (Scotland) Act 2015, wodurch die schottische Regierung ein *statutory instrument* erlassen könnte. Allerdings ist fraglich, ob sec. 139(1) Community Empowerment (Scotland) Act 2015 den schottischen Ministern eine so weite Regelungsbefugnis einräumen will, dass sie die Kompetenzen der *councils* rechtlich aufteilen könnten. Da es sich formell um eine *affirmative procedure* mit erhöhter parlamentarischer Kontrolle handelt, würde diese Frage aber während des Erlassverfahrens durch das Parlament geprüft werden und bei Bestätigung dem Erfordernis der *accountability* Genüge tun. Von der Zielrichtung der Ermächtigung nach sec. 139(1) Community Empowerment (Scotland) Act 2015 her ist dies aber eher abzulehnen. Die Norm gibt vor, dass Bürgerbeteiligung vor allem überwacht und bei Bedarf durch Regulierungen unterstützt werden soll und sieht keine Kompetenzaufteilung der *councils* oder qualitative Neuschaffung von Beteiligungsinstrumenten vor. Ein solcher ministerieller Eingriff bedürfte einer ausdrücklichen gesetzlichen Ermächtigung.

Die *local authorities* selbst könnten dagegen mit den ihnen zur Verfügung stehenden Rechtssetzungskompetenzen in Form von *bye-laws* und *management rules* keine hinreichende Rechtsgrundlage schaffen. Mit diesen sekundären Normsetzungskompetenzen können die *local authorities* lediglich im

---

[10] Vgl. Kapitel 3.I.1.a)bb) und Kapitel 3.I.1.c).

[11] Vgl. Kapitel 1.I.2.b).

Rahmen ihres vom Gesetzgeber übertragenen Ermessens lokale Angelegenheiten reglementieren.[12] Da sie selbst als „*creatures of statute*“[13] der parlamentarischen Gesetzgebung unterliegen, können sie ihre eigenen Kompetenzen rechtlich nicht teilen. Diese Selbsteinschränkung würde eine Überschreitung ihres Ermessensspielraums bedeuten („*discretion is not unfettered*“)[14] und ist daher unzulässig.

(2) Natur und Umfang der Entscheidung

Würde demnach mit Blick auf die Legitimationsanforderungen der *legal accountability* ein vorzugswürdig erscheinendes Parlamentsgesetz erlassen, wären im Weiteren die Natur und der Umfang des neuen Instruments zu definieren. Zum einen ist fraglich, ob das Abstimmungsergebnis eines *participatory budgeting*-Verfahrens anhand des Vorbildes in § 32 Abs. 11 Satz 1 BezVG mit einem diesbezüglichen *council*-Beschluss gleichgesetzt werden würde. Im britischen Kontext sind zwei verschiedene Möglichkeiten bekannt, wie Referenden nach der ihnen zugrundeliegenden Gesetzgebung umgesetzt werden. Die gebräuchlichere, bei der die Norm nichts über die rechtlichen Folgen des Referendums sagt und somit zumindest keine rechtlichen Konsequenzen folgen, wurde beim schottischen Unabhängigkeitsreferendum im Jahr 2014 genutzt.[15] Im anderen Fall sieht die Rechtsgrundlage die Umsetzung des Abstimmungsergebnisses durch eine Art Wenn-dann-Klausel vor. Wenn der Gegenstand des Referendums vom Volk abgelehnt oder angenommen wird, dann geschieht die Umsetzung durch eine entsprechende Handlung des Ministers, zu der er von Rechts wegen verpflichtet wird. Diese Form wurde nach sec. 8 Parliamentary Voting System and Constituencies Act 2011 beim *alternative vote*-Referendum im Jahr 2011 gewählt. Im Falle des negativen Ausgangs, wurde der zuständige Minister dazu verpflichtet, die Aufhebung des Gesetzesentwurfs zu beantragen.[16] Im Falle des positiven Ausgangs, hätte er nach sec. 8(1) Parliamentary Voting System and Constituencies Act 2011 einen entsprechenden Antrag stellen müssen.[17] Das Ergebnis verpflichtete ein Regierungsmitglied, nachdem der

---

[12] Vgl. dazu *Himsworth*, Local Government Law in Scotland, S. 34 f., 46 ff.

[13] *Himsworth*, Local Government Law in Scotland, S. 23.

[14] Padfield vs. Minister of Agriculture, Fisheries and Food, [1968] AC 997; *Webley/Samuels*, Public Law, S. 498.

[15] Vgl. dazu *Sturm*, Das Schottland-Referendum, S. 7, 27.

[16] Sec. 8(2) Parliamentary Voting System and Constituencies Act 2011: "If more votes are not cast in the referendum in favour of the answer 'Yes' than in favour of the answer 'No', the Minister must make an order repealing the alternative vote provisions."

[17] Sec. 8(1) Parliamentary Voting System and Constituencies Act 2011: "The Minister

parlamentarische Gesetzgebungsprozess bereits abgeschlossen war, die entsprechenden Anträge zu stellen. Nur letztere Umsetzungsart kommt für die rechtsverbindliche Normierung des *participatory budgetings* in Frage. Eine Verpflichtung des *councils* und damit der *councillors*, im Sinne des Abstimmungsergebnisses zu entscheiden, wäre mit der Idee des freien Mandats, das auch im britischen Kontext exisiert,[18] aber nicht vereinbar. Daher würde die bisherige Praxis, dass das Abstimmungsergebnis des *participatory budgetings* direkt von der Verwaltung umgesetzt wird, wahrscheinlich beibehalten und lediglich gesetzlich festgeschrieben werden. Damit würde das Ergebnis, wie beim Hamburger Vorbild, dem Beschluss eines *councils* gleichkommen.

Zum anderen können nach § 32 Abs. 1 Satz 2 BezVG Beschlüsse über den Haushalt nicht Gegenstand eines Bürgerbegehrens und damit Bürgerentscheids sein. Dem liegt das deutsche Verständnis der Budgethoheit zugrunde. Entscheidungen über den Haushalt sollen danach, mit Blick auf die Gesamtverantwortung bezüglich des Allgemeininteresses und der Daseinsvorsorge, bei den für diese Aufgaben zuständigen Repräsentanten verbleiben.[19] Ein solch enges Budgetverständnis lässt sich in Schottland dagegen nicht finden. Das schottische Parlament entscheidet über die Zuteilung der Gelder an die *councils*, die nach Maßgabe der sie ermächtigenden Gesetze darüber frei im Rahmen ihrer Aufgaben verfügen können.[20] Die erste Generation des Programms zeigt, dass die Verteilung von extra dafür eingerichteten *community grants* durch *participatory budgeting* aufgrund der Widmung des Geldes für diesen Zweck rechtlich kein Problem ist. Die zweite Generation, mit dem Ziel der Etablierung der Verteilung von 1 % aller *council*-Budgets durch *participatory budgeting*, deutet darauf hin, dass zumindest für die *council*-Ebene keine einschränkende Vorstellung bezüglich der Budgethoheit besteht und bei der Einführung eher die praktische Umsetzung denn die Rechtmäßigkeit der Idee eine Herausforderung darstellt.[21] Somit könnte

must make an order bringing into force section 9, Schedule 10 and Part 1 of Schedule 12 (‘the alternative vote provisions’) if –

(a)more votes are cast in the referendum in favour of the answer ‘Yes’ than in favour of the answer ‘No’, and

(b)the draft of an Order in Council laid before Parliament under subsection (5A) of section 3 of the Parliamentary Constituencies Act 1986 (substituted by section 10(6) below) has been submitted to Her Majesty in Council under section 4 of that Act.”

[18] *Badura*, in: Schneider/Zeh, Parlamentsrecht und Parlamentspraxis, 489 (494); *Müller*, Das imperative und freie Mandat, S. 67 f., 144 ff., 158.

[19] David/Stüber/*David*, HV, Art. 50 Rn. 41, 44.

[20] Vgl. *Himsworth*, Local Government Law in Scotland, S. 105 ff.; Kapitel 3.II.1.a)bb)(2)(a)(ab).

[21] Vgl. Kapitel 2.I.2.b) und Kapitel 3.II.1.a)bb)(2)(c).

eine parlamentarische Rechtsgrundlage einen Rahmen für ein rechtlich bindendes *participatory budegting* für Haushaltsgelder auf *council*-Ebene in Schottland schaffen.

bb) Kreis der Abstimmungsberechtigten

Im Weiteren ist die Frage nach dem „richtigen" Kreis der Abstimmungsberechtigten zu klären. § 32 Abs. 1 Satz 1 und Abs. 3 Satz 1 BezVG sieht vor, dass ein Bürgerentscheid nur von wahlberechtigten Einwohnern eines Bezirks beantragt und unterstützt werden kann. Dies hat seinen Grund in der Gleichrangigkeit von direkter und repräsentativer Demokratie nach Art. 20 Abs. 2 Satz 2 GG,[22] die für Bürgerentscheide im § 32 Abs. 11 Satz 1 BezVG ihren Ausdruck findet. Da Bürgerentscheid und der Beschluss einer Bezirksversammlung die gleiche rechtliche Wirkung haben, müssen auch die Voraussetzungen identisch sein. Die Bezirksversammlungen werden nach Art. 4 Abs. 3 HV personell durch die Wähler im Bezirk legitimiert, in ihrem Sinne nach Maßgabe von Art. 4 Abs. 2 Satz 2 HV Staatsgewalt auszuüben. Dementsprechend soll auch die gleiche Gruppe, für die die Bezirksversammlung in Repräsentation Beschlüsse fasst, entsprechende Beschlüsse in Form eines Bürgerentscheids selbst fassen können. Das gleiche rechtliche Ergebnis eines Bezirksversammlungsbeschlusses kann im Sinne des Demokratieprinzips stets nur vom selben (Teil-)Volk gefasst werden. Eine kleinere oder größere Gruppe, als die der Wahlberechtigten, einen rechtsverbindlichen Bürgerentscheid beschließen zu lassen, würde dieses Prinzip verletzen.

Zu klären ist, ob dies ebenso für die schottische Rechtslage gilt. Zunächst dürfte, wie nach dem deutschen Demokratieverständnis, auch in Schottland die Aktivwählerschaft für die *councils* als das demokratische Minimum gelten. Interessant ist jedoch die Frage, ob das weite Verständnis, das aktuell bei der informellen partizipativen Praxis herrscht, wonach beispielsweise in Dundee alle Einwohner eines *councils* ab elf Jahren abstimmen dürfen,[23] sich auch auf eine rechtsverbindliche Weiterentwicklung übertragen ließe. Dies könnte von der rechtlichen Wirkung des Abstimmungsergebnisses abhängen. Würde das Abstimmungsergebnis in Anlehnung an § 32 Abs. 11 Satz 1 BezVG rechtlich verbindlich, so müssten aufgrund der damit einhergehenden Gleichrangigkeit der Ergebnisse aufgrund des Prinzips der *accountability* auch die gleichen Voraussetzungen für die Wahl- und Abstimmungsberechtigten gelten. Andernfalls würde das gleiche rechtliche Ergeb-

[22] David/Stüber/*David*, HV, Art. 56 Rn. 43.

[23] *PB Partners*, Dundee Pilot PB Programme 2017–2018 Evaluation, S. 8.

nis von verschiedenen Legitimationssubjekten hergeleitet, was mit dem Demokratieprinzip nicht vereinbar wäre.

Dem im Gegensatz zum deutschen viel weiter gefassten schottischen Volksverständnis, das sich darin zeigt, dass das Wahlrecht zum schottischen Parlament und den *councils* für alle rechtmäßig in Schottland lebenden Personen geöffnet wurde,[24] würde dadurch Rechnung getragen werden, dass die Abstimmungsberechtigung hieran angepasst würde. Trotz des unterschiedlichen Volksverständnisses in Schottland ist aufgrund des Demokratieprinzips demnach von einem rechtlich gebotenen Gleichlauf von Wahl- und Abstimmungsberechtigung bei der Ausübung von Staatsgewalt auszugehen.

Zudem wäre es im Sinne des demokratischen Gleichheitsprinzips wichtig, im Gegensatz zur aktuellen Lage, in der jeder *council* einen eigenen Beteiligtenkreis für sein Verfahren bestimmen kann, einen einheitlichen Maßstab für den Zugang zur Ausübung von Staatsgewalt zu schaffen. Dies wäre Aufgabe des Gesetzgebers, wenn er eine entsprechende Rechtsgrundlage für ein verbindliches *participatory budgeting*-Verfahren schaffte.[25]

cc) Quorum

Zu untersuchen ist weiterhin, ob ein rechtsverbindliches *participatory budgeting*-Verfahren eines Quorums bedürfte, um mit dem Demokratieprinzip kompatibel zu sein. § 32 BezVG sieht lediglich für das Bürgerbegehren in Absatz 3 ein Quorum abhängig von der Einwohnerzahl des Bezirks in Höhe von 2 % beziehungsweise 3 % der wahlberechtigten Einwohner vor. Beim darauffolgenden Bürgerentscheid entscheidet nach § 32 Abs. 9 Satz 2 BezVG die einfache Mehrheit der abgegebenen Stimmen. Dies hat seinen Grund darin, dass nach der deutschen Konkretisierung des Demokratieprinzips in Art. 20 Abs. 2 Satz 2 GG, Wahlen und Abstimmungen Modi desselben Prinzips sind. Da es für Wahlen kein Erfordernis von Quoren gibt, muss das gleiche auch für Abstimmungen gelten. Dies schließt die Einführung von Quoren nach dem Demokratieprinzip nicht aus, macht sie jedoch auch nicht zwingend erforderlich. Sofern es für die Wahl zu den Bezirksversammlungen über die 3 %- Hürde in Art. 4 Abs. 3 Satz 2 HV hinaus kein Zustimmungsquorum gibt, ist dies also ebenso wenig für einen Bürgerentscheid erforderlich, der rechtlich die gleiche Qualität hat, wie der Beschluss einer Bezirksversammlung.[26] Hinzu kommt in Abgrenzung zum Verfahren um

---

[24] Vgl. Kapitel 3.II.1.a)bb)(1)(a).

[25] Vgl. *Trute*, in: Hoffmann-Riem/Schmidt-Aßmann/Voßkuhle, Grundlagen des Verwaltungsrechts, Bd. 1, 307 (347).

[26] David/Stüber/*David*, HV, Art. 56 Rn. 47, 49.

den Volksentscheid, der in Art. 50 Abs. 1 bis 3 HV deutlich schärfere Quoren vorsieht, zum einen die Besonderheit des Weisungs- und Evokationsrechts des Senats, der exekutive Entscheidungen auf diesem Wege korrigieren kann. Zum anderen adressieren Bezirksversammlungsbeschlüsse respektive Bürgerentscheide, da es sich bei den Bezirken nicht um Gemeinden handelt, verwaltungsintern die Bezirksämter und nicht das (Bezirks-)Volk. Sie haben somit eine andere Zielrichtung als Volksentscheide, wo das Volk an sich selbst gerichtet verbindliche Entscheidungen trifft.[27] Die Einführung eines Quorums wäre demnach eher unter dem Gesichtspunkt des Rechtsstaatsprinzips des Art. 20 Abs. 3 GG und der sich daraus ergebenden Funktionsfähigkeit der Verwaltung zu diskutieren.[28]

Zu klären ist, wie die Frage nach der Einführung von Quoren im Lichte des schottischen Demokratieverständnisses zu beurteilen ist. Da die Referenden direktdemokratischen Verfahren im hier verstandenen Sinne methodisch am nächsten kommen, werden sie für die Interpretation des Demokratieprinzips herangezogen. Betrachtet man die bisher in Schottland stattgefundenen Referenden, so findet sich beim Devolutionsreferendum im Jahr 1979 ein Zustimmungsquorum von 40 % der in Schottland Wahlberechtigten. Es war eines der ersten Verfahren dieser Art, wobei das Quorum der Grund dafür war, dass die mehrheitlich angenommene Vorlage scheiterte, da nur 30 % der Wahlberechtigten abstimmten.[29] Bei den darauffolgenden schottischen Referenden zur Devolution im Jahr 1997 und zur schottischen Unabhängigkeit im Jahr 2014 wurde auf Quoren verzichtet.[30] Somit sind Quoren an sich in Schottland nicht unbekannt, werden aber bei landesweiten Abstimmungen nicht als erforderlich qualifiziert. Hierbei ist jedoch zu beachten, dass es sich stets um rechtlich unverbindliche Abstimmungen handelte.

Bei einer Abstimmung mit rechtsverbindlichem Ergebnis dürfte aus demokratietheoretischer Sicht aber das gleiche wie für Hamburg gelten. Die Form der Gewaltausübung, ob durch Wahlen oder Abstimmungen, ist nach dem Demokratieprinzip und dem damit verbundenen *principle of accountabilty* irrelevant, solange die Entscheidung auf das Volk zurückzuführen ist. Dies führt notwendigerweise zu einem Gleichlauf der Voraussetzungen. Da die Wahlen zu den *councils* an keine Quoren gebunden sind, ist dies nach dem Demokratieprinzip auch nicht für verbindliche Abstimmungen erfor-

---

[27] David/Stüber/*David*, HV, Art. 56 Rn. 45.

[28] Dazu David/Stüber/*David*, HV, Art. 56 Rn. 51 ff.

[29] *Page*, Constitutional Law of Scotland, S. 24 f.

[30] *Page*, Constitutional Law of Scotland, S. 26; *Sturm*, Das Schottland-Referendum, S. 26.

derlich. Quoren wären jedoch insbesondere mit Blick auf das Rechtsstaatsprinzip zulässig. Insbesondere könnte die Frage nach der Legitimität in Form von gesellschaftlicher Akzeptanz von *participatory budgeting*-Entscheidungen mit einem Quorum beantwortet werden. Auch wenn eine solche Haushaltsentscheidung primär die Verwaltung adressiert, sind von der Umsetzung eine Vielzahl von Menschen betroffen, zumal es sich bei den zur Wahl gestellten Aspekten häufig um die Entwicklung sozialräumlicher und städtebaulicher Infrastrukturen handelt.

Eine pauschale Vorgabe bezüglich der angemessenen Höhe eines Quorums ist aufgrund der Vielgestaltigkeit der existierenden Formen[31] nicht möglich. Mit Blick auf das Repräsentationsprinzip und, in Ermangelung eines Quorums beim Bürgerentscheid, die Regelung des Art. 50 Abs. 3 Satz 10 HV beim Hamburger Volksentscheid, erschiene eine Orientierung an der Wahlbeteiligung des jeweiligen *councils* sinnvoll. Da beim *participatory budgeting* jedoch nicht nur eine Fragestellung binär mit „ja" oder „nein" zu entscheiden ist, sondern stets für mehrere Vorschläge abgestimmt wird und mehrere Stimmen verteilt werden können, käme eher ein Beteiligungs- denn ein Zustimmungsquorum in Frage. Dies könnte durch eine Koppelung der *council*-Wahlbeteiligung mit der *participatory budgeting*-Abstimmungsbeteiligung gelöst werden. Demnach wäre hier ein Beteiligungsquorum denkbar, das sich dynamisch an der jeweiligen Wahlbeteiligung bei der letzten *council*-Wahl orientiert.

c) Zwischenergebnis

Es wäre möglich, das Instrument des *participatory budgetings*, sofern es die diskutierten rechtlichen Vorgaben des Demokratieprinzips einhält, rechtlich verbindlich auszugestalten und somit in Anlehnung an die Hamburger Bürgerentscheide in einer für Schottland angepassten Form direkter Demokratie fortzuentwickeln.

2. Participation Request

Die rechtsvergleichende Prüfung hat gezeigt, dass auch das formelle Verfahren der *participation request* in seiner aktuellen Form, in der die gefundenen Kompromisse zwischen Antragstellern und Verwaltung für die repräsentativen Stellen lediglich politisch und nicht rechtlich verbindlich sind, nicht das Demokratieprinzip verletzen. Das Spannungsfeld zwischen dem Ein-

[31] Vgl. dazu *Tierney*, Constitutional Referendums, S. 272; *Mehr Demokratie e. V.*, Volksentscheidsranking 2016, S. 25 ff.

fluss von Individualinteressen und der Einhaltung des Allgemeinwohls wird in Schottland durch die zugrundeliegende Regelung im *Community Empowerment (Scotland) Act 2015* materiell legitimiert und im Sinne der Einhaltung des Allgemeinwohls ausgestaltet.[32]

Ob bei diesem Instrument in Zukunft eine Weiterentwicklung in Richtung einer rechtlichen Verbindlichkeit angedacht ist, ist nicht bekannt. Dennoch ist die Überprüfung der Frage, ob eine höhere Verbindlichkeit rechtlich möglich wäre, unter verfassungsrechtlichen und rechtsvergleichenden Gesichtspunkten interessant.

a) Identifizierung des legal transplant-Gegenstandes

Für die Prüfung einer rechtlichen Verbindlichkeit der *participation request* scheidet die auf den Abschluss von Bürgerverträgen gerichtete Hamburger Konsensmethode auf Bezirksebene als Objekt für ein *legal transplant* aus, da sie nicht rechtlich verbindlich ist und darüber hinaus auch das Spannungsverhältnis zwischen Individualinteressen und der Einhaltung des Allgemeinwohls nicht befriedigend lösen kann.[33]

Demnach erscheinen für einen *legal transplant* auch bei diesem partizipativen Beteiligungsinstrument eher die direktdemokratischen Bürgerbegehren und Bürgerentscheide auf Ebene der Hamburger Bezirke interessant, da ihr Ergebnis für die adressierten Verwaltungseinheiten gemäß § 32 Abs. 11 BezVG rechtsverbindliche Wirkung entfaltet.

b) Weiterentwicklung unter dem Demokratie- und Rechtsstaatsprinzip

Für die Beurteilung der Frage, ob das Instrument der *participation request* den beteiligten Gruppen anhand des direktdemokratischen Vorbildes des § 32 BezVG ein höheres Maß an Mitspracherechten gewähren könnte, kommt zum einen die Veränderung des Instruments selbst in Frage. Zum anderen ist die mittelbare Stärkung der Initiatoren durch die Einführung von speziellen Rechtsmitteln beim Scheitern einer *participation request* zu überprüfen.

aa) Rechtliche Verbindlichkeit einer participation request

Um das Ergebnis einer *participation request* rechtlich verbindlich zu machen, müsste die Idee der Übertragung von Staatsgewalt auf die Initiatoren beziehungsweise die am Verfahren beteiligten Bürger bemüht werden. Im

---

[32] Vgl. Kapitel 3.II.2.a)bb)(2)(c).
[33] Vgl. Kapitel 3.II.2.a)bb)(2)(c).

Gegensatz zum *participatory budgeting* verfügt die *participation request* bereits über eine Rechtsgrundlage, sodass vorliegend etwaige Modifizierungen zu durchdenken sind.

So könnte sec. 22(1) Community Empowerment (Scotland) Act 2015 in Anlehnung an § 32 Abs. 1 und Abs. 11 BezVG in der Form verändert werden, dass den sogenannten *community participation bodies* nicht nur eine Anfrage zur Beteiligung an einem *outcome improvement process* einer *public service authority* zusteht, sondern dass erstere einen die Verwaltungseinheiten bindenden Beschluss fassen könnten.

Hierbei besteht jedoch das Problem, dass diese einfache Gesetzesänderung zu keinem hinreichenden Grad an *accountability* führen würde. Auch wenn ein Parlamentsgesetz über die Rückbindung an das Wahlvolk grundsätzlich ein hohes Maß an *legal accountability* verschafft, so würde der rechtsverbindliche Beschluss einer Gruppe von Individuen ohne Rückkoppelung an das jeweilige *council*-Volk ein demokratisches Defizit darstellen. Dieser Vorgang würde den der Allgemeinheit verpflichteten *council* durch einen Beschluss der Minderheit des Wahlvolkes binden und damit das Mehrheits- und Demokratieprinzip verletzen. Es kann bei der Beteiligung eines kleinen Personenkreises auch bei Vorliegen einer Rechtsgrundlage demnach nicht zu einer rechtmäßigen Übertragung von Entscheidungsgewalt kommen. Dies wäre anhand des Vorbilds des § 32 BezVG nur möglich, wenn man das gesamte Konstrukt der *participation request* dahingehend veränderte, dass sie als Anmeldung zu einer danach stattfindenden Sachabstimmung durch das *council*-Volk dienen würde.

Sinn und Zweck der *participation request* ist es jedoch nicht, verbindliche Sachabstimmungen herbeizuführen, sondern vielmehr als partizipatives Instrument den Bürgern die Möglichkeit zu geben, soziale Ungleichheiten und verbesserungswürdige Sachverhalte im *council*-Gebiet anzusprechen, einen Optimierungsprozess zu initiieren und die Betroffenen so besser in Entscheidungsprozesse einzubeziehen.[34] Eine Erhöhung der Verbindlichkeit dieses Beteiligungsinstruments ist ohne grundlegende Umgestaltung seiner Zielrichtung, den Betroffenen und ihren Individualanliegen Gehör zu schenken, nicht möglich.

---

[34] Vgl. Scottish Parliament, Stage 1 Report on the Community Empowerment (Scotland) Bill (2015), S. 36 f., 42 f.; *McMillan/Steiner/Hill O'Connor*, Participation Requests: Evaluation of Part 3 of the Community Empowerment (Scotland) Act 2015 (2020), S. 25, 45 ff., 50 ff.

bb) Rechtliche Durchsetzbarkeit einer participation request

Auch wenn die *participation request* ihrer Zielrichtung nach nicht in ein direktdemokratisches Instrument umgewandelt werden sollte, wird sie einer Umfrage des Scottish Community Development Centres (SCDC) zufolge als „zahnloser Tiger" (*lacking teeth*) wahrgenommen. Es besteht in der schottischen Öffentlichkeit das Bedürfnis nach einer Klage- oder Berufungsmöglichkeit (*appeals mechanism*) sowie einer unabhängigen Prüfstelle (*independent oversight*), um dem Instrument mehr Durchsetzungskraft zu verleihen.[35]

(1) Klagemöglichkeit

Gegen die Ablehnung einer *participation request* gibt es, über den sehr teuren und aufgrund der hohen Voraussetzungen schwierig zu beschreitenden *judicial review* hinaus, bisher keinen Rechtsbehelf, mit dem die Anfragenden sich wehren können.[36] Zwar besteht grundsätzlich stets die Möglichkeit, bei einem empfundenen Missverhalten der Verwaltung einen *ombudsman* anzurufen. Dieser hat allerdings nicht die Kompetenz, eine falsche Entscheidung aufzuheben, sondern soll vielmehr als schlichtende Ansprechstelle in Verwaltungsangelegenheiten fungieren.[37]

Da die fehlende rechtliche Überprüfbarkeit einer ablehnenden Entscheidung das Beteiligungsinstrument schwächt,[38] ist anhand des Vorbildes des § 32 Abs. 4 BezVG und unter dem Gesichtspunkt der Rechtsstaatlichkeit respektive der *rule of law* die Einführung einer Klagemöglichkeit zu durchdenken. Nach § 32 Abs. 4 Satz 1 BezVG entscheidet das Bezirksamt über die Zulässigkeit eines Bürgerbegehrens. Wird das Bürgerbegehren zurückgewiesen, so können die Vertrauenspersonen nach § 32 Abs. 4 Satz 2 BezVG Klage dagegen erheben. Je nach Verfahren ist die Anfechtungs-, Verpflichtungs- oder Leistungsklage vor dem Verwaltungsgericht die statthafte Klageart.[39]

Da im schottischen Rechtssystem neben dem *judicial review* keine allgemeinen verwaltungsrechtlichen Klagearten wie im deutschen Rechtssystem

---

[35] *Paterson*, A summary of learning from SCDC's work around participation requests (2018), S. 8 f.

[36] *Plotnikova/Bennett*, Research report participation requests (2018), S. 16; *Paterson*, A summary of learning from SCDC's work around participation requests (2018), S. 8 f.; *Page*, Constitutional Law of Scotland, S. 255 ff.

[37] *Page*, Constitutional Law of Scotland, S. 177, 271 ff.

[38] Vgl. *Malena*, in: Malena, From Political Won't to Political Will, 267 (272 f.).

[39] David/Stüber/*David*, HV, Art. 56 Rn. 30.

existieren,[40] ist eine einfache Übertragung dieses Klagerechts aus rechtskulturellen Aspekten nicht möglich. Vielmehr bedürfte es im schottischen Kontext eines speziellen, auf die *participation request* zugeschnittenen Rechtsmittels, um ihr eine erhöhte Durchsetzungskraft zu verleihen.

Angelegt ist die Schaffung eines solchen Rechtsmittels bereits in sec. 30 Community Empowerment (Scotland) Act 2015 unter *Regulations: appeals and reviews*. Diese Norm sieht vor, dass die schottischen Minister Rechtsschutzmöglichkeiten gegen die Ablehnung einer *participation request* sowie die Überprüfung von Entscheidungen der *public service authorities* einführen können.[41] Hier dürfte als Vorbild für die Einführung allerdings der *appeal*-Mechanismus des *asset transfers* aus Part 5, sec. 85 bis 88 Community Empowerment (Scotland) Act 2015 aufgrund seiner der *participation request* ähnelnden Ausgestaltung als Vorbild passender sein, als das allgemeine Klagerecht aus § 32 Abs. 4 Satz 2 BezVG.[42]

Der Bereich des *asset transfers* umfasst Anfragen von *community transfer bodies* im Sinne von sec. 77 Community Empowerment (Scotland) Act 2015 an hoheitliche Stellen zur Übertragung von Grundstücken. Wird eine solche Anfrage abgelehnt, hat der betroffene *community transfer body* nach sec. 85(1),(2) Community Empowerment (Scotland) Act 2015 ein *appeal*-Recht, mit dem er sich an die schottischen Minister wenden kann. Diese können nach sec. 85(3)–(6) Community Empowerment (Scotland) Act 2015 die Sache selbst entscheiden oder weitergehende Regelungen für das Verfahren treffen, was mit dem *Asset Transfer Request (Appeals) (Scotland) Regulations 2016/359 (Scottish SI)*[43] geschehen ist. Gegen die ablehnende Entscheidung einer *local authority* oder der schottischen Minister muss zunächst ein *review* im Sinne einer Selbstüberprüfung dieser Stellen nach sec. 86 und 87 Community Empowerment (Scotland) Act 2015 stattfinden. Gegen einen ablehnenden *review* einer *local authority* sieht sec. 88 Community Empowerment (Scotland) Act 2015 ein abschließendes *appeal*-Recht vor, das ebenfalls an die schottischen Minister zu richten ist.

---

[40] *Vagt*, Rechtsverordnung und Statutory Instrument, S. 247 f.; *Page*, Constitutional Law of Scotland, S. 257 ff.

[41] Sec. 30(1) Community Empowerment (Scotland) Act 2015: "The Scottish Ministers may by regulations make provision for or in connection with –
(a) appeals against decision notices,
(b) reviews of decisions of public service authorities relating to participation requests."

[42] Auskunft eines Research Fellows von „What Works Scotland" an der Universität von Edinburgh aus Dezember 2018.

[43] The Asset Transfer Request (Appeals) (Scotland) Regulations 2016 vom 23.01.2017, abrufbar unter: https://www.legislation.gov.uk/ssi/2016/359/contents/made, Stand: 03.12. 2020.

Die Einführung solcher Rechtsbehelfe gegen ablehnende Entscheidungen der *public service authorities* im Sinne von sec. 21(1), sch. 2 Community Empowerment (Scotland) Act 2015 auch für die *participation request* würde dem Instrument einen erhöhten Schutz vor fehlerhaften Entscheidungen und mehr Rechtssicherheit für die Antragsteller bringen. Zwar wird eine ablehnende Entscheidung zuvor intern im *council* diskutiert und dementsprechend inhaltlich abgesichert.[44] Dennoch wäre die Überprüfung durch eine höhere Instanz, wie die der schottischen Minister, ein Element, das dem Instrument eine stärkere rechtliche Schlagkraft verleihen würde.

Die Erforderlichkeit eines solchen Rechtsmittels wurde im *ministerial report* überprüft, der nach sec. 33 Community Empowerment (Scotland) Act 2015 innerhalb der ersten drei Jahre nach Erlass der sec. 22 Community Empowerment (Scotland) Act 2015 von den schottischen Ministern im Parlament vorgelegt werden musste.[45] Das vorläufige Ergebnis der Überprüfung lautet, dass es noch zu früh sei, um diesbezüglich eine Empfehlung abzugeben und dass die Modalitäten eines solchen Rechts in der Zukunft anhand einer besseren Datenlage überprüft werden sollten.[46] Demnach ist die zeitnahe Einführung eines *appeal*- oder *review*-Rechts für die *participation request* eher unwahrscheinlich.

(2) Schlichtungsverfahren

Darüber hinaus könnte in Anlehnung an den Bericht des SCDC über die Einführung einer unabhängigen Prüfstelle („independent overseeing body to ensure public bodies follow the legislation correctly")[47] nachgedacht werden.

Eine eigens über die Einhaltung der gesetzlichen Vorgaben wachende unabhängige Prüfstelle ist für das Verfahren von Bürgerbegehren und Bürgerentscheiden nicht vorgesehen. Allerdings könnte das in § 12 Abs. 1 BezAbstDurchfG, § 61 ff. BezAbstDurchfVO vorgesehene Schlichtungsverfahren als Inspiration für die Einschaltung einer unabhängigen Stelle im Streitfall dienen.

Das Schlichtungsverfahren sieht nach § 61 Abs. 1 BezAbstDurchfVO vor, dass in Streitfällen zwischen Initiative und Bezirksamt über die Zulässigkeit oder die Verbindlichkeit von Fragestellung oder Vorlage, über das Verfahren

---

[44] Auskunft eines Strategy Managers (Communities) des The City of Edinburgh Council aus November 2018.

[45] *Scottish Government*, Participation Requests Guidance (2017), S. 42.

[46] *McMillan/Steiner/Hill O'Connor*, Participation Requests: Evaluation of Part 3 of the Community Empowerment (Scotland) Act 2015 (2020), S. 2, 28 f., 57.

[47] *Paterson*, A summary of learning from SCDC's work around participation requests (2018), S. 8 f.

oder die Form, jede Seite schriftlich die Schlichtungsstelle bei der Bezirksaufsichtsbehörde anrufen kann. Diese Schlichtungsstelle ist zugleich nach § 12 Abs. 2 Satz 1 BezAbstDurchfG die Widerspruchsbehörde für das Verwaltungshandeln der Bezirksämter. Dabei soll das Verfahren nach § 62 Abs. 1 Satz 5, Abs. 2 Satz 2 und Abs. 3 BezAbstDurchfVO grundsätzlich als nicht öffentliche, mündliche Verhandlung erfolgen. Beide Streitparteien erhalten hierin zu gleichen Teilen Gelegenheit, sich zum Streitgegenstand zu äußern. Das Verfahren ist nach § 63 Abs. 1 BezAbstDurchfVO erfolgreich, wenn sich die Parteien auf eine bestimmte Behandlung des Streitgegenstandes verständigen. Scheitert es, bleibt es der Initiative nach § 61 Abs. 3 BezAbstDurchfVO unbenommen, den Verwaltungsrechtsweg zu beschreiten.

Auch wenn das Schlichtungsverfahren keine rechtlichen Durchsetzungsmöglichkeiten für die Initiative bereithält, so eröffnet es doch neben dem Klageweg eine zusätzliche Gesprächs- und Einigungsoption für Initiative und Verwaltung. Dies könnte auch für das Verfahren um eine *participation request* sinnvoll sein, insbesondere vor dem Hintergrund, dass es bisher keinen speziellen Rechtsbehelf dafür gibt. Das Schlichtungsverfahren würde hier für beide Seiten eine zusätzliche, formalisierte Möglichkeit bieten, die problematischen Punkte gemeinsam zu diskutieren und mithilfe einer neutralen Moderation zu einer Einigung zu kommen. Dies würde die Transparenz und potenziell auch die Akzeptanz der Verwaltungsentscheidung erhöhen. Da dieses Instrument neben den klassischen Rechtsbehelfen steht, könnte es ohne Modifikationen der bestehenden Strukturen eingeführt werden. Als Schlichtungsstelle käme mit Blick auf das Bedürfnis nach einer unabhängigen Prüfstelle der *ombudsman* in Betracht. Er wurde durch den *Scottish Public Services Ombudsman Act 2002*[48] geschaffen und ist als unabhängige Stelle für die Untersuchung und Bearbeitung von Beschwerden über die öffentliche Verwaltung zuständig. Nach seinem Selbstverständnis ist es seine Aufgabe, „*to ensure justice for the people of Scotland*".[49] Er kann jedoch keine verbindlichen Anweisungen, sondern nur Empfehlungen hinsichtlich Verbesserungen an die Verwaltung abgeben.[50] Sein Aufgabenbereich, der in sec. 2 ff. Scottish Public Services Ombudsman Act 2002 festgelegt ist, könnte entsprechend um Schlichtungen im Fall von *participation requests* erweitert werden.

In Anlehnung an das *appeal*-Recht aus sec. 85 bis 88 Community Empowerment (Scotland) Act 2015 kämen auch die schottischen Minister als

---

[48] Scottish Public Services Ombudsman Act 2002 vom 23.04.2020, abrufbar unter: http://www.legislation.gov.uk/asp/2002/11/contents, Stand: 03.07.2020.

[49] *Scottish Public Services Ombudsman*, Annual Report 2012–2013, S. 8, f.

[50] *Page*, Constitutional Law of Scotland, S. 269 ff., 277.

höchste Verwaltungsinstanz als Schlichtungsstelle in Betracht. Sobald ein solches *appeal*-Recht jedoch eingeführt würde, läge wie beim Hamburger Modell Schlichtungs- und Widerspruchsstelle in einer Behörde. Dies könnte im schottischen Kontext mit Blick auf den Wunsch nach einer absolut exklusiven dritten Prüfstellte als nicht hinreichend bewertet werden.

c) Zwischenergebnis

Die Umgestaltung der konsultativen *participation request* in ein rechtlich verbindliches und somit sachliche Legitimation vermittelndes Instrument der direkten Demokratie wäre nur unter grundlegender Umgestaltung des Instruments möglich. Dies wäre zielführend, um die bestehenden Legitimationsstrukturen zu ergänzen, dürfte mit Blick auf die Zielrichtung des Instruments, gerade kleinen Gemeindegruppen eine Mitwirkungsmöglichkeit an der Verwaltungstätigkeit zu geben, von der schottischen Politik in näherer Zukunft nicht gewollt sein.

Die Erweiterung der Rechtsgrundlage um eine Rechtsschutzmöglichkeit oder zumindest die Möglichkeit eines Schlichtungsverfahrens für die Initiatoren ist daneben jedoch unter rechtsstaatlichen Gesichtspunkten empfehlenswert.

3. Participation in public decision-making

Da von der Ermächtigungsgrundlage sec. 139 Community Empowerment (Scotland) Act 2015 bisher kein Gebrauch gemacht wurde, kann in diesem Abschnitt lediglich ein möglicher Ausblick auf eine künftige Regelung skizziert werden. Als Anleihe im Sinne eines *legal transplants* käme aufgrund der bereits dargestellten strukturellen Ähnlichkeiten[51] das Weisungs- und Evokationsrecht des Hamburger Senats in Betracht.

Eine direkte Übernahme von Evokations- und Weisungsrecht aus § 1 Abs. 4 VerwBehG und § 42 Satz 2 BezVG, wonach der Senat jeden Gegenstand an sich ziehen und selbst erledigen kann oder die nachgeordnete Administrative in seinem Sinne bindend anweisen kann, scheidet jedoch bereits wegen des unterschiedlichen Staatsaufbaus Hamburgs und Schottlands aus. Die an dieser Stelle mit den Bezirken zu vergleichenden *local authorities* verfügen über ein höheres Maß an Selbstständigkeit als die Hamburger Bezirke.[52] Da die *local authorities* „*creatures of statute*“[53] sind, bedürfen

[51] Vgl. Kapitel 2.III.3. und Kapitel 3.II.3.

[52] Vgl. Kapitel 1.III.2.

[53] *Himsworth*, Local Government Law in Scotland, S. 23.

Kompetenzverschiebungen stets einer Gesetzesänderung. Dies soll den rechtlichen Status der *local authorities* sichern. Die Einführung eines auf einer so weiten Rechtsgrundlage wie § 42 BezVG basierenden Weisungs- und Evokationsrechts würde zudem die *local authorities* weiter schwächen und zu einer stärkeren Zentralisierung der Exekutive führen. Die kommunale Verwaltung soll allerdings, wie auch die Zielrichtung des *Community Empowerment (Scotland) Act 2015* zeigt, mit einem die Gemeinden stärkenden und daher dezentralisierenden Fokus weiterentwickelt werden.[54] Demnach stehen auch rechtspolitische Gründe einer Übernahme des Evokationsrechts in Schottland entgegen.

Sollte sec. 139 Community Empowerment (Scotland) Act 2015 von den schottischen Ministern genutzt werden, um eine solche Art von Bürgerbeteiligungs-Rechtsverordnung (*statutory instrument*) zu erlassen, dürfte dies primär für das *participatory budgeting* und die Durchsetzung des darauf bezogenen 1 %-Ziels genutzt werden. Dies ergibt sich aus der expliziten Zielrichtung der Verordnungsermächtigung hinsichtlich der Verteilung finanzieller Ressourcen in sec. 139(4)(a) Community Empowerment (Scotland) Act 2015. Ein sich hierfür anbietender Fall wäre der Umstand, dass einige *councils* ihren Haushalt entgegen der Vereinbarung der schottischen Regierung mit der Vertretung der *local authorities* (*COSLA*)[55] vollständig ohne Bürgerbeteiligung verteilen. Eine solche Entwicklung deutete sich im Jahr 2020 durch die in Folge der Covid-19-Pandemie angespannten Haushaltssituation an.[56] Eine zeitnahe Nutzung von sec. 139 Community Empowerment (Scotland) Act 2015, die die Verteilung von 1 % der *council*-Haushalte durch *participatory budgeting* verbindlich vorschreibt, liegt demnach im Bereich des Möglichen.

II. Weiterentwicklung Hamburger Beteiligungsinstrumente

Die im vorherigen Kapitel untersuchten Hamburger Beteiligungsinstrumente[57] werden im Folgenden draufhin überprüft, inwiefern eine Weiterentwicklung im Lichte schottischer Beteiligungsformen möglich ist.

---

[54] Community Empowerment (Scotland) Act 2015, Explanatory Notes (Kapitel 2, Fn. 39).

[55] *COSLA/Scottish Government*, Community Choices 1 % Framework Agreement (2017).

[56] Auskunft eines Mitarbeiters der SNP aus September 2020.

[57] Vgl. Kapitel 3.II.1. –3.

1. Bürgerhaushalt

Die rechtsvergleichende Prüfung hat ergeben, dass das deliberative Verfahren des Hamburger Bürgerhaushalts, bei dem es maßgeblich darum ging, die Bürger besser über die Aufstellung eines öffentlichen Haushaltes zu informieren und ihre diesbezüglichen Präferenzen in Erfahrung zu bringen, nicht das Demokratieprinzip verletzt.[58] Einen Impuls zur Weiterentwicklung der Idee eines Bürgerhaushaltes gibt jedoch der Koalitionsvertrag für die 22. Legislaturperiode der Hamburgischen Bürgerschaft, der für den Zeitraum von 2020 bis 2025 zwischen der SPD und Bündnis 90/Die Grünen geschlossen wurde. Darin heißt es, dass

> „Für besonders bedeutende Stadtentwicklungsprojekte und neue, kreative Beteiligungsformate […] wir die Einrichtung eines Bürger*innenbeteili-gungsfonds prüfen [werden], auf den die Bezirke nach Vorlage eines Konzeptes zugreifen können."[59]

Zudem statuiert der Koalitionsvertrag zwischen Bündnis 90/Die Grünen und der CDU im Bezirk Eimsbüttel für den Zeitraum von 2019 bis 2024, dass man „ein eigenes Budget für Projekte von Bürgerinnen und Bürgern bereitstellen [will], die positiv auf den öffentlichen Raum wirken […]".[60] Und auch in der Koalitionsvereinbarung für die Bezirksversammlung Hamburg-Nord, geschlossen zwischen Bündnis 90/Die Grünen und der SPD, heißt es, dass

> „ein Partizipatives Budget […] Menschen in Hamburg-Nord ermöglichen [soll], Ideen für Nachbarschaft-, Stadtteil- oder Jugendprojekte zu finanzieren. Die Projektideen werden einmal jährlich eingereicht, diskutiert und eine Jury – bestehend aus Jugendlichen, Fachleuten und Bezirksvertreter*innen – entscheidet, welche Ideen den Zuschlag bekommen."[61]

Im Gegensatz zum untersuchten Bürger-Dialog aus dem Jahr 2009, der für den Haushalt der Hamburgischen Bürgerschaft stattfand, handelt es sich bei allen Vorstößen um Bürgerhaushalte auf Bezirksebene. Diese Entwicklungsimpulse machen die Überprüfung, inwieweit ein l*egal transplant* im Bereich der partizipativen Budgets von Schottland nach Hamburg geeignet ist, sehr interessant. Daran anknüpfend ist die Frage zu stellen, welche demokrati-

---

[58] Vgl. Kapitel 3.II.1.a)bb)(2)(c).

[59] Koalitionsvertrag SPD/Bündnis 90/Die Grünen, Bürgerschaft 22. Legislaturperiode, S. 24.

[60] Koalitionsvertrag Bündnis90/Die Grünen und CDU, Bezirksversammlung Eimsbüttel 2019–2024, S. 14.

[61] Koalitionsvereinbarung Bündnis90/Die Grünen und SPD, Bezirksversammlung Hamburg-Nord 2019–2024, S. 31.

schen Parameter bei der Fortentwicklung des Bürgerhaushalts in Hamburg einzuhalten wären.

a) Identifizierung des legal transplant-Gegenstandes

Für die Entwicklung von Bürgerhaushalten auf Bezirksebene in Hamburg bietet sich als Gegenstand für ein *legal transplant* das schottische *participatory budgeting* an, welches in den *local authorities*, also ebenfalls auf kommunaler Ebene stattfindet. Auch die grundsätzliche Ausrichtung des schottischen Vorbildes als partizipatives Instrument stimmt mit der Idee der Bezirksversammlungen Hamburg-Nord und Eimsbüttel überein, „ein Partizipatives Budget“[62] beziehungsweise ein „eigenes Budget für Projekte von Bürgerinnen und Bürgern“[63] zu schaffen. Der Bereich der reinen Beratung und Deliberation, wie noch im Bürger-Dialog von 2009 soll zumindest im Bezirk Hamburg-Nord durch das Einreichen von Projektideen mit anschließender Juryentscheidung eindeutig verlassen werden.[64] Dieser Einordnung steht auch die Vorgabe der Hamburgischen Bürgerschaft, die Einführung eines Bürger*innenbeteiligungsfonds zu prüfen, auf den die Bezirke nach Vorlage eines Konzeptes zugreifen können, nicht entgegen.[65]

Hierbei ist jedoch zu beachten, dass bezüglich des zu verteilendes Budgets für Beteiligungsprozesse in den Bezirken insbesondere die Idee des Koalitionsvertrages auf Landesebene eher der ersten Generation des schottischen *participatory budgetings* ähnelt. Hierbei wurden extra für diesen Zweck gewidmete Fonds von der schottischen Regierung bei Bedarf an die *local authorities* verteilt.[66]

Die im Rechtsvergleich untersuchte zweite Generation des *participatory budgetings* betrifft dagegen Teile der kommunalen Haushalte.[67] Auch wenn es sich hier lediglich um partizipative und damit nicht um rechtlich bindende Bürgerbeteiligung handelt, wäre eine Bürgerbeteiligung an der Verteilung

---

[62] Koalitionsvereinbarung Bündnis90/Die Grünen und SPD, Bezirksversammlung Hamburg-Nord 2019–2024, S. 31.

[63] Koalitionsvertrag Bündnis90/Die Grünen und CDU, Bezirksversammlung Eimsbüttel 2019–2024, S. 14.

[64] Koalitionsvereinbarung Bündnis90/Die Grünen und SPD, Bezirksversammlung Hamburg-Nord 2019–2024, S. 31.

[65] Koalitionsvertrag SPD/Bündnis 90/Die Grünen, Bürgerschaft 22. Legislaturperiode, S. 24.

[66] *Harkins/Moore/Escobar*, Review of 1st Generation PB in Scotland (2016), S. 10 f.; *Escobar*, Participatory Budgeting in Scotland, in: Hope for Democracy, 311 (328 ff.).

[67] *COSLA/Scottish Government*, Community Choices 1 % Framework Agreement (2017).

öffentlicher Haushalte in Hamburg kaum denkbar. Auf Landesebene gilt die nach deutschem Demokratieverständnis in der Volkssouveränität wurzelnde Budgethoheit des Parlaments, die aufgrund der umfassenden Verantwortung für das Allgemeinwohl unangetastet bleiben soll.[68] Den Bezirken fehlt daneben aufgrund ihrer kommunalen Unselbstständigkeit die Finanzhoheit. Dennoch sind die Beschlussrechte der Bezirksversammlungen zum Haushaltswesen aus §§ 36 ff. BezVG in § 32 Abs. 1 BezVG von der direkten Demokratie ausgeschlossen und damit dem Zugriff der Bürger verwehrt.[69]

Dementsprechend wird im Folgenden anhand der Maßgaben des Demokratieprinzips geprüft, welche Vorgaben ein schwerpunktmäßig durch das schottische *participatory budgeting* der ersten Generation inspirierter Hamburger Bürgerhaushalt auf Bezirksebene erfüllen müsste. Für technische Details der Abstimmungsverfahren, die sich zwischen den Generationen nicht wesentlich unterscheiden, wird aufgrund der fortgeschrittenen Erkenntnisse auch die zweite Generation mit in den Blick genommen.

b) Weiterentwicklung unter dem Demokratieprinzip

Da die Koalitionsvereinbarungen bezüglich der Bürgerhaushalte zum Zeitpunkt der Fertigstellung dieser Arbeit noch nicht umgesetzt wurden, sollen nur die im Lichte des Demokratieprinzips maßgeblichen Aspekte für die Einführung eines partizipativen Bürgerhaushaltes in Hamburg angesprochen werden. Hierbei ist insbesondere der partizipative Charakter des schottischen Vorbildes interessant, da dieser Bereich der Bürgerbeteiligung zwischen repräsentativer und direkter Demokratie in Hamburg kaum existiert. Zu untersuchen ist dabei, welche rechtliche Form ein solcher Bürgerhaushalt haben könnte, wer in den Kreis der Abstimmungsberechtigten gehört und welche Anforderungen an die Einhaltung von Mehrheits- und Repräsentationsprinzip zu stellen sind.

aa) Rechtliche Form

Nimmt man das schottische *participatory budgeting* als Vorbild für einen partizipativen Bürgerhaushalt in den Hamburger Bezirken, so ist keine formelle Rechtsgrundlage erforderlich. Die erste Generation wurzelte in einem politischen und damit informellen Konzept der schottischen Regierung. Diese richtet seit 2015 jährlich spezielle Fonds für *participatory budgeting*

---

[68] Vgl. dazu Jarass/Pieroth/*Pieroth*, GG, Art. 20 Rn. 20; *David*, HV, Art. 66 Rn. 9 f.; David/Stüber/*David*, HV, Art. 50 Rn. 41, 44.

[69] David/Stüber/*David*, HV, Art. 4 Rn. 20; 56 Rn. 23.

auf kommunaler Ebene ein. Die einzelnen *local authorities* konnten sich unter Vorlage eines Konzeptes auf einen Betrag aus dem Fonds bewerben und diesen bei Gewährung unter Beteiligung der Bürger für allgemeinwohldienliche Projekte verteilen.[70] Dieses Modell wurde gewählt, um den *local authorities* einen Anreiz zu geben, *participatory budgeting* zu testen und einzuführen. Der dahinterstehende politische Zweck war die Hoffnung, auf diese Weise mehr Bürger zu motivieren, sich für die kommunalen Belange zu interessieren, zu engagieren und damit demokratische Prozesse in den Gemeinden zu stärken.[71]

Auch wenn nach dem aktuellen Koalitionsvertrag der Regierungsfraktionen der Hamburgischen Bürgerschaft zunächst nur geprüft werden soll, ob ein Bürgerfonds eingerichtet werden sollte, geht der Impuls gedanklich in die gleiche Richtung, wie beim schottischen Vorbild. Es geht ebenfalls um ein speziell der Bürgerbeteiligung gewidmetes Budget auf Landesebene, auf das die kommunale Ebene in Form der Bezirke unter Vorlage eines Konzeptes zugreifen können soll.[72] Da es sich um die erstmalige Einführung eines partizipativen Budgets in Hamburg handelt, erscheint die erste, informelle Generation des *participatory budgetings* als Leitbild geeignet. Wenn der Fonds in Hamburg geschaffen würde, sollten die Bezirke im Sinne des Kennenlernens und der Schaffung neuer Strukturen einen ebenso großen Ermessensspielraum bei der Gestaltung der Beteiligungsverfahren haben, wie die Gemeinden der *local authorities* in der ersten Generation, um die Verfahren individuell an ihre Bedürfnisse anpassen zu können.[73] Zur Orientierung sollten von Bürgerschaft oder Senat jedoch wie in Schottland Richtlinien[74] oder Mindeststandards[75] für die Konzepte um die Bürgerhaushalte vorgeschlagen werden.

Der Bezirk Hamburg-Nord wird mit seinem Vorschlag um ein jährliches Partizipatives Budget und die Einrichtung einer darüber entscheidenden Jury, bestehend aus Jugendlichen, Fachleuten und Bezirksvertretern, deutlich konkreter.[76] Bei diesem Modell fehlt es jedoch an der Abstimmung

---

[70] Vgl. *Harkins/Moore/Escobar*, Review of 1st Generation PB in Scotland (2016), S. 8 ff., 17 ff.; *Escobar*, Participatory Budgeting in Scotland, in: Hope for Democracy, 311 (328 ff.); *Scottish Government*, Community Choices Fund 2018/19 Guidance, S. 3 f.

[71] Vgl. *Harkins/Moore/Escobar*, Review of 1st Generation PB in Scotland (2016), S. 8.

[72] Koalitionsvertrag SPD/Bündnis 90/Die Grünen, Bürgerschaft 22. Legislaturperiode, S. 24.

[73] *Harkins/Moore/Escobar*, Review of 1st Generation PB in Scotland (2016), S. 21 ff.

[74] *Scottish Government*, Community Choices Fund 2018/19 Guidance.

[75] *PB Scotland*, Participatory Budgeting Charter for Scotland (2019).

[76] Koalitionsvereinbarung Bündnis90/Die Grünen und SPD, Bezirksversammlung Hamburg-Nord 2019–2024, S. 31.

durch die im Bezirk wohnenden Bürger, wie dies bei den schottischen Verfahren aufgrund der erhofften Aktivierung der Anwohner im Vordergrund steht. Eine Übertragung ist an dieser Stelle somit nicht passend. Dieser Idee scheint vielmehr der „Kiezfonds“ aus dem Berliner Bezirk Lichtenberg nahe zu stehen, bei dem ebenfalls eine verstetigte Jury besteht, die jährlich das Budget auf die jeweils im Stadtteil angemeldeten Projekte verteilt.[77]

Über den Abschluss eines politischen Agreements zwischen Senat und den Bezirken nach dem Vorbild Schottlands nachzudenken wäre erst sinnvoll, wenn sich der politische Wille entwickelt, partizipative Haushalte in allen Bezirken durchzuführen und zu verstetigen. In Schottland einigte man sich in dieser Form darauf, dass die *councils* jeweils 1 % ihrer Haushaltsgelder durch *participatory budgeting* verteilen.[78] Eine direkte Übertragung dieser Vereinbarung nach Hamburg würde allerdings aufgrund der Staatsstruktur der Einheitsgemeinde nicht funktionieren. Den Bezirken mangelt es bereits an der Finanz- und Abgabenhoheit und somit an einem eigenen Haushalt in diesem Sinne.[79] Zudem scheiterte eine Übernahme auch rechtskulturell am bereits angesprochenen deutschen Verständnis um die Budgethoheit.[80] Es wäre aber denkbar, dass den Bezirken im Haushalt der Bürgerschaft gemäß §§ 37 ff. BezVG eigene Gelder für diesen Zweck zugewiesen würden. Eine politische Vereinbarung bezüglich partizipativer Haushalte könnte eine Rahmenzuweisung nach § 37 BezVG ergänzen, wonach die Bezirksämter den Mitteleinsatz überwiegend selbst bestimmen können. Bei Zweck- und Einzelzuweisungen nach §§ 38, 39 BezVG, wo kein Gestaltungsspielraum besteht beziehungsweise das Geld für einzelne Projekte veranschlagt wird, würde sich wegen des fehlenden Spielraums, das Budget anderweitig zu nutzen, eine politische Vereinbarung erübrigen.

Ein Parlamentsgesetz in Anlehnung an sec. 139 Community Empowerment (Scotland) Act 2015 wäre ebenfalls vom politischen Willen abhängig, Bürgerhaushalte dauerhaft einzuführen. Eine direkte Übertragung in Form der Ermächtigung des Senats, eine diesbezügliche Rechtsverordnung zu erlassen, wäre mit Blick auf dessen umfassende Weisungs- und Evokationsrechte jedoch nicht erforderlich. Vielmehr könnte der Erlass einer einfach-

---

[77] Dazu *Röcke*, Framing Citizen Participation, S. 144 f.; Website Bürgerhaushalt Lichtenberg; *Bezirksamt Lichtenberg*, Berlin, Kiezfonds.

[78] *COSLA/Scottish Government*, Community Choices 1 % Framework Agreement (2017).

[79] Vgl. David/Stüber/*David*, HV, Art. 4 Rn. 20.

[80] Vgl. dazu Jarass/Pieroth/*Pieroth*, GG, Art. 20 Rn. 20; *David*, HV, Art. 66 Rn. 9 f.; David/Stüber/*David*, HV, Art. 50 Rn. 41, 44.

gesetzlichen Norm, anlehnend an § 32 BezVG, angedacht werden, die für Rechts- und Verfahrenssicherheit sorgen würde.

Die Pflicht des Gesetzgebers, durch eine Norm formell nachzubessern besteht allerdings nur dort, wo es Legitimationsdefizite gibt.[81] Da es sich bei den Bürgerhaushalten aber um ein partizipatives Instrument der punktuellen Verteilung von extra dafür gewidmeten Budgets handelt und die Bezirke keine Haushaltskompetenzen verlieren würden, drohen keine Legitimationsdefizite. Somit bestünde keine rechtliche Erforderlichkeit für eine Rechtsgrundlage.

bb) Kreis der Abstimmungsberechtigten und Verbindlichkeit

Der mögliche Kreis der Abstimmungsberechtigten richtet sich nach dem Grad der rechtlichen Verbindlichkeit des jeweiligen Beteiligungsinstruments. Wird durch ein Beteiligungsverfahren parallel zu einem repräsentativen Organ Staatsgewalt ausgeübt, so muss im Sinne des Demokratieprinzips der Kreis der Beteiligten dem der jeweiligen Aktivbürgerschaft beziehungsweise dem der wahlberechtigten Bürger entsprechen, um das gleiche Maß an demokratischer Legitimation zu gewährleisten. Dies gilt nicht, wenn das Ergebnis der Bürgerbeteiligung nicht rechtlich bindend ist.[82]

Das Abstimmungsergebnis des schottischen *participatory budgetings* weist als partizipatives Beteiligungsinstrument zwar politische, jedoch keine rechtliche Bindungswirkung gegenüber der Exekutive auf.[83] Dementsprechend können die schottischen Gemeinden die Zielgruppe ihrer *participatory budgeting*-Verfahren individuell an die jeweiligen Gegebenheiten und Zwecke anpassen. So sind zumeist alle Anwohner des betroffenen Gebiets, unabhängig von ihrer Nationalität, abstimmungsberechtigt. Die Altersgrenze kann ebenfalls für den Einzelfall festgelegt werden und lag bei einem Verfahren in South Central Edinburgh im Jahr 2016 beispielsweise bei acht Jahren.[84]

Wie bereits dargestellt, dürfte der partizipative Charakter auch für eine Umsetzung eines Bürgerfonds in Hamburg gelten. Wenn die Bezirke nach schottischem Vorbild die Gelder aus einem solchen Fonds durch informelle Beteiligungs- und Abstimmungsverfahren verteilten, würde dies einen empfehlenden Charakter oder gar politische Bindungswirkung entfalten. Dem-

---

[81] Vgl. *Trute*, in: Hoffmann-Riem/Schmidt-Aßmann/Voßkuhle, Grundlagen des Verwaltungsrechts, Bd. 1, 307 (347).

[82] Vgl. Kapitel 3.II.1.a)bb)(1)(ab) und Kapitel 4.I.1.b)cc).

[83] Vgl. Kapitel 2.I.2.b).

[84] *PB Scotland*, South Centra£ Decides on Saturday (2016).

entsprechend wäre der Beteiligtenkreis rechtlich nicht auf die in einem Bezirk lebenden Wahlberechtigten beschränkt. Vielmehr könnte je nach thematischem Schwerpunkt anhand verschiedener Kriterien ein individueller Beteiligtenkreis durch den Bezirk definiert werden. So könnten bei Budgetabstimmungen für soziale Projekte alle Einwohner eines Bezirks teilnehmen, während beim Thema Kinder- und Jugendprojekte auch eine Altersobergrenze gezogen werden könnte, um speziell diese Zielgruppe zu beteiligen. Der partizipative Charakter des Instruments würde wie in Schottland einen großen Ermessensspielraum bei der Ausgestaltung der Beteiligungsverfahren zulassen und aufgrund der fehlenden rechtlichen Verbindlichkeit der Ergebnisse das Demokratieprinzip nicht verletzen.

cc) Quorum und Mehrheitsprinzip

Die Frage nach der Einführung von Quoren bei Abstimmungen stellt sich unter den Gesichtspunkten der demokratischen Legitimation und auch der Legitimität.[85] Wie bereits dargestellt, werden in Schottland, mit Ausnahme beim Devolutionsreferendum im Jahr 1979, keine Quoren für Referenden oder andere Abstimmungen genutzt.[86] Dies gilt ebenso für die *participatory budgeting*-Verfahren auf Ebene der *local authorities*. Zum einen sind Quoren in Bezug auf das Demokratieprinzip nicht zwingend erforderlich, sondern im Sinne der rechtsstaatlichen Sicherung der Funktionsfähigkeit der Verwaltung anzudenken. Zum anderen steht in Schottland der politische Gedanke im Vordergrund, die Bürger zunächst an das neue Beteiligungsverfahren heranführen und einen Lernprozess zu initiieren, wobei die Beschränkung durch Beteiligungs- oder gar Zustimmungsquoren als hinderlich empfunden wird.[87] Diese Systematik ist für die Einführung eines Bürgerhaushaltes auf Bezirksebene in Hamburg rechtlich wie politisch übertragbar. Da ein Quorum nicht einmal beim direktdemokratischen Bürgerentscheid rechtlich erforderlich ist,[88] bedürfte es erst recht keiner solchen Schranke bei einer rein partizipativen Budgetabstimmung im Bezirk. Zudem erscheint auch politisch die niedrigschwellige Einführung eines neuen Beteiligungsinstruments angemessen, damit zunächst ein Lernprozess bei den Beteiligten stattfinden kann.

---

[85] Dazu David/Stüber/*David*, HV, Art. 56 Rn. 51 ff.; *Sommermann*, in: Bauer/Huber/Sommermann, Demokratie in Europa, 191 (201).

[86] Vgl. Kapitel 4.I.1.b)cc).

[87] Auskunft eines Senior Policy Officer der schottischen Regierung aus Oktober 2019; Auskunft eines Concil Officers des Dundee City Council aus November 2019.

[88] David/Stüber/*David*, HV, Art. 56 Rn. 49.

Wichtig ist jedoch die Einhaltung des demokratischen Mehrheitsprinzips, wonach Wahlen und Abstimmungen stets von der Mehrheit der Wähler und Abstimmenden zu entscheiden sind. Dies ist für die schottische Idee, dass es sich beim *participatory budgeting* um ein demokratisches Instrument handeln soll, als Mindestvoraussetzung erforderlich und wird entsprechend bei den Abstimmungsverfahren sowohl der ersten, als auch der zweiten Generation gewährleistet.[89] In Glasgow konnten die Abstimmenden bei einem Verfahren der ersten Generation alle Projekte mit bis zu fünf Punkten bewerten, wobei am Ende die Projekte, die die meisten Stimmen auf sich vereinigen konnten, gefördert wurden.[90] Beim untersuchten Beispiel der zweiten Generation in Dundee konnten die Beteiligten ihre Stimmen auf so viele Projekte verteilen, bis das Budget aufgebraucht war. Auch wenn sich die Abstimmungsmethoden unterscheiden, erhalten stets die Projekte mit den meisten Stimmen, unter Berücksichtigung der vorhandenen Gelder, den Zuschlag.[91] In beiden Fällen handelte es sich um einfache Mehrheitserfordernisse.

Auch in Hamburg müsste bei der Einführung eines partizipativen Budgets, das durch Abstimmungen verteilt wird, das Mehrheitsprinzip eingehalten werden. Dabei ist eine Orientierung an schottischen Vorbildern möglich, wobei die Bezirke bei der genauen Ausgestaltung des Verfahrens frei wären.

dd) Repräsentationsprinzip

Weiterhin ist bei einem demokratischen Verfahren auch die Einhaltung des Repräsentationsprinzips dergestalt zu beachten, dass die Legitimationskette vom Wahlvolk bis hin zu einer Entscheidung nicht durch Dritte durchbrochen wird. Da aber weder das schottische *participatory budgeting* der ersten noch der zweiten Generation eine rechtliche Bindungswirkung entfaltet, besteht durch die Abstimmung der verschiedenen Bürgergruppen nicht die Gefahr der Verletzung des Prinzips der *accountability*. Zudem wurde, wie dies auch in Hamburg auf Landesebene angedacht ist, ein spezieller Fonds von der Regierung zur Verfügung gestellt, auf den die *local authorities* unter Vorlage einer Verfahrensidee zugreifen konnten.[92] Die Widmung des Fonds für diesen speziellen Zweck der Bürgerbeteiligung durch die schottische Regierung in Verbindung mit der Überprüfung des jeweiligen Konzepts zur

---

[89] Vgl. Kapitel 2.I.2.b) und Kapitel 3.II.1.a)bb)(2)(a).

[90] *Harkins/Moore/Escobar*, Review of 1st Generation PB in Scotland (2016), S. 17.

[91] Dundee City Council Participatory Budgeting Guide.

[92] *Harkins/Moore/Escobar*, Review of 1st Generation PB in Scotland (2016), S. 7 ff.; *Scottish Government*, Community Choices Fund 2018/19 Guidance, S. 3 f.

Verteilung des Geldes ist zudem ausreichend, um den repräsentativen Charakter des Prozesses zu sichern. Bei einer geringen Beteiligung stellt sich lediglich die Frage nach der Legitimität des Ergebnisses, nicht jedoch nach der Verletzung des Repräsentationsprinzips.

Auch diese Überlegungen lassen sich auf einen Hamburger Bürgerfonds übertragen. Das Störungsverbot würde nicht verletzt werden, zumal die Gelder durch die Bürgerschaft im Haushalt oder durch Beschluss des Senats für den Zweck der partizipativen Verteilung bestimmt und damit legitimiert würden. Zudem würde durch die Abstimmungen der Bürger in den Bezirken keine Staatsgewalt ausgeübt, sodass die Legitimationsketten nicht gefährdet würden.

Schwieriger ist dies bei der Idee des Bezirks Hamburg-Nord umzusetzen, wo eine Jury, die aus Bezirkspolitikern, Verwaltungsmitarbeitern und Bürgern bestünde, über die Verteilung der Gelder entscheiden soll. Zwar wäre die Verteilung eines solchen Bezirksfonds, wie auf Landesebene, durch den Beschluss der Bezirksversammlung demokratisch legitimiert. Dennoch stellte sich die Frage nach der personellen Legitimation wie Legitimität der zu diesem Gremium berufenen Bürger. Dies könnte darüber gelöst werden, dass die Bürger des Gremiums durch die Mehrheit der demokratisch legitimierten Bezirksversammlung ernannt würden.

c) Zwischenergebnis

Die Übertragung des schottischen *participatory budgetings* der ersten Generation in Form eines *legal transplants* auf die Hamburger Bezirksebene erscheint ohne besondere Anpassungen rechtlich möglich. Dies liegt am eigens dafür vorgesehen Fonds, der die Budgethoheit der Bürgerschaft und die Haushaltskompetenzen der Bezirke unangetastet lässt, sowie am partizipativen und damit rechtlich nicht verbindlichen Charakter des Instruments. Hierdurch würde erstmals gezielt ein Beteiligungsinstrument der partizipativen Demokratie in Hamburg eingeführt werden.

2. Konsensmethode beziehungsweise „Bürgerverträge"

Die rechtsvergleichende Prüfung hat gezeigt, dass das informelle Kooperationsverfahren der Hamburger Konsensmethode, die zu „Bürgerverträgen" führen, auf Bezirksebene das Demokratieprinzip formell nicht verletzt, da der gefundene Konsens vor seiner Umsetzung von der demokratisch legitimierten Bezirksversammlung beschlossen wird.[93]

---

[93] Vgl. Kapitel 3.II.2.a)bb)(2)(c).

Das Abschließen von Bürgerverträgen ist jedoch eine Reaktion auf Konfliktsituationen zwischen Bezirkspolitik und zivilgesellschaftlichen Gruppen, das ohne Rechtsgrundlage und Verfahrenssicherheit durchgeführt wird. Somit stellt sich für die folgende Untersuchung die Frage, wie das Spannungsfeld zwischen dem Einfluss von Individualinteressen und der Einhaltung des Allgemeinwohls für die Zukunft in Balance gebracht werden kann.

a) Identifizierung des legal transplant-Gegenstandes

Für die Anwendung eines *legal transplants* aus dem schottischen Kontext nach Hamburg bietet sich die *participation request* an. Dieses Beteiligungsinstrument ist wie die Konsensmethode partizipativ ausgestaltet und damit von der Zielrichtung her passend, da gerade dieser Bereich zwischen repräsentativer und direkter Demokratie in Hamburg schwach ausgeprägt ist und optimierungsbedürftig erscheint.[94] Die ähnliche Ausgestaltung der Verfahren, die kleinen Bürgergruppen die Beteiligung an Verwaltungsentscheidungen ermöglicht, bringt ähnliche rechtliche Probleme mit sich, sodass im Folgenden überprüft wird, inwieweit der schottische Ansatz im Sinne einer demokratischen Verbesserung nach Hamburg übertragbar wäre.

b) Weiterentwicklung unter dem Demokratieprinzip

Für die Weiterentwicklung der Hamburger Konsensmethode zwischen direktdemokratischen Initiativen und der Bezirkspolitik anhand des Vorbilds der *participation request* in sec. 19 ff. Community Empowerment (Scotland) Act 2015 ist insbesondere die Möglichkeit der Formalisierung des Verfahrens zugunsten der Rechts- und Verfahrenssicherheit aller Beteiligten zu untersuchen. Darüber hinaus ist mit Blick auf das Spannungsverhältnis zwischen Befriedigung von Individualinteressen und der Einhaltung des Allgemeinwohls zu prüfen, ob das Verfahren legitimitätssteigernd ausgestaltet werden kann.

aa) Einführung einer Rechtsgrundlage

Wie bereits dargestellt, hat der Gesetzgeber die Pflicht dort nachzubessern, wo Legitimationsdefizite bestehen.[95] Da die Bezirksversammlung stets über die Annahme und Umsetzung eines Bürgervertrages entscheidet, besteht keine rechtliche Durchbrechung der Legitimationskette durch den Einfluss

---

[94] Vgl. Kapitel 3.II.2.a)bb)(2)(c) und Kapitel 3.III.

[95] Vgl. *Trute*, in: Hoffmann-Riem/Schmidt-Aßmann/Voßkuhle, Grundlagen des Verwaltungsrechts, Bd. 1, 307 (347).

der Individualinteressen, die die Initiatoren eines Bürgerbegehrens in das Ergebnis einbringen. In der Mitwirkung der Initiatoren an der Konsensfindung liegt mithin keine Ausübung von Staatsgewalt, die durch die Einführung einer Rechtsgrundlage demokratisch legitimiert werden müsste.[96] Dennoch kann die Formalisierung des Verfahrens auch unter demokratietheoretischen Aspekten sinnvoll sein. Dies zeigt das Beispiel von Schottland, wo die Rechtsgrundlage der *participation request* neben der Sicherung des *principle of accountability* das neue Partizipationsinstrument gemeinwohlorientiert, verfahrenssicher und transparent ausgestaltet.[97]

(1) Übernahme der participation request

Für die Formalisierung der Hamburger Konsensmethode käme zunächst die Übersetzung und Übernahme der Rechtsgrundlage in Part 3 Community Empowerment (Scotland) Act 2015 in Betracht. Aufgrund des partizipativen Charakters des Instruments, das zu keiner Veränderung der Kompetenzordnung der Staatsstruktur führt, wäre die Einführung als neues Beteiligungsverfahren innerhalb der Hamburger Verwaltung ohne erheblichen Aufwand rechtlich möglich. Auch der vierstufige Verfahrensablauf nach sec. 22, 24ff., 28 und 32 Community Empowerment (Scotland) Act 2015 in Form von Einreichen einer Beteiligungsanfrage, Entscheidung über die Annahme der Anfrage durch die Verwaltung, anschließendem gemeinsam zu entwickelndem Verbesserungsprozess und abschließender Evaluation durch die Verwaltung erscheint ohne grundlegende Anpassungen als Ergänzung des Verwaltungsverfahrens übertragbar. Die Einführung individueller Rechtsschutzmöglichkeiten im Sinne von sec. 30 Community Empowerment (Scotland) Act 2015 wäre aufgrund der allgemeinen Rechtsschutzmöglichkeiten des deutschen Verwaltungsrechts nicht erforderlich.

Lediglich Details, wie die konkrete Definition der Antragsberechtigten und der Adressaten der Beteiligungsanfrage aus sec. 19–21, sch. 2 Community Empowerment (Scotland) Act 2015 müssten an die Hamburger Rechtsrealität angepasst werden. Dies könnten auf der einen Seite Vereine und andere zivilgesellschaftliche Gruppen sein. Auf der anderen Seite kämen alle Fachbehörden, die ihnen zugeordneten Landesbetriebe sowie die sieben Bezirksämter und -versammlungen in Betracht. Eine Beteiligung an Entscheidungen der Minister ist in Schottland nicht vorgesehen und wäre in Hamburg bezüglich des Senats mit Blick auf dessen Aufsichts- und Steuerungsfunktion, die er uneingeschränkt wahrnehmen können muss, verfas-

96 Vgl. *David*, HV, Art. 56 Rn. 29.

97 Vgl. Kapitel 3.II.2.a)bb)(2)(b).

sungsrechtlich auch abzulehnen. Ob die Beteiligungsanfrage wie in Schottland sowohl auf nationaler, also in Hamburg landesweiter, als auch auf gemeindlicher, das heißt in Hamburg auf bezirklicher Ebene gestellt werden könnte, wäre eine politische Entscheidung. Hierfür bedürfte es eines eigenen Gesetzes, wie beispielsweise des Hamburgischen Seniorenmitwirkungsgesetzes, das die Beteiligung auf Landes- wie auf Bezirksebene reguliert, §§ 4 ff., 9 ff. HmbSenMitwG. Sollte die Beteiligungsanfrage nur auf bezirklicher Ebene möglich sein, würde sich in Anlehnung an die Vorgaben der §§ 32 f. BezVG eine Ergänzung des Bezirksverwaltungsgesetzes anbieten.

Die beschriebene Übertragung der *participation request* ist aufgrund der Loslösung vom direktdemokratischen Verfahren jedoch nur als eine Ergänzung denkbar, die selbstständig neben der aktuell praktizierten Konsensmethode stünde. Es ist unwahrscheinlich, dass die Bürger in der politischen Realität dieses Instrument als Alternative zum direktdemokratischen „Hebel" des Bürgerbegehrens nutzen würden, bei welchem sie regelmäßig dank der Sperrwirkung des § 32 Abs. 5 Satz 1 BezVG und dem möglichen Bürgerentscheid in der Hinterhand eine stärkere Verhandlungsposition für Vereinbarungen mit der Bezirksverwaltung innehaben. Jedoch würde eine Hamburger „Partizipationsanfrage" den Bürgern einen formalisierten Zugang zu Verwaltungsverfahren außerhalb der Bezirksversammlungen eröffnen. Dies stellt eine Bereicherung der Mitwirkungsmöglichkeiten dar.

(2) Formalisierung der Konsensmethode

Weiterhin ist zu prüfen, inwieweit die Rechtsgrundlage des Part 3 Community Empowerment (Scotland) Act 2015 auf das konkrete Verfahren der bezirklichen Konsensfindung übertragen werden kann. Wie bereits dargestellt, eröffnet das Verfahren um Bürgerbegehren und Bürgerentscheide in § 18 BezAbstDurchfVO den Beteiligten abstrakt die Möglichkeit der Einigung.[98] Danach kann die Bezirksversammlung vom Zeitpunkt der Anzeige des Bürgerbegehrens bis zu zwei Monate nach der Feststellung des Zustandekommens jederzeit dem Anliegen des Bürgerbegehrens unverändert oder in einer Form zustimmen, auf die sich Initiative und Bezirksversammlung zuvor schriftlich geeinigt haben. Ein Bürgerentscheid findet gemäß § 32 Abs. 7 Satz 1 BezVG, § 7 Abs. 1 Satz 1 BezAbstDurchfG vier Monate nach der Feststellung über das Zustandekommen eines Bürgerbegehrens statt, wenn die Bezirksversammlung dem Anliegen nicht zustimmt. Obwohl die Bezirkspolitik mit einem Einigungsverfahren bis nach dem Zustandekommen des Bürgerbegehrens warten kann, findet die Konsenssuche häufig, wie im

[98] Vgl. Kapitel 3.II.2.a)bb)(2)(b).

hier beschriebenen Beispiel aus dem Bezirk Altona, bereits nach Erreichen der Sperrwirkung des § 32 Abs. 5 Satz 1 BezVG statt, um die direktdemokratische Initiative möglichst zeitnah zu beenden.[99]

Eine konkretere Ausgestaltung des Einigungsverfahrens in § 18 BezABst-DurchfVO durch den Senat wäre an dieser Stelle sinnvoll. Das Erreichen der Sperrwirkung könnte als Mindestvoraussetzung vorgesehen werden, um die formale Möglichkeit der Initiierung einer Beteiligungsanfrage im Sinne von sec. 22 Community Empowerment (Scotland) Act 2015 zu eröffnen. Über deren Annahme hätte sodann die Bezirksverwaltung, die letztlich mit der Umsetzung eines Bürgervertrages beauftragt ist, anhand konkreter Vorgaben zu entscheiden. Das Erreichen der Sperrwirkung als Zugangsvoraussetzung würde der Initiative ein Mindestmaß an öffentlichem Interesse am Gegenstand und somit Legitimität verschaffen.

Im Fall der Annahme könnte in Anlehnung an sec. 28, 29 Community Empowerment (Scotland) Act 2015 ein gemeinsames, noch näher mit Zuständigkeiten und Fristen auszugestaltendes Einigungsverfahren stattfinden. Das Resultat in Form eines Bürgervertrages müsste weiterhin zur Sicherung der demokratischen Legitimation von der Bezirksversammlung beschlossen werden. Ergänzend wäre nach sec. 32 Community Empowerment (Scotland) Act 2015 nach Verfahrensabschluss eine Evaluation zum Prozess zu veröffentlichen.

Diese Normierung des Einigungsprozesses mit der Festsetzung von Zuständigkeiten und konkreten Verfahrensschritten, die deutlich über die Verfahrensbeendigungsregel des § 18 BezABstDurchfVO hinausgingen, würde mit Ausnahme der zusätzlichen Berichts- und damit Rechenschaftspflicht der Verwaltung gegenüber der Öffentlichkeit keine grundlegenden Verfahrensänderungen oder gar eine Stärkung der demokratischen Legitimität gegenüber der gegenwärtig stattfindenden Praxis mit sich bringen, sondern das Verfahren hauptsächlich konkretisieren. Allerdings würde die Formalisierung des Vorgangs und damit auch die Verstetigung der ohnehin bestehenden Strukturen ähnlich wie in Schottland zu einer erheblichen Steigerung der Transparenz und somit auch der Verfahrenssicherheit der Beteiligten beitragen. In dieser Form könnte die Beteiligung eine Brücke zwischen Verfahrensrecht und Demokratieprinzip schlagen[100] und die demokratische Qualität des Instruments erhöht werden.

---

99 Vgl. Kapitel 3.II.2.a)bb)(2)(b)(ab).

100 Vgl. *Rossen-Stadtfeld*, in: Hoffmann-Riem/Schmidt-Aßmann/Voßkuhle, Grundlagen des Verwaltungsrechts, Bd. II, 625 (632).

bb) Erhöhung der Legitimität durch nachträgliche Abstimmung

Nicht gelöst werden kann durch die Formalisierung der Konsensmethode auf Bezirksebene der Umstand, dass die Initiatoren und damit Verhandler der bürgerlichen Seite potenziell ein hohes Maß an Individualinteressen in das Einigungsergebnis einbringen können. Auch wenn die demokratische Legitimation der Einigung formal durch Beschluss der Bezirksversammlung gesichert wird, erscheint zumindest die Legitimität eines solchen Ergebnisses fraglich.

In Schottland ist die Einbringung von individuellen Ansichten und Kenntnissen bei der schottischen *participation request* intendiert, da man Problemlösungen mit den betroffenen Bürgern gemeinsam und für diese erarbeiten möchte. Allerdings ist der Beitrag der Bürger stets unverbindlicher und beratender Natur, sodass der Verwaltung mit Blick auf das Gemeinwohl stets die volle Einschätzungsprärogative verbleibt.

Dagegen besteht bei der in der direkten Demokratie wurzelnden Konsensmethode aufgrund von Sperrwirkung und alternativ möglichem Bürgerentscheid die bereits erwähnte starke Verhandlungsposition der Initiatoren. Dies führte im Fall des hier untersuchten Blankeneser Marktplatzes dazu, dass trotz vorgenommener breiter Bürgerbeteiligung im Vorfeld der Baumaßnahmen auf sehr spezielle Gestaltungswünsche der Initiatoren des Bürgerbegehrens eingegangen wurde.[101] Dieser Vorgang weckt Zweifel an der Ausrichtung der Entscheidung am Wohle der Allgemeinheit sowie der Akzeptanz der Vereinbarung in der Öffentlichkeit.

Da dieses Problem wegen der schwächeren Verhandlungsposition der Antragsteller aufgrund der rein partizipativen Natur der *participation request* in Schottland nicht bekannt ist, sieht Part 3 Community Empowerment (Scotland) Act 2015 hierfür keine Lösung vor. Ein möglicher Lösungsansatz könnte jedoch aus dem direktdemokratischen Verfahren des § 32 BezVG selbst erarbeitet werden. Da ein Bürgerentscheid gemäß § 32 Abs. 11 Satz 1 BezVG die gleiche rechtliche Wirkung wie ein Beschluss der Bezirksversammlung hat, könnte statt der Bezirksversammlung auch das Bezirksvolk über den gefundenen Konsens abstimmen. Es könnte an die Einführung eines in diesem Fall auszulösenden Bürgerentscheids „von oben“ durch die Bezirksversammlung selbst nachgedacht werden. Ein solches „Parlamentsreferendum“, das auf Bezirksebene aufgrund der Organeigenschaft der Bezirksversammlungen als Verwaltungsausschüsse anders zu benennen wäre, existiert bei der direkten Demokratie auf Landesebene in Form von Art. 50 Abs. 4b) HV. Hiernach kann die Bürgerschaft auf Vorschlag des Se-

[101] Vgl. Kapitel 3.II.2.a)bb)(2)(b)(ab) und Kapitel 3.II.2.b)dd).

nats oder mit dessen Zustimmung einen Gesetzentwurf oder eine andere Vorlage von grundsätzlicher und gesamtstädtischer Bedeutung zum Volksentscheid stellen. Somit kann ohne weitere Vorstufen direkt durch das Parlament ein Volksentscheid zu einer bestimmten Vorlage ausgelöst werden.

Bei der Einführung eines „Bezirksreferendums" würde die Letztentscheidung über die Annahme und Umsetzung der Einigung an das Bezirksvolk abgegeben, das dem möglicherweise durch Individualinteressen angereicherten Gegenstand bei mehrheitlicher Annahme anstelle des Bezirksversammlungsbeschlusses Legitimation verleihen würde. Zusätzlich würde durch die Zustimmung der Allgemeinheit aber auch die soziale Akzeptanz der Einigung und somit Legitimität hergestellt. Da die Bezirkspolitik stets am Konsens mitwirkt, wäre zudem bereits im Vorfeld die politische Verantwortbarkeit der Umsetzung gesichert. Ein Bezirksreferendum würde einen zeitlichen wie finanziellen Mehraufwand im Vergleich zum bisherigen Verfahren mit Beschluss durch die Bezirksversammlung bedeuten. Dies wäre jedoch mit Blick auf den demokratischen Mehrwert hinzunehmen.

Eines über das schlichte Mehrheitserfordernis hinausgehenden Beteiligungs- oder Zustimmungsquorums bedürfte es, wie bei einem gewöhnlichen Bürgerentscheid, aus demokratietheoretischer Sicht nicht.[102]

c) *Zwischenergebnis*

Die Übernahme der *participation request* als zusätzliches formelles Instrument in Hamburg wäre rechtlich möglich und könnte als partizipative Ergänzung des Beteiligungsinstrumentariums betrachtet werden. Die daran orientierte Formalisierung der Hamburger Konsensmethode selbst erscheint ebenfalls möglich. Dies kann jedoch lediglich der Erhöhung der Verfahrenstransparenz und Rechtssicherheit dienen, nicht der Erhöhung der Legitimität oder gar Legitimation der Entscheidung. Letzteres könnte über eine im Anschluss an die Konsensfindung stattfindende bezirksweite Abstimmung in Form eines „Bezirksreferendums" bezweckt werden.

Sowohl die Übertragung der *participation request* als auch die stärkere Formalisierung der Konsensmethode in Hamburg würde den partizipativen Beteiligungsbereich stärken, zumal es bisher an einem Instrument fehlt, mit dem Bürger für sie wichtige Themen des öffentlichen Lebens auf Augenhöhe mit Vertretern der Exekutive bearbeiten können. Dadurch würde die partizipative Demokratie, die bisher lediglich als Lösungsstrategie zwischen repräsentativer und direkter Demokratie im Konfliktfall genutzt wird, als vollwertiger Beteiligungsmechanismus etabliert.

---

[102] Vgl. dazu David/Stüber/*David*, HV, Art. 56 Rn. 49.

3. Weisungs- und Evokationsrecht

Fraglich ist, ob ein Bedarf zur Weiterentwicklung des Weisungs- und Evokationsrechts des Senats aus § 1 Abs. 4 VerwBehG und § 42 Satz 2 BezVG existiert und inwieweit ein *legal transplant* aus Schottland hierfür genutzt werden könnte.

a) Weiterentwicklungsbedarf – Volksinitiative „Bürgerbegehren und Bürgerentscheide jetzt verbindlich machen – Mehr Demokratie vor Ort"

Im August 2019 wurde in Hamburg die Volksinitiative mit dem Titel „Bürgerbegehren und Bürgerentscheide jetzt verbindlich machen – Mehr Demokratie vor Ort" angezeigt, die im Februar 2020 nach Vorlage von 10.000 Unterschriften von zur Bürgerschaft Wahlberechtigten zustande kam.[103] Diese Volksinitiative, die nach Art. 50 Abs. 1 Satz 1 HV in Form der „anderen Vorlage" angemeldet wurde, hat folgenden Inhalt: „Senat und Bürgerschaft unternehmen unverzüglich alle notwendigen Schritte, damit in Bezirksangelegenheiten rechtlich für Bezirk und Senat Bürgerentscheide bindend sind. Bürgerbegehren dürfen ab dem Tag ihrer Anmeldung nicht mehr be- beziehungsweise verhindert werden. Erfolgreiche Bürgerentscheide oder der Beschluss des Bezirks über die Annahme von Bürgerbegehren dürfen nur im Wege eines neuen Bürgerentscheids abgeändert werden."[104]

Hintergrund dieser Volksinitiative war, dass der Senat, wie bereits dargestellt, in politisch gebotenen Fällen Bürgerbegehren oder -bescheide durch Weisung oder Evokation beendet. Diese Praxis möchten die Initiatoren zur Stärkung der direkten Demokratie in den Bezirken für die Zukunft unterbinden.[105]

Die Forderungen der Vorlage können nur umgesetzt werden, wenn für den Bereich der Bürgerbegehren ab dem Tag der Anmeldung sowie für Bürgerentscheide das Weisungs- und Evokationsrecht des Senats ausgesetzt wird. Die strenge Umsetzung des Begehrens, erfolgreiche Bürgerbegehren nur noch durch neue Bürgerentscheide ändern zu können, würde sogar bedeuten, diesen Bereich der exekutiven Beschlussfassung der Überprüfung von Parlament und Gerichten zu entziehen.

Wenn ein Bürgerentscheid, der lediglich auf ein „Bezirksvolk" zurückgeht, den Senat rechtlich binden würde, bedeutete dies eine Verletzung des

---

[103] Bü-Drucks. 21/20119 vom 10.02.2020; Bü-Drucks. 21/20264 vom 25.02.2020.

[104] Volksinitiative „Bürgerbegehren und Bürgerentscheide jetzt verbindlich machen – Mehr Demokratie vor Ort", Unterschriftenliste, S. 1.

[105] Volksinitiative „Bürgerbegehren und Bürgerentscheide jetzt verbindlich machen – Mehr Demokratie vor Ort", Unterschriftenliste, S. 2.

Demokratieprinzips aus Art. 3 Abs. 1 und 2 HV, Art. 20 Abs. 1 und 2 i. V. m. Art. 28 Abs. 1 GG. Der Senat ist durch die Bürgerschaft demokratisch legitimiert und damit dem gesamten Hamburger Landesvolk verpflichtet. Seine Bindung durch den Beschluss eines „Bezirksvolkes" und somit nur eines Teils des Hamburger Demos würde den Legitimationsanforderungen nicht gerecht. Zudem stellt das Weisungs- und Evokationsrecht innerhalb der Verwaltungshierarchie der Hamburger Einheitsgemeinde, wie bereits dargestellt, einen wichtigen Mechanismus der sachlichen Legitimation dar.[106] Die Bindung des Senats durch Bürgerbegehren und Bürgerentscheide sowie die Beschränkung des Weisungs- und Evokationsrechts würde die demokratische Legitimation der Verwaltung in diesem Bereich durchbrechen.

Die Forderung, erfolgreiche Bürgerbegehren nur noch durch neue Bürgerentscheide ändern zu können, würde darüber hinaus eine Verletzung des Grundsatzes der Gewaltenteilung aus Art. 3 HV, Art. 20 Abs. 3 GG bedeuten, da ein erfolgreicher Bürgerentscheid damit der Kontrolle aller drei Gewalten entzogen würde.[107]

Daneben stünden weitere Verfassungsverletzungen. Die besonderen Mehrheitserfordernisse, die Art. 50 Abs. 3 Satz 11 HV für Verfassungsänderungen durch Volksentscheid vorsieht, würden mit einem Volksentscheid in Form der „anderen Vorlage" umgangen. Das Rechtsstaatsprinzip würde verletzt, da die Anmeldung des Bürgerbegehrens unabhängig von seiner Zulässigkeit Bindungswirkung entfalten sollte. Zudem würde auch das Prinzip der Stadtstaatlichkeit aus Art. 4 Abs. 1 HV, das den Wesenskern der staatsrechtlichen Identität Hamburgs darstellt, verletzt. Die Einschränkung des Weisungs- und Evokationsrechts und damit des Aufsichtsrechts des Senats aus Art. 33 Abs. 2 Satz 2 HV im Sinne einer senatsfreien Bezirksverwaltung wäre nämlich nur durch Umwandlung der Bezirke in Gemeinden möglich, was die Abschaffung der Einheitsgemeinde bedeutete.

Demnach ist die Vorlage der Volksinitiative und mit ihr die grundlegende Einschränkung oder Abschaffung des Weisungs- und Evokationsrechts des Senats als verfassungswidrig zu qualifizieren. Das Hamburgische Verfassungsgericht hat in diesem Sinne im Februar 2022 entschieden, dass das Volksbegehren nicht durchzuführen ist, da es mit den aus dem Demokratieprinzip des Art. 3 Abs. 1 HV abgeleiteten Abstimmungsgrundsätzen und mit sonstigem höherrangigen Recht im Sinne des § 26 Abs. 1 Nr. 1 VAbstG nicht vereinbar ist.[108]

---

[106] Vgl. Kapitel 3.I.1.b)aa) und bb).

[107] Vgl. *David*, HV, Art. 3 Rn. 35 ff.

[108] HVerfG, Urteil vom 04.02.2022 -6/20-, S. 11, abrufbar unter: https://www.ham

Hieraus ergibt sich folglich kein Impuls für eine Weiterentwicklung des Weisungs- und Evokationsrechts.

b) Legal transplant

Möglicherweise könnte die Befugnis der schottischen Minister, ein *statutory instrument* um das Thema der *participation in public decision-making* zu erlassen, aber als Inspiration für eine Neuerung in diesem Bereich in Hamburg dienen.

Es ist zu überlegen, ob insbesondere das Instrument der Weisung, das teilweise zur Beendigung direktdemokratischer Initiativen genutzt wird, um ein politisches Vorhaben zu ermöglichen, auch für die Unterstützung von Bürgerbeteiligung genutzt werden könnte. Hierbei könnte der Senat, wie dies auch bei einer Anordnung einer *participation in public decision-making* angelegt ist, die jeweiligen Verwaltungseinheiten anweisen, Beteiligungsverfahren zu bestimmten Themen durchzuführen. Hierbei ist jedoch die Funktion dieser Senatskompetenz zu beachten. Das Weisungs- und Evokationsrecht dient als Aufsichts- und Kontrollinstrument, soweit dies zur Verantwortung von Führung und Beaufsichtigung der Verwaltung erforderlich ist und nicht dazu, nach Bedarf Beteiligungspolitik durchzuführen.[109]

Hierfür wäre nach dem Vorbild von sec. 139 Community Empowerment (Scotland) Act 2015 der Erlass einer Verordnungsermächtigung denkbar. Dies würde ein Parlamentsgesetz erfordern, das den Senat ermächtigte, eine Rechtsverordnung für die Durchsetzung von Bürgerbeteiligung zu erlassen. Die deutsche Rechtsverordnung ist jedoch als abgeleitete Legislativbefugnis der Exekutive auf Außenwirkung angelegt,[110] sodass sie nicht als passendes Instrument für eine verwaltungsinterne Stärkung der Beteiligungsangebote in Frage kommt.

Für die interne Durchsetzung bestimmter politischer Vorhaben ist vielmehr das Instrumentarium der §§ 45 f. BezVG in Form von Fachanweisungen und Globalrichtlinien zu nutzen.[111] Für die einheitliche Ausführung bestimmter Beteiligungsverfahren in den Bezirken könnte der hierfür zuständige Senator im Einvernehmen mit den Leitungen der sieben Bezirksämter nach § 45 BezVG eine allgemeine Verwaltungsvorschrift in Form der

burgisches-verfassungsgericht.de/fileadmin/documents/judgements/2020/hverfg_6_20_urteil_endfassung_anonymisiertv._04.02.2022.pdf, Stand: 30.05.2022.

109 Vgl. *David*, HV, Art. 33 Rn. 23 ff., 27.

110 *Vagt*, Rechtsverordnung und Statutory Instrument, S. 40 f., 43.

111 Vgl. zur näheren Erörterung der Instrumentarien des hamburgischen Aufsichtsrechts Kapitel 3.II.3.a)aa)(2)(b).

Fachanweisung erlassen. Hierfür bräuchte es jedoch eine Norm, die durch den Inhalt der Fachanweisung konkretisiert würde,[112] woran es vorliegend fehlt.

Mit einer Globalrichtlinie nach § 46 BezVG kann der Senat daneben ausfüllungsfähige und -bedürftige Vorgaben für die Umsetzung politischer Ziele treffen, für die es keine Rechtsvorschriften gibt.[113] Hiermit könnte der Senat, sofern ein diesbezüglicher politischer Wille gebildet würde, generelle Vorgaben im Bereich der Bürgerbeteiligung, beispielsweise für die Einführung von partizipativen Budgets in den Bezirken, machen. Die konkrete Ausgestaltung dieser Vorgaben obläge dem Verfahrensermessen der zuständigen Stellen.

Dementsprechend bedürfte es aus einem rechtlichen Betrachtungswinkel heraus keines neuen Instrumentariums, um verwaltungsintern politische Beteiligungsziele durchzusetzen. Es müsste lediglich der politische Wille dazu entwickelt werden.

c) Zwischenergebnis

Für das Weisungs- und Evokationsrecht des Senats besteht weder rechtlicher noch politischer Weiterentwicklungsbedarf. Der Gegenstand der Volksinitiative, der die Aufsichtsrechte des Senats für den Bereich von Bürgerbegehren und Bürgerentscheiden einschränken will, ist mit der Hamburger Verfassung und insbesondere dem Demokratieprinzip nicht zu vereinbaren. Eine Veränderung der Aufsichtsrechte nach dem schottischen Vorbild der *participation in public decision-making* ist mit Blick auf die bestehenden Mittel der Rechts- und Fachaufsicht obsolet.

III. Rechtssichere Entwicklung prozeduraler und organisatorischer Bürgerbeteiligungsverfahren in der Verwaltung

Die rechtsvergleichende Untersuchung hat ergeben, dass viele Beteiligungsinstrumente als prozedurale Verfahren beginnen.[114] Das *participatory budgeting* und die Hamburger Konsensmethode zeigen aber, dass sich aus Einzelfällen schnell regelmäßige Verfahrensabläufe entwickeln können. Zudem

---

[112] David/Stüber/*David*, HV, Art. 4 Rn. 22.

[113] Vgl. *David*, HV, Art. 56 Rn. 44; David/Stüber/*David*, HV, Art. 4 Rn. 22; *Bull*, in: Hoffman-Riem/Koch, Hamburgisches Staats- und Verwaltungsrecht, 89 (112 f.).

[114] Vgl. Kapitel 3.II.1. und 2.

machen die *legal transplant*-Überlegungen deutlich, dass die Instrumente flexibel fortentwickelbar sind.[115] Um aus prozeduralen Einzelfällen rechtssicher systematische Bestandteile einer Verwaltungsorganisation zu machen, müssen stets die herausgearbeiteten demokratietheoretischen Vorgaben eingehalten werden. Das gleiche gilt bei der Veränderung von partizipativen hin zu direktdemokratischen Instrumenten. Dies ist wichtig, um die repräsentative Demokratie nicht zu beschädigen. Hierbei hat der Rechtsvergleich zweier repräsentativer Demokratien in Form von Hamburg und Schottland gezeigt, dass auch bei unterschiedlichen Rechtskulturen und -systemen, wie dem deutschen *civil law* und dem britischen *common law*, bei denen die Staatsstrukturen im Detail einige Unterschiede aufweisen, die demokratischen Kernelemente für die Bürgerbeteiligung gleichermaßen Geltung beanspruchen.[116] Diese grundsätzlichen Anforderungen an die verschiedenen Formen der Demokratie werden in der nachfolgenden Abbildung dargestellt und ihre Anwendung in den darauf folgenden Abschnitten erläutert.

	Repräsentation	Konsultation		Direkte Demokratie
		Deliberation	Partizipation	
Ausübung von Staatsgewalt	+ (Personenwahlen)	-	-	+ (Sachentscheidungen)
Demos	+	-	-	+
Quorum	-	-	-	-
Mehrheitsprinzip	+	- (bei Diskurs)	- (bei Diskurs)	+
		+ (bei Abstimmungen)	+ (bei Abstimmungen)	
Gleichheitsprinzip	+	+	+	+
Repräsentationsprinzip	+	+	+	+
Demokratische Legitimation	+	-	-	+

Tabelle 1: Übersicht der demokratischen Mindestanforderungen an Bürgerbeteiligung (eigene Darstellung).

[115] Vgl. Kapitel 4.I. und II.

[116] Vgl. Kapitel 1.III, IV, Kapitel 3.I.3. und Kapitel 3. II.1.a)bb)(2).

1. Demokratietheoretische Einordnung des Beteiligungsinstruments

Zunächst ist stets der demokratietheoretische Bereich zu definieren, in dem die Beteiligung der Bürger stattfinden soll. Hierfür gelten die zuvor aufgestellten Kategorien.[117]

Repräsentation	Konsultation		Direkte Demokratie
	Deliberation	Partizipation	

Tabelle 2: Demokratietheoretische Kategorien der Beteiligung (eigene Darstellung).

Bei der repräsentativen Demokratie beschränkt sich die Mitwirkung der Bürger auf die Personenwahl. Bei der direkten Demokratie entscheidet das wahlberechtigte Volk anstelle des von ihm gewählten Repräsentativorgans durch Abstimmung über einen konkreten Gegenstand. In beiden Fällen üben die Teilnehmer durch ihre Stimmabgabe Staatsgewalt aus. Im Rahmen der deliberativen Demokratie werden Bürger über ein Thema oder Vorhaben informiert und um ihre Meinung zu einem Vorhaben gefragt, sodass es im Optimalfall zu einer Diskussion und einem echten Austausch von Meinungen kommen kann, während bei der partizipativen Demokratie eine Zusammenarbeit von Bürgern und Verwaltung stattfindet. In beiden Fällen verbleibt die Letztentscheidung und damit die Ausübung von Staatsgewalt bei der Verwaltung. Die Bürger werden somit lediglich konsultiert, wobei die Grenze zwischen Deliberation und Partizipation fließend ist. Vereinfacht dargestellt existieren somit, abhängig von der jeweiligen Entscheidungskompetenz der Bürger, die drei Beteiligungsformen der Personenwahl, der Konsultation und der Sachabstimmung.

2. Voraussetzungen für die jeweilige Beteiligungsform

Aus dieser Einordnung ergeben sich sodann die demokratischen Anforderungen für die gewählte Form der Bürgerbeteiligung.[118]

Dabei gelten für die repräsentative und die direkte Demokratie die gleichen Voraussetzungen. In beiden Fällen muss für die Ausübung von Staatsgewalt der im staatsrechtlichen Sinne verstandene Demos in Form des wahlberechtigten Volkes beteiligt werden. Aus dem Demokratieprinzip selbst ergibt sich kein Erfordernis für die Aufstellung eines Quorums, das über den Erfolg der Wahl oder Abstimmung entscheidet, wohl aber für die Ein-

---

[117] Vgl. Tabelle 2 und Kapitel 2, Einleitung.

[118] Vgl. Tabelle 1.

haltung des Mehrheits- und Gleichheitsprinzips. Jeder einzelne Teil des Aktivvolkes soll einen gleichwertigen Beitrag leisten können, wobei die Mehrheit entscheidet. Zudem ist in einer repräsentativen Demokratie, die im hier untersuchten Modell das Rahmenkonzept darstellt, stets das Repräsentationsprinzip zu wahren. Hiernach ist zur Einhaltung des Allgemeinwohls auf die Durchsetzung von Individualinteressen zu verzichten. Bei der Wahl ist dies durch die gewählten Mitglieder des Repräsentationsorgans zu gewährleisten. Bei der Abstimmung wird der Allgemeinwohlbezug durch die mehrheitliche Annahme des Gegenstandes hergestellt. Der Gleichlauf der Voraussetzungen zeigt, ebenso wie die gleichwertige Erwähnung der Modalitäten in Art. 20 Abs. 2 Satz 2 GG, dass es sich bei Wahlen und Abstimmungen um verschiedene Formen der gleichen Machtausübung des Volkes handelt.[119]

Auch die demokratischen Anforderungen an die Konsultation von Bürgern durch Deliberation und Partizipation gleichen sich. Da hier keine Staatsgewalt ausgeübt wird, ist der Beteiligtenkreis rechtlich nicht auf das Wahlvolk beschränkt. Der Teilnehmerkreis kann daher auf spezielle, kleinere Zielgruppen zugeschnitten oder aber auf alle Bürger, unabhängig von ihrer Wahlberechtigung, ausgedehnt werden. Ein Quorum ist auch an dieser Stelle demokratietheoretisch nicht erforderlich. Das Mehrheitsprinzip kommt dabei immer zum Tragen, wenn eine (konsultative) Abstimmung stattfindet. Werden Bürger nur zur Abgabe von Meinungen aufgefordert, kann es sich, anders als das Gleichheitsprinzip, nicht auswirken. Zwar kann eine spezielle Zielgruppe unabhängig vom Wahlvolk definiert werden. Innerhalb dieser beteiligungsberechtigten Gruppe müssen aber alle Personen die gleichen politischen Beteiligungsmöglichkeiten erhalten. Die Einhaltung des Repräsentationsprinzips steht damit im Zusammenhang und wird formal stets durch die rechtliche Letztentscheidungskompetenz der Verwaltung gewahrt. Die Sicherstellung, dass die Entscheidung auch inhaltlich am Allgemeinwohl orientiert ist, wird durch das Gleichheitsprinzip unterstützt, obliegt darüber hinaus aber den zuständigen repräsentativen Stellen.

Der maßgebliche Unterschied im demokratischen Anforderungsprofil zwischen Konsultation und der Ausübung von Staatsgewalt durch Bürger ist somit der Zuschnitt des Beteiligtenkreises. Während bei Wahlen und Abstimmungen das Wahlvolk als Demos für die Gewaltausübung einzubeziehen ist, ist die Konsultation bei der Zielgruppenbestimmung frei. Die übrigen Voraussetzungen müssen unabhängig von der demokratietheoretischen Kategorie eingehalten werden.

---

[119] Dazu David/Stüber/*David*, HV, Art. 56 Rn. 49.

3. Bedeutung der verschiedenen Beteiligungsformen unter dem Demokratieprinzip

Wie im rechtsvergleichenden Kapitel festgestellt wurde, können lediglich die repräsentative und die direkte Demokratie legitimatorische Wirkung im Sinne rechtlicher Legitimation entfalten. Der Konsultation, unabhängig von ihrer genauen Ausprägung, kommt daneben nur soziale Akzeptanz und somit Legitimität vermittelnde Wirkung zu. Hierbei ist der Umstand, ob die Bürger durch ihre Beteiligung Staatsgewalt ausüben, der entscheidende Faktor.[120]

Die rein rechtliche Legitimation, so sehr sie die Vorgaben des Demokratieprinzips erfüllt, ist jedoch kein Garant dafür, dass die Verwaltungsentscheidung von den betroffenen Bürgern getragen wird. Für diesen Zweck können die Bereiche der Partizipation und Deliberation als Ergänzung dienen, indem sie eine öffentliche Kommunikation, Transparenz, Responsivität, Rechtfertigung und Rechenschaftslegung politischer Macht fördern.[121] Ihnen ist gemein, dass sie unabhängig von politischen Präferenzen auf die Bedürfnisse der Betroffenen auf verschiedensten Sachebenen eingehen können. Die Herausforderung ist dabei, die Verfahren so zu konzipieren, dass das Ergebnis von der Öffentlichkeit als gemeinwohlverträglich akzeptiert werden kann.

Die vielfältigen Ausgestaltungsmöglichkeiten der konsultativen Verfahren und insbesondere die Möglichkeit der inhaltlichen Auseinandersetzung mit Themen in Abgrenzung zu einfachen Wahl- oder Abstimmungsentscheidungen, können das Verwaltungshandeln in einer repräsentativen Demokratie enorm herausfordern, aber auch bereichern. Sofern hierbei die beschriebenen Voraussetzungen des Demokratieprinzips eingehalten werden, sind deliberative und partizipative Demokratie aber als wertvolle Ergänzung der traditionelleren Demokratieformen zu bewerten.

---

120 Vgl. Kapitel 3.II.1.a)aa) und Kapitel 3.II.2.a)aa).

121 *Röcke*, Framing Citizen Participation, S. 42.

Schlussbemerkung

Die vorliegende Untersuchung nimmt eine rechtsvergleichende Perspektive bezüglich der verschiedenen Formen von Bürgerbeteiligung in Schottland und Hamburg ein und soll dadurch Kenntnisse über das britische und schottische Verfassungs- und Demokratieverständnis vermitteln sowie, mittels eines Vergleichs, Erkenntnisse über das eigene Rechtsverständnis fördern. Das Ziel war es dabei, der Vielfalt der Beteiligungsformen eine rechtliche Ordnung zu geben, indem sie demokratietheoretisch kategorisiert[1] und die demokratischen Mindestanforderungen an die jeweiligen Stufen definiert wurden.[2] Hierbei sind auch optimierbare Aspekte der Beteiligungsmethoden herausgearbeitet worden, die mit Blick auf die zugrunde gelegten Vergleichskriterien positiv beeinflusst werden können.[3]

Die Kategorisierung der Beteiligungsinstrumente hat gezeigt, dass, obwohl das Demokratieprinzip keinen erhöhten Konsensbedarf über die Mindestvoraussetzungen von Gleichheit und Mehrheit hinaus fordert,[4] vielfältige neue Impulse im Bereich der deliberativen und partizipativen Konsultation von Bürgern zu finden sind. Der Gedanke der jeweiligen Politik und Verwaltung, hierdurch einen Rückbezug auf das tatsächliche Volk herzustellen, ist auch der Versuch, die Repräsentation zu optimieren und demokratischer auszugestalten.[5] Hierbei wird der konsultative Mittelweg quasi als dritte, ergänzende Säule zwischen den traditionelleren „Zwei[...] Säule[n] der Demokratie“[6] in Form von Repräsentation und Direktentscheidung vom Volk etabliert.

---

[1] Vgl. Kapitel 2.

[2] Vgl. Kapitel 3 und Kapitel 4.III.

[3] Vgl. Kapitel 4.

[4] *Böckenförde*, in: Isensee/Kirchhof, Handbuch des Staatsrechts Bd. II, 429 (467 f.).

[5] Vgl. *Böckenförde*, in: Müller, Staatsorganisation und Staatsfunktionen im Wandel, 301 (320); *Rossen-Stadtfeld*, in: Hoffmann-Riem/Schmidt-Aßmann/Voßkuhle, Grundlagen des Verwaltungsrechts, Bd. II, 625 (626 f.).

[6] *Schiller/Mittendorf*, in: Schiller/Mittendorf, Direkte Demokratie, 7 (13).

Auch wenn eine Grundfunktion der Beteiligung in der demokratischen Optimierung liegt,[7] wäre es zu viel verlangt, unmittelbar die Einführung einer *participatory governance*, verstanden als ein politischer Prozess, der auf die grundlegende Änderung des repräsentativen Regierungssystems mit der Neuordnung der Beziehung zwischen Staat und Bürgern gerichtet ist,[8] zu verlangen. Zwar ist die Demokratie als Staatsform niemals vollendet[9] und bedarf konstanter Überprüfung und Fortentwicklung anhand der Erfordernisse eines modernen Verfassungsstaates. Dies zum Gelingen zu bringen liegt aber im Verantwortungsbereich der demokratisch legitimierten Repräsentanten, die stets das Spannungsverhältnis zwischen Konsultation der Bürger und Rationalität von Verwaltungsentscheidungen ausbalancieren müssen.[10] Weiterentwicklungsimpulse sind demnach gründlich zu überprüfen und maßvoll einzusetzen, um die repräsentative Demokratie als moderne und freiheitliche Staatsform zu erhalten und zu stärken. Sie sollte dabei niemals als selbstverständlich hingenommen werden.

[7] Vgl. *Rossen-Stadtfeld*, in: Hoffmann-Riem/Schmidt-Aßmann/Voßkuhle, Grundlagen des Verwaltungsrechts, Bd. II, 625 (626).

[8] *Abad*, in: Malena, From Political Won't to Political Will, 31 (34).

[9] Vgl. dazu Jarass/Pieroth/*Jarass*, GG, Art. 20 Rn. 1; *Schliesky*, in: Schliesky/Schulz/Gottberg/Kuhlmann, Das Demokratieprinzip des Grundgesetzes, 15 (50); *Scheub*, Demokratie, Die Unvollendete, S. 101 ff.

[10] *Luhmann*, Legitimation durch Verfahren, S. 208; *Böckenförde*, in: Isensee/Kirchhof, Handbuch des Staatsrechts Bd. II, 429 (484 f.).

Zusammenfassung in Thesen

Kapitel 1: Verfassungsrechtliche Hintergründe der demokratischen Systeme

(1) Das Vereinigte Königreich und die Bundesrepublik Deutschland unterscheiden sich in ihrer konkreten Ausgestaltung der Staatsorganisation (Monarchie vs. Republik, devolvierter vs. Bundesstaat) wie auch des Verfassungsrechts (materielle vs. formelle Verfassung) in vielfältiger und tiefgreifender Weise.[1]

(2) Dennoch erfüllen beide Nationalstaaten die Grundvoraussetzungen einer rechtsstaatlichen Demokratie (regelmäßige freie Wahlen, die das Handeln der Staatsorgane legitimieren, freie Meinungsbildung des Volkes durch Garantie bürgerlicher Freiheiten über rechtsstaatliche Gesetze und Institutionen im Mehrparteiensystem, Geltung des Mehrheitsprinzips bei hoheitlichen Entscheidungen, Prinzip der Gewaltenteilung[2]). Diese demokratischen Rechtsrahmen sind die Voraussetzungen der verfassungsmäßigen Staatsorganisation der (Teil-) Staaten Schottland und Hamburg.[3]

(3) Schottland und Hamburg ähneln sich in ihrem Souveränitätsverständnis, wonach die Staatsgewalt vom Volk ausgehen soll, dem daran anknüpfenden demokratischen Staatsaufbau und der Untergliederung der Staatsgebiete in einstufige Verwaltungseinheiten. Somit ist ein Vergleich des Demokratieverständnisses und der sich daraus entwickelnden Beteiligungsformen möglich und zulässig.[4]

---

[1] Siehe Kapitel 1.I.1.a)–d) und Kapitel 1.II.1.a)–d).
[2] Dazu Mangoldt/Klein/Starck/*Sommermann*, GG, Bd. 2, Art. 20 Rn. 81 f., 197.
[3] Siehe Kapitel 1.III.1.
[4] Siehe Kapitel 1.I.2.a)–d), Kapitel 1.II.2.a)–d) und Kapitel 1.III.2.

Kapitel 2: Instrumentale Analyse

(4) Aufgrund der Vielfältigkeit der existierenden Beteiligungsmethoden in Schottland und Hamburg bietet sich eine Systematisierung an. Hierfür können die verschiedenen Instrumente demokratietheoretisch eingeordnet werden, wobei die Kategorien der repräsentativen und direkten Demokratie sowie die normativen Demokratiemodelle der deliberativen und partizipativen Demokratie herangezogen werden. Die Definitionen der demokratietheoretischen Kategorien orientieren sich am Grad der jeweiligen Ausübung von Staatsgewalt, was es ermöglicht, das Demokratieprinzip als Rechtsprinzip für die Prüfung heranzuziehen.[5]

(5) Die Beteiligungsformen der repräsentativen Demokratie beschränken sich auf Wahlen, bei denen das jeweilige Volk Amtswalter legitimiert, in seinem Namen Entscheidungen zu treffen.[6] Die direkte Demokratie umfasst vorliegend die unmittelbare Teilnahme des Volkes an der Staatstätigkeit, indem es selbstständig rechtsverbindliche politische Entscheidungen durch Abstimmung fällt. Hierunter fallen Volks- und Bürgerentscheide.[7] Die konsultativen Demokratieformen bewegen sich, was die Sachentscheidungskompetenz angeht, zwischen den beiden erstgenannten Kategorien. Bei der Deliberation steht die beratende Meinungsäußerung von Bürgern und die politische Diskussion zwischen Bürgern und Politik im Vordergrund. Hierunter fallen vorliegend alle Mechanismen, wo Bürger rechtlich unverbindlich individuelle Ansichten in einen Willensbildungsprozess einbringen können, von Petitionen, über Referenden, Öffentlichkeitsbeteiligung bei der Flächenentwicklung bis hin zu *mini-publics*.[8] Die Partizipation umfasst eine kooperative Form der Beteiligung, bei der Bürger und öffentliche Entscheidungsträger partnerschaftlich an der Entscheidung arbeiten und im Idealfall tatsächlich über Sachfragen mitentscheiden. Hierzu gehören Instrumente wie die *participation request*, das *participatory budgeting* und die Hamburger Bürgerverträge.[9]

(6) Die Kategorisierung ermöglicht eine Übersicht, anhand derer instrumentelle Gemeinsamkeiten im Bereich der repräsentativen und deliberativen Demokratie festgestellt werden können. Unterschiede finden sich bei der direkten Demokratie, welche im hier verstandenen Sinne nur in Ham-

[5] Siehe Kapitel 2.
[6] Siehe Kapitel 2.I.4. und Kapitel 2.II.4.
[7] Siehe Kapitel 2.II.1.
[8] Siehe Kapitel 2.I.3. und Kapitel 2.II.3.
[9] Siehe Kapitel 2.I.2. und Kapitel 2.II.2.

burg existiert sowie im Bereich der Partizipation, wo beide Länder neue Beteiligungsinstrumente entwickelt haben.[10]

(7) Kompromissmöglichkeiten zwischen Repräsentierten und Repräsentanten fehlen grundsätzlich in den parlamentarischen Systemen Schottlands und Hamburgs. Der Ausbau der partizipativen Demokratie hängt von der Bereitschaft der Repräsentanten ab. Die Instrumente entstehen aus den unterschiedlichsten Motivationen heraus, wie der Stärkung von Gemeinden durch Beteiligungsrechte oder dem Gedanken des Konfliktmanagements. Dennoch weisen die Mechanismen mit dem Fokus auf Kooperation von Bürgern und Repräsentanten und der Verbesserung der Responsivität hoheitlicher Entscheidungen – in Abgrenzung zur Reduzierung komplexer Fragestellungen auf ja oder nein-Entscheidungen der direkten Demokratie – ähnliche Zielrichtungen auf, die einen Vergleich ermöglichen.[11]

Kapitel 3: Rechtsvergleich

(8) Beiden demokratischen Systemen liegt ein Verständnis von Legitimation zugrunde. Zwar weisen das deutsche „klassische Legitimationsmodell" und das britische *principle of accountability* konzeptionelle Unterschiede auf. Jedoch lassen sich Gemeinsamkeiten im Bereich der Legitimationsmodi in Form von materieller Legitimation und *legal* wie *administrative accountability* identifizieren.[12] In der institutionellen Verfassungsrealität Hamburgs und Schottlands ähneln sich zudem die demokratischen Legitimationsketten, die von der Wahl des Parlaments durch das Volk über die Wahl des Regierungschefs durch das Parlament, die Ernennung des jeweiligen Kabinetts durch die Regierungsspitze bis hin zur Ernennung der Verwaltungsbeamten weitgehend parallel laufen.[13] Auch auf regionaler Ebene ähneln sich die Institutionen der Bezirksversammlungen und der *councils* mit ihrer dualen Legitimation beziehungsweise *accountability*, die sowohl durch materielle Legitimation „von oben" durch Gesetzesbindung als auch durch personelle Legitimation „von unten" durch das Wahlvolk vermittelt wird.[14] Vor diesem Hintergrund lassen sich hinreichende Anknüpfungspunkte identifizieren, die eine vergleichende Betrachtung der Auswirkungen von Beteiligungsinstrumenten auf die Legitimationssysteme zulassen.

[10] Siehe Kapitel 2.III.1. und 2.
[11] Siehe Kapitel 2.III.3.
[12] Siehe Kapitel 3.I.1.a)cc).
[13] Siehe Kapitel 3.I.1.b)aa).
[14] Siehe Kapitel 3.I.1.b)bb).

(9) Die Beteiligungsinstrumente im Bereich öffentlicher Haushaltsgestaltung in Form von *participatory budgeting* und Hamburger Bürger-Dialog sind nicht geeignet, Deliberation und Partizipation als zusätzliche eigene Quelle demokratischer Legitimation zu etablieren, da die Bürger hierüber keine Staatsgewalt ausüben können.[15] Die Instrumente stellen aufgrund ihres Verfahrenszuschnitts, der sich nicht am staatsrechtlichen Demos, verstanden als das wahlberechtigte Aktivvolk, orientiert, keine Verbindung zum jeweiligen Souverän her. Sie nehmen somit nicht an den traditionellen Legitimationszusammenhängen beziehungsweise dem *principle of accountability* teil.[16] Allerdings schädigen sie die repräsentativen Strukturen in rechtlicher Hinsicht nicht, da sie das Mehrheits- wie Repräsentationsprinzip wahren.[17] Im Ergebnis ist das, im Gegensatz zu seinem Hamburger Gegenpart, auf verstetigte Partizipation angelegte *participatory budgeting* eher geeignet, zu einer Demokratisierung im Sinne einer partizipativen Ergänzung der kommunalen Haushaltsverfahren beizutragen.[18]

(10) Auch die Kooperationsmethoden der Lokalverwaltungen mit Bürgern in Gestalt von *participation request* und bezirklicher Konsensmethode können keine parallele Legitimationsstruktur herstellen, da sie nicht zur Teilung von Hoheitsgewalt führen.[19] Sie beziehen lediglich einzelne Betroffenengruppen ein, von denen keine Legitimation hergeleitet werden kann. Letztere wird formal durch die Beschlüsse der gewählten Regionalverwaltungskörperschaften über die gefundenen Kompromisse gesichert.[20] Die Rechtsgrundlage der *participation request* ergänzt die Legitimation zusätzlich. Das Potenzial zur Erhöhung der Legitimität, die in einem demokratisch ausgestalteten Verwaltungsverfahren erarbeitet wird, bietet dabei nur die *participation request*. Die ihr zugrundeliegende Norm sichert Verfahrenstransparenz und Allgemeinwohlorientierung der Entscheidung, was für das politisch gewachsene, informelle bezirkliche Konsensverfahren grundsätzlich nicht gilt.[21]

(11) Die ministeriellen Instrumente der *participation in public decision-making* und des Weisungs- und Evokationsrechts sind traditionelle Bestandteile der Legitimationsordnungen. Das schottische Instrument dient als Rechtsgrundlage für ein *statutory instrument*. Erlassen die schottischen

[15] Siehe Kapitel 3.II.1.a)aa).
[16] Siehe Kapitel 3.II.1.a)bb)(1).
[17] Siehe Kapitel 3.II.1.a)bb)(2).
[18] Siehe Kapitel 3.II.1.b).
[19] Siehe Kapitel 3.II.2.a)aa).
[20] Siehe Kapitel 3.II.2.a)bb)(1).
[21] Siehe Kapitel 3.II.2.a)bb)(2) und Kapitel 3.II.2.b).

Minister eine solche exekutive Rechtsnorm mit Binnenwirkung, muss sich die nachgeordnete Verwaltung im Rahmen der *legal accountability* daran halten. Das Weisungs- und Evokationsrecht ist dagegen Teil der ministeriellen Aufsichts- und Kontrollrechte beziehungsweise analog der *administrative accountability.* Beide Instrumente sind lediglich verwaltungsintern zur Kontrolle einsetzbar. Aufgrund der fehlenden Außenwirkung kann hieraus nur schwerlich eine soziale Akzeptanz für Entscheidungen abgeleitet werden. Allerdings unterstützen die ministeriellen Eingriffsrechte in beiden Fällen die Vornahme demokratischer Bürgerbeteiligung im Sinne der Ausrichtung auf das Allgemeinwohl. In Schottland soll die Einstellung der Verwaltung zur Ausgestaltung allgemeinwohlorientierter Entscheidungen mit Hilfe von Bürgerbeteiligung positiv verändert werden, was durch das ministerielle Instrument abgesichert wird. In Hamburg dient das Weisungs- und Evokationsrecht der Beendigung direktdemokratischer Initiativen, die dem Allgemeinwohl entgegenstehen. Die ministeriellen Kompetenzen in Schottland nehmen eine Weiterentwicklung partizipatorischer Verwaltungsverfahren in den Fokus, in Hamburg dienen sie eher dem Konfliktmanagement.[22]

(12) Die Erprobung partizipativer Elemente in einer repräsentativen Demokratie ist wichtig, um diese fortzuentwickeln. Dabei befinden sich Schottland und Hamburg in verschiedenen Entwicklungsstadien. Schottland überträgt seinen Bürgern schrittweise neue Beteiligungsmöglichkeiten, um eine partizipativere Demokratie zu entwickeln. In Hamburg wurde dem Volk direkt, ohne den Zwischenschritt über partizipative Elemente, direktdemokratische Macht übertragen. Dementsprechend sollen in Schottland die Verwaltungsstrukturen zugunsten von Beteiligung weiterentwickelt und geöffnet werden, um die Gemeinden zu *empowern*, während in Hamburg aufgrund der bereits sehr starken Stellung des Volkes eher das Konfliktmanagement im Vordergrund steht.[23]

(13) Einen demokratischen Mehrwert als „rechtsstaatliche Teilhaberechte"[24] entfalten die neuen Beteiligungsinstrumente aber nur insoweit, wie sie demokratische Mindeststandards des Repräsentationsprinzips in Form des Gebotes zur Neutralität und der Allgemeinwohlorientierung sowie der Verfahrenstransparenz einhalten. Dies gelingt insbesondere im Bereich der Konsensfindung, auch aufgrund der hierfür existierenden Rechtsgrundlage, der schottischen Seite zufriedenstellender.[25]

---

22 Siehe Kapitel 3.II.3.b).

23 Siehe Kapitel 3.III.

24 *Trute*, in: Hoffmann-Riem/Schmidt-Aßmann/Voßkuhle, Grundlagen des Verwaltungsrechts, Bd. 1, 307 (312).

25 Siehe Kapitel 3.II.2.b) und Kapitel 3.III.

Kapitel 4: Weiterentwicklungsansätze

(14) Die Anwendung von *legal transplants* Hamburger Beteiligungsinstrumente nach Schottland funktioniert insbesondere aus rechtspolitischen Gründen nur bedingt. So wäre lediglich das Instrument des direktdemokratischen Bürgerentscheids rechtlich und politisch als Inspiration geeignet, das *participatory budgeting* zu normieren und rechtlich verbindlich auszugestalten.

Die Übertragung der direkten Demokratie auf die *participation request* sowie des Hamburger Weisungs- und Evokationsrechts in die Regelungskompetenzen der schottischen Minister scheidet daneben aus. Die *participation request* müsste für eine entsprechende Umgestaltung ihre Zielrichtung, kleinen Gemeindegruppen eine Mitwirkungsmöglichkeit an der Verwaltungstätigkeit zu verschaffen, grundlegend verändert werden. Die Übertragung des Weisungs- und Evokationsrechts würde eine Zentralisierung der Exekutive bedeuten. Gerade Letzteres ist mit Blick auf das Ziel der schottischen Regierung, einer weiteren Zentralisierung der Exekutive entgegenzuwirken, nicht vereinbar.[26]

(15) Die Übertragung von partizipativen Beteiligungsinstrumenten aus Schottland nach Hamburg erscheint zu großen Teilen möglich und könnte in diesem Bereich zur Schaffung neuer Instrumente führen. Dies gilt insbesondere für das schottische *participatory budgeting* der ersten Generation, dessen Anwendung als informelles Instrument ohne besondere rechtliche Anpassungen in Hamburg funktionieren kann. Dies liegt am eigens dafür vorgesehen Fonds, der die jeweiligen Haushaltskompetenzen unangetastet ließe, sowie am partizipativen und damit rechtlich nicht verbindlichen Charakter des Instruments.

Aber auch die Übernahme der *participation request* als zusätzliches formelles Partizipationsinstrument in Hamburg wäre rechtlich denkbar. Dies könnte jedoch keine wirkungsvolle Alternative zu den Bürgerverträgen bieten, die in der durchsetzungsstärkeren direkten Demokratie wurzeln. Eine Formalisierung der Hamburger Konsensmethode, die auf den Abschluss von Bürgerverträgen gerichtet ist, anhand des Vorbildes der *participation request* erscheint lediglich zur Erhöhung der Verfahrenstransparenz und Rechtssicherheit geeignet. Eine Ergänzung der Aufsichtsrechte des Senats nach dem schottischen Vorbild, verwaltungsintern Anordnungen zur Vornahme von Bürgerbeteiligung zu treffen (*participation in public decision-making*), ist aufgrund hinreichender Instrumente der Rechts- und Fachauf-

---

[26] Siehe Kapitel 4.I.1.–3.

sicht überflüssig. Es mangelt lediglich am politischen Willen, diesbezüglich Regelungen zu treffen.[27]

(16) Die unterschiedlichen Beteiligungsinstrumente können in die drei Kategorien der Personenwahl, der Konsultation und der Selbstbestimmung unterteilt werden. Dabei gelten für die repräsentative und direkte Demokratie stets dieselben Voraussetzungen, zumal Wahl und Abstimmung Modi desselben Prinzips der Ausübung von Staatsgewalt darstellen. Die Anforderungen an die demokratische Konsultation unterscheiden sich davon insoweit, als dass die Bindung an das Aktivvolk nicht erforderlich ist, zumal die Beteiligung hier keine Rechtsfolgen auslöst. Somit können lediglich repräsentative und direkte Demokratie rechtliche Legitimation vermitteln, während die Konsultation nur soziale Akzeptanz und somit Legitimität steigern kann. Letztere ist aufgrund ihrer Vielgestaltigkeit für die Fortentwicklung der repräsentativen Demokratie relevant und kann sie bereichern, sofern die Voraussetzungen des Demokratieprinzips eingehalten werden.[28]

---

[27] Siehe Kapitel 4.II.1–3.

[28] Siehe Kapitel 4.III.

Literaturverzeichnis

Alle URLs sind auf dem Stand von Juni 2022. Wenn URLs nicht mehr erreichbar gewesen sind, wurde das Datum des letzten Abrufs beibehalten.

Abad, Henedina: Revisiting Participatory Governance: An Instrument for Empowerment or Co-optation?, in: Carmen Malena (Hrsg.), From Political Won't to Political Will, Sterling, VA 2009, S. 31–36. (zit.: *Abad*, in: Malena, From Political Won't to Political Will)

Abromeit, Heidrum/Stoiber, Michael: Demokratien im Vergleich, Einführung in die vergleichende Analyse politischer Systeme, Berlin 2006.

Action Porty: Website, The Story so far, https://www.bellfield.scot/about-friends-of-bellfield/the-story-so-far/, Stand: 17.02.2020.

Alberti, Stefan: Erfolgreich, aber unzufrieden, in: taz vom 03.02.2016, https://www.taz.de/Archiv-Suche/!5273912&s=mietenvolksbegehren/, Stand: 22.06.2022.

Allegretti, Umberto: Participatory Democracy in Multi-Level States, in: Cristina Fraenkel-Haeberle/Sabine Kropp/Francesco Palermo/Karl-Peter Sommermann (Hrsg.), Citizen Participation in Multi-Level Democracies, Leiden 2015, S. 207–215. (zit.: *Allegretti*, in: Fraenkel-Haeberle/Kropp/Palermo/Sommermann, Citizen Participation in Multi-Level Democracies)

Allen, Simon/Gaunt, Martin/Rye, Tom: An investigation into the reasons for the rejection of congestion charging by the citizens of Edinburgh, in: European Transport/Trasporti Europei n. 32, (2006), S. 95–113, https://www.openstarts.units.it/bitstream/10077/5896/1/Allen_Gaunt_Rye_ET32.pdf, Stand: 22.06.2022.

Arndt, Ulrich: Die Bürgerbeteiligung im Allgemeinen Verwaltungsrecht, in: DVBl 2015, S. 6–10.

Arnstein, Sherry R.: A Ladder Of Citizen Participation, in: JAPA 1969, 35: 4, S. 216–224, http://www.participatorymethods.org/sites/participatorymethods.org/files/Arnstein%20ladder%201969.pdf, Stand: 26.10.2018.

Badura, Peter: Die Stellung des Abgeordneten nach dem Grundgesetz und den Abgeordnetengesetzen in Bund und Ländern, in: Hans-Peter Schneider/Wolfgang Zeh (Hrsg.), Parlamentsrecht und Parlamentspraxis, New York 1989, S. 489–522. (zit.: *Badura*, in: Schneider/Zeh, Parlamentsrecht und Parlamentspraxis)

Baer, Susanne: Equality, in: Michael Rosenfeld/András Sajó (Hrsg.), The Oxford Handbook of Comparative Constitutional Law, Oxford 2012, S. 982–1001. (zit.: *Baer*, in: Rosenfeld/Sajó, The Oxford Handbook of Comparative Constitutional Law)

Barnes, Marian/Newman, Janet/Sullivan, Helen: Power, participation and political renewal: Case studies in public participation, Bristol 2007.

Bauer, Hartmut: Partizipation durch Petition. Zu Renaissance und Aufstieg des Petitionsrechts in Deutschland und Europa, in: DÖV 2014, S. 453–464.

Behörde für Inneres und Sport Hamburg: Olympia-Referendum, Endgültiges Ergebnis festgestellt, https://www.hamburg.de/pressearchiv-fhh/4655260/2015-12-15-bis-pm-olympia-referendum-endgueltiges-ergebnis/, Stand: 22.06.2022.

dies./Landeswahlamt: Übersicht der Volksabstimmungen in Hamburg seit 1997, https://www.hamburg.de/contentblob/104078/c15d31277a9a4c45155e5fb7a94819d6/data/volksabstimmungen-uebersicht.pdf, Stand: 26.04.2019.

Behörde für Stadtentwicklung und Umwelt: Hamburg macht Pläne – Planen Sie mit! (2011), https://www.hamburg.de/contentblob/4240434/fc9a3edae7db2dfd037feb3df21c4f91/data/hamburg-macht-plaene.pdf, Stand: 22.06.2022.

dies.: Hamburg gemeinsam gestalten, Bürgerbeteiligung und -information in der Stadtentwicklung (2013), https://www.hamburg.de/contentblob/4126596/bf525e93e4ff197547a5fd2962934777/data/broschuere-buergerbeteiligung.pdf, Stand: 22.06.2022.

Behörde für Stadtentwicklung und Wohnen: Stadtwerkstadt, Downloads, Diskussionsveranstaltungen, https://www.hamburg.de/stadtwerkstatt/mediathek/downloads/, Stand: 22.06.2022.

Bell, Christine: The Legal Status of the Edinburgh Agreement, Scottish Constitutional Futures Forum (2012), https://www.scottishconstitutionalfutures.org/OpinionandAnalysis/ViewBlogPost/tabid/1767/articleType/ArticleView/articleId/431/Christine-Bell-The-Legal-Status-of-the-Edinburgh-Agreement.aspx, Stand: 22.06.2022.

Bellamy, Richard: Political Constitutionalism: A Republican Defence of the Constitutionality of Democracy, Cambridge 2007.

Bender, Christiane/Wiesendahl, Elmar: „Ehernes Gesetz der Oligarchie": Ist Demokratie möglich?, in: APuZ 2011, S. 19–24.

Bezirk Eimsbüttel: Bürgerbeteiligung, Ideen für Stellingen, Entwicklung Stellingen – Sportplatzring und Vogt-Köln-Straße, https://www.hamburg.de/eimsbuettel/stadtteile/9148144/ideen-fuer-stellingen-hintergrund, Stand: 22.06.2022.

Bezirksamt Eimsbüttel: Bezirksentwicklungsplan Eimsbüttel 2014–2018, Die Zukunft des Bezirks gestalten, https://www.hamburg.de/contentblob/4323608/edb290cf53e6d4be102372bd195d17cd/data/bezirksentwicklungsplanung-eimsbuettel-2014-2018.pdf, Stand: 22.06.2022.

Bezirksamt Lichtenberg von Berlin: Kiezfonds, https://www.berlin.de/ba-lichtenberg/aktuelles/buergerbeteiligung/artikel.586132.php, Stand: 22.06.2022.

Bezirksamt Altona: Organigramm Bezirksamt Altona (05/2018), https://www.hamburg.de/contentblob/348140/3b9a5434be7b836bfaad5c23c0017106/data/bezirksamt-organigramm.pdf, Stand: 16.02.2020.

Bezirksversammlung Altona: Drucksache XIX-1211.1 vom 19.07.2012, Betr.: Ergebnisse des Zukunftsplans „Mehr Altona", https://sitzungsdienst-altona.hamburg.de/bi/vo020.asp?VOLFDNR=6873, Stand: 22.06.2022.

dies.: Drucksache 20-4052 vom 28.09.2017, Betr.: Bürgerbegehren „Rettet unseren Blankeneser Marktplatz!", hier: Anzeige und Zulässigkeit, https://sitzungsdienst-altona.hamburg.de/bi/vo020.asp?VOLFDNR=1006563, Stand: 22.06.2022.

dies.: Protokoll der Sitzung des Planungsausschusses vom 15.11.2017, Betr.: Auszug – Blankeneser Marktplatz Hier: Sachstand zum Hochbaulichen Gutachterverfahren zur Architektur und Funktion eines Neubaus des Markthauses auf dem Blankeneser Marktplatz am alten Standort, https://sitzungsdienst-altona.hamburg.de/bi/to020.asp?TOLFDNR=1020726#searchword, Stand: 22.06.2022.

dies.: Drucksache 20-4242 vom 16.11.2017, Betr.: Bürgerbegehren „Rettet unseren Blankeneser Marktplatz!“, hier: Erreichen der Sperrwirkung, https://sitzungsdienst-altona.hamburg.de/bi/vo020.asp?VOLFDNR=1006770, Stand: 22.06.2022.

dies.: Protokoll der Sitzung des Hauptausschusses vom 16.11.2017, Betr.: Kompromissfindung zur Umgestaltung des Blankeneser Ortskerns, https://sitzungsdienst-altona.hamburg.de/bi//to020.asp?TOLFDNR=1020829, Stand: 22.06.2022.

Bezirksversammlung Hamburg-Nord.: Drucksache 2489/13 vom 14.02.2013, Betr.: Bürgerbegehren „Eden für Jeden“, https://sitzungsdienst-hamburg-nord.hamburg.de/bi/vo020.asp, Stand: 02.04.2020.

dies.: Drucksache 2568/13 vom 19.03.2013, Betr.: Bürgerbegehren „Eden für Jeden“ Ergebnis der Zulässigkeitsprüfung, https://sitzungsdienst-hamburg-nord.hamburg.de/bi/vo020.asp?VOLFDNR=11295, Stand: 22.06.2022.

dies.: Drucksache XX-3133 vom 22.08.2013, Betr.: Bürgerbegehren „Eden für Jeden“: Welche Folgen hat die „kleine Evokation“ für die Bezirksversammlung? Kleine Anfrage 121/2013 von Martin Bill, GRÜNE, https://sitzungsdienst-hamburg-nord.hamburg.de/bi/vo020.asp?VOLFDNR=1000237, Stand: 22.06.2022.

dies.: Drucks. 20-4255 vom 27.04.2017, Betr.: „Leitlinien Bürgerbeteiligung“ Fazit und Handlungsempfehlung, https://sitzungsdienst-hamburg-nord.hamburg.de/bi/vo020.asp?VOLFDNR=1005680, Stand: 22.06.2022.

Blanckenburg, Christine/Detsch, Franziska/Zetek, Uta: Hamburger Seniorenmitwirkungsgesetz, Evaluationsbericht (2017), nexus, https://www.hamburg.de/contentblob/9608106/826932ce914f5e50ef866307991970f5/data/2017-09-28-bgv-seniorenmitwirkung-evaluation-download.pdf, Stand: 22.06.2022.

Bland, Nick/Cullingworth, Jane: Local Governance Review, Democracy Matters (2019), https://www.gov.scot/binaries/content/documents/govscot/publications/research-and-analysis/2019/05/local-governance-review-analysis-responses-democracy-matters/documents/community-level-decision-making-analysis-responses-democracy-matters/community-level-decision-making-analysis-responses-democracy-matters/govscot%3Adocument/community-level-decision-making-analysis-responses-democracy-matters.pdf, Stand: 22.06.2022.

Blick, Andrew: Beyond Magna Carta, A Constitution for the United Kingdom, Oxford 2015.

Blondiaux, Loic/Sintomer, Yves: Der deliberative Imperativ, in: Carsten Herzberg/Yves Sintomer/Heinz Kleger (Hrsg.), Hoffnung auf eine neue Demokratie, Bürgerhaushalte in Lateinamerika und Europa, Frankfurt am Main 2012, S. 83–105. (zit.: *Blondiaux/Sintomer*, in: Herzberg/Sintomer/Kleger, Hoffnung auf eine neue Demokratie)

Böckenförde, Ernst-Wolfgang: Mittelbare/repräsentative Demokratie als eigentliche Form der Demokratie, Bemerkungen zu Begriff und Verwirklichungsproblemen der Demokratie als Staats- und Regierungsform, in: Georg Müller (Hrsg.), Staatsorganisation und Staatsfunktionen im Wandel, Basel 1982, S. 301–328. (zit.: *Böckenförde*, in: Müller, Staatsorganisation und Staatsfunktionen im Wandel)

ders.: Demokratie als Verfassungsprinzip, in: Josef Isensee/Paul Kirchhof (Hrsg.), Handbuch des Staatsrechts Band II, Verfassungsstaat, Heidelberg 2003, S. 429–496. (zit.: *Böckenförde*, in: Isensee/Kirchhof, Handbuch des Staatsrechts Bd. II)

ders.: Demokratische Willensbildung und Repräsentation, in: Josef Isensee/Paul Kirchhof (Hrsg.), Handbuch des Staatsrechts Band III, Demokratie – Bundesorgane, Heidelberg 2005, S. 31–53. (zit.: *Böckenförde*, in: Isensee/Kirchhof, Handbuch des Staatsrechts Bd. III)

Boff, Andrew: The removal of the clauses from the Localism Bill, allowing local people to originate policy, is a victory for the political class, not the public (2011), http://www.conservativehome.com/platform/2011/10/andrew-boff-the-removal-of-the-clauses-from-the-localism-bill-allowing-local-people-to-originate-pol.html, Stand: 22.06.2022.

Bogdanor, Vernon: Western Europe, in: David Butler/Austin Ranney (Hrsg.), Referendums Around the World: The Growing Use of Direct Democracy, Washington, D.C. 1994, S. 24–97. (zit.: *Bogdanor*, in: Butler/Ranney, Referendums around the Wold)

ders.: The British Constitution in the twentieth century, Oxford 2003.

ders.: The New British Constitution, Oxford und Portland, Oregon 2009.

Bogumil, Jörg/Holtkamp, Lars/Schwarz, Gudrun: Das Reformmodell Bürgerkommune, Leistungen – Grenzen – Perspektiven, Berlin 2003.

Bolliger, Christian: Minderheiten in der direkten Demokratie: Die Medaille hat auch eine Vorderseite, in: Markus Freitag/Uwe Wagschal (Hrsg.), Direkte Demokratie, Bestandsaufnahmen und Wirkungen im internationalen Vergleich, Berlin 2007, S. 419–446. (zit.: *Bolliger*, in: Freitag/Wagschal, Direkte Demokratie)

Bort, Eberhard/McAlpine, Robin/Morgan, Gordon: The Silent Crisis, Failure and Revival in Local Democracy in Scotland, The Jimmy Reid Foundation, (2012), http://allofusfirst.org/tasks/render/file/?fileID=AB81B0BF-6634-45BF-A46DB6824E11A2F9, Stand: 24.01.2019.

Bremische Bürgerschaft: Drucksache 18/899 vom 07.05.2013, Antwort des Senats auf die Kleine Anfrage der Fraktion Bündnis 90/Die Grünen, Methoden und Erfahrungen der Bremer Bürgerbeteiligung nutzbar machen, https://www.bremische-buergerschaft.de/drs_abo/Drs-18-899_1b3.pdf, Stand: 22.06.2022.

Bua, Adrian/Escobar, Oliver: Participatory-deliberative processes and public policy agendas: Lessons for policy and practice, Policy Design and Practice 2018, Vol. 1, No. 2, S. 126–140, https://www.tandfonline.com/doi/abs/10.1080/25741292.2018.1469242#aHR0cHM6Ly93d3cudGFuZGZvbmxpbmUuY29tL2RvaS9wZGYvMTAuMTA4MC8yNTc0MTI5Mi4yMDE4LjE0NjkyNDI/bmVlZEFjY2Vzcz10cnVlQEBAMA==, Stand: 22.06.2022.

Building Change Trust: Participatory Budgeting primed for development in Northern Ireland (2017), https://www.buildingchangetrust.org/news/Participatory-Budgeting-primed-for-development-in-Northern-Ireland, Stand: 22.06.2022.

Bull, Hans Peter: Direkte Demokratie in Hamburg – Chancen und Risiken, in: Hans Peter Bull, Fünf Jahre direkte Bürgerbeteiligung in Hamburg – unter Berücksichtigung von Berlin und Bremen, Hamburg 2001, S. 16–37. (zit.: *Bull*, in: Bull, Fünf Jahre direkte Bürgerbeteiligung in Hamburg)

ders.: Recht der Verwaltungsorganisation und des Verwaltungshandelns, in: Wolfgang Hoffman-Riem/Hans-Joachim Koch (Hrsg.), Hamburgisches Staats- und Verwaltungsrecht, 3. Aufl., Baden-Baden 2006, S. 89–146. (zit.: *Bull*, in: Hoffman-Riem/Koch, Hamburgisches Staats- und Verwaltungsrecht)

ders.: Zum Ansehens- und Legitimationsverlust der Parlamente und seiner Kompensation durch Wissenschaft und Öffentlichkeit, in: Karl-Peter Sommermann (Hrsg.), Öffentliche Angelegenheiten – interdisziplinär betrachtet, Berlin 2016, S. 9–26. (zit.: *Bull*, in: Sommermann, Öffentliche Angelegenheiten)

Bundesministerium für Verkehr, Bau und Stadtentwicklung: Weißbuch Innenstadt, Starke Zentren für unsere Städte und Gemeinden (2011), https://www.staedtebaufoerderung.info/StBauF/SharedDocs/Publikationen/StBauF/WeissbuchInnenstadt.pdf?__blob=publicationFile&v=1, Stand: 10.05.2019.

Bündnis 90/Die Grünen, CDU: Koalitionsvertrag zwischen Bündnis 90/Die Grünen und der Christlich Demokratischen Union für die Legislaturperiode 2019–2024, https://gruene-eimsbuettel.de/userspace/HH/gal-eimsbuettel/Kreisverband/B90Gr_CDU_Eimsbuettel_Koalitionsvertrag_Legislatur_2019-2024.pdf, Stand: 22.06.2022.

Bündnis 90/Die Grünen, SPD: Koalitionsvereinbarung zwischen Bündnis 90/Die Grünen (Grüne) Kreisverband Hamburg-Nord und der Sozialdemokratischen Partei Deutschlands (SPD) Unterbezirk Hamburg-Nord über die Zusammenarbeit in der Bezirksversammlung Hamburg-Nord 2019–2024, http://www.spd-hamburg-nord.de/neu/wordpress/wp-content/uploads/Koalitionsvertrag_Gesamttext190923.pdf, Stand: 03.07.2020.

Bürgerschaft der Freien und Hansestadt Hamburg: Drucksache 14/2600 vom 20.10.1992, Bericht der Enquete-Kommission „Parlamentsreform".

dies.: Drucksache 15/3813 vom 22.08.1995, Mitteilung des Senats an die Bürgerschaft, Bericht zum Stand der Umsetzung des Rahmenskonzepts Armutsbekämpfung (Bürgerschaftliches Ersuchen „Maßnahmen zur Armutsbekämpfung als Bestandteil sozialer Stadtentwicklung", Drucksache 15/2556).

dies.: Drucksache 16/1360 vom 08.09.1998, Mitteilung des Senats an die Bürgerschaft, Soziale Stadtteilentwicklung, https://www.buergerschaft-hh.de/parldok/dokument/1448/soziale_stadtteilentwicklung.pdf, Stand: 22.06.2022.

dies.: Drucksache 18/2127 vom 19.04.2005, Mitteilung des Senats an die Bürgerschaft, Aktive Stadtteilentwicklung 2005–2008, https://www.dulsberg.de/sites/default/files/2016/pdfs/Aktive-Stadtteilentwicklung-2005.pdf, Stand: 22.06.2022.

dies.: Drucksache 19/2326 vom 03.03.2009, Antrag der CDU Fraktion, Betr.: Bürgerbeteiligung an der Haushaltsplanung fortsetzen: Hamburger Bürger-Dialog für eine grundlegende Neuausrichtung des Haushalts, https://www.buergerschaft-hh.de/parldok/dokument/25246/haushaltsplan_entwurf_2009_2010_einzelplan_1_0_titel_1000_812_56_buergerbeteiligung_an_der_haushaltsplanung_fortsetzen_hamburger_buerger_dialog_fuer_e.pdf, Stand: 22.06.2022.

dies.: Drucksache 19/3652 vom 21.07.2009, Mitteilung des Senats an die Bürgerschaft, Rahmenprogramm Integrierte Stadtteilentwicklung (RISE), https://www.buergerschaft-hh.de/parldok/dokument/26868/rahmenprogramm_integrierte_stadtteilentwicklung_rise.pdf, Stand: 22.06.2022.

dies.: Plenarprotokoll 20/21 vom 24.11.2011, Dritter und letzter Tag der Haushaltsberatungen, https://www.buergerschaft-hh.de/parldok/dokument/36070/plenarprotokoll_20_21.pdf, Stand: 22.06.2022.

dies.: Drucksache 20/3939 vom 24.04.2012, Mitteilung des Senats an die Bürgerschaft, Einrichtung einer Hamburger Stadtwerkstatt, https://www.buergerschaft-hh.de/parldok/dokument/36483/einrichtung_einer_hamburger_stadtwerkstatt_sowie_stellungnahme_zu_dem_ersuchen_der_buergerschaft_vom_4_mai_2011_neue_planungskultur_entwickeln_einrich.pdf, Stand: 22.06.2022.

dies.: Drucksache 20/7937 vom 17.05.2013, Schriftliche Kleine Anfrage des Abgeordneten Dr. Kurt Duwe (FDP) vom 10.05.13 und Antwort des Senats, Betr.: Senatskommission Stadtentwicklung und Wohnungsbau – Entscheidungskompetenz und Wirkungskreis? (III), https://www.buergerschaft-hh.de/parldok/dokument/40847/senatskommission_stadtentwicklung_und_wohnungsbau_entscheidungskompetenz_und_wirkungskreis_iii.pdf, Stand: 22.06.2022.

dies.: Drucksache 21/4866 vom 14.06.2016, Antrag der SPD-Fraktion und der Grünen-Fraktion zu Drs. 21/4679, Betr.: Maßnahmen zur Verbesserung des Ganztages an Hamburgs Schulen – Konsens mit den Initiatoren der Volksinitiative „Guter Ganztag!", www.guter-ganztag.de/wp-content/uploads/2016/06/DS-21-4866-Verbesserungen-im-Ganztag.pdf, Stand: 06.07.2018.

dies.: Drucksache 21/5231 vom 12.07.2016, Antrag der SPD-Fraktion und der Grünen-Fraktion zu Drs. 21/5028, Betr.: Konsens mit den Initiatoren der Volksinitiative „Hamburg für gute Integration", www.buergerschaft-hh.de/ParlDok/dokument/53721/konsens-mit-den-initiatoren-der-volksinitiative-„hamburg-für-gute-integration".pdf, Stand: 22.06.2022.

dies.: Plenarprotokoll 21/38 vom 13.07.2016, https://www.buergerschaft-hh.de/ParlDok/dokument/55438/plenarprotokoll-21-38.pdf#page=24, Stand: 22.06.2022.

dies.: Drucksache 21/7722 vom 24.02.2017, Große Anfrage der Abgeordneten DIE LINKE vom 27.01.2017 und Antwort des Senats, Betr.: Bürger-/-innenbeteiligung, https://www.buergerschaft-hh.de/parldok/dokument/56352/buerger_innenbeteiligung.pdf, Stand: 22.06.2022.

dies.: Drucksache 21/10504 vom 27.09.2017, Antrag bzgl. Abschaffung des Bürgerschaftsreferendums, https://www.buergerschaft-hh.de/ParlDok/dokument/59377/abschaffung-des-bürgerschaftsreferendums.pdf, Stand: 22.06.2022.

dies.: Drucksache 21/11428 vom 19.12.2017, Antrag der SPD-Fraktion und der Grünen-Fraktion zu Drs. 21/11250, Betr.: Maßnahmen zur Verbesserung der Inklusion an Hamburgs Schulen – Konsens mit den Initiatoren der Volksinitiative „Gute Inklusion", https://www.buergerschaft-hh.de/ParlDok/dokument/60479/maßnahmen-zur-verbesserung-der-inklusion-an-hamburgs-schulen---konsens-mit-den-initiatoren-der-volksinitiative-„gute-inklusion".pdf, Stand: 22.06.2022.

dies.: Mitteilung des Senats an die Bürgerschaft, Umsetzung des Volksentscheids über die Hamburger Strom-, Gas- und Fernwärmeleitungsnetzwerke – Verträge mit der Vattenfall GmbH zum Erwerb der Vattenfall Wärme Hamburg GmbH, Drucksache 21/14636 vom 16.10.18, https://www.buergerschaft-hh.de/parldok/dokument/64050/umsetzung_des_volksentscheids_ueber_die_hamburger_strom_gas_und_fernwaermeleitungsnetze_vertraege_mit_der_vattenfall_gmbh_zum_erwerb_der_vattenfall_wa.pdf, Stand: 22.06.2022.

dies.: Drucksache 21/16077 vom 05.02.2019, Mitteilung des Senats an die Bürgerschaft, Bericht über die Maßnahmen zur Schaffung von bezahlbarem Wohnraum außerhalb der sozialen Wohnraumförderung sowie Stellungnahme des Senats auf das Ersuchen der Bürgerschaft „Hamburg braucht innovative Konzepte für frei finanzierten und bezahlbaren Wohnungsbau: „Hamburger Effizienzwohnungsbau" als wichtige Ergänzung des Mietwohnungsbaus" (Drucksache 21/4698) vom 16. Juni 2016 und Stellungnahme des Senats zu Ziffer 2 des Ersuchens der Bürgerschaft „Wir schaffen das moderne Hamburg: Wohnungsbau, Mieterschutz, Stadtentwicklungsimpulse – Erfolgreiche Stadtentwicklungspolitik im Sinne einer sozial gerechten, lebenswerten und bezahlbaren Metropole fortsetzen! 10.000 plus: Wohnungsneubau und Wohnraumförderung auf hohem Niveau längerfristig fortführen" (Drucksache 21/7012) vom 15. Dezember 2016, https://www.buergerschaft-hh.de/parldok/dokument/65573/bericht_ueber_die_massnahmen_zur_schaffung_von_bezahlbarem_wohnraum_ausserhalb_der_sozialen_wohnraumfoerderung_sowie_stellungnahme_des_senats_auf_da.pdf, Stand: 22.06.2022.

dies.: Drucksache 21/16981 vom 24.04.2019, Antrag der Grünen-Fraktion, SPD-Fraktion, CDU-Fraktion und Linken-Fraktion, Betr.: Digitale Unterstützung einer Volkspetition ermöglichen, https://www.buergerschaft-hh.de/parldok/dokument/66508/digitale_unterstuetzung_einer_volkspetition_ermoeglichen.pdf, Stand: 22.06.2022.

dies.: Drucksache 21/20119 vom 10.02.2020, Unterrichtung durch die Präsidentin der Bürgerschaft, Betr.: Volksinitiative „Bürgerbegehren und Bürgerentscheide jetzt verbindlich machen – Mehr Demokratie vor Ort“, https://www.buergerschaft-hh.de/parldok/dokument/69883/volksinitiative_buergerbegehren_und_buergerentscheide_jetzt_verbindlich_machen_mehr_demokratie_vor_ort.pdf, Stand: 22.06.2022.

dies.: Drucksache 21/20264 vom 25.02.2020, Mitteilung des Senats an die Bürgerschaft, Feststellung des Senats über das Zustandekommen der Volksinitiative „Bürgerbegehren und Bürgerentscheide jetzt verbindlich machen – mehr Demokratie vor Ort“, https://www.buergerschaft-hh.de/parldok/dokument/70044/feststellung_des_senats_ueber_das_zustandekommen_der_volksinitiative_buergerbegehren_und_buergerentscheide_jetzt_verbindlich_machen_mehr_demokratie_vo.pdf, Stand: 22.06.2022.

Burgi, Martin: Kommunalrecht, 6. Aufl., München 2019.

Busch, Lüder: Bürgerbeteiligung in der städtebaulichen Planung – das Beispiel der kreisangehörigen Städte Schleswig-Holsteins, Dissertation am Department für Stadtplanung HafenCityUniversität Hamburg, 2009, http://edoc.sub.uni-hamburg.de/hcu/volltexte/2014/155/pdf/Diss_Busch.pdf, Stand: 10.05.2019.

Campbell, Allan/Evans, Angus/Gilman, Laura/Reid, Alasdair: SPICe Briefing, Community Empowerment (Scotland) Bill (2014), http://www.parliament.scot/ResearchBriefingsAndFactsheets/S4/SB_14-58_.pdf, Stand: 07.02.2019.

ders./Reid, Alasdair: Community Empowerment (Scotland) Bill – Parliamentary consideration prior to Stage 3 (2015), Financial Scrutiny Unit Briefing, SPICe (2015), http://www.parliament.scot/ResearchBriefingsAndFactsheets/S4/SB_15-18_Community_Empowerment_Bill_-_Stage_3.pdf, Stand: 07.02.2019.

Carman, Christopher J.: The Assessment of the Scottish Parliament's Public Petitions System 1999–2006, Public Petitions Committee Report, SP Paper 654, https://archive.parliament.scot/business/committees/petitions/reports-06/pur06-PPS-assessment-01.htm, Stand: 22.06.2022.

Cassel, Lutz/Fiedler, Jürgen/Gohde-Ahrens, Rixa/Joho, Michael/Petersen, Barbara: Netzwerk Hamburger Stadtteilbeiräte, Nur mit uns, Hamburg 2016, https://unser-lurup.de/wp-content/uploads/2013/10/Nur-mit-uns_Broschuereklein-4.pdf, Stand: 22.06.2022.

Citizens' Assembly of Scotland: How it works, Common Questions, https://www.citizensassembly.scot/how-it-works/common-questions, Stand: 16.10.2020.

dies.: How it works, The Basics, https://www.citizensassembly.scot/how-it-works/the-basics, Stand: 16.10.2020.

dies.: Our Journey so Far, Edinburgh 2020, https://www.citizensassembly.scot/sites/default/files/inline-files/SCA_Report_OurStorySoFar_0.pdf, Stand: 16.10.2020.

Clarke, Paul Barry: Deep Citizenship, London 1996.

Commission on Parliamentary Reform: Report on the Scottish Parliament (2017), https://test123582.files.wordpress.com/2016/10/commissiononparliamentaryreformreport-june20171.pdf, Stand: 22.06.2022.

Commission on Strengthening Local Democracy: Effective Democracy: Reconnecting with Communities, Final Report, 2014, https://www.cosla.gov.uk/__data/assets/pdf_file/0016/18052/thecommissiononstrengtheninglocaldemocracyfinalreportaugust2014.pdf, Stand: 22.06.2022.

Commission on the Conduct of Referendums: Report of the Commission on Referendums, Constitution Unit & Electoral Reform Society (1996), https://www.ucl.ac.uk/political-science/publications/unit-publications/7.pdf, Stand: 04.02.2019.

Commission on the future delivery of public services, 2011, https://beta.gov.scot/binaries/content/documents/govscot/publications/publication/2011/06/commission-future-delivery-public-services/documents/0118638-pdf/0118638-pdf/govscot:document/, Stand: 18.10.2018.

Cooper, Emmeline/Smith, Graham: Organizing Deliberation: The Perspectives of Professional Participation Practitioners in Britain and Germany, in: Journal of Public Deliberation, Vol. 8 (2012), Issue 1, Article 3, https://www.publicdeliberation.net/cgi/view content.cgi?refe-rer=https://www.google.de/&httpsredir=1&article=1175&context=jpd, Stand: 05.10.2018.

COSLA: Participatory Budgeting mainstreaming activity, 2017, http://www.cosla.gov.uk/sites/default/files/documents/17-11-03_cwb_item_09_-_participatory_budgeting.pdf, Stand: 25.10.2018.

dies./Scottish Government: Community Choices 1% Framework Agreement (2017), https://www.cosla.gov.uk/community-choices-1-framework-agreement, Stand: 09.01.2020.

Cullen, Peter: Wechselwirkungen zwischen europäischen und nationalen Verfassungsentwicklungen der 1990er-Jahre: Ein deutsch-britischer Vergleich, in: Glaeßner, Gert-Joachim/Reutter, Werner/Jeffery, Charlie (Hrsg.), Verfassungspolitik und Verfassungswandel, Wiesbaden 2001, S. 171–186. (zit.: *Cullen*, in: Glaeßner/Reutter/Jeffery, Verfassungspolitik und Verfassungswandel)

Dahl, Robert Alan: Democracy and its critics, New Haven 1989.

David, Klaus: Verfassung der Freien und Hansestadt Hamburg, Kommentar, 2. Aufl., Stuttgart 2004.

ders.: Wechselfälle des Wahlrechts in Hamburg. Oder: Die Verhinderung eines weiteren Volksentscheids, in: ZParl, 2010, S. 598–622.

ders./Stüber, Stephan: Verfassung der Freien und Hansestadt Hamburg, Kommentar zum Wahl- und Volkswillensbildungsrecht, zum Haushaltsrecht und zum Recht des Beauftragten für Datenschutz und Informationsfreiheit, Stuttgart 2020. (zit.: David/Stüber/*Bearbeiter*, HV)

Davidson, Stewart/Elstub, Stephen: Deliberative and Participatory Democracy in the UK, in: BJPIR 2014, Vol. 16, S. 367–685.

Dean, Rikki John: Democratising Bureaucracy, The Many Meanings of Public Participation in Social Policy and How to Harness Them, London 2016, http://etheses.lse.ac.uk/3486/1/Dean_Democratising_Bureaucracy.pdf, Stand: 22.06.2022.

Deasey, Anna: Twenty-two Scottish People, Observing a Citizen Jury debating how funding for land-use management could be structured to help improve Scotland's natural environment (2019), https://www.britishecologicalsociety.org/twenty-two-scottish-people/, Stand: 22.06.2022.

Decker, Frank: Direkte Demokratie im deutschen „Parteienbundestaat", in: APuZ 2006, S. 3–10.

Deutscher Städtetag: Thesen zur Weiterentwicklung lokaler Demokratie, Beschlossen vom Hauptausschuss des Deutschen Städtetages am 7. November 2013 in Berlin, http://www.staedtetag.de/imperia/md/content/dst/internet/presse/2013/thesenpapier_lokale_demokratie_endfassung_ha_07_11_2013.pdf, Stand: 06.12.2018.

Dicey, Albert Venn: Ought the Referendum to be Introduced into England?, in: The Contemporary Review 1890, Vol. 57, No. 4, S. 489–511.

ders.: Einführung in das Studium des Verfassungsrechts, 10. Aufl., Baden-Baden 2002.

Dolzer, Rudolf/Graßhof, Karin/Kahl, Wolfgang/Waldhoff, Christian: Bonner Kommentar zum Grundgesetz, Band V, Art. 20, Stand: Ergänzungslieferung 137 aus Dezember 2008, Heidelberg. (zit.: Dolzer/Graßhof/Kahl/Waldhoff/*Bearbeiter,* Bonner Kommentar zum GG, Bd. V)

Dreier, Horst: Grundgesetz, Kommentar, Band II, Art. 20–82, 3. Aufl., Tübingen 2015. (zit.: Dreier/*Bearbeiter,* GG, Bd. II)

Dressel, Andreas: Bürgerbegehren und Bürgerentscheid in den Hamburger Bezirken – eine Zwischenbilanz, in: Theo Schiller/Volker Mittendorf (Hrsg.), Direkte Demokratie, Forschung und Perspektiven, Wiesbaden 2002, S. 231–248. (zit.: *Dressel,* in: Schiller/Mittendorf, Direkte Demokratie)

ders.: Bürgerbegehren und Bürgerentscheid in den Hamburger Bezirken. Ein Beitrag zur direkten Demokratie in Hamburg unter Berücksichtigung von Berlin und Bremen, Baden-Baden 2003.

Drieschner, Frank: Gebt uns was wir wollen, sonst gründen wir eine Volksinitiative, in: Zeit Hamburg Nr. 4 vom 18.01.2018, S. 1.

Dundee City Council: Elections Results 2012 – More Detailed Information, https://www.dundeecity.gov.uk/elections-results-2012-more-detailed-information, Stand: 22.06.2022.

ders.: Article II Revenue Budget and Council Tax 2017/2018, https://www.dundeecity.gov.uk/minutes/article?articlekey=71305, Stand: 22.06.2022.

ders.: Participatory Budgeting Guide, Dundee Decides: Community Infrastructure Fund, https://www.dundeedecides.org/sites/default/files/guide.pdf, Stand: 09.01.2020.

Durinke, Peter Lothar: Bürgerentscheide in der Bauleitplanung, Zulässigkeit und Grenzen, Hamburg 2011.

Efler, Michael: Der Kampf um „Mehr Demokratie in Hamburg", in: Hans Peter Bull, Fünf Jahre direkte Bürgerbeteiligung in Hamburg – unter Berücksichtigung von Berlin und Bremen, Hamburg 2001, S. 77–87. (zit.: *Efler*, in: Bull, Fünf Jahre direkte Bürgerbeteiligung in Hamburg)

Elliott, Mark/Thomas, Robert: Public Law, 3. Aufl., Oxford 2017.

Erne, Roland: Obligatorisches Referendum, Plebiszit und Volkbegehren – drei Typen direkter Demokratie im europäischen Vergleich, in: Theo Schiller/Volker Mittendorf (Hrsg.), Direkte Demokratie, Forschung und Perspektiven, Wiesbaden 2002, S. 76–87. (zit.: *Erne*, in: Schiller/Mittendorf, Direkte Demokratie)

Ernst, Werner/Zinkhahn, Willy/Bielenberg, Walter/Krautzberger, Michael: Kommentar zum BauGB, Band I, Stand: Ergänzungslieferung 131 aus Oktober 2018, München.

Escobar, Oliver: The Community Empowerment and Renewal Bill (CERB): A critical crossroads for Scotland's participative democracy, 2013, https://oliversdialogue.wordpress.com/2013/02/19/the-community-empowerment-and-renewal-bill-a-critical-crossroads-for-scotlands-participatory-democracy/, Stand: 22.06.2022.

ders.: Transformative practices: The political work of public engagement practitioners, University of Edinburgh, Edinburgh 2013.

ders.: Towards Participatory Democracy in Scotland, in: POST (ed.), Scotland 44: Ideas for a new nation. POST, Edinburgh 2014, S. 24–33, https://www.research.ed.ac.uk/portal/en/publications/towards-participatory-democracy-in-scotland(bc94c796-6ac0-4a98-9c13-e8211 cd80f85).html, Stand: 05.07.2018.

ders.: Pluralism and Democratic Participation: What Kind of Citizen are Citizens Invited to be?, in: Contemporary Pragmatism 14 (2017), 416–438, https://brill.com/view/journals/copr/14/4/article-p416_416.xml, Stand: 22.06.2022.

ders./Elstub, Stephen: Forms of Mini-Publics: An introduction to deliverative innovations in democratic practice (2017), https://www.newdemocracy.com.au/docs/research notes/2017_May/nDF_RN_20170508_FormsOfMiniPublics.pdf, Stand: 22.06.2022.

ders./Garven, Fiona/Harkins, Chris/Glazik, Kathleen/Cameron, Simon/Stoddart, Ali: Participatory budgeting in Scotland: The interplay of public service reform, community empowerment and social justice, in: Nelson Dias, Hope for Democracy, 30 Years of Participatory Budgeting Worldwide, Portugal 2018, S. 311–334, http://whatworksscot land.ac.uk/wp-content/uploads/2018/07/WWSHopeForDemocracyPBinScotland.pdf, Stand: 22.06.2022.

Evans, Sue: Interested in becoming a citizen juror?, Social Care Wales Website (2018), https://socialcare.wales/news-stories/interested-in-becoming-a-citizen-juror, Stand: 29.08.2019.

Fachamt Stadt- und Landschaftsplanung (Bezirk Altona): Zukunftsplan Altona, Die Arbeitsschritte im Einzelnen, https://zukunftsplan-altona.hamburg.de/ablauf/, Stand: 22.06.2022.

Fedozzi, Luciano: Bürgerhaushalt von Porto Alegre: Entstehung, Fortschritte und Grenzen, in: Carsten Herzberg/Yves Sintomer/Heinz Kleger (Hrsg.), Hoffnung auf eine neue Demokratie, Bürgerhaushalte in Lateinamerika und Europa, Frankfurt am Main 2012, S. 147–175. (zit.: *Fedozzi*, in: Herzberg/Sintomer/Kleger, Hoffnung auf eine neue Demokratie)

Fehling, Michael: Informelles Verwaltungshandeln, in: Wolfgang Hoffmann-Riem/Eberhard Schmidt-Aßmann/Andreas Voßkuhle (Hrsg.), Grundlagen des Verwaltungsrechts, Band II, München 2009, S. 1341–1403. (zit.: *Fehling*, in: Hoffmann-Riem/Schmidt-Aßmann/Voßkuhle, Grundlagen des Verwaltungsrechts, Bd. II)

Fishkin, James S.: When the People Speak, Deliverative Democracy and Public Consultation, New York 2009.

Font, Joan/Blanco, Ismael: Was steckt hinter dem Partizipationsangebot?, in: Carsten Herzberg/Yves Sintomer/Heinz Kleger (Hrsg.), Hoffnung auf eine neue Demokratie, Bürgerhaushalte in Lateinamerika und Europa, Frankfurt am Main 2012, S. 61–82. (zit.: *Font/Blanco*, in: Herzberg/Sintomer/Kleger, Hoffnung auf eine neue Demokratie)

Fraude, Andreas: Direkte Demokratie in Hamburg, in: Andreas Kost (Hrsg.), Direkte Demokratie in den deutschen Ländern, Wiesbaden 2005, S. 113–132. (zit.: *Fraude*, in: Kost, Direkte Demokratie in den deutschen Ländern)

ders. /Lloyd, Matthias: Kommunalpolitik in Hamburg, in: Andreas Kost/Hans-Georg-Wehling (Hrsg.), Kommunalpolitik in den deutschen Ländern, 2. Aufl., Wiesbaden 2010, S. 148–164. (zit.: *Fraude/Lloyd*, in: Kost/Wehling, Kommunalpolitik in den deutschen Ländern)

Fröhlich, Almut Mareen: Von der Parlamentssouveränität zur Verfassungssouveränität, der britische Verfassungswandel am Beispiel des Human Rights Act 1998, Berlin 2009.

Frotscher, Werner/Pieroth, Bodo: Verfassungsgeschichte, 7. Aufl., München 2008.

Gabriel, Oscar W.: Direct and Representative Democracy: The Perspective of German Citizens, in: Cristina Fraenkel-Haeberle/Sabine Kropp/Francesco Palermo/Karl-Peter Sommermann (Hrsg.), Citizen Participation in Multi-Level Democracies, Leiden 2015, S. 87–113. (zit.: *Gabriel*, in: Fraenkel-Haeberle/Kropp/Palermo/Sommermann, Citizen Participation in Multi-Level Democracies)

ders./Völkl, Kerstin: Politische und soziale Partizipation, in: Oscar W. Gabriel/Sabine Kropp (Hrsg.), Die EU-Staaten im Vergleich, Strukturen, Prozesse, Politikinhalte,

3. Aufl., Wiesbaden 2008, S. 268–298. (zit.: *Gabriel/Völkl*, in: Gabriel/Kropp, die EU-Staaten im Vergleich)

Gamper, Anna: Forms of Democratic Participation in Multi-Level Systems, in: Cristina Fraenkel-Haeberle/Sabine Kropp/Francesco Palermo/Karl-Peter Sommermann (Hrsg.), Citizen Participation in Multi-Level Democracies, Leiden 2015, S. 67–84. (zit.: *Gamper*, in: Fraenkel-Haeberle/Kropp/Palermo/Sommermann, Citizen Participation in Multi-Level Democracies)

Geis, Max-Emanuel: Kommunalrecht, München 2008.

Glasgow City Council: The Scheme for the Establishment of Community Councils (2013), https://www.glasgow.gov.uk/CHttpHandler.ashx?id=19476&p=0, Stand: 15.10.2018.

Government of the United Kingdom: Ministerial Code, Cabinet Office August 2019, https://assets.publishing.service.gov.uk/government/uploads/system/uploads/attachment_data/file/826920/August-2019-MINISTERIAL-CODE-FINAL-FORMATTED-2.pdf, Stand: 22.06.2022.

Government Scottish & COSLA: Review of Community Planning and Single Outcome Agreements, Edinburgh 2012, http://www.ccpscotland.org/wp-content/uploads/2014/01/BulletinJULY2012.pdf, Stand: 22.06.2022.

Grote, Rainer: Regionalautonomie für Schottland und Wales – das Vereinigte Königreich auf dem Weg zu einem föderalen Staat?, in: ZaöRV 1998, S. 109–146.

Grotz, Florian: Direkte Demokratie in Europa: Erträge, Probleme und Perspektiven der vergleichenden Forschung, in: PVS 2009, S. 286–305.

Hahn-Lorber, Markus: Parallele Gesetzgebungskompetenzen, Nicht-hierarchische Kompetenzverteilung im deutsch-schottischen Verfassungsvergleich, Tübingen 2012.

Hamburg für gute Integration: Masterplan für erfolgreiche Integration in Hamburg, https://www.gute-integration.de/2016/06/22/hamburg-fu-r-gute-integration-stellt-entwurf-fu-r-masterplan-zur-integration-vor/, Stand: 22.06.2022.

Hamburgische Bürgerschaft: „Bürgerhaushalt Hamburg 2009“, Abschlussbericht der Online-Diskussion, Hamburg 2009, http://docplayer.org/13274718-Buergerhaushalt-hamburg-2009-abschlussbericht-der-online-diskussion-100.html, Stand: 22.06.2022.

Hansen, Angela/Söngen, Dieter: Bezirksamt Hamburg-Nord, Soziale Stadtteilentwicklung in Dulsberg 1995 bis 2002, Hamburg 2003.

Harkins, Chris/Egan, James: The Role of Participatory Budgeting in Promoting Localism and mobilizing Community Assets, But where next for Participatory Budgeting in Scotland? Learning from the Govanhill Equally Well test site, Glasgow Centre for Population Health, 2012, https://www.gcph.co.uk/assets/0000/3145/GCPH_Participatory_Budgeting_FINAL.pdf, Stand: 22.06.2022.

ders./Escobar, Oliver: Participatory budgeting in Scotland: an overview of strategic design choices and principles for effective delivery, 2015, https://www.gcph.co.uk/assets/0000/5467/Participatory_budgeting_in_Scotland.pdf, Stand: 22.06.2022.

ders./Moore, Katie/Escobar, Oliver: Review of 1st Generation Participatory Budgeting in Scotland, What Works Scotland 2016, http://whatworksscotland.ac.uk/wp-content/uploads/2016/10/ReviewofFirstGenerationPBinScotland.pdf, Stand: 22.06.2022.

Hättich, Manfred: Begriff und Formen der Demokratie, Mainz 1966.

Herzberg, Carsten: Wie partizipative Demokratie zu politisch-administrativen Verbesserungen führen kann: der Bürgerhaushalt von Porto Alegre, Münster 2001.

ders./Cuny, Cécile: Bürgerhaushalte und Bürgerwissen im Kontext von Verwaltungsmodernisierung, in: Carsten Herzberg/Yves Sintomer/Heinz Kleger (Hrsg.), Hoffnung auf eine neue Demokratie, Bürgerhaushalte in Lateinamerika und Europa, Frankfurt am Main 2012, S. 255–279. (zit.: *Herzberg/Cuny*, in: Herzberg/Sintomer/Kleger, Hoffnung au feine neue Demokratie)

ders./Sintomer, Yves/Allegretti, Giovanni/Röcke, Anja: Dialog Global, Vom Süden lernen: Bürgerhaushalte weltweit – eine Einladung zur globalen Kooperation, Bonn 2010, https://www.mehr-demokratie.de/fileadmin/pdf/buergerhaushalte_weltweit.pdf, Stand: 22.06.2022.

Hill O'Connor, Clementine/Steiner, Artur: Review of Participation Requests Annual Reports: Summary, Oktober 2018, https://www.gov.scot/binaries/content/documents/govscot/publications/research-and-analysis/2018/10/independent-evaluation-of-community-empowerment-act-parts-3-and-5-interim-findings/documents/first-output-october-2018/community-empowerment-act-part-3-participation-requests---review-summary-october-2018/community-empowerment-act-part-3-participation-requests---review-summary-october-2018/govscot%3Adocument/Community%2BEmpowerment%2BAct%2BPart%2B3%2B-%2BParticipation%2Brequests%2B-%2Breview%2Bsummary%2B-%2BOctober%2B2018.pdf, Stand: 22.06.2022.

dies./Steiner, Artur: Review of Participation Requests Annual Reports: Summary, September 2019, https://www.gov.scot/binaries/content/documents/govscot/publications/research-and-analysis/2018/10/independent-evaluation-of-community-empowerment-act-parts-3-and-5-interim-findings/documents/second-output-october-2019/community-empowerment-act-part-3-participation-requests---summary-review-september-2019/community-empowerment-act-part-3-participation-requests---summary-review-september-2019/govscot%3Adocument/Community%2BEmpowerment%2BAct%2BPart%2B3%2B-%2BParticipation%2Brequests%2B-%2Bsummary%2Breview%2B%2528September%2B2019%2529.pdf, Stand: 22.06.2022.

Himsworth, Chris: Local Government Law in Scotland, Edinburgh 1995.

ders./O'Neill, Christine: Scotland's Constitution: Law and Practice, 3. Aufl., Bloomsbury 2015.

Hoffmann, Hansjoachim/Schwenkner, Ferdinand: Kommunalpolitik in Berlin, in: Andreas Kost/Hans-GeorgWehling (Hrsg.), Kommunalpolitik in den deutschen Ländern, 2. Aufl., Wiesbaden 2010, S. 63–78. (zit.: *Hoffmann/Schwenkner*, in: Kost/Wehling, Kommunalpolitik in den deutschen Ländern)

Hoffmann-Riem, Wolfgang: Rechtsformen, Handlungsformen, Bewirkungsformen, in: Wolfgang Hoffmann-Riem/Eberhard Schmidt-Aßmann/Andreas Voßkuhle (Hrsg.), Grundlagen des Verwaltungsrechts, Band II, München 2008, S. 885–958. (zit.: *Hoffmann-Riem*, in: Hoffmann-Riem/Schmidt-Aßmann/Voßkuhle, Grundlagen des Verwaltungsrechts, Bd. II)

Hollenstein, Oliver: Aus Angst vor den Bürgern, in: Zeit Online vom 01.01.2018, https://www.zeit.de/2018/01/volksintiative-einigung-senat-hamburg-kompromisse, Stand: 22.06.2022.

Honer, Mathias/Rudloff, Tobias: Die Leistungsfähigkeit der Legitimationskettentheorie, Zugleich zur demokratischen Legitimation der Rechtsprechung, in: DÖV 2020, S. 461–468.

House of Lords, Select Committee on the Constitution: The Legislative Process: The Delegation of Powers, 16th Report of Session 2017–19, HL Paper 225, November 2018, https://publications.parliament.uk/pa/ld201719/ldselect/ldconst/225/225.pdf, Stand: 22.06.2022.

Interessengemeinschaft Blankenese Marktplatz: Website, Unsere Ziele, http://www.blankenese-marktplatz.de/Unsere-Ziele/, Stand: 13.02.2020.

Ipsen, Hans Peter: Juristische Hamburgensien, in: Heinrich Ackermann (Hrsg.), Aus dem Hamburger Rechtsleben: Walter Reimers zum 65. Geburtstag, Berlin 1979, S. 249–290. (zit.: *Ipsen*, in: Ackermann, Aus dem Hamburger Rechtsleben)

Jaeger, Franz: Einführende Reflexionen zum Thema City State, in: Konrad Hummler/Franz Jaeger (Hrsg.), Stadtstaat – Utopie oder realistisches Modell? Theoretiker und Praktiker in der Debatte, Zürich 2011, S. 13–30. (zit.: *Jaeger*, in: Hummler/Jaeger, Stadtstaat – Utopie oder realistisches Modell?)

Jarass, Hans/Pieroth, Bodo: Grundgesetz für die Bundesrepublik Deutschland, Kommentar, 14. Aufl., München 2016. (zit.: Jarass/Pieroth/*Bearbeiter*, GG)

Jeffery, Charlie: Verfassungspolitik im Vergleich: Britische Devolution und deutscher Föderalismus, in: Gert-Joachim Glaeßner/Werner Reutter/Charlie Jeffery (Hrsg.), Verfassungspolitik und Verfassungswandel, Deutschland und Großbritannien im Vergleich, Wiesbaden 2001, S. 125–142. (zit.: *Jeffery*, in: Glaeßner/Reutter/Jeffery, Verfassungspolitik und Verfassungswandel)

Jestaedt, Matthias: Demokratieprinzip und Kondomialverwaltung, Berlin 1993.

Jogschies, Rainer B.: Bürgerbeteiligung an der Stadtplanung, Frankfurt am Main, Bern, New York, Nancy 1984.

Jung, Otmar: Direkte Demokratie in Deutschland und Großbritannien, in: Gert-Joachim Glaeßner/Werner Reutter/Charlie Jeffery (Hrsg.), Verfassungspolitik und Verfassungswandel, Deutschland und Großbritannien im Vergleich, Wiesbaden 2001, S. 143–170. (zit.: *Jung*, in: Glaeßner/Reutter/Jeffery, Verfassungspolitik und Verfassungswandel)

Kaiser, Roman: Auf dem Weg zum „Brexit“ – Die Europäische Union im britischen Verfassungsrecht, in: EuR 2016, S. 593–607.

Karpen, Ulrich: Verfassungsrecht, in: Wolfgang Hoffmann-Riem/Hans-Joachim Koch (Hrsg.), Hamburgisches Staats- und Verwaltungsrecht, 3. Aufl., Baden-Baden 2006, S. 25–53. (zit.: *Karpen*, in: Hoffmann-Riem/Koch, Hamburgisches Staats- und Verwaltungsrecht)

ders./Bösling, Thies: Volksgesetzgebung als Kernbestandteil der Verfassungsreform 1996, in: Hans Peter Bull (Hrsg.), Fünf Jahre direkte Bürgerbeteiligung in Hamburg – unter Berücksichtigung von Berlin und Bremen, Hamburg 2001, S. 68–76. (zit.: *Karpen/Bösling*, in: Bull, Fünf Jahre direkte Bürgerbeteiligung in Hamburg)

Kastendiek, Hans: Traditionelles und neues Verfassungsdenken in Großbritannien, in: Gert-Joachim Glaeßner/Werner Reutter/Charlie Jeffery (Hrsg.), Verfassungspolitik und Verfassungswandel, Wiesbaden 2001, S. 29–51. (zit.: *Kastendiek*, in: Glaeßner/Reutter/Jeffery, Verfassungspolitik und Verfassungswandel)

ders./Stinshoff, Richard: Verfassungsdenken und Verfassungspolitik, in: Hans Kastendiek/Roland Sturm (Hrsg.), Länderbericht Großbritannien, Bonn 2006, S. 118–134. (zit.: *Kastendiek/Stinshoff*, in: Kastendiek/Sturm, Länderbericht Großbritannien)

Kaufmann, Bruno/Waters, M. Dane: Direct Democracy in Europe, Durham, NC 2004.

Keating, Michael: The Government of Scotland: Public Policy Making after Devolution, 2. Aufl., Edinburgh 2010.

Kenyon, Wendy/Hanley, Nick/Nevin, Ceara: Citizens' juries: an aid to environmental valuation?, in: Environment and Planning C: Government and Policy 2001, Vol. 19, S. 557–566, https://pdfs.semanticscholar.org/7df0/4ab0e67e5b9cf35815c4f6b9732c35ae3c56.pdf, Stand: 22.06.2022.

Kersting, Norbert: Direkte Demokratie: Theorie und Praxis, in: Oliver W. Lembcke/Claudia Ritzi/Gary S. Schaal (Hrsg.), Zeitgenössische Demokratietheorie, Band 2: empirische Demokratietheorien, Wiesbaden 2016, S. 307–334. (zit.: *Kersting*, in: Lembcke/Ritzi/Schaal, Zeitgenössische Demokratietheorie)

Kersting, Wolfgang: Jean-Jacques Rousseaus „Gesellschaftsvertrag“, Darmstadt 2020.

Kimmel, Adolf: Verfassungsrechtliche Rahmenbedingungen: Grundrechte, Staatszielbestimmungen und Verfassungsstrukturen, in: Oscar W. Gabriel/Sabine Kropp (Hrsg.), Die EU-Staaten im Vergleich, Strukturen, Prozesse, Politikinhalte, 3. Aufl., Wiesbaden 2008, S. 62–88. (zit.: *Kimmel*, in: Gabriel/Kropp, Die EU-Staaten im Vergleich)

Kischel, Uwe: Rechtsvergleichung, München 2015.

Kleger, Heinz: Vom Bürgerprotest zum Bürgerhaushalt, in: Carsten Herzberg/Yves Sintomer/Heinz Kleger (Hrsg.), Hoffnung auf eine neue Demokratie, Bürgerhaushalte in Lateinamerika und Europa, Frankfurt am Main 2012, S. 313–323. (zit.: *Kleger*, in: Herzberg/Sintomer/Kleger, Hoffnung auf eine neue Demokratie)

Knigge, Ella: Einigung über die Umgestaltung des Blankeneser Marktplatzes/Was man aus dem Trubel um den Blankeneser Marktplatz lernen kann, in: Rote Seiten, Ausgabe 3/2017, S. 3, 14–17, https://www.spdfraktionaltona.de/wp-content/uploads/2017/12/Rote-Seiten_03-2017.pdf, Stand: 22.06.2022.

Kocka, Jürgen: Comparison and Beyond, in: History and Theory, Vol. 42, S. 39–44.

Kopp, Ferdinand O./Ramsauer, Ulrich: Verwaltungsverfahrensgesetz, Kommentar, 18. Aufl., München 2017. (zit.: Kopp/Ramsauer/*Bearbeiter*, VwVfG)

Kost, Andreas: Bürgerbegehren und Bürgerentscheid in Deutschland, in: APuZ 2006, S. 25–31.

Kotulla, Michael: Deutsche Verfassungsgeschichte, Vom Alten Reich bis Weimar (1495–1934), Heidelberg 2008.

Kranenpohl, Uwe: Bewältigung des Reformstaus durch direkte Demokratie?, in: APuZ 2006, S. 32–38.

Krumm, Thomas/Noetzel, Thomas: Das Regierungssystem Großbritanniens, München 2006.

Lafont, Cristina: Democracy without Shortcuts, Oxford 2020.

Landemore, Hélène: Open Democracy, Reinventing Popular Rule for the Twenty-First Century, Princeton 2020.

Leyland, Peter: The Constitution of the United Kingdom: A Contextual Analysis, 3. Aufl., Oxford 2016.

ders.: Referendums, Constitutional Reform and the Perils of Popular Sovereignty, in: ItaLJ, Special Issue 2017, S. 121–131.

Lijphart, Arend: Democracies, Paterns of Majoritarian and Consensus Government in Twenty-One Countries, New Haven/London 1984.

Lloyd, Greg/Rafferty, Gavan: Creating a constructive interface between community planning and land use (spatial) planning, University of Ulster, Knowledge Exchange Seminar Series (KESS) (2013), http://www.niassembly.gov.uk/globalassets/documents/raise/knowledge_exchange/briefing_papers/series3/lloyd2811.pdf, Stand: 22.06.2022.

Local Government and Regeneration Committee: Joint Submission by Barnardo's Scotland, Oxfam Scotland, The Poverty Alliance: Submission Number: 18, Strengthening the Community Empowerment Bill to empower every community in Scotland (2014), http://www.parliament.scot/S4_LocalGovernmentandRegenerationCommittee/General%20Documents/18._Joint_Submission_from_Barnardos_Scotland_Oxfam_Scotland_and_Poverty_Alliance(1).pdf, Stand: 09.10.2020.

Loughlin, Martin: Legality and Locality, The Role of Law in Central-Local Government Relations, Oxford 1996.

Luhmann, Niklas: Legitimation durch Verfahren, 2. Aufl., Frankfurt am Main 1989.

Lüth, Erich: Die Hamburger Bürgerschaft 1946–1971, Wiederaufbau und Neubau, Hamburg 1971.

Macpherson, Michael James: Citizens' initiative and referendum in Britain and Northern Ireland 2007: Prospects for reform (2007), http://www.iniref.org/cdd.gb07.pdf, Stand: 22.06.2022.

Magin, Raphael/Eder, Christina: Direkte Demokratie in den Bundesländern: Grundlagen, Institutionen, Anwendungen, in: Markus Freitag/Uwe Wagschal (Hrsg.), Direkte Demokratie, Bestandsaufnahmen und Wirkungen im internationalen Vergleich, Band 3, Berlin 2007, S. 151–187. (zit.: *Magin/Eder*, in: Freitag/Wagschal, Direkte Demokratie)

Malena, Carmen: Participatory Governance: Where there is Lack of Will, Is there a Way?, in: Carmen Malena (Hrsg.), From Political Won't to Political Will, Sterling, VA 2009, S. 267–290. (zit.: *Malena*, in: Malena, From Political Won't to Political Will)

Martini, Mario: Die Bürger-/Volksbefragung als Baustein der Demokratie, in: DÖV 2015, S. 981–992.

Maunz, Theodor/Dürig, Günter: Grundgesetz, Kommentar, Band III, Art. 16–22, Stand: Ergänzungslieferung 79 aus Dezember 2016, München. (zit.: Maunz/Dürig/*Bearbeiter*, Kommentar zum GG, Bd. 3)

ders./Dürig, Günter: Grundgesetz, Kommentar, Band V, Art. 54–85, Stand: Ergänzungslieferung 79 aus Dezember 2016, München. (zit.: Maunz/Dürig/*Bearbeiter*, Kommentar zum GG, Bd. 5)

Maurer, Hartmut: Staatsrecht I, Grundlagen, Verfassungsorgane, Staatsfunktionen, 4. Aufl., München 2005.

Mayer, Hans-Norbert: Hamburgisches Stadtteilentwicklungsprogramm – Zwischenevaluation 2003 in acht Quartieren, Behörde für Bau und Verkehr, Hamburg 2004.

McCorkindale, Christopher/McHarg, Aileen/Scott, Paul F.: The courts, devolution, and constitutional review, in: University of Queensland Law Journal, 15.03.2018, https://pure.strath.ac.uk/portal/files/70186145/McCorkindale_etal_UQLJ2017_The_courts_devolution_and_constitutional_review.pdf, Stand: 22.06.2022.

McEwen, Nicola/Keating, Michael: Beyond the Referendum, in: Michael Keating (Hrsg.), Debating Scotland, Issues of Independence and Union in the 2014 Referendum, Oxford, New York 2017, S. 191–202. (zit.: *McEwen/Keating*, in: Keating, Debating Scotland)

McFadden, Jean/McFadzean, Dale: Public Law Essentials, 2. Aufl., Edinburgh 2016.

McMillan, Carolyn/Steiner, Artur/Hill O'Connor, Clementine: Participation Requests: Evaluation of Part 3 of the Community Empowerment (Scotland) Act 2015, April 2020, https://www.gov.scot/binaries/content/documents/govscot/publications/research-and-analysis/2020/04/participation-requests-evaluation-part-3-community-empowerment-scotland-act-2015/documents/people-communities-places-participation-requests-evaluation-part-3-community-empowerment-scotland-act-2015/people-communities-places-participation-requests-evaluation-part-3-community-empowerment-scotland-act-2015/govscot%3Adocument/people-communities-places-participation-requests-evaluation-part-3-community-empowerment-scotland-act-2015.pdf, Stand: 22.06.2022.

Mehr Demokratie e.V.: Berlin – Bürgerbegehren, Laufende Verfahren, Abgeschlossene Verfahren, https://bb.mehr-demokratie.de/berlin/berlin-buergerbegehren/berlin-bezirke-uebersicht/, Stand: 22.06.2022.

ders.: Berlin, Übersicht Volksbegehren/Volksinitiativen, https://bb.mehr-demokratie.de/berlin/berlin-volksbegehren/berlin-land-uebersicht/, Stand: 22.06.2022.

ders.: Bilanz: sieben Volksbegehrens-Anäufe in der Stadt Bremen, https://bremen-nds.mehr-demokratie.de/bremen/buergerbegehren/stadt-bremen/stadt-bremen-bilanz-volksbegehren/, Stand: 01.05.2019.

ders.: Bilanz, Wohnbebauung, Ocean-Park, Landespolizei, Leher Dschungel: Bürgerbegehrens-Bilanz Bremerhaven, https://bremen-nds.mehr-demokratie.de/bremen/buergerbegehren/stadt-bremerhaven/bremerhaven-bilanz-buergerbegehren-und-buergerentscheid/, Stand: 22.06.2022.

ders.: Bürgerhaushalte in den Berliner Bezirken, https://bb.mehr-demokratie.de/fileadmin/pdf/buergerhaushalt_berliner_bezirke.pdf, Stand: 22.06.2022.

ders.: Landesweite Volksbegehren in Bremen, Mehr Demokratie, Landesweite Volksbegehren in Bremen, https://bremen-nds.mehr-demokratie.de/bremen/hb-volksbegehren, Stand: 22.06.2022.

ders.: Positionspapier Nr. 12, Themenausschlüsse bei Bürgerbegehren und Bürgerentscheid (2016), https://www.mehr-demokratie.de/fileadmin/pdf/Positionen12_Themenausschluesse_Buergerbegehren_Buergerentscheid.pdf, Stand: 22.06.2022.

ders.: Volksentscheidsranking 2016, https://www.mehr-demokratie.de/fileadmin/pdf/volksentscheids-ranking_2016.pdf, Stand: 22.06.2022.

ders.: Volksbegehrensbericht 2017. Direkte Demokratie in den deutschen Bundesländern 1946 bis 2016, https://www.mehr-demokratie.de/fileadmin/pdf/volksbegehrensbericht_2017.pdf, Stand: 22.06.2022.

ders.: Bisherige Volksinitiativen (2018), https://hh.mehr-demokratie.de/themen/direkte-demokratie/volksinitiativen/bisherige-volksinitiativen/, Stand: 22.06.2022.

ders.: Noch viel Luft nach oben! 20 Jahre Bürgerbegehren und Bürgerentscheide in Hamburg, Hamburg 2018.

ders.: Erfolge für die Direkte Demokratie – Volksinitiativen finden Kompromisse (2019), https://hh.mehr-demokratie.de/news-einzelansicht/news/erfolge-fuer-die-direkte-demokratie-volksinitiativen-finden-kompromisse/, Stand: 01.05.2019.

Meisch, Simon: Devolution in Schottland, Institutionelle Entwicklung zwischen Pfadabhängigkeit und graduellem Wandel, Baden-Baden 2014.

Menzel, Hans-Joachim: Legitimation staatlicher Herrschaft durch Partizipation Privater?, Berlin 1980.

Meyer, Peter Ulrich: Vor 20 Jahren gab es das erste Bürgerbegehren in Hamburg, in: Hamburger Abendblatt vom 20.10.2018, https://www.abendblatt.de/hamburg/article215602741/Buergerbegehren-in-Hamburg-starteten-vor-20-Jahren.html, Stand: 22.06.2022.

Morlok, Martin/Michael, Lothar: Staatsorganisationsrecht, 2. Aufl., Baden-Baden 2015.

Müller, Christoph: Das imperative und freie Mandat, Überlegungen zur Lehre von der Repräsentation des Volkes, Leiden 1966.

Münch, Ingo/Kunig, Philip: Grundgesetz-Kommentar, Band 1, Präambel, Art. 1–69, 6. Aufl., München 2012. (zit.: Münch/Kunig/*Bearbeiter*, GG, Bd. 1)

ders./Kunig, Philip: Grundgesetz-Kommentar, Band 2, Art. 70 bis Art. 146, 6. Aufl., München 2012. (zit.: Münch/Kunig/*Bearbeiter*, GG, Bd. 2)

Nantz, Patrizia/Fritsche, Miriam: Handbuch Bürgerbeteiligung, Verfahren und Akteure, Chance und Grenzen, Bundeszentrale für politische Bildung, Bonn 2012.

National Records of Scotland: Mid-Year Population Estimates Scotland, Mid-2017 (2018), https://www.nrscotland.gov.uk/files//statistics/population-estimates/mid-17/mid-year-pop-est-17-publication-revised.pdf, Stand: 22.06.2022.

Neunecker, Martina: Wie wirkt sich Bürgerbeteiligung auf die Entscheidungen von Stadt- und Gemeinderäten aus? Vergleichende Befunde am Beispiel des „Bürgerhaushaltes“ in Deutschland, in: Manuela Glaab (Hrsg.), Politik mit Bürgern – Politik für Bürger, Praxis und Perspektiven einer neuen Beteiligungskultur, Wiesbaden 2016, S. 199–217. (zit.: *Neunecker*, in: Glaab, Politik mit Bürgern – Politik für Bürger)

Nicholson, Linda: Consultation on the Community Empowerment (Scotland) Bill, Analysis of Responses, Scottish Government Social Research (2014), https://consult.gov.scot/community-empowerment-unit/cerb/results/consultation-on-the-community-empowerment-bill-analysis-of-responses.pdf, Stand: 22.06.2022.

Niere, Ulrich: Zur Einheitlichkeit der Abwägungsentscheidung im Stadtstaat, in: NordÖR 2008, S. 153–157.

Nowakowski, Gerd: 2020 könnte Berlin einen Bürgerhaushalt bekommen, in: Der Tagesspiegel vom 18.09.2019, https://www.tagesspiegel.de/berlin/mitentscheiden-was-die-stadt-finanziert-2020-koennte-berlin-einen-buergerhaushalt-bekommen/25024680.html, Stand: 22.06.2022.

O'Hagan, Angela/Hill O'Connor, Clementine/MacRae, Claire/Teedon, Paul: Evaluation of Participatory Budgeting Activity in Scotland 2016–2018 (2019), https://www.gov.scot/binaries/content/documents/govscot/publications/publication/2019/05/evaluation-participatory-budgeting-activity-scotland-2016-2018-2/documents/evaluation-participatory-budgeting-activity-scotland-2016-2018/evaluation-participatory-budgeting-activity-scotland-2016-2018/govscot%3Adocument/evaluation-participatory-budgeting-activity-scotland-2016-2018.pdf, Stand: 13.06.2019.

OECD: The Governance of Land Use, United Kingdom, Country Fact Sheets (2017), https://www.oecd.org/regional/regional-policy/land-use-United-Kingdom.pdf, Stand: 22.06.2022.

Ogorek, Markus: Die Lehre von der sog Parlamentssouveränität in rechtsvergleichender Perspektive, in: JA 2006, S. 151–155.

Open Government Partnership: Scotland, Commitments, 04. Participatory Budgeting, 2016, https://www.opengovpartnership.org/commitment/04-participatory-budgeting-also-known-community-choices-scotland, Stand: 06.12.2018.

dies.: Scotland, Commitments, 05. Increasing participation, 2016, https://www.opengovpartnership.org/commitment/05-increasing-participation, Stand: 06.02.2018.

Page, Alan: Constitutional Law of Scotland, Edinburgh 2015.

Palandt, Otto: Kommentar zum Bürgerlichen Gesetzbuch, 76. Aufl., München 2017. (zit.: Palandt/*Bearbeiter*, BGB)

Parolari, Sara/Woelk, Jens: The Referendum in the United Kingdom: Instrument for Greater Constitutional Legitimacy, Tool of Political Convenience, or First Step to Revitalize Democracy?, in: Cristina Fraenkel-Haeberle/Sabine Kropp/Francesco Palermo/Karl-Peter Sommermann (Hrsg.), Citizen Participation in Multi-Level Democracies, Leiden 2015, S. 265–285. (zit.: *Parolari/Woelk*, in: Fraenkel-Haeberle/Kropp/Palermo/Sommermann, Citizen Participation in Multi-Level Democracies)

Paterson, Andrew: A summary of learning from SCDC's work around participation requests (2018), https://static1.squarespace.com/static/5943c23a440243c1fa28585f/t/5bfd67700e2e7247171e201e/1543333760232/One+piece+of+puzzle.pdf, Stand: 22.06.2022.

PB Network/PB Partners/Scottish Government: Mainstreaming Participatory Budgeting, Oktober 2016, https://pbnetwork.org.uk/wp-content/uploads/2016/10/PB-Mainstreaming.pdf, Stand: 22.06.2022.

PB Partners: Dundee Pilot Participatory Budgeting Programme 2017–2018, Evaluation by PB Partners, https://www.dundeecity.gov.uk/sites/default/files/publications/dundeedecidesreport_july18.pdf, Stand: 22.06.2022.

PB Scotland: Crowdsourced map of PB in Scotland, https://pbscotland.scot/map/, Stand: 22.06.2022.

ders.: What is Participatory Budgeting…?, https://pbscotland.scot/what-is-pb, Stand: 22.06.2022.

ders.: South Centra£ Decides on Saturday, 28. April 2016, https://pbscotland.scot/blog/2016/4/28/south-centra-decides-on-saturday?rq=PB%20in%20edinburgh, Stand: 22.06.2022.

ders.: Scotland's Community Choices Programme to support Participatory Budgeting, 2017, https://pbscotland.scot/blog/2017/8/23/scotlands-community-choices-programme-to-support-participatory-budgeting, Stand: 22.06.2022.

ders.: Dundee Decides: Results in for mainstream PB process, April 2018, https://pbscotland.scot/blog/2018/4/3/dundee-decides-a-first-for-mainstreaming-in-scotland, Stand: 22.06.2022.

ders.: Participatory Budgeting Charter for Scotland, Making good PB happen (2019), https://static1.squarespace.com/static/558172f0e4b077ee5306aa83/t/5d13466faf12ea00012e103c/1561544335946/PB+Charter+-+Web.pdf, Stand: 22.06.2022.

Peerenboom, Randall: Towards a Methodology for Successful Legal Transplants (2012), https://poseidon01.ssrn.com/delivery.php?ID=849102126069111115086025091094006113010088090031071033011098094124117002101127018113029120024106118022113088089085090005070099029026091036074094023083023118124118025081040021092002020068125118110004110072119102007114122110023099110001083070105073114&EXT=pdf, Stand: 31.05.2020.

Pestalozza, Christian: Das „fakultative Referendum" im Gesetzentwurf der Trägerin des Berliner Volksbegehrens „Volksentscheid retten!" 2016 (Art. 62 Abs. 5, 63 Abs. 4 VvB-E) (2016), https://webcache.googleusercontent.com/search?q=cache:klD0sKS_NJIJ:https://www.berlin.de/sen/inneres/presse/weitere-informationen/volksentscheid-retten-gutachten.pdf+&cd=1&hl=de&ct=clnk&gl=de, Stand: 22.06.2022.

Pieczka, Magda/Escobar, Oliver: Dialogue: Innovation in policy making and the discourse of engagement, in: Political Sudies Association, Annual Conference, Edinburgh, 29 March–1 April 2010, https://www.researchgate.net/profile/Magda_Pieczka/publication/242714701_Dialogue_Innovation_in_policy_making_and_the_discourse_of_engagement/links/53d1018e0cf2fd75bc5d5ae6.pdf, Stand: 22.06.2022.

Planning Democracy: Re-valuing public participation in Scotland's planning system, A Planning Democracy Advocracy Paper, SIcussion draft (2012), http://www.planningdemocracy.org.uk/resources/PAP_discuss_draft_web_April12.pdf, Stand: 22.06.2022.

Plotnikova, Evgeniya/Bennett, Hayley: Exploring perceived opportunities and challenges of Participation Requests in Scotland, What Works Scotland, Research Report (2018), http://whatworksscotland.ac.uk/wp-content/uploads/2018/12/WWSExploringParticipationRequestsinScotlandFinal.pdf, Stand: 22.06.2022.

Portobello Community Council Election, 24 October 2013, Declaration of Result, https://porty.org.uk/wordpress/wp-content/uploads/2016/11/PCC-election-result-2013.pdf, Stand: 06.03.2020.

Portobello Community Council: Website, Porty community to lead on Pitz redevelopment vision vom 12.10.2018, http://www.portobellocc.org/pccpn/2018/10/12/porty-community-to-lead-on-pitz-redevelopment-vision/, Stand: 22.06.2022.

Public Petitions Committee Report: 3rd Report, 2009 (Session 3), Inquiry into the public petitions process, Remit and membership, SP Paper 300, https://archive.parliament.scot/s3/committees/petitions/reports-09/pur09-03.htm, Stand: 22.06.2022.

Rehfisch, Alan: Town and Country Planning in Scotland, SPICe Briefing (2016), http://www.parliament.scot/ResearchBriefingsAndFactsheets/S5/SB_16-53_Town_and_Country_Planning_in_Scotland.pdf, Stand: 25.02.2019.

ders.: The Planning (Scotland) Bill, SPICe Briefing (2018), https://sp-bpr-en-prod-cdnep.azureedge.net/published/2018/1/31/The-Planning--Scotland--Bill/SB%2018-08.pdf, Stand: 22.06.2022.

Rehm, Gebhard M.: Rechtstransplantate als Instrument der Rechtsreform und -transformation, in: RabelsZ 2008, S. 1–42.

Reid, Paul: Public Law, 3. Aufl., Edinburgh 2015.

Roberts, Jennifer/Escobar, Oliver: Involving communities in deliberation: A study of 3 citizens' juries on onshore wind farms in Scotland (2015), https://www.climatexchange.org.uk/media/1438/citizens_juries_-_full_report.pdf, Stand: 22.06.2022.

Röcke, Anja: Framing Citizen Participation, Participatory Budgeting in France, Germany and the United Kingdom, Hampshire 2014.

Rossen-Stadtfeld, Helge: Beteiligung, Partizipation und Öffentlichkeit, in: Wolfgang Hoffmann-Riem/Eberhard Schmidt-Aßmann/Andreas Voßkuhle (Hrsg.), Grundlagen des Verwaltungsrechts, Band II, München 2008, S. 625–688. (zit.: *Rossen-Stadtfeld*, in: Hoffmann-Riem/Schmidt-Aßmann/Voßkuhle, Grundlagen des Verwaltungsrechts, Bd. II)

Rux, Johannes: Direkte Demokratie in Deutschland: Rechtsgrundlagen und Rechtswirklichkeit der unmittelbaren Demokratie in der Bundesrepublik Deutschland und ihren Ländern, Baden-Baden 2008.

Sachs, Michael: Grundgesetz, Kommentar, 8. Aufl., München 2018. (zit.: Sachs/*Bearbeiter*, GG)

Sandford, Mark: Briefing Paper, Number 06365, 21 March 2015, Community Right to Challenge, House of Commons Library, https://researchbriefings.files.parliament.uk/documents/SN06365/SN06365.pdf, Stand: 22.06.2022.

ders.: Briefing Paper, Number 03409, 2 March 2016, Local government: polls and referendums, House of Commons Library, https://researchbriefings.files.parliament.uk/documents/SN03409/SN03409.pdf, Stand: 22.06.2022.

Scherer, Michael: Kommunalpolitik in Bremen, in: Andreas Kost/Hans-GeorgWehling (Hrsg.), Kommunalpolitik in den deutschen Ländern, 2. Aufl., Wiesbaden 2010, S. 120–147. (zit.: *Scherer*, in: Kost/Wehling, Kommunalpolitik in den deutschen Ländern)

Scheub, Ute: Demokratie, Die Unvollendete, Plädoyer für mehr Teilhabe, München 2017.

Schieren, Stefan: Großbritannien, Schwalbach 2010.

Schiller, Theo: Direkte Demokratie auf Bundesländer- und Kommunalebene, in: Markus Freitag/Uwe Wagschal (Hrsg.), Direkte Demokratie, Bestandsaufnahmen und Wirkungen im internationalen Vergleich, Berlin 2007, S. 115–150. (zit.: *Schiller*, in: Freitag/Wagschal, Direkte Demokratie)

ders./Mittendorf, Volker: Neue Entwicklungen der direkten Demokratie, in: Theo Schiller/Volker Mittendorf (Hrsg.), Direkte Demokratie, Forschung und Perspektiven, Wiesbaden 2002, S. 7–21. (zit.: *Schiller/Mittendorf*, in: Schiller/Mittendorf, Direkte Demokratie)

Schliesky, Utz: Das Demokratieprinzip des Grundgesetzes, in: Utz Schliesky/Sönke E. Schulz/Friedrich Gottberg/Florian Kuhlmann (Hrsg.), Demokratie im digitalen Zeitalter, Baden-Baden 2016, S. 15–51. (zit.: *Schliesky*, in: Schliesky/Schulz/Gottberg/Kuhlmann, Das Demokratieprinzip des Grundgesetzes)

Schmidt, Manfred G.: Demokratietheorien, Eine Einführung, 5. Aufl., Wiesbaden 2010.

Schmidt-Aßmann, Eberhard: Verwaltungslegitimation als Rechtsbegriff, in: AöR 1991, S. 329–390.

Schmoock, Matthias: Blankeneser Marktplatz sorgt weiter für gereizte Stimmung, in: Hamburger Abendblatt vom 27.11.2018, https://www.abendblatt.de/hamburg/elbvororte/article215883069/Blankenese-Bezirkspolitiker-beschliessen-Marktplatz-Belag.html, Stand: 23.06.2022.

ders.: Blankenese: Der Marktplatz-Umbau ist endlich gesichert, in: Hamburger Abendblatt vom 05.12.2019, https://www.abendblatt.de/hamburg/elbvororte/article227837579/Blankenese-Der-Marktplatz-Umbau-ist-endlich-gesichert.html, Stand: 23.06.2022.

Schneider, Jens-Peter: Strukturen und Typen von Verwaltungsverfahren, in: Wolfgang Hoffmann-Riem/Eberhard Schmidt-Aßmann/Andreas Voßkuhle (Hrsg.), Grundlagen des Verwaltungsrechts, Band II, München 2008, S. 523–624. (zit.: *Schneider*, in: Hoffmann-Riem/Schmidt-Aßmann/Voßkuhle, Grundlagen des Verwaltungsrechts, Bd. II)

Schottisches Parlament: Petitions, Petition Outcomes, https://www.parliament.scot/gettinginvolved/petitions/91127.aspx, Stand: 23.06.2022.

Schröder, Hans-Christoph: Die Geschichte Englands bis 1945, Ein Überblick, in: Hans Kastendiek/Roland Sturm (Hrsg.), Länderbericht Großbritannien, Bonn 2006, S. 14–52. (zit.: *Schröder*, in: Kastendiek/Sturm, Länderbericht Großbritannien)

Schröder, Ulrich Jan: Brexit – Rechtsfragen des Übergangszeitraums und die Rechtslage nach dessen Ende, in: DVBl 2020, S. 833–900.

Schuler-Harms, Margarete: Verfassungsrecht, in: Wolfgang Hoffmann-Riem/Hans-Joachim Koch (Hrsg.), Landesrecht Hamburg, Hamburgisches Staats- und Verwaltungsrecht, 4. Aufl., Baden-Baden 2020, S. 19–41. (zit.: *Schuler-Harms*, in: Hoffmann-Riem/Koch, Landesrecht Hamburg)

Schultz, Günther: Rundschau, Blick in die Zeit, in: MDR 1952, S. 469–470.

Schulz, Christina: Die Hamburger Bürgerverträge, Rechtliche Untersuchung eines neuen Mitbestimmungsinstruments im Spannungsfeld zwischen direkter und repräsentativer Demokratie, in: DÖV 2019, S. 533–543.

dies.: Hamburg, in: Roman Kaiser/Fabian Michl (Hrsg.), Landeswahrecht, Wahlrecht und Wahlsystem der deutschen Länder, Baden-Baden 2020, S. 219–241. (zit.: *Schulz*, in: Kaiser/Michl, Landeswahlrecht)

Scottish Community Development Center: Participation requests, 2-pager, http://www.scdc.org.uk/what/community-empowerment-scotland-act/, Stand: 22.10.2018.

ders.: Community Empowerment (Scotland) Act 2015, Participation request – Frequently asked questions, http://www.scdc.org.uk/what/community-empowerment-scotland-act/participation-requests-FAQ/, Stand: 23.06.2022.

Scottish Constitutional Convention: Scotland's Parliament. Scotland's Right, Edinburgh 1995.

Scottish Executive: The Local Government in Scotland Act 2003, Community Planning: Statutory Guidance (2004), https://www2.gov.scot/Resource/Doc/47237/0028845.pdf, Stand: 28.02.2019.

Scottish Government: Community Empowerment (Scotland) Act: summary, https://beta.gov.scot/publications/community-empowerment-scotland-act-summary/, Stand: 23.06.2022.

dies.: Community empowerment, Overview, https://www.gov.scot/policies/community-empowerment/, Stand: 23.06.2022.

dies.: Community Empowerment: Participatory Budgeting, https://beta.gov.scot/policies/community-empowerment/participatory-budgeting/, Stand: 23.06.2022.

dies.: Consultation Hub, https://consult.gov.scot/, Stand: 29.08.2019.

dies.: Improving public services, community planning, https://beta.gov.scot/policies/improving-public-services/community-planning/, Stand: 23.06.2022.

dies.: National Standards for Community Engagement, support materials, http://www.voicescotland.org.uk/support-materials/, Stand: 23.06.2022.

dies.: National Standards for Community Engagement, support materials: VOiCE – Paper version, http://www.voicescotland.org.uk/media/resources/VOiCE%20QUESTIONS%20(final).pdf, Stand: 19.10.2018.

dies.: Policy, Planning and architecture, https://www.gov.scot/policies/planning-architecture/, Stand: 23.06.2022.

dies.: Moving Scotland Forward: The Government's Programme for Scotland 2008–09, September 2008, https://www2.gov.scot/Resource/Doc/236931/0065009.pdf, Stand: 09.11.2018.

dies.: A Guide to the Use of Mediation in the Planning System in Scotland (2009), https://www.gov.scot/publications/guide-use-mediation-planning-system-scotland/, Stand: 23.06.2022.

dies.: Scottish Community Empowerment Action Plan, Edinburgh 2009, https://www.gov.scot/Resource/Doc/264771/0079288.pdf, Stand: 15.10.2018.

dies.: Civil Service Code, November 2010, Presented to Parliament pursuant to section 5 (5) of the Constitutional Reform and Governance Act 2010; Presented to the Scottish Parliament pursuant to section 5 (6) of the Constitutional Reform and Governance Act 2010, https://www.gov.scot/binaries/content/documents/govscot/publications/agreement/2010/11/civil-service-code/documents/civil-service-code-pdf/civil-service-code-pdf/govscot%3Adocument/Civil%2BService%2BCode.pdf, Stand: 23.06.2022.

dies.: Planning Advice Note 3/2010 Community Engagement (2010), https://www.gov.scot/publications/planning-advice-note-3-2010-community-engagement/, Stand: 23.06.2022.

dies.: right first time, A practical guide for public authorities in Scotland to decision-making and the law, Edinburgh 2010, https://www2.gov.scot/resource/doc/303683/0095190.pdf, Stand: 03.03.2020.

dies.: Survey of Local Authority Community Councils (2012), https://www2.gov.scot/Resource/0044/00440438.pdf, Stand: 24.01.2019.

dies.: Consultation on the Community Empowerment (Scotland) Bill, Edinburgh 2013, https://consult.gov.scot/community-empowerment-unit/cerb/supporting_documents/cerbconsultation.pdf, Stand: 23.06.2022.

dies.: Ambition, Opportunity, Place, Scotland's Third National Planning Framework (2014), https://www.gov.scot/publications/national-planning-framework-3/, Stand: 23.06.2022.

dies.: Scotish Planning Policy (2014), https://www.gov.scot/binaries/content/documents/govscot/publications/publication/2014/06/scottish-planning-policy/documents/00453827-pdf/00453827-pdf/govscot%3Adocument, Stand: 25.02.2019.

dies.: Scottish Social Attitudes Survey 2015: Attitudes to Social Networks, Civic Participation and Co-production, 2016, http://www.ssa.natcen.ac.uk/media/38894/ssa-2015-publication-for-web.pdf, Stand: 23.06.2022.

dies.: Community Empowerment (Scotland) Act 2015 Part 2, Community Planning Guidance, 2016, https://www.gov.scot/binaries/content/documents/govscot/publications/advice-and-guidance/2016/12/community-empowerment-scotland-act-2015-part-2-community-planning-guidance/documents/00512027-pdf/00512027-pdf/govscot%3Adocument/00512027.pdf, Stand: 23.06.2022.

dies.: National Standards for Community Engagement, 2016, http://www.voicescotland.org.uk/media/resources/NSfCE%20online_October.pdf, Stand: 17.10.2018.

dies.: Participation Requests under the Community Empowerment (Scotland) Act 2015 Guidance, April 2017, https://beta.gov.scot/binaries/content/documents/govscot/publications/advice-and-guidance/2017/05/community-empowerment-participation-request-guidance/documents/1e3c11cd-9edf-40d4-bc55-9b727c47e451/1e3c11cd-9edf-40d4-bc55-9b727c47e451/govscot:document/, Stand: 23.06.2022.

dies.: A Nation with Ambition, The Government's Programme for Scotland 2017–18, https://beta.gov.scot/binaries/content/documents/govscot/publications/publication/2017/09/nation-ambition-governments-programme-scotland-2017-18/documents/00524214-pdf/00524214-pdf/govscot:document/, Stand: 24.10.2018.

dies.: Code of Conduct for Councillors, July 2018, https://www.standardscommissionscotland.org.uk/uploads/files/1531127491CllrsCodeofConductJuly2018.pdf, Stand: 23.06.2022.

dies.: Scottish Ministerial Code, 2018 edition, A code of Conduct and Guidance on Procedures for Members of the Scottish Government and Junior Scottish Ministers, https://www.gov.scot/binaries/content/documents/govscot/publications/guidance/2018/02/scottish-ministerial-code-2018-edition/documents/00531094-pdf/00531094-pdf/govscot%3Adocument, Stand: 24.01.2019.

dies.: Community Choices Fund 2018/19, Information and Guidance For Community Organisations & Community Councils, https://beta.gov.scot/binaries/content/documents/govscot/publications/form/2018/06/community-choices-fund-guidance-and-application-forms/documents/e4ebb234-5042-4404-b175-e206a19c50ce/e4ebb234-5042-4404-b175-e206a19c50ce/govscot:document/, Stand: 23.06.2022.

dies.: Citizens' Assembly remit published, 27. August 2019, https://www.gov.scot/news/citizens-assembly-remit-published/, Stand: 23.06.2022.

dies.: Presiding Officer's Advisory Group Report on Parliamentary Reform (2019), https://www.parliament.scot/POandUKandIRO/POAG_Report.pdf, Stand: 29.08.2019.

dies./COSLA: Local Governance Review – Engagement Phase (2018), https://www.gov.scot/binaries/content/documents/govscot/publications/correspondence/2018/06/local-governance-review-letter-22-june-2018/documents/3f14c318-f514-457a-a4b0-9949bd2dc777/3f14c318-f514-457a-a4b0-9949bd2dc777/govscot%3Adocument, Stand: 23.06.2022.

dies./Democratic Society: Draft Report, Public Participation in Decision-Making (2016), https://www.demsoc.org/wp-content/uploads/2016/04/Participation-Power-Report-Draft.pdf, Stand: 08.02.2019.

Scottish Greens: A better Scotland needs a bolder Holyrood, Manifesto 2016, https://greens.scot/sites/default/files/Manifestos/Scottish%20Greens%20Manifesto_Online.pdf, Stand: 23.06.2022.

Scottish Parliament: Dialogue App, Mental health support for young people in Scotland, https://scotparl.dialogue-app.com/, Stand: 29.08.2019.

ders.: Local Government and Regeneration Committee, 2nd Report, 2015 (Session 4), Stage 1 Report on the Community Empowerment (Scotland) Bill (2015), http://www.

parliament.scot/S4_LocalGovernmentandRegenerationCommittee/Reports/lgR-15-02w.pdf, Stand: 07.02.2019.

ders.: Devolved Powers, (2018), https://www.parliament.scot/images/Parliament%20 Publications/DevolvedPowers.pdf, Stand: 24.01.2019.

ders.: What should primary care look like for the next generation? (2019), https://www.parliament.scot/parliamentarybusiness/CurrentCommittees/111193.aspx, Stand: 23.06.2022.

Scottish Public Services Ombudsman: Annual Report 2012–2013, https://www.spso.org.uk/sites/spso/files/communications_material/annual_report/SPSO%20Annual%20 Report%202012-13.pdf, Stand: 23.06.2022.

Selle, Klaus: Gemeinschaftswerk? Teilhabe der Bürgerinnen und Bürger an der Stadtentwicklung, Begriffe, Entwicklungen, Wirklichkeiten, Folgerungen, Kurzgutachten für das Nationale Forum für Engagement und Partizipation, Aachen 2010, https://digital.zlb.de/viewer/rest/image/33664014/Gemeinschaftswerk.pdf/full/max/0/Gemein schaftswerk.pdf, Stand: 10.05.2019.

Senat der Freien und Hansestadt Hamburg: Niederschrift über die Senatssitzung vom 02.08.2016 bezüglich der Feststellung des Senats über die Rücknahme einer Volksinitiative, http://daten.transparenz.hamburg.de/Dataport.HmbTG.ZS.Webservice.GetRes source100/GetRessource100.svc/18757ea6-a8f3-4a6d-b951-c963728c2538/Akte_ 702.00-04.pdf, Stand: 23.06.2022.

Senatskanzlei Bremen: Beschluss vom 13.11.2018, Leitbild und Kriterien der Bürgerbeteiligung in der Stadt Bremen, https://www.netzwerk-buergerbeteiligung.de/kommunale-beteiligungspolitik-gestalten/kommunale-leitlinien-buergerbeteiligung/sammlung-kommunale-leitlinien/einzelansicht-leitlinien/article/bremen/, Stand: 23.06.2022.

Senatsverwaltung für Stadtentwicklung und Wohnen: Senatsvorlage-Nr. S-312/2017 vom 31.03.2017, Betr.: Leitlinien für Bürgerbeteiligung für Projekte und Prozesse der räumlichen Stadtentwicklung, https://www.stadtentwicklung.berlin.de/planen/leitlinien-buer gerbeteiligung/download/senatsvorlage_nr_S-312-2017_leitlinien_fuer_buergerbeteili gungen.pdf, Stand: 23.06.2022.

dies.: Wir machen Berlin! Stadtwerkstatt, Kontakt und Anfragen (2020), https://www.berlin.de/stadtwerkstatt/die-stadtwerkstatt/kontakt/, Stand: 23.06.2022.

dies.: Wir machen Berlin! Stadtwerkstatt, Projekte und Gebiet (2020), https://www.ber lin.de/stadtwerkstatt/, Stand: 23.06.2022.

Setzer, Hans: Demokratietheorie und die Praxis britischer Demokratie, in: JöR 1995, S. 599–649.

Sintomer, Yves/Herzberg, Carsten/Röckel, Anja: Der Bürgerhaushalt in Europa – eine realistische Utopie?, Zwischen partizipativer Demokratie, Verwaltungsmodernisierung und sozialer Gerechtigkeit, Wiesbaden 2010.

Solar, Marcel: Reformen direktdemokratischer Verfahren – Berlin, Bremen und Hamburg im Vergleich, in: Ursula Münch/Eike-Christian Hornig/Uwe Kranenpohl (Hrsg.), Direkte Demokratie: Analysen im internationalen Vergleich, Baden-Baden 2014, S. 53–68. (zit.: *Solar*, in: Münch/Hornig/Kranenpohl)

Sommermann, Karl-Peter: Die Bedeutung der Rechtsvergleichung für die Fortentwicklung des Staats- und Verwaltungsrechts in Europa, in: DÖV 1999, S. 1017–1029.

ders.: Demokratiekonzepte im Vergleich, in: Hartmut Bauer/Peter M. Huber/Karl-Peter Sommermann (Hrsg.), Demokratie in Europa, Tübingen 2005,
S. 191–221. (zit.: *Sommermann*, in: Bauer/Huber/Sommermann, Demokratie in Europa)

SPD, Bündnis 90/Die Grünen: Koalitionsvereinbarung zwischen der Sozialdemokratischen Partei Deutschlands (SPD) Unterbezirk Hamburg-Nord und Bündnis 90/Die Grünen (Grüne) Kreisverband Hamburg-Nord über die Zusammenarbeit in der Bezirksversammlung Hamburg-Nord 2014–2019, https://gruene-nord.de/userspace/HH/galnord/Download/Koalitionsvereinbarung_SPD_GRUENE.pdf, Stand: 23.06.2022.

SPD, DIE LINKE, Bündnis 90/Die Grünen: Koalitionsvereinbarung zwischen Sozialdemokratische Partei Deutschlands (SPD) Landesverband Berlin und Die Linke Landesverband Berlin und Bündnis 90/Die Grünen Landesverband Berlin für die Legislaturperiode 2016–2021, https://www.berlin.de/rbmskzl/regierender-buergermeister/senat/koalitionsvereinbarung/, Stand: 13.05.2019.

SPD, Landesorganisation Hamburg/Bündnis 90/Die Grünen, Landesverband Hamburg: Zusammen schaffen wir das moderne Hamburg, Koalitionsvertrag über die Zusammenarbeit in der 21. Legislaturperiode der Hamburgischen Bürgerschaft, https://beschluss.gruene-hamburg.de/wp-content/uploads/2018/07/koalitionsvertrag_rotgruen_2015.pdf, Stand: 23.06.2022.

SPD, Landesorganisation Hamburg/Bündnis 90/Die Grünen, Landesverband Hamburg: Zuversichtlich, solidarisch, nachhaltig – Hamburgs Zukunft kraftvoll gestalten, Koalitionsvertrag über die Zusammenarbeit in der 22. Legislaturperiode in der Hamburgischen Bürgerschaft, https://www.gruene-hamburg.de/wp-content/uploads/2020/06/Koalitionsvertrag-SPD-Gr%C3%BCne-2020.pdf, Stand: 23.06.2022.

Stadtteilbüro Dulsberg: Geschäftsstelle Stadtteilrat, https://www.dulsberg.de/stadtteilbuero/stadtteilrat, Stand: 23.06.2022.

Stanton, John: Democracy and Scotland: Turning out for something special, UK Constitutional Law Association Blog (2014), https://ukconstitutionallaw.org/2014/09/19/john-stanton-democracy-and-scotland-turning-out-for-something-special/, Stand: 23.06.2022.

Statista: Wahlbeteiligung bei den Bürgerschaftswahlen in Hamburg von 1946 bis 2015, https://de.statista.com/statistik/daten/studie/3165/umfrage/wahlbeteiligung-bei-den-buergerschaftswahlen-in-hamburg-seit-1946/, Stand: 23.06.2022.

Statistisches Amt für Hamburg und Schleswig-Holstein: Endgültiges Ergebnis der Bürgerschaftswahl 2008, https://web.archive.org/web/20140718142429/http://www.statistik-nord.de/fileadmin/download/wahlen/wahlen_hh/Bue2008ende/EndgueltigesErgebnisBuergerschaftswahl_LL_und_WkL-Stimmen2008.pdf, Stand: 23.06.2022.

ders.: Bevölkerung in Hamburg am 31.12.2009, Auszählung aus dem Melderegister (2010), https://www.statistik-nord.de/fileadmin/Dokumente/Statistische_Berichte/bevoelkerung/A_I_S_1_j_H/A_I_S_1_j09_H.pdf, Stand: 23.06.2022.

ders.: Bevölkerung in Hamburg am 31.12.2017, Auszählung aus dem Melderegister (2018), https://www.statistik-nord.de/fileadmin/Dokumente/Statistische_Berichte/bevoelkerung/A_I_S_1_j_H/A_I_S1_j17.pdf, Stand: 23.06.2022.

ders.: Analyse der Wahlen zu den Bezirksversammlungen in Hamburg am 26. Mai 2019, https://www.statistik-nord.de/fileadmin/Dokumente/Wahlen/Hamburg/Bezirksversammlungswahlen/2019/Analyse/Wahlanalyse_2019_Teil_1.pdf, Stand: 06.06.2019.

Steinberg, Rudolf: Die Repräsentation des Volkes. Menschenbild und demokratisches Regierungssystem, Baden-Baden 2013.

Stelkens, Paul; Bonk, Heinz Joachim; Sachs, Michael: VwVfG, Kommentar, 9. Aufl., München 2018. (zit.: Stelkens/Bonk/Sachs/*Bearbeiter,* VwVfG)

Stern, Klaus: Das Staatsrecht der Bundesrepublik Deutschland, Band II, München 1980.

Sternberger, Dolf: Der Begriff der Repräsentation im Streit zwischen Burke und Paine, in: PVS 1967, S. 526–543.

Sturm, Roland: Staatsordnung und politisches System, in: Hans Kastendiek/Karl Rohe/Angelika Volle (Hrsg.), Großbritannien, Geschichte – Politik – Wirtschaft – Gesellschaft, 2. Aufl., Frankfurt/Main 1999, S. 194–223. (zit.: *Sturm*, in: Kastendiek/Rohe/Volle, Großbritannien)

ders.: Vier Nationen im United Kingdom, in: Hans Kastendiek/Roland Sturm (Hrsg.), Länderbericht Großbritannien, Bonn 2006, S. 53–74. (zit.: *Sturm*, in: Kastendiek/Sturm, Länderbericht Großbritannien)

ders.: Staatsaufbau und politische Institutionen, in: Hans Kastendiek, Roland Sturm (Hrsg.), Länderbericht Großbritannien, Bonn 2006, S. 135–163. (zit.: *Sturm*, in: Kastendiek/Sturm, Länderbericht Großbritannien)

ders.: Das Schottland-Referendum, Hintergrundinformationen und Einordnung, Wiesbaden 2015.

Sydow, Gernot: Der geplante Supreme Court für das Vereinigte Königreich im Spiegel der britischen Verfassungsreformen, in: ZaöRV 2004, S. 65–94.

ders.: Die britische Verfassung im Stadium der Präkodifikation, in: Dirk Heckmann (Hrsg.), Verfassungsstaatlichkeit im Wandel, Festschrift für Thomas Würtenberger zum 70. Geburtstag, Berlin 2013, S. 575–589. (zit.: *Sydow*, in: Heckmann, Verfassungsstaatlichkeit im Wandel)

ders.: Das Unabhängigkeitsreferendum – Grundlagen und Perspektiven der schottischen Volksabstimmung vom September 2014, in: Lars P. Feld/Peter M. Huber/Otmar Jung/Hans-Joachim Lauth/Fabian Wittreck (Hrsg.), Jahrbuch für direkte Demokratie 2014–2016, Baden-Baden 2018, S. 157–173. (zit.: *Sydow*, in: Feld/Huber/Jung/Lauth/Wittreck, Jahrbuch für direkte Demokratie)

Taylor, Ros: The (not so) Great Repeal Bill, part 2: How Henry VIII clauses undermine Parliament, The London School of Economics and Political Science, 05. Juni 2017, https://blogs.lse.ac.uk/brexit/2017/06/05/the-not-so-great-repeal-bill-part-2-how-henry-viii-clauses-undermine-parliament/, Stand: 23.06.2022.

The City of Edinburgh Council: Website, Get involved in community planning, www.edinburgh.gov.uk/info/20133/community_planning/624/get_involved_in_community_planning, Stand: 28.02.2019.

ders.: Website, How we are organized, Council services, https://www.edinburgh.gov.uk/work-us/organized, Stand: 17.02.2020.

ders.: Communities and Neighbourhoods Committee, Reports, Item 8.4. vom 28.03.2017, http://www.edinburgh.gov.uk/meetings/meeting/4161/communities_and_neighbourhoods_committee, Stand: 28.02.2019.

ders.: Corporate Policy and Strategy Committee, Community Empowerment (Scotland) Act 2015: Participation Requests, Report vom 28.03.2017, https://www.edinburgh.gov.uk/download/meetings/id/53719/item_73_-_community_empowerment_scotland_act_2015_-_participation_requests, Stand: 17.02.2020.

ders.: Decision Notice, Participation Request 14934, Pitz sale, Portobello vom 07.06.2017, http://www.portobellocc.org/Minutes/2017/Meeting%20Papers%20260617/PCC_PR14934_070617.pdf, Stand: 23.06.2022.

ders.: participation requests annual report (2017–2018), http://www.edinburgh.gov.uk/downloads/file/11140/the_city_of_edinburgh_council_participation_requests_annual_report, Stand: 22.10.2018.

ders.: Finance and Resources Committee, New Meadowbank Sports Centre Construction

Contract Report vom 11.10.2018, http://www.portobellocc.org/pccpn/wp-content/uploads/2018/10/Item_7.3___New_Meadowbank_Sports_Centre_Construction_Contract_1.pdf, Stand: 23.06.2022.

ders.: Finance and Resources Committee, Minutes vom 11. und 22.10.2018, https://democracy.edinburgh.gov.uk/Data/Finance%20and%20Resources%20Committee/20181011/Agenda/minute_of_11_october_2018.pdf, Stand: 23.06.2022.

ders.: The Edinburgh Partnership Community Plan 2018–28, https://www.edinburghcompact.org.uk/wordpress/wp-content/uploads/2019/01/Edinburgh_Partnership_Community_Plan_2018_28.pdf, Stand: 23.06.2022.

The Economist Intelligence Unit: Democracy Index 2018: Me too? Political participation, protest and Democracy, http://pages.eiu.com/rs/753-RIQ-438/images/Democracy_Index_2018.pdf, Stand: 23.06.2022.

The Electoral Commission: The May 2016 Scottish Parliament election (2016), https://www.electoralcommission.org.uk/__data/assets/pdf_file/0004/214888/2016-Scottish-Parliament-election-report.pdf.pdf, Stand: 29.03.2019.

dies.: Scottish council elections 2017, https://www.electoralcommission.org.uk/find-information-by-subject/elections-and-referendums/past-elections-and-referendums/scottish-council-elections-2017, Stand: 23.06.2022.

The Scottish Office: Report of the Consultative Steering Group on the Scottish Parliament, Shaping Scotland's Parliament, (1998), http://www.parliament.scot/PublicInformationdocuments/Report_of_the_Consultative_Steering_Group.pdf, Stand: 24.01.2019.

The Smith Commission: Report of the Smith Commission for further devolution of powers to the Scottish Parliament, 27. November 2014, https://webarchive.nationalarchives.gov.uk/20151202171029/http://www.smith-commission.scot/wp-content/uploads/2014/11/The_Smith_Commission_Report-1.pdf, Stand: 23.06.2022.

Thieme, Werner: Verfassung der Freien und Hansestadt Hamburg, Kommentar, Hamburg 1998.

Thompson, A./Escobar, O./Roberts, J./Elstub, S./Pamphilis, N.: Why do people change their minds? Evidence from 3 citizens' juries deliberating on-shore wind farms in Scotland (2015), https://pureportal.strath.ac.uk/files-asset/43630657/Thompson_etal_PSA_2015_Why_do_people_change_their_minds_evidence_from_3_citizens_juries_deliberating_on_shore_wind.pdf, Stand: 28.03.2019.

Tierney, Stephen: Constitutional Referendums, The Theory and Practice of Republican Deliberation, Oxford 2012.

ders.: Legal Issues surrounding the Referendum on Independence for Scotland, in: European Constitutional Law Review 2013, Vol. 9, Issue 03, S. 359–390.

ders.: Direct democracy in the United Kingdom, in: Public Law 2015, Vol. 4, No. Oct., S. 633–651.

Tomkins, Adam: Public Law, Oxford 2003.

Tormin, Walter: Der schwere Weg zur Demokratie, Politischer Neuaufbau in Hamburg 1945/46, Landeszentrale für politische Bildung Hamburg, Hamburg 1995.

Trute, Hans-Heinrich: Die demokratische Legitimation der Verwaltung, in: Wolfgang Hoffmann-Riem/Eberhard Schmidt-Aßmann/Andreas Voßkuhle (Hrsg.), Grundlagen des Verwaltungsrechts, Band I, München 2006, S. 307–389. (zit.: *Trute*, in: Hoffmann-Riem/Schmidt-Aßmann/Voßkuhle, Grundlagen des Verwaltungsrechts, Bd. I)

Turpin, Colin/Tomkins, Adam: British Government and the Constitution, Text and Materials, 7. Aufl., Cambridge 2011.

TuTech Innovation GmbH: Website, Kontakt, https://tutech.de/kontakt/, Stand: 23.06.2022.

United Kingdom Government/Scottish Government: Agreement between the United Kingdom Government and the Scottish Government on a referendum on independence for Scotland, Edinburgh, 15 October 2012, https://www.webarchive.org.uk/wayback/archive/20151001140312mp_/http://www.gov.scot/Resource/0040/00404789.pdf, Stand: 23.06.2022.

Vagt, Hjalmar: Rechtsverordnung und Statutory Instrument, Delegierte Rechtsetzung in Deutschland und Großbritannien, Baden-Baden 2006.

van Ophuysen, Stefan: Vor- und Nachteile direkter Demokratie. Die Bundesrepublik Deutschland im Vergleich mit der schweizerischen Eidgenossenschaft, in: UBWV 2014, S. 289–300 (Teil 1).

ders.: Vor- und Nachteile direkter Demokratie. Die Bundesrepublik Deutschland im Vergleich mit der schweizerischen Eidgenossenschaft, in: UBWV 2014, S. 337–347 (Teil 2).

van Reybrouck, David: Gegen Wahlen, Warum Abstimmen nicht demokratisch ist, Göttingen 2016.

Vetter, Angelika/Remer-Bollow, Uwe: Bürger und Beteiligung in der Demokratie, Eine Einführung, Wiesbaden 2017.

Volksentscheid Fahrrad: Ahoi Volksentscheid! Oder der lange Weg vom Papier auf die Straße: Dafür brauchen wir weiterhin Ihre Unterstützung, https://volksentscheid-fahrrad.de/de/willkommen-beim-volksentscheid/, Stand: 23.06.2022.

Volksinitiative „Bürgerbegehren und Bürgerentscheide jetzt verbindlich machen – Mehr Demokratie vor Ort“: Unterschriftenliste, https://hh.mehr-demokratie.de/fileadmin/pdf/MD_HH/Unterschriftenliste_Buergerbegehren_verbindlich_machen_2019-08-05.pdf, Stand: 23.06.2022.

von Arnauld, Andreas: Vom direktdemokratischen Nachzügler zum Vorreiter wider Willen? Spurenlese im Volksgesetzgebungs-Artikel 50 der Hamburgischen Verfassung, in: Andreas Dressel/Gerhard Fuchs/Jürgen Warmke (Hrsg.), Direkte Demokratie in Hamburg. Fast zwanzig Jahre direkte Bürgerbeteiligung, Hamburg 2014, S. 14–27. (zit.: *von Arnauld*, in: Dressel/Fuchs/Warmke, Direkte Demokratie in Hamburg)

von Mangoldt, Hermann/Klein, Friedrich/Starck, Christian: Grundgesetz, Kommentar, Band 2, Art. 20–82, 7. Aufl., München 2018. (zit.: Mangoldt/Klein/Starck/*Bearbeiter*, GG, Bd. 2)

Vospernik, Stefan: Modelle der direkten Demokratie, Volksabstimmungen im Spannungsfeld von Mehrheits- und Konsensdemokratie – Ein Vergleich von 15 Mitgliedstaaten der Europäischen Union, Baden-Baden 2014.

Wakeford, Tom: Citizens Juries: a radical alternative for social research, in: Social Research Update, Issue 37, 2002, S. 1–5, http://sru.soc.surrey.ac.uk/SRU37.PDF, Stand: 23.06.2022.

Walter-Rogg, Melanie: Direkte Demokratie, in: Oscar W. Gabriel/Sabine Kropp (Hrsg.), Die EU-Staaten im Vergleich, Strukturen, Prozesse, Politikinhalte, 3. Aufl., Wiesbaden 2008, S. 236–267. (zit.: *Walter-Rogg*, in: Gabriel/Kropp, Die EU-Staaten im Vergleich)

Watson, Alan: Comparative Law and Legal Change, in: Cambridge Law Journal 37, 1978, S. 313–336.

ders.: Society and Legal Change, 2. Aufl., Philadelphia 2001.

Weakley, Sarah/Escobar, Oliver: Community Planning after the Community Empowerment Act: The Second Survey of Community Planning Officials in Scotland, What Works Scotland, Survey Report (2018), http://whatworksscotland.ac.uk/wp-content/uploads/2018/11/WWSCPOsSurvey2018CommunityPlanningAftertheCEA.pdf, Stand: 23.06.2022.

Weber, Tim/Nierth, Claudine: Wozu Mehr Demokratie? Das Zusammenspiel von direkter Demokratie, Bürgerbeteiligung und Parlamentarismus – Eine Weiterentwicklung, in: Manuela Glaab (Hrsg.), Politik mit Bürgern – Politik für Bürger, Wiesbaden 2016, S. 317–331. (zit.: *Weber/Nierth*, in: Glaab, Politik mit Bürgern – Politik für Bürger)

Webley, Lisa/Samuels, Harriet: Public Law, 4. Aufl., Oxford 2018.

Website Bürgerhaushalt Lichtenberg: Wir rechnen mit Ihnen, https://www.buergerhaushalt-lichtenberg.de/index.php?page=viewcompiler_archiv08&id_view=236&menucontext=32&submenucontext=1002, Stand: 23.06.2022.

Website Bürgerhaushalt: Bremen/Walle (Stadtteil), http://buergerhaushalt.org/de/bremenwalle-stadtteil, Stand: 23.06.2022.

Website Bürgerhaushalt: Landkarte Bürgerhaushalte, https://www.buergerhaushalt.org/de/list, Stand: 23.06.2022.

What Works Scotland: New National Standards for Community Engagement, http://whatworksscotland.ac.uk/new-national-standards-for-community-engagement/, Stand: 23.06.2022.

ders.: Website, About Us, http://whatworksscotland.ac.uk/the-project/, Stand: 23.06.2022.

ders.: Community Planning Officials Survey, Understanding the everyday work of local participatory governance in Scotland, Survey Report, 2018, http://whatworksscotland.ac.uk/wp-content/uploads/2018/04/WWSCommunityPlanningOfficialsSurveyEverydayWorkofLocalParticipatoryGovernanceinScotland.pdf, Stand: 23.06.2022.

ders.: Mainstreaming participatory budgeting: What works in building foundations for a more participatory democracy?, Policy Briefing (2018), http://whatworksscotland.ac.uk/wp-content/uploads/2018/12/WWSPolicyBriefingMainstreamingParticipatory-Budgeting.pdf, Stand: 23.06.2022.

Wieser, Bernd: Vergleichendes Verfassungsrecht, Wien 2005.

Williams, Emyr/St. Denny, Emily/Bristow, Dan: Participatory Budgeting: An Evidence Review, Public Policy Institute for Wales (2017), http://ppiw.org.uk/files/2017/08/PPIW-report_participatory-budgeting-evidence-review_-July-2017-FINAL.pdf, Stand: 23.06.2022.

Winter, Graham/Smith, Louise/Cave, Suzie/Rehfisch, Alan: Comparison of the planning systems in the four UK countries, Commons Libraby Briefing Paper 07459 (2016), researchbriefings.files.parliament.uk/documents/CBP-7459/CBP-7459.pdf, Stand: 23.06.2022.

Wouters, Mariska/Hardie-Boys, Ned/Wilson, Carla: Evaluating public input in National Park Management Plan reviews, Facilitators and barriers to meaningful participation in statutory processes, New Zealand 2011, https://www.doc.govt.nz/Documents/science-and-technical/sfc308.pdf; https://www.doc.govt.nz/Documents/science-and-technical/sfc308a.pdf; https://www.doc.govt.nz/Documents/science-and-technical/sfc308b.pdf; https://www.doc.govt.nz/Documents/science-and-technical/sfc308c.pdf, Stand: 23.06.2022.

Yardley, David, C. M.: Introduction to British Constitutional Law, 7. Aufl., London 1990.

Zipfel, Tricia: Building Political Will for Participatory Governance at the Local Level in the United Kingdom, in: Carmen Malena (Hrsg.), From Political Won't to Political Will, Sterling, VA 2009, S. 93–112. (zit.: *Zipfel*, in: Malena, From Political Won't to Political Will)

Zweigert, Konrad/Kötz, Hein: Einführung in die Rechtsvergleichung: auf dem Gebiete des Privatrechts, 3. Aufl., Tübingen 1996.

Sachregister

Verfassungsentwicklung in Europa

herausgegeben von
Hartmut Bauer, Peter M. Huber
und Karl-Peter Sommermann

Seit dem weltpolitischen Umbruch der Jahre 1989 bis 1991 befinden sich die Verfassungsordnungen in Europa in einem Transformationsprozess. Der Wegfall des Ost-West-Gegensatzes mit seiner politikstabilisierenden Wirkung, die fortschreitende europäische Integration und die auf vielen Politikfeldern zu beobachtende Globalisierung setzen die nationalen Verfassungen unter Anpassungs- und Modernisierungsdruck. Das stellt auch die Verfassungswissenschaft vor neue Aufgaben. Will sie den Anschluss an die sich verändernde Verfassungswirklichkeit nicht verlieren, muss sie sich verstärkt auf den Transformationsprozess einstellen und die von Entwicklungssprüngen in der Mehrebenenpolitik ausgehenden Impulse im Europäischen Verfassungsverbund verarbeiten. Die Schriftenreihe *Verfassungsentwicklung in Europa (VEEu)* stellt für die gebotenen Reformdebatten ein Forum bereit. Schwerpunkte der Reihe sind die Generierung und Bewertung von Optionen für die Ausgestaltung des Europäischen Verfassungsrechts und insbesondere einer Europäischen Unionsverfassung, die Erarbeitung „Gemeineuropäischen Verfassungsrechts" namentlich durch Rechtsvergleichung und schließlich Überlegungen zur Rechtsangleichung sowie zur Schaffung von zeitgemäßem nationalen Verfassungsrecht unter den Rahmenbedingungen der Europäisierung und Globalisierung. Perspektive ist die Ausbildung eines Ius Publicum Europaeum.

ISSN: 1861-7301
Zitiervorschlag: VEEu

Alle lieferbaren Bände finden Sie unter *www.mohrsiebeck.com/veeu*

Mohr Siebeck
www.mohrsiebeck.com